中国热带农业科学院南亚热带作物研究所所志丛书

南亚勋业

——中国热带农业科学院南亚热带作物研究所所志（1954—2019）

邹明宏 杜丽清 主编

中国农业科学技术出版社

图书在版编目（CIP）数据

南亚勋业：中国热带农业科学院南亚热带作物研究所所志：1954—2019 / 邹明宏，杜丽清主编. --北京：中国农业科学技术出版社，2021.6

ISBN 978-7-5116-5338-3

Ⅰ.①南… Ⅱ.①邹…②杜… Ⅲ.①热带作物-科学研究所-概况-中国-1954-2019 Ⅳ.①S59-242

中国版本图书馆 CIP 数据核字（2021）第 105406 号

责任编辑	徐定娜　白　净
责任校对	贾海霞
责任印制	姜义伟　王思文

出 版 者	中国农业科学技术出版社 北京市中关村南大街 12 号　邮编：100081
电　　话	（010）82105169（编辑室） （010）82109702（发行部）　（010）82109709（读者服务部）
传　　真	（010）82106631
网　　址	http://www.castp.cn
经 销 者	各地新华书店
印 刷 者	北京科信印刷有限公司
开　　本	185 mm×260 mm　1/16
印　　张	23
字　　数	488 千字
版　　次	2021 年 6 月第 1 版　2021 年 6 月第 1 次印刷
定　　价	72.00 元

版权所有·翻印必究

南亚勋业
——中国热带农业科学院南亚热带作物研究所所志（1954—2019）
编委会

顾　　问：谢江辉
主　　任：徐明岗　杜丽清
副 主 任：陈佳瑛　李端奇　江汉青
编　　委：邹明宏　宋喜梅　邢姗姗　段雅婕　严程明
　　　　　陆新华　冯文星　唐远红　杨颖娣　袁晓丽
　　　　　黄炳钰　马飞跃　杨　洁

主　　编：邹明宏　杜丽清
副 主 编：段雅婕　宋喜梅　邢姗姗
编写人员：（按拼音排序）
　　　　　安东升　曹　娟　陈佳瑛　陈　倪　陈　曙
　　　　　窦美安　杜丽清　段雅婕　冯文星　贺军军
　　　　　侯晓婉　黄炳钰　黄智敏　江汉青　金　辉
　　　　　李　丽　李　威　李端奇　李海亮　李相林
　　　　　刘　洋　刘江平　刘丽琴　刘思汝　陆新华
　　　　　马飞跃　马海洋　马智玲　欧雄常　庞振才
　　　　　乔　健　邱桂妹　石胜友　宋喜梅　苏俊波
　　　　　孙海天　孙伟生　唐远红　田海燕　魏永赞
　　　　　吴青松　武红霞　徐明岗　严程明　杨　洁
　　　　　杨颖娣　袁晓丽　曾　辉　张鲁斌　张燕梅
　　　　　赵秋芳　郑　斌　郑昊天　周文钊

所训

团结 务实 厚德 创新

发展理念

求实办所
开放办所
特色办所

1961年2月全国人大常委会副委员长、中国科学院院长郭沫若同志视察粤西试验站时题诗一首

1988年12月1日农业部部长何康同志（左一）视察南亚所

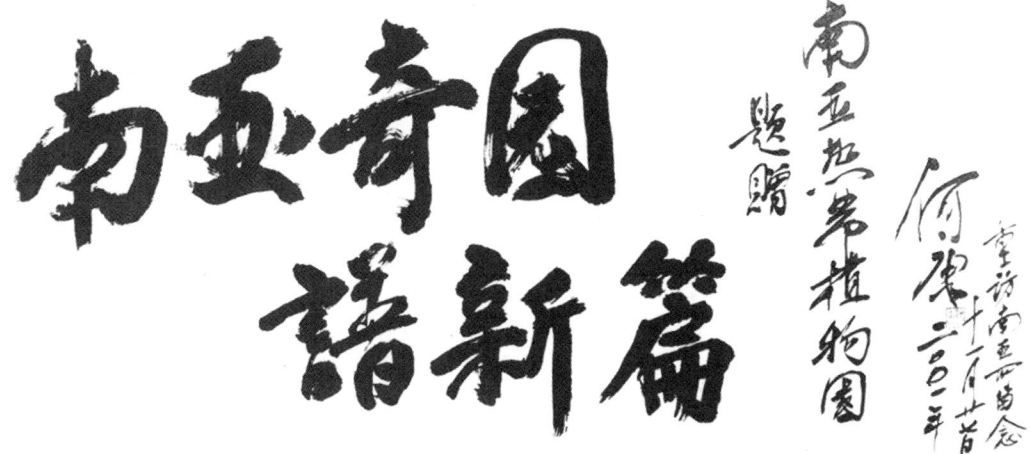

何康同志视察南亚所时为南亚热带植物园题词

南亞热带作物研究所

何康 一九九二年九月

何康同志视察南亚所时为南亚所题写所名

振兴农业

宋平 一九九三年十二月

1993年12月19日中共中央政治局常委宋平同志视察南亚所时为南亚所题词

序

栉沐风雨，上下求索，在那些峥嵘岁月里，每一个年轮都镌刻了南亚所人难以忘怀的足迹。

在1954年那个不平凡的年份，南亚所怀抱着梦想，应国家战略而生，用半个多世纪的风雨兼程，改革创新，鼎力开展中国热带作物种质资源与遗传育种、作物栽培、采后贮运与保鲜、农业资源高效利用与良好环境生态建设等应用基础和共性关键技术研究，将国家使命一肩担起，全力支撑着热带特色作物科技创新和产业发展，促进南亚热带作物事业全面发展。

65年来，南亚所"情注三农"，从无至有、自小到大、由弱变强，用几代人的接力，紧跟着滚滚前行的历史车轮，谱写一曲又一曲华丽的乐章，让乡村振兴的旗帜在南国猎猎飘起！

这是一段充满挑战的岁月。自建所以来，南亚所先后承担省部级以上项目200余项；收集保存南亚热带植物139科1 437种的种质资源8 000余份；选育橡胶、澳洲坚果、芒果等新品种26个；发表论文1 379篇；出版著作56册；制定各类标准34项；获授权专利195件；科技成果155项，获奖成果88项，多项成果填补我国热作产业发展空白。其中，选育的橡胶无性系抗寒品种'93-114' 1980年获农垦部科技成果一等奖，并作为"橡胶树在北纬18°~24°大面积种植技术"研究成果的重要组成部分获得1982年国家科技发明一等奖；"龙舌兰麻杂种第11648号引种试种技术改进和示范推广" 1985年获国家科技进步二等奖；"晚熟芒果生产关键技术研究与推广"获2008—2010年度全国农牧渔业丰收奖一等奖；"荔枝高产高效关键生产技术的集成与推广"获2010—2011年度中华农业科技科研类一等奖，等等。一个个坚实的脚印，使南亚所一路与辉煌同行，正以矫健的步伐迈向建设"世界一流的南亚热带农业科技创新中心"的康庄大道。

这是一段充满创新的道路。南亚所"立足广东，服务热区，面向世界"，重点服务于湛江雷州半岛、四川云南金沙江和广西壮族自治区①右江两大河谷，结合承担的各类科研项目的实施及发挥国家现代农业产业技术体系试验站、岗位专家和菠萝行业科技首席单位的职能，为农民提供科技服务，为农业龙头企业提供科技支持，为芒果、香蕉、澳洲坚果、荔枝、龙眼、菠萝、番荔枝、剑麻、甘蔗等一批热带优势作物产业提供技术保证；形成了以"新型农民学校""科技小院"和"农家课堂"等科技推广新模式，有力地促进了热区农民增产增收，取得了良好的经济社会效益，为我国热带现代农业科技创新做出了重要贡献。一次次历史

---

① 以下简称广西，全书同

性的跨越与腾飞，让南亚所的关注度和影响力如日中天。

这是一段充满坎坷的历程。南亚所这艘满载着丰硕成果的科技航母也曾举步维艰，面临人员经费严重不足、优秀人才流失的窘境。但是，南亚所人从未屈服，始终坚持"学科兴所、科研强所"的战略方针，勤俭节约、开源节流、求才若渴，省出充裕经费招兵买马、引进人才，为全所事业发展输入源源不断的新鲜血液。近5年新引进博士、硕士37人，申报各类项目、课题223项，承建国家、省、部科技平台20个，2018年成果转化及技术服务收入首次突破1 425万元。在几代所领导班子的共同努力下，南亚所不断发展壮大，成为中国农业科技创新领域里的一颗璀璨明珠。

这是一段充满梦想的旅途。为了更好地服务国家战略和热带现代农业发展需求，南亚所不断加强科研基础设施建设。目前"高精尖"仪器设备总值近1亿元，"一中心、四基地、三窗口"等基建项目正在全力推进及实施，党建与创新文化建设持续加强、精彩纷呈。今天的南亚所无论硬件还是内涵都得到了前所未有的升华。

这一路走来，南亚所始终不忘科技报国为民的初心，牢记农业科技创新的战略使命，以科技创新为基调的征程之路闪耀着光芒，以服务"三农"为旋律的辉煌岁月铸就着丰碑。发展之基不断夯实，创新之翼不断丰盈，学科之本不断坚固，服务之要不断凸显。优越的生活环境，现代化的科研设施，鲜明的学科特色，惜才爱才的工作氛围，丰富多彩的党建文化，等等，在中国科研院所中卓尔不群。尤为重要的是，热科专家公寓、南亚热带农业科技创新中心、攀枝花试验基地、百色实验站等项目的开工建设，稳步推进，必将对南亚所引领南亚热带农业科技发展方向产生积极而深远的影响。

此外，近3年来，南亚所携手湛江市、广东煜阳生态农业发展有限公司、海丰县犇犇牧业农民专业合作社等14家政府或企业签订了科技合作协议，特别是与湛江华融置业集团有限公司签订了南亚热带现代农业产业园项目合作协议，打开了开放办所、所地合作的国际视野。未来，南亚所将着眼服务"一带一路"倡议，支撑境内热带作物科技企业"走出去"，真正踏上国际化科研舞台，绽放南亚所人特有的华彩。

惟精惟新，博厚致远。一代代南亚所人高尚品格的凝练，一个个南亚所人无悔人生的叠加，生动诠释着爱国奉献奋斗的家国情怀。科研报国、造福苍生，不忘初心、砥砺前行，这是南亚所人毕生的奉献，也是永恒的追求。

旧岁已展千重锦，来年更进百尺竿。真诚地期望南亚所职工再接再厉、携手奋进，一路同行、再创辉煌。

2019.11.11

前 言

笃耕热土65载，春华秋实谱新篇。在这收获的季节里，南亚所迎来了自己65周岁的生日！与此同时，历经一年多艰苦编辑撰写的《南亚勋业——中国热带农业科学院南亚热带作物研究所所志（1954—2019）》终于定稿付梓，令人欣慰而感慨！打开这本书，您可以看到南亚所的昨天和今天；打开这本书，您可以看到几代南亚所人数十年来为科学、为地方、为国家所作的贡献。

65年前，一群来自祖国四面八方的知识青年，为了国家战略需求，响应祖国号召，从广州出发，步行前往广东省雷州半岛最南端的徐闻县后塘乡坑仔村，建立徐闻试验站。1955年3月，经农垦部批准，徐闻试验站更名为"粤西试验站"；1957年4月，粤西试验站从徐闻坑仔迁址到湛江国营湖光农场（现址）。从此，一代又一代热血青年积极响应党和国家的号召，在这片红土地上披荆斩棘、安营扎寨，顽强拼搏，攀登科学高峰。

65年来，南亚所确立了"抓生产问题、做基础研究；用先进手段、攻薄弱环节；育专门人才，出科研成果"的科研发展思路，坚持"求实办所，开放办所，特色办所"的办所理念，南亚所一步一步发展壮大；科技人员传承"团结、求实、厚德、创新"精神，深入田间地头，助力乡村振兴，把论文写在大地上，把成果留在千万家。

65年来，南亚所从最初面积约3公顷发展到今天拥有土地面积508公顷；从约50人的试验站发展到今天有在职在编职工175人、编外职工约120人、离退休职工236人、在所学生110多人的大所；研究对象也从橡胶拓展到果树、瓜菜、粮食、甘蔗、纤维作物等热区主要经济作物，研究领域拓展到种质资源与遗传育种、栽培与生理、采后贮运与保鲜、农业资源高效利用与环境生态等领域。

65年来，几代南亚所人艰苦创业，励精图治，科技攻关，硕果累累，共取得了155项科研成果，其中国家级奖励8项、省部级奖励48项、地市院校级奖励32项，鉴定评价成果67项；育成橡胶、澳洲坚果、芒果等新品种23个，植物新品种权3件，制订标准（行业、地方、企业）34项，授权专利195件，软件著作权3项，著作56部，论文1 379篇。

65年来，南亚所坚持"立足广东、服务热区"的服务"三农"理念，一批批有实践经验的专家走入田间地头，开展科技培训和技术指导，累计培训农民和技术骨干10万人次以上，创新了"攀枝花新农学校"模式、"田阳农家课堂"模式、"徐闻科技小院"等新型农技推广模式，为热区乡村振兴、农民精准脱贫做出积极的贡献。

成绩属于过去，未来任重道远。努力创建"一个中心、两个基地"（即一流的国家南亚热带农业科技创新中心和一流的成果转化与服务基地、一流的国际交流与合作基地），引领南亚热带农业科技发展方向，推动热带农业产业升级，促进农业可持续发展是南亚所的奋斗目标。

65年了，第一次组织编写所志，编写的意义是不能用语言来形容的，尽管存在很多困难，但编写组越往下写，越觉得是在抢救那段历史，在将南亚所65年来的经历告诉一代代新人，让热科院"无私奉献、艰苦奋斗、团结协作、勇于创新"的精神发扬光大，传承下去。这么想来，所志编写来得太迟了，但还不算晚。

在这里，向长期以来，支持、关心和帮助南亚所建设、发展的各级地方政府、领导和长期合作的科研院所、大专院校和地方各行各业部门领导、农业科技推广工作者表示衷心的感谢！向过去、现在为南亚所的发展做出贡献的所有科技工作者、干部、职工表示崇高的敬意！

我们相信，在未来的前进道路上，南亚所必将坚守初心，实事求是，与时俱进，为祖国、为人民做出更大的贡献！南亚所这棵大树必将再次绽放出灿烂的花朵、结满丰硕的果实！

徐明岗

二〇一九年九月十三日

编者说明

今年是中华人民共和国成立70周年，也是中国热带农业科学院南亚热带作物研究所建所65周年的大庆之年。值此，我们编写《南亚勋业——中国热带农业科学院南亚热带作物研究所所志（1954—2019）》作为南亚所建所65周年的礼物。

在热科院的领导下，在所领导班子的精心组织和徐明岗所长的亲自指导下，编写组精心编写，旨在总结历史、发扬成绩、展望未来的南亚所第一本所志终于面世了。对于编纂过程的一些重要事项，特作以下几点说明。

一、本志编写以史料为依据，实事求是地记述了南亚所的发展历史和现状。所采用的资料来源于南亚所和热科院行政档案、科技档案，历史资料，部分老同志回忆、口述和地方市、县档案馆提供的部分馆存资料。对无档案记载的事件和时间，本着有考则细、无考则粗的原则，留有余地以求后续补正。

二、本志采用章、节、目三个层次结构，由述、记、传、志、图、表、录诸体组成。前冠图片专版和序，首章概述，总揽全书，揭示兴衰起伏，彰明因果关系，反映客观规律。按照"类以事从"原则设章、节、目，是为本志的主体，记述南亚所历史渊源和科学研究发展历程，突出南亚所的发展特点；各章节收录相关科研数据，反映科研与创新成果；为了避免重复，各章节一般不再配置图片，需要参考图片，请查阅本系列丛书之《南亚迹忆——中国热带农业科学院南亚热带作物研究所画册（1954—2019）》。

三、本志中所涉及的南亚所名称，按资料原文或沿用习惯称谓，第一次出现时使用全称，若非正式文件提及，第二次出现使用习惯简称："徐闻试验站"简称"徐闻站"，"粤西试验站"简称"粤西站"，"中国热带农业科学院南亚热带作物研究所"或者"南亚热带作物研究所"简称"南亚所"；志中没有具体时间界限的情况下，概用习惯简称"南亚所"。同样地，中国热带农业科学院也使用习惯简称"热科院"。

四、本志中采纳的数据如纪年、单位、图表等，均以国家颁布的统一规范标准为准。计量单位使用名称。

五、《南亚硕果——中国热带农业科学院南亚热带作物研究所科技成果集（1954—2019）》《南亚丰歌——中国热带农业科学院南亚热带作物研究所媒体报道汇编（1954—2019）》两部单行本的出版，缘于本志原第五章"主要科研成果"和原第十二章"媒体宣传报道"，由于编纂过程中发现资料过多，放在本志中占据篇幅过大，遂独立成册，作为本志的补充。另外在所志编写过程中，搜集到大量图片资料，遂单独汇编成册，题名《南亚迹忆——中国热带农业科学院南亚热带作物研究所画册（1954—2019）》；单独编纂出版的《南亚印记——中国热带农业科学院南亚热带作物研究所大事记（1954—2019）》也是本志的重要组成部分。

　　六、本志在编写过程中，由于时间较紧，且编写人员的水平有限，部分档案资料不全，难免出现错漏，欢迎各界人士提出宝贵意见，以便在第二稿时校对，不断提高所志的编写质量。

　　七、本志在体例、结构和内容编排等诸多方面借鉴了《半个世纪的春秋——中国农业科学院祁阳红壤实验站站志》这部志书，在此致以诚挚的谢意！

编　者

二〇一九年十月九日

目 录

第一章 使命与传承 ... 1
- 第一节 使命担当，宏基初奠（1954—1957年） ... 3
- 第二节 迁址崛起，突破禁区（1958—1986年） ... 6
- 第三节 撤站建所，蓬勃发展（1987—2002年） ... 14
- 第四节 改革奋进，再立新功（2003—2012年） ... 18
- 第五节 扬帆新时代，砥砺铸梦想（2013—2018年） ... 24

第二章 科研平台 ... 31
- 第一节 科研平台概况 ... 33
- 第二节 科技创新平台简介 ... 36
- 第三节 试验示范基地简介 ... 46

第三章 基本条件建设 ... 55
- 第一节 《南亚热带作物科研创新基地控制性详细规划》简介 ... 57
- 第二节 基本建设项目概述 ... 62
- 第三节 中央级科学事业单位修缮购置项目概述 ... 75

第四章 重点科研项目与成果概述 ... 81
- 第一节 建所以来的科研工作概况 ... 83
- 第二节 重要研究项目简介 ... 119
- 第三节 主要项目清单 ... 128
- 第四节 各类科研产出概况 ... 142

第五章 科技服务 ... 145
- 第一节 服务"三农"助力乡村振兴 ... 148
- 第二节 产业服务平台 ... 171

第六章 合作与交流 ... 175
- 第一节 国际合作与交流 ... 177
- 第二节 国内合作与交流 ... 187

| 第七章 | 人　物 | 197 |

第八章　机构队伍　227
　　第一节　机构设置变迁　229
　　第二节　历任领导班子　231
　　第三节　人事变迁　233
　　第四节　人才培养　268
　　第五节　人才荣誉　275

第九章　党的建设与文化建设　281

第十章　行政管理　293
　　第一节　行政后勤服务管理　295
　　第二节　科研管理　299
　　第三节　人事管理　303
　　第四节　资产管理　305
　　第五节　科技开发管理　307
　　第六节　基地条件建设管理　317
　　第七节　财务管理　321

第十一章　重要文献选录　325

后　记　349

第一章

使命与传承

第一节 使命担当，宏基初奠（1954—1957年）

一、建站背景

中华人民共和国成立后，美国长期对我推行敌视、孤立、封锁的政策，1950年6月朝鲜战争爆发后，1951年5月18日美国操纵联合国大会通过《实施对中国禁运的决议》，对中国全面封锁及禁运，强迫与会各国参照美国对华禁运的货单，多达1 700多个品种，先后参加以美国为首的资本主义国家对中国实行全面封锁和禁运的国家共有45个。以美国为首的巴黎统筹委员会（简称巴统）对我国的禁运程度进一步提高，1952年9月，巴统专设了一个禁运"中国委员会"，并根据美国的旨意，对中国制定了"特别"的"中国禁单"，在"巴统禁运"下，美国对中国东部沿海地区封锁也进一步加强，橡胶被列为主要禁运的战略物资之一。此时中国的天然橡胶基本依赖从国外进口。

为了打破帝国主义的封锁，1951年8月31日，周恩来总理委托政务院第一副总理陈云在北京主持召开中央人民政府政务院第100次政务会议。会议审议通过了《中央人民政府政务院关于扩大培植橡胶树的决定》。这次会议发起了挑战世界植胶界权威论断，部署了突破植胶禁区、将巴西三叶橡胶树大面积北移种植的"绿色革命"。决定指出，"为保证国防及工业建设的需要，必须争取橡胶自给"，要求自1952年至1957年，以最快的速度在广东、广西、云南、福建、四川5个省区种植巴西橡胶及印度橡胶770万亩（海南岛任务另定），争取10年后，每年产胶量达10万吨的目标。同时，中央决定，由政务院副总理兼中央财经委员会主任陈云主持建立橡胶生产基地工作，由叶剑英直接领导华南地区大面积植胶工作。

9月中旬，政务院第一副总理陈云南下广州，与时任中共中央华南分局第一书记、华南军区司令员、广东省人民政府主席叶剑英共同主持有政务院林垦部领导和苏联专家列席的广东省委秘密会议，传达中共中央"一定要建立我们自己的橡胶生产基地"的决定和政务院第100次政务会议决定，研究落实两个"决定"的具体计划。

根据中央决定，组建华南垦殖局，拟在高雷、海南、广西设立下属机构，领导橡胶垦殖工作；要求华南地区各级党委和政府，全力支持橡胶垦殖工作的开展；以中央财力为主，动员地方人力物力支持和参与橡胶垦殖；建立科研队伍，与垦殖工作同步建立科研基地，开展科研工作。

11月初，华南垦殖局在广州沙面成立（次年迁至湛江市），下辖高雷、广西、海南三大垦区。中共中央华南分局第一书记叶剑英兼任局长，中共广西省委书记陈漫远、中南财经委员会华南分会副主任易秀湘、海南军区司令员冯白驹兼副局长；调中共中央华南分局秘书长李嘉人、西北军政委员会农林部部长惠中权、解放军 156 师师长邓克明、东北国营农场管理局局长顾绍雄任副局长。

1952 年 2 月，中央决定组建天然橡胶科研机构。林业部决定以广西桐油研究所和重庆工业试验所橡胶组的人员和设备为基础，从华南分局、华南垦殖局抽调部分工作人员，从北京中国科学院、山东大学、浙江大学等多家机构抽调一批专家教授、科技人员和应届大学毕业生组建研究所。1954 年 3 月，在广州沙面珠江路 44 号（原英国驻广州总领事馆地址）正式成立了"华南热带林业科学研究所"。同年，中央决定把橡胶生产管理体制从林业部划归农业部（2018 年 3 月更名为农业农村部，下同）管理，华南热带林业科学研究所更名为"华南热带作物科学研究所"（1956 年更名为"华南亚热带作物科学研究所"，1958 年由广州搬到海南儋县；1965 年底扩建为农垦部热带作物科学研究院，后更名为"华南热带作物科学研究院"；1994 年更名为"中国热带农业科学院"），同时成立"华南热带作物学院"（最初称为"华南农学院海南分院"，1959 年改为现名，1996 年更名为"华南热带农业大学"，2007 年并入现海南大学），合称为"两院"。两院是一个整体，实行科研、教学、推广三结合体制，一套班子、合署办公。下属四个试验站（场），分别是：海南联昌试验站、粤西徐闻试验站、广西龙州试验站和广州燕塘试验场。

二、使命催生徐闻试验站的成立

徐闻试验站即今中国热带农业科学院南亚热带作物研究所的前身，徐闻试验站为粤西地区性的试验站，主要任务是解决粤西地区橡胶生产发展中出现的关键性技术问题。因此，徐闻试验站是顺应国家战略而生，从诞生之日起就肩负着打破帝国主义对我国橡胶战略物资的封锁、保障我国橡胶物资供应、安全保障维护国家战略物资供应的重要使命。

"合抱之木，生于毫木；九层之台，起于垒土；千里之行，始于足下。"徐闻试验站的成立，是南亚所的起点，我国橡胶树北移种植技术和抗寒育种研究从此走上科学轨道，对推进我国橡胶事业的发展具有重大意义，也为后来拓展南亚热带作物的科学研究奠定了基础。

徐闻试验站 1953 年夏季开始筹备。根据农垦部王震部长关于"研究所要下迁到生产中心与生产相结合"的指示精神，华南热带作物科学研究所首先采取措施加强试验站力量，抽调一批科研骨干到徐闻试验站工作。1954 年 12 月，由粤西垦殖分局徐闻垦殖所派出技术员万国宝、何国强、许能琨、吕遂生、邱绍先、吴化忠等，在广东省雷州半岛最南端的徐闻县后塘乡坑仔村，建立徐闻试验站。站址面积约 3 公顷，实验室 500 平方米，苗圃地 6 公顷，中华人民共和国成立前留下的城南、西窝、庙前、庙后、深井等老胶园约13公顷。建站初期约50人，其中站长1人、行政干部7人、科研人员11人、其他人员约30人。任命张日奎为站长。试验站成立初期以橡胶树为主要研究对象，研究机构设生态造林、土壤农化、解剖生理、植物保护和遗传育种五个研究组。

建站伊始，试验站针对粤西地区的气候条件，就橡胶生产过程中出现的关键性技术问题开展了大量研究。

1954年，我国抗寒品种选育推广工作开展之前，彭光钦、曾友梅主持、组织一批专业人员就开始了抗寒害的防护栽培和低温生理研究。

1954年4月至1956年3月，由华南亚热带林业科学研究所何敬真教授和中国科学院地球物理研究所江爱良、肖椿前教授共同主持，联合中科院、中央气象局、广东农科院、华南热作所、粤西垦殖局、云南热作所6个单位共29人，到徐闻试验站驻点。选择了南华、友好农场不同结构次生林带和萌生林带，测定其防风防寒的效果。得出了一些重要结论。

一是疏透林带（上密下疏）的背风面风速变化较缓和，对橡胶树为害较轻，紧密林带（上下皆密）背风面风速变化陡急，对橡胶树为害严重。当风向与林带垂直时，紧密林带有效距离只能达到树高的10倍，而疏透林带可达10倍以上，因而应选择较高的树种，主林带选择在高地上为宜，应该营造疏透林带。

二是疏透林带较紧密林带更能调节气温。在冬季寒流锋后，产生强烈辐射低温和辐射增温期，疏透林带气温的变化幅度不大，温度梯度较小，对减轻橡胶树寒害有利。

三是高而整齐有疏透结构的萌生带，在降低风速和蒸发量、冬季防寒作用上相对有较好的效果，但与橡胶树间存在显著的种间竞争，对橡胶树的生长十分不利。

20世纪60年代初期又重复开展了这些试验，两次测定结果基本一致。这些结论对橡胶树种植区域向北推移起到了重要的指导作用。

经过对1954/1955年冬期百年一遇的强辐射低温寒害和1955/1957年轻寒年橡胶树抗寒性的调查分析，从中得到一个重要结论，即：不能从抗寒实生植株中选出抗寒性强的无性系，而应首先通过抗寒性鉴定，从高产实生树的初生代无性系中选择抗寒品系，有利于选择抗寒高产品种。这一重要结论为抗寒品种选育指明了正确路径，也为93-114优良品种的选育奠定了基础。

三、粤西试验站的建立与搬迁

徐闻试验站作为华南热带作物科学研究所设在粤西地区的区域性试验站，因初建基地处地偏远、面积狭小，为了加强地方党委对试验站的领导，为科学试验提供更好的试验条件，使科研工作能够面向全区、更好地为生产服务，1955年3月经中央农垦部批准，徐闻试验站更名为"粤西试验站"（参见第十一章"一、关于粤西试验站更名的函"和"三、关于粤西试验站机构编制、任务和经费问题的决定"），由张连三任总支书记、站长，从所部调庞廷祥任副站长，同时调到试验站工作的还有项斯桂、刘文聚、郑心柏、许若华等。并决定试验站由徐闻县坑仔村迁至湛江市郊区湖光农场场部。

试验站的搬迁工作得到党和国家领导人的高度重视。中央农垦部张池林副部长就试验站迁址一事，早已对粤西农垦局做过指示。

1956年2月，经广东省湛江市人民委员会和遂溪县人民委员会批复，国营湖光农场划拨给粤西试验站903亩造林地。

1957年4月，由粤西农垦局和华南热带作物科学研究所共同"监交"下，粤西试验站从徐闻坑仔迁址到湛江国营湖光农场。同期，庞廷祥、陆行正、胡继胜、郑心柏等到湖光农场选择站址。得到湖光农场王金昌场长的积极支持，并主动提出把场部和第二生长队划给试验站。时至年底，湖光农场搬至志满镇，场部土地划给粤西实验站。试验站提供湖光农场新场部基建资金和搬迁运输费共12万元；第二生长队干部、工人在当年5月划为试验站编制，土地宿舍和生产也移交试验站管理（参见第十一章"二、湖光农场与粤西试验站交换场站址协议书"）。

徐闻试验站的历史虽然短暂，但是南亚所辉煌的起点。她的成立标志着南亚所的诞生，她的消亡恰似凤凰涅槃、代表着南亚所的浴火重生！对今天的南亚所人来说，徐闻试验站从成立的那一天起，整个世界都不同了！她就像一粒种子，孕育着无限的生机。现在，她发芽了……

第二节　迁址崛起，突破禁区（1958—1986年）

一、粤西试验站迁址概况

1958年，试验站完成迁址工作。迁移后，原徐闻试验站资产全部移交给粤西农垦局徐闻育种站，新站址用地为粤西农垦局湖光农场场部和该场第二生产队的生产基地，其土地、房屋设施和地面作物也一并全部划拨给试验站。同时从广州研究所所部抽调了一批科技人员加强试验站的工作。随后又并入附近湖屋仔村，使得当时试验站人员达400人名左右，土地面积468公顷。试验站下设三个试验队，即橡胶队、香料队和经济作物队，随后又改为试验一队、试验二队和机务队。1977年成立试验农场统一管理试验队。1979年撤销试验农场成立基地管理科，管理两个试验队。

粤西试验站迁址后，得到党和国家重要领导人的亲切关怀和大力支持。

1959年9月，邓小平、彭真等中央领导，广东省委书记陶铸以及越南民主共和国主席胡志明，先后到粤西站视察；11月，中共中央副主席林彪也来到了粤西试验站视察，对粤西试验站工作给予充分的肯定。

1961年2月,全国人大常委会副委员长、中国科学院院长郭沫若同志到粤西试验站视察,并题诗一首(参见文前图片)。

1963年1月,正值新春佳节期间,时任农垦部部长的王震同志到粤西试验站视察,特别指示试验站要注重抓生产,提高生产效率,要多种能看能吃的东西,这让当时的工作人员们深受启发。

1963年3月3日,中央人民政府副主席、中国人民解放军总司令朱德,在湛江地委书记莫怀、副书记谢永宽,以及中国人民解放军第55军军长陈明仁上将等陪同下视察粤西试验站,进行了两个多小时的考察,参观完引种园及听取汇报后,总司令强调:"种好橡胶,发展生产,巩固国防很重要。你们要把主要科技力量放在橡胶抗寒高产研究工作中,同时也要安排一定的力量对其他作物进行研究,对科研人员生活给予关照。希望你们继续努力工作,做出更大的成绩,为社会主义建设服务"。

1965年4月,贺龙元帅视察了粤西站。

粤西试验站迁址后,国内外交流与合作日趋活跃。先后有许多国际友人到试验站考察、交流,同时粤西站也组织了部分专家出国考察。

1960年9月,越南民主共和国主席胡志明由中共中央中南局书记、广东省委书记陶铸,中共湛江地委书记孟宪德等陪同,参观了粤西试验站。

1978年庞廷祥到墨西哥安东尼奥农业自治大学学习银胶菊遗传育种并引种。

1980年9月,庞廷祥和庞任声等人参加的植物低温生理考察组出访日本,考察植物低温生理抗寒育种和耐寒性鉴定方法研究现状。

1980年马来西亚原产部长梁棋祥、澳大利亚林业考察团、加拿大汤森公司外宾、联合国橡胶专家林保罗先生等先后到粤西试验站考察。

1984年10月,世界著名生物学家、美籍华人牛满江教授和夫人张葆英副教授访问了粤西试验站。

1986年1月,著名音乐家贺绿汀偕夫人到湛江进行创作,并参观了粤西试验站。

1986年6月,以泰国农业合作部规划处处长彤差·佩差拉为团长的泰国橡胶考察团一行6人,到粤西试验站考察橡胶抗树寒选育种。

1986年12月,胡继胜副站长随同农牧渔业部水果考察团赴缅甸进行了考察。

1965年,粤西试验站成为电影《赤道战鼓》(八一电影制片厂出品)的外景地之一。

1981年,粤西试验站成为电影《四个小伙伴》(北京儿童电影制片厂出品)主要外景地。

二、橡胶树北移,突破植胶禁区

我国天然橡胶产业是在非常困难的国际环境和特殊的历史条件下迅速发展起来的。

但我国华南地区属于橡胶生长的非适宜区，低温寒害和风害问题是我国橡胶生产的严重威胁。这在巴西橡胶原产地亚马孙河流域、巴西橡胶盛产地东南亚各国以及其他赤道附近的重要植胶国，是根本不存在的。因此，我国要大面积种植和发展橡胶，就必须开展以抗灾为重点的橡胶树北移种植技术研发，抗性育种是核心，选育抗寒品种是建立我国橡胶生产基地首先要解决的重要任务。

1954年4月至1956年3月，由何敬真教授和江爱良、肖椿前教授共同主持，在徐闻试验站开始了不同结构次生林带和萌生林带防风防寒试验，20世纪60年代初期又重复开展了这些试验，并得到一些重要研究结果（参见本章第一节）。

1957年3月，广州橡胶树北移工作组正式成立。1964年时任华南亚热带作物科学研究所所长何康（1983—1990年任农业部部长）宣布将广州橡胶北移组并入粤西试验站（南亚热带作物研究所的前身），此后，橡胶北移栽培研究任务由粤西站承担。

1961年，粤西试验站分别在广西壮族自治区东方农场、华山农场建立梯度前哨抗寒试验点，随后又相继在三中农场、云浮农场建立前哨抗寒试验点。

1962年，农垦部刘型副部长在湛江海滨宾馆主持全国第一次橡胶树育种工作会议。根据这次会议精神，1963年农垦部下达文件指示，由华南热带作物科学研究所会同各省（区）农垦局，选择垦区不同环境类型的20个农场，对已引进的20多个国外橡胶品种进行适应性试验。粤西试验站是粤西垦区试种点之一。

1964年，党中央、国务院号召广大科研人员走出高楼深院，深入生产第一线，为"两当"（当时和当地）服务，大办样板田。活动中有三分之二的科技人员下楼出院，深入生产第一线，建立样板点。粤西试验站创建了广西广东农场橡胶抗寒栽培样板，南华农场抗风栽培样板。

经过10年探索，粤西试验站在橡胶树抗寒品种选育的理论上实现了突破。橡胶树是典型的热带雨林树种，从树种特性来看，其抗寒性基因的范围不会很宽，要从原始材料中选育抗寒性强的高产品种是难以实现的。但在实践中发现，品系间抗寒性有明显的差异，若是通过亲本选择，利用它有限的抗寒性和杂种优势，逐步提高其后代的抗寒性和产量是可能的。

在此理论的指导下，粤西试验站把能收集到的国内外橡胶树高产无性系，通过抗寒性系统鉴定，选择抗寒性较强、产量中等的合口3-11与抗寒性强的天任31-45杂交，通过广大科技人员不懈的努力，终于在1965年选育出橡胶树抗寒新品系93-114。经多点多年的连续系统鉴定和1986年、1990年两次全国品种汇评，证明该品种抗平流低温能力强，也具抗辐射低温能力，并推荐在中寒、重寒植胶区作大规模的推广。到1998年种植面积已达1万公顷以上，而且主要是重寒区农场。同时也成为我国向国际交流的重要抗寒橡胶品种。

1979年粤西试验站"用人工冷冻方法鉴定橡胶树抗寒力"研究成果，获得广东省科学大会颁发的科学技术研究成果奖（证书编号：1979）。

1979—1990年粤西试验站通过前哨抗寒系比和人工模拟低温鉴定，经全国新品种汇评，93-114和GT1两个品种被评为大规模推广级的品种；品种IAN873被评为中规模推广级的品种，其抗寒力和产量明显高于当地的当家品种GT1；湛试327和湛试366两个有性系被评为小规模推广级的品种；另有14个品种被评为试种级的品种。

1980年，粤西试验站谢善昌、郭森元、庞廷祥等参加的"湛试93-114的选出和大规模级推广"研究成果，获得农垦部科技成果一等奖。

1982年10月，华南热带作物科学研究院申报的"橡胶树在北纬18°~24°大面积种植技术"研究成果，获得国家科委颁发的国家发明一等奖。其中粤西试验站从200多份抗寒资源中杂交选育的93-114抗寒橡胶品种为其重要组成部分。该技术研究成功前，世界生产性栽培橡胶树仅限于赤道以南10°到赤道以北15°范围，北纬17°以北地区被视为"植胶禁区"。该技术使橡胶树从原产地的南纬4°~5°北移到北纬18°~24°种植，突破了北纬17°的世界临界值，实现了北纬17°~24°的大面积种植。

1987年11月，全国第三次橡胶树育种工作会议在湛江召开。广东农垦总局陈枫副局长在小组会上说："湛试93-114的选出，巩固了北部重寒区的橡胶农场，粤西试验站立了大功。"

橡胶树北移课题研究，抗寒高产品种选育是核心。同时也要结合开展防灾减灾、丰产栽培、营养诊断、土壤改良、病虫防治等多方面的研究。橡胶树抗寒新品系93-114的选育，同时也激励了粤西站的科技人员们同心协力，力争在较短时期内取得更大的成果。在此前后的十多年间，粤西试验站针对粤西垦区台风、寒害严重，北部丘陵胶园土壤瘠瘦等不利因素，还开展了橡胶胶园防护林交通及林网设计、北部丘陵胶园土壤改良与施肥、橡胶树白粉病流行规律及防治、风害寒害树处理等多方面的研究。对橡胶树的研究不断取得突破，橡胶树培育和种植技术逐渐打破西方资本主义国家对我国的技术封锁，对我国橡胶事业发展做出了巨大贡献。

粤西试验站1950年代营造的人工林带到1960年代已经成林。从1960年开始，粤西站在丘陵红壤区农场开展绿肥覆盖、牧草引种试种研究，同时在站内基地建立引种、繁殖基地。高州团结农场广沄分场实生树割胶投产。并于当年布置了"橡胶树割胶肥料试验"，至1965年取得了连续6年的试验结果。

1961年，粤西试验站在湛江建设农场建立了胶园土壤改良试验点。

1962—1965年，贯彻1961年国家科委"科研14条"，粤西站开展了粤西北部丘陵红壤胶园土壤改良工作。经过4年艰苦劳动，开垦荒山440亩，种植胶树234亩，基本完成了综合措施试验和各项辅助试验的布置，初步实现良种化、梯田化、林网化，建立了胶、林、牧相结合的基地。

1964年在大办农业样板活动中，参加了农垦部湛江黎㙦农场橡胶速生样板点创建工作。

1982年粤西试验站"协作乙烯利割胶新制度剂型试验研究"研究成果，获得农垦部颁发的科技成果二等奖（证书编号：30030）。

1985年粤西试验站"我国橡胶树的缺镁症及其防治的研究"成果，获得农牧渔业部颁发的部级科技进步二等奖（证书编号：1986-3）。

1986年粤西试验站"橡胶树抗性高产优质品种选育及繁育体系的研究"成果，获得国家科学技术委员会颁发的奖状。

三、南亚热带作物研究的起步

1960年代中后期，南亚热带经济作物在我国热区逐步发展起来。为了适应新形势发展的需要，根据农垦部的要求（参见第十一章"三、关于粤西试验站机构编制、任务和经费问题的决定"），粤西试验站在主抓橡胶树研究的同时，逐步拓展研究范围，开始对其他南亚热带作物进行研究。

徐闻试验站改名粤西试验站后，更加明确了该站属区域性试验站的性质，主要任务是为粤西垦区热带作物生产服务。下设橡胶、香料、热作三个研究组和图书资料室。在以橡胶树为主要研究对象的同时，也开展了其他热带作物的研究。

1961年7月，国家科学技术委员会制定的《关于自然科学机构当前工作的十四条意见》颁布后，1962年农垦部刘型副部长在湛江海滨宾馆主持全国第一次橡胶树育种工作会议，根据这次会议精神，1963年农垦部下达文件，指示由华南亚热带作物科学研究所会同各省（区）农垦局，对已引进的20多个国外橡胶品种进行适应性试验。粤西试验站是粤西垦区试种点之一。随后，何康所长就具体要求，粤西试验站以橡胶科研为主，橡胶科研力量要占70%，其余30%的科技力量放在当前生产上急待解决的课题和热带作物引种试种，为热带作物发展创造条件。

根据何康所长的要求，在大办农业样板活动中，粤西试验站就创建了湛江建设农场改土带生样板和海鸥农场香茅破产栽培样板。

早在1957年，粤西站胡继胜等就从海南兴隆试验站引种了胡椒，进行生物学习性、修枝整形、施肥效应、防寒措施等试验，至1964年总结提出了适合湛江当地自然特点的栽培技术，并建立了示范胡椒园。1965年湛江地委决定发展胡椒生产，委托粤西试验站举办技术培训班，培训各县胡椒生产技术骨干，先后4期共培训学员256人次，粤西试验站还派员到各县协助指导。胡椒生产逐渐在粤西地区发展起来。1977年由粤西站和湛江地区果蔬公司及各县公司组成胡椒科技协作组，建立技术指导网，进行现场技术指导，检查生产，交流经验，进一步普及胡椒技术，推动胡椒生产发展。由胡继胜、郑心柏、翁家瑜和邓福兴等开展的"胡椒在湛江地区引种试种推广"研究成果，于1982年获得国家科委和农委颁布发的国家成果推广、开发奖。胡继胜个人也于1984年获得"全国农业科技推广先进工作者"称号。

自1960年代，粤西试验站就开始收集和引进芒果种质资源，开始了芒果的研究。到1977年粤西试验站韦素洁、李桂生和胡继胜等从吕宋芒初生后代中选出优良早熟品种——粤西1号。经多年多点试验表明，具有生长健壮、易开花，两性花比例高，座果率高，花芽再生力强等特点，而且遇低温阴雨天气影响后能再抽穗开花、稔实、丰产稳产，果实成熟期在6月下旬。该品种曾在湛江、广州地区大量推广种植。

1979—1984年，广东土产进出口公司首次从澳大利亚引入澳洲坚果9个品种的嫁接苗：Keauhou（HAES 246）、Ikaika（HAES 333）、Kau（HAES 344）、Kakea（HAES 508）、Keaau（HAES 660）、Mauka（HAES 741）、Makai（HAES 800）、Hinde（H2）、Own Choice（O.C），共1 353株嫁接苗和35千克种子（3 885粒）赠送给粤西试验站。粤西站开始进行澳洲坚果的引种试种研究，同时分送部分种苗到广西亚热带作物研究所、云南省热带作物科学研究所、云南省德宏州热带作物研究所、四川省亚热带作物研究所、广东省云浮林业局等单位试种。这标志着我国澳洲坚果产业进入第一个发展阶段——引种试种阶段。从此之后，我国澳洲坚果产业才从起步走上正规发展轨道。

1979年6月，广东省湛江农垦局所属剑麻研究所并入粤西试验站。自此以后，剑麻逐渐成为粤西站重要科研任务之一，主要开展剑麻抗病高产品种培育、剑麻营养诊断指导施肥研究、剑麻缺素症和茎腐病防治研究等。到1985年"龙舌兰麻杂种第11648号引种试种技术改进和示范推广"研究成果，获得国家科学技术委员会所颁发的国家科技进步奖二等奖。

随后陆续建立了香蕉资源圃、菠萝资源圃、荔枝龙眼资源圃、毛叶枣资源圃、杨桃资源圃、莲雾资源圃等热带果树种质资源圃，开展南亚热带果树研究，逐步形成了南亚热带果树重点学科。期间还开展过香茅、玫瑰茄、咖啡等作物的研究。

1985年9月，粤西试验站撰写了《粤西地区热带作物区划》和《湛江市热带作物区划》，完成了粤西地区热带作物区划任务。

1987年"花叶龙血树快速繁殖技术的研究"成果，获得广东省科技委员会颁发的广东省生物技术专项奖（证书编号：049）。

1987年粤西试验站扩建为南亚热带作物研究所，加强了对橡胶树之外的其他南亚热带作物的研究。直到1996年9月9日，湛江遭受9615号超强台风"莎莉"（Sally）的正面袭击，粤西站试验地里的橡胶树几乎全军覆没（图1-1、图1-2）。自此以后，南亚所实现了研究方向的重大转移，逐步形成了以菠萝、芒果、澳洲坚果、荔枝、龙眼、香蕉等南亚热带果树，剑麻和甘蔗等热带纤维和糖能作物，玉米、蔬菜和马铃薯等热带粮食与蔬菜等作物为主要研究对象，开展种质资源收集保存与新品种选育、作物栽培、采后贮运保鲜与加工、农业资源高效利用与良好环境生态建设等基础、应用基础和共性关键技术研究的国家级综合性非营利研究所。

图1-1 9615号台风为害状

图1-2 9615号台风后科研人员在扶树

四、粤西试验站建制变迁

粤西试验站成立后，其建制和上级主管部门经历过一系列变动。

成立之初（1955—1968年），是直属华南热带作物科学研究所的下属单位，工作人员由72人增加到253人，土地面积468公顷，试验站下设三个试验队。

1969年广州军区生产建设兵团成立，粤西试验站划归兵团第八师管辖，更名为"八师试验站"。

1973年广州军区生产建设兵团将八师试验站划回华南热带作物科学研究院建制，恢复"粤西试验站"名称。

1974年根据广州军区党委5号文和广东省委49号文，华南热带作物科学研究院和华南热带作物学院（简称"两院"）在湛江的两所一站，由两院党委和湛江农垦局双重领导。同年，由华南热带作物科学研究院和广东省湛江农垦局联合发文，确定了粤西试验站属于县团级事业单位，领导干部的任免调动由"两院"会同湛江农垦局报请湛江地委审批，由广东省农垦总局备案。并规定了粤西试验站当前的主要任务是橡胶树抗寒育种栽培，土壤肥料热作引种试种及推广。核定原编制机关及科研人员70名不等，同时核对五个生产队干部20名、工人340名，附属单位中小学17人，医务室5人，外事接待6人，共计458人。在此期间，粤西试验站一度划归湛江农垦局管辖。

1979年6月，经中央农垦部生产、科教局批示，将广东省湛江农垦局所属剑麻研究所并入粤西试验站，原剑麻研究所科技人员原则上全部并入粤西试验站，行政干部和工人除粤西试验站需要外，其他人员由湛江农垦局另行安排。1980年农垦部科字44号文，剑麻研究所正式并入粤西试验站，成立剑麻研究组，研究人员曾友梅、余让水、林必、李林基、谢恩高和王东桃等随迁到粤西站。

1985年10月，为顺应当时承担"南亚热带作物及其产品的科研工作"的任务要求，粤西试验站申请更名为南亚热带作物研究所，当时下设6个研究室，共计405名员工（其中，科研人员75名）。1987年9月，经国家科学技术委员会批复〔(87)国科发琼字第0704号文件〕（参见第十一章"四、关于华南热带作物科学研究院粤西试验站更名的通知"，"五、关于华南热带作物科学研究院粤西试验站更名的复函"和"六、对南亚所人员定编方案的批复"），粤西试验站更名为南亚热带作物研究所，编制研究范围进一步扩大，从此进入了一个新的发展时期。

粤西试验站近三十年的时光荏苒，顽强奋发的南亚所人，用智慧与汗水突破了重重的"橡胶禁区"；近三十年的岁月悠悠，艰苦卓绝的南亚所人，用耐心与毅力为祖国献上了丰硕的成果。

粤西试验站的历史是南亚所第一段最辉煌的历史。以"橡胶树抗寒新品系93-114的选育"和"橡胶树在北纬 18~24 度大面积种植技术"为代表的研究成果，标志着南亚所从出生到成长的进程，就像一棵小树，不畏一切险阻，正在长成参天大树，她含苞待放，正要开花、结出丰硕的果实！

第三节　撤站建所，蓬勃发展（1987—2002 年）

改革开放以来，南亚热带经济作物在我国热区蓬勃发展起来。为了适应新形势发展的需要，经农业部和国家科委批准，粤西试验站于 1987 年扩建为南亚热带作物研究所。主要任务是承担南亚热带地区作物资源调查与利用研究工作；进行橡胶树抗寒高产品系的培育研究；剑麻抗病高产品系的培育和栽培技术研究；并承担其他亚热带果树、花卉的栽培技术研究。从此，南亚所进入了一个新的发展阶段。

撤站建所以后，南亚所研究工作稳步发展，工作条件，生活环境得到较大改善，新建了职工住宅，改善了办公条件和实验条件，配置了一批科研仪器、设备和设施，整治绿化了环境、道路和旅游设施，在标本园的基础上进行改造扩大、建成了南亚热带植物园，初步形成了具有南亚热带风光的科普旅游景区，植物园 2001 年被湛江市人民政府评为"湛江八景"之一，誉为"南亚奇园"；2002 年被湛江市精神文明建设委员会办公室、湛江市旅游局评选为湛江市旅游行业"文明示范窗口"。

撤站建所后，到 1988 年，全所职工总计 365 名，其中科研人员 105 名，科研人员中具有高级职称专家 16 名，中级职称 20 名，初级职称 40 名；包括农业部突出贡献专家 2 名，享受国家特殊津贴的各学科专家 10 名，获全国农业科技推广先进工作者 1 人。下设行政办公室、党务办公室、科研办公室、人事保卫科、基地管理科、计划财务科、图书实验室管理科和机务办公室。科研管理按照课题组管理制，设有 9 个课题组：橡胶单倍体课题组、橡胶选育课题组、剑麻营养诊断课题组、剑麻育种课题组、果树课题组、芒果课题组、坚果课题组、花卉课题组和绿化课题组。1998 年 6 月，为管理经营南亚所在湛江市霞山区的招待所、住宅区等产业，新设立了霞山办事处。

从 1997 年起，南亚所被国家科委列为重点资助研究所，2002 年 10 月经国家科研机构管理体制改革，转为国家非营利性科研机构。也是中国热带作物学会园艺专业委员会的依托单位。

建所以后，南亚所继续得到各级领导的亲切关怀和大力支持。1988 年 4 月 25 日，中国人民解放军总参谋长迟浩田到南亚所参观；1988 年 12 月 1 日，农业部部长何康视察南亚所，为南亚所题写了所名（参见前文图片），并为南亚热带植物园题词"南亚奇园谱新篇"（参见前文图片）；1993 年 12 月 19 日，中共中央政治局常委宋平视察南亚所，并题词"振兴三高农业"；1995 年 5 月 19 日，中共中央政治局委员、广东省委书记谢非视察南亚所。

这一阶段国内外的交流与考察活动逐渐增多。

1988年11月28日，法国国际农业开发研究合作中心香蕉研究所主任冈利，到南亚所考察香蕉等热带水果；1988年美国夏威夷大学教授P. J. Ito到南亚所开展澳洲坚果学术交流，带来Purvis（HAES 294）、Beaumont（HAES 695）、Pahala（HAES 788）、Kau（HAES 344）、Keaau（HAES 660）、Mauka（HAES 741）、Makai（HAES 800）7个品种的芽条，其中294、695及788是南亚所未曾引入的品种；1998年澳大利亚专家R. A. Stephenson（Maroochy Horticultural Research Station, Queensland Department of Primary Industries）来南亚所进行澳洲坚果学术交流；1988年11—12月，陈作泉所长随两院考察团，前往法国和科特迪瓦，考察热带水果的科研和生产现状；1992年，南亚所通过澳大利亚友人Stephen Midgley从堪培拉种质资源库引进澳洲坚果种子1千克，播种出苗125株（后来从中选育了南亚12号和南亚116号两个优良品种）。

1997至1998年，南亚所肖邦森所长先后随农业科技考察团，考察了墨西哥、美国、几内亚、德国和荷兰；1998年孙光明研究员赴澳大利亚考察澳大利亚澳洲坚果生产情况，引进澳洲坚果Yonik、Own Venture、Winks、814、NG18、783、DAD、922、842、B3/74 10个品种的接穗。

撤站建所以后，由于南亚热带经济作物在我国热区的蓬勃发展，我国南亚热作科研事业也有了长足发展，南亚所的研究定位也发生了改变。在继续开展橡胶研究的同时，拓展了研究范围，进一步加大了对橡胶树之外的其他南亚热带作物的研究力度，并在橡胶、剑麻和果树研究方面都取得了丰硕成果。从1988年到2002年的14年间，全所取得获奖成果20多项。由于南亚所科研业绩突出，于1992年被农业部农垦司评为"七五"期间全国农垦系统科研先进单位（证书编号：751028），并于1996年获得农业部农垦局颁发的先进集体奖。

这一阶段，橡胶研究在南亚所仍然占据着举足轻重的地位，南亚所在橡胶研究上继续取得辉煌成就。

1988年南亚所"橡胶单倍体育种生物技术"研究成果，获得广东省科技委员会颁发的广东省生物技术专项奖（证书编号：002）。

1992年南亚所作为主要参加单位完成的"橡胶热作种质资源主要情况鉴定评价"研究成果获得国家科技进步奖三等奖；同年由南亚所完成的"橡胶热作种质资源主要性状鉴定评价"获得农业部颁发的科技进步奖二等奖（证书编号：910022）、"橡胶无性系IAN873引种利用研究"成果获得农业部三等奖；1998年南亚所作为主要参加单位完成的"橡胶树国外优良无性系的引种试验及应用"研究成果获农业部科技进步奖一等奖。另外，"橡胶无性系IAN873引种利用研究"成果获得湛江市人民政府颁发的湛江市科技进步二等奖（证书编号：91102）、"人工摸拟平流型低温鉴定橡胶无性系抗寒性的方法研究"成果获得湛江市人民政府颁发的湛江市科技进步三等奖（证书编号：91373）。

在此阶段，华南热带作物科学研究院和各省（区）科研生产单位协作，开展了"橡胶树优良无性系的引种、选育与大面积推广应用"项目研究，获得1999年国家科技进步奖一等奖，南亚所是主要协作单位之一。

直到1996年，由于遭受9615号超强台风"莎莉"的正面袭击，南亚所的橡胶园全部被摧毁，持续几十年的橡胶抗寒高产选育研究被迫中断，产业开发也由橡胶生产为主转移为以甘蔗等经济作物为主。自此以后，南亚所的研究重心实现了根本转移，从研究重心以橡胶为主转移到以南亚热带作物为主。这一阶段，研究的主要对象是剑麻、热带果树（芒果、澳洲坚果和其他优稀水果）和热带花卉等。

剑麻研究经过多年积累，奠定了良好研究基础，已经成为南亚所重点科研任务之一。在剑麻抗病高产品种选育、营养诊断指导施肥、缺素症和茎腐病防治等领域的研究中都取得了很大成就。

在剑麻抗病高产品种选育方面，南亚所谢恩高、王东桃等于1980年选用H·11648（做母本）与普通剑麻（做父本）杂交，经品比试验不断筛选，培育出新品种粤西114。其产量接近H·11648，而抗病力尤其是抗斑马纹病能力显著强于H·11648，纤维拉力也优于母本。"剑麻新品种粤西114号的选育"研究成果于1990年获得农业部科技进步三等奖（证书编号901512）。

在剑麻营养诊断指导施肥研究方面，1983—1990年由许能琨等完成了土壤叶片采样方法、麻区土壤、麻田营养状况的调查，各种肥料试验，制订出营养诊断指标。已在垦区不同土壤类型麻区19个农场约7 000公顷麻园中推广应用，取得显著的经济社会效益。他们还对镁营养和镁肥进行了调查和试验，鉴别了缺镁症状——基枯病，分析了镁营养素和施用镁肥效应。1989年余让水、林必、许能琨等完成的"龙舌兰杂种11648麻主要矿质营养缺乏症研究"研究成果，获得广东省人民政府颁发的广东省科技进步三等奖（证书编号：1989-813），同时获得湛江市人民政府颁发的科技进步二等奖；1993年由许能琨、林必、余让水和孙光明等完成的"H·11648麻营养诊断指导施肥技术研究"成果，获得国家科委颁发的国家科技进步奖三等奖（证书编号：农-3-023-01）。

芒果研究也有了一定基础，成果初显。这一阶段，重点开展了芒果花期调节和新品种选育工作。1994年岑洁荣等"应用多效唑促进三亚市芒果树提早开花结果的效应"研究成果，获得三亚市科技进步三等奖。1993年南亚所"芒果新品种粤西1号的选育"研究成果，获得湛江市人民政府颁发的湛江市科技进步二等奖（证书编号：92132）；1999年由李桂生、王才发、马蔚红等完成的"红芒6号（Zill）引种试种研究"成果，获得农业部颁发的科技进步奖三等奖（证书编号：1999-119-01）。

到1996年，南亚所参加了热科院专家组对四川攀枝花进行实地考察，发现该地区具有得天独厚的光热资源和南亚热带干热河谷气候特征，并且不受台风等自然灾害影响，特别适合芒果生长，具备优质芒果生产的环境气候条件，发展潜力巨大。经多次考察论证，提出了《在攀西地区发展 10 万亩一流的优质芒果商品生产基地的建议》，该《建议》得到了农业部的高度重视和攀枝花市委市政府的大力支持，从此，拉开了攀枝花发展芒果产业的序幕。随后，南亚所承担了科技帮扶攀枝花发展芒果产业的重任，并开始派驻专家挂职科技副县长，首期自 2000—2003 年，由范辉建挂职攀枝花市盐边县。"攀枝花模式"开始形成雏形。

澳洲坚果自 1979 年由南亚所首先引进以来，到 1986 年陈作泉所长在全国最早组建了澳洲坚果课题组，成为我国最早从事澳洲坚果研究的单位。这一阶段，经过前期的引种试种，到 1994 年南亚所"澳洲坚果引种试种"通过农业部成果鉴定，1999 年获农业部科技进步二等奖（证书编号：1999-046-01）。这一成果解决了我国能够种植澳洲坚果这一基本问题。因此，一些先驱企业（农户）开始商业化种植澳洲坚果，1994—2000 年间出现了我国澳洲坚果产业第一次发展热潮。1987 年 9 月，广西国营华山农场在灵山县最早开始商业性种植澳洲坚果，先后从南亚所引进 9 个品种植了 283 亩，这是我国最早商业化种植的澳洲坚果园；至 1994 年种植面积达到 860 亩。1990 年 9 月，广西金光农场在扶绥县种植了 1 200 亩澳洲坚果，至 1998 年种植澳洲坚果面积达 2 500 亩。1988 年 8 月和 1991 年 7 月，云南省热区办和云南省农垦总局分别在思茅、德宏、西双版纳、红河等地州所属农场和科研单位试种，至 1997 年勐养农场种植澳洲坚果 941.40 亩、勐捧农场 1 954.5 亩、云南省热作所种植 5 000 亩。1996 年 7 月，云南省德宏州澳洲坚果有限责任公司分别在盈江县太平基地、新城基地和莲花山基地分别种植澳洲坚果 1 200 亩、1 000 亩和 500 亩，合计 2 700 亩；1997 年 7 月，又分别在德宏州芒市法帕镇万段和铜壁关镇南凯山建立澳洲坚果种植基地 1 500 亩。1997 年至 1998 年，云南省德宏州潞西市芒市清塘河永成农庄种植澳洲坚果 700 亩。这一时期，全国澳洲坚果种苗和品种基本都由南亚所或南亚所的合作单位提供；各地使用的生产技术也主要由南亚所研发和推广。到 2001 年全国澳洲坚果种植面积已经达到 2 118 公顷。这一阶段，是我国澳洲坚果发展历程中的产业起步阶段。南亚所在这一阶段的发展中起到了决定性的作用。南亚所澳洲坚果课题组获得 1998 年热农院校"先进集体"称号。

在南亚热带优稀果树和其他作物研究方面也取得了长足进步。1987 年南亚所"花叶龙血树快速繁殖技术的研究"成果，获得广东省科技委员会颁发的广东省生物技术专项奖（证书编号：049）；1999 年"毛叶枣引种试种"项目通过农业部成果鉴定，2001 年获得两院科技进步二等奖（证书编号：〔2000〕-10）。荔枝、龙眼、菠萝、番荔枝、番石榴、杨桃等果树研究也开始起步，建立了各类南亚热带作物种质资源圃，保存各类南亚热带果树资源达到 800 多份、园林植物近 1 500 份，是我国热带作物种质资源种类最丰富、数量最多的保存机构之一，为后续研究奠定了良好基础。

历经多年的风风雨雨，南亚所一直在不断地自我净化、自我完善、自我革新、自我提高，南亚所人一直在努力进取，砥砺前行；南亚所的成长饱含着从中央到地方各级领导的关怀和支持，也离不开有关单位的支持与帮助！南亚所厚积薄发，以"橡胶树国外优良无性系的引种试验及应用""H·11648麻营养诊断指导施肥技术研究"为代表的科研成果和以芒果、澳洲坚果为代表的产业推广成果标志着南亚所撤站建所以后迎来了第二次辉煌！南亚所这棵大树，结满了累累硕果！

第四节　改革奋进，再立新功（2003—2012年）

进入21世纪，我国科研机构的组织结构和运行机制已经发生重大变化。为此，国家开始对国务院部门（单位）所属科研机构管理体制进行改革，2002年10月，南亚所转为国家非营利性科研机构，国家对创新编制部分的人均事业费投入显著增加。改革后的南亚所主要职责为：承担南亚热带作物应用基础研究、应用研究和重大关键技术研究；南亚热带作物种质资源收集、鉴定与利用；芒果、菠萝、澳洲坚果等南亚热带果树、剑麻等热带纤维新技术研究、新品种培育与示范；南亚热带生物质能源工程技术研究、南亚热带农业资源高效利用与良好环境生态建设关键技术研究与示范等。改革后的南亚所实现了把主要研究力量转向南亚热带作物方向的战略转移，橡胶不再作为主要研究对象。根据批准的《中国热带农业科学院南亚热带作物研究所科研管理体制改革实施方案》（参见第十一章"六、七、八、九"），南亚所创新编制总数为80人，客座研究和合作研究人员不少于总编制的20%，管理人员控制在总编制的10%内。按照南亚所发展目标定位及重点学科发展领域，为形成一个合理的科研梯队，经专家充分论证，确定了今后科研人员的构成目标：科研岗位设置试行两个系列（研究系列与技术系列），研究系列岗位分4级12档，技术系列岗位分3级7档。

2004年5月，为进一步贯彻落实国家和"两院"有关科研机构管理体制改革的精神，南亚所创新岗位采取全员聘用制，在"两院"内外公开招聘，公平竞争，择优聘用。

改革后，南亚所取消原有的行政办公室、党委办公室、科研办公室、人事科和经营管理科，成立综合办公室、产业办公室。综合办公室分别设置科级岗位、科研秘书、行政秘书和财务人员岗位。产业办公室设置行政秘书、人事秘书、财务秘书及经管秘书。

科研机构设有6个研究中心：南亚热带作物种质资源研究中心、南亚热带园艺植物研究中心、南亚热带特色作物研究中心、南亚热带作物环境与保护研究中心、实验中心和科技信息中心；2010年调整为种质资源研究中心、热带果树研究中心、热带坚果研究中心、热带纤维与糖能作物研究中心、热带农业资源与环境研究中心、热带园艺产品采后生理与保鲜研究中心和休闲农业研究中心。研究中心下设课题组，课题组实行课题组长负责制，独立运行。

产业系统与创新系统分离，设置产业办、植物园、园林中心和农业中心四个开发实体。

2010年内设机构调整，分别设置综合办公室、科研办公室、基地与条件建设管理办公室、财务办公室、开发办公室和土地管理办公室。

2004年改革后全所职工共计401名（含离退休人员和流动编制人员），其中专业技术人员143名，专技人员中高级职称人员24名、中级人员48名、初级技术人员59名。

改革之后的南亚所综合实力显著增强，工作条件和生活环境得到进一步改善。南亚热带植物园更加完善，形成了更加优美的具有南亚热带植物特色的科普旅游景区，逐步建立起"科研、开发、旅游三位一体"的发展模式，走上改革、创新、发展的良性轨道。南亚热带植物园2005年被全国旅游景区质量等级评定委员会评选为"AAA国家级旅游景区"；2002年被中国农学会评选为"全国农业科普示范基地"；2005年被湛江市旅游局评选为"优秀旅游景区"；2005年获得湛江市科学技术协会颁发的"湛江市科普工作先进集体"称号；2006年被广东省旅游协会"首届广东最受欢迎自驾游目的地（景点）评选"活动评选为"自驾游推荐景点"；2006年被全国工农业旅游示范点评定委员会评选为"全国农业旅游示范点"；2009年被广东省科技厅评选为"广东省青少年科技教育基地"；2010年被广东省旅游局、广东省科技厅评选为广东省第一批"科技旅游示范基地"；2011年11月被农业部、共青团中央评选为"全国青少年农业科普示范基地"。

改革之后的研究所，科研条件进一步改善。

建设了我国菠萝产业技术体系，孙光明研究员被聘为首席科学家；参加麻类、荔枝龙眼、香蕉、甘蔗产业技术体系建设，周文钊研究员被聘为剑麻育种岗位科学家；是荔枝龙眼、香蕉、甘蔗产业技术体系湛江试验站依托单位。

建设了农业部热带果树生物学重点实验室、海南省热带园艺产品采后生理与保鲜重点实验室、海南省热带作物营养重点实验室、湛江市热带作物遗传改良重点实验室等重点实验室。

建设了国家热带果树种质资源圃、农业部湛江菠萝种质资源圃。

建设了国家重要热带作物工程技术研究中心菠萝分中心、芒果分中心、澳洲坚果分中心，海南省菠萝种质创新与利用工程技术中心。

建设了热科院休闲农业研究中心、玉米研究中心、热带旱作农业研究中心。

建设了国家农业科技创新与集成基地、华南农业大学湛江荔枝龙眼农科教合作人才培养基地。

改革之后的研究所，科研工作进入快速发展轨道。研究对象和研究方向更加广泛，种质资源研究中心成立了资源保存和利用课题组，园艺植物研究中心中芒果、菠萝、荔枝、龙眼、香蕉都成立了独立的课题组，毛叶枣、杨桃、黄皮、番荔枝、番石榴、莲雾、油梨等优稀果树组成了优稀果树课题组，热带坚果研究中心中成立了澳洲坚果课题组，热带纤维与糖能作物研究中心中成立了剑麻、甘蔗课题组，热带农业资源与环境中成立了植物保护和植物营养课题组，采后生理与保鲜研究中心成立了采后保鲜课题组，休闲农业研究中心中成立了加工和休闲农业课题组；2010年研究中心调整后种质资源研究中心增设了功能成分和经济林课题组，休闲农业研究中心增设了规划设计课题组。学科布局更加合理，涵盖了种质资源、栽培、育种、植保、植物营养、采后生理与保鲜、功能成分、产品加工等各个学科，建成了热科院果树学和植物营养学重点学科。

剑麻研究进入了新的发展阶段。进入国家麻类作物产业体系，是剑麻育种岗位依托单位。在剑麻区划、栽培生理、育种、植物营养、病虫害鉴定与防治、再生体系构建和分子标记辅助育种等方面都取得重要进展。2011年南亚所与热科院生物所、环植所合作完成的"剑麻斑马纹病病原生物学、遗传多态性及防治技术研究"研究成果，获得海南省人民政府颁发的海南省科技进步奖二等奖（证书编号：2011-J-2-D-049）和热农院校科技成果二等奖（证书编号：〔2011〕2号）。

菠萝研究国内领先，是国家菠萝产业体系首席建设单位。初步解决了我国菠萝产业发展中的关键技术问题。

一是开展了菠萝良种选育、示范、推广工作。采用引进与选育种相结合的办法，选育出一批适合我国菠萝主产区种植的鲜果型、加工型和鲜果、加工两用型的菠萝新良种，建立了农业部菠萝种质资源圃。

二是开展了菠萝无公害商品标准化生产技术研发与推广。重点解决了我国菠萝鲜果生产产量、质量不高的问题，采取引进、研发与组装集成相结合的办法，把现代节水技术、农业机械化技术、有机配方合理施肥技术、生物防治技术，产期调节技术等应用于菠萝栽培，并形成标准化技术措施，在菠萝栽培上广泛推广应用，实现我国菠萝生产水平的大幅度提高。

三是开展了菠萝保鲜贮运技术研发应用，初步解决了我国菠萝采后保鲜、包装、贮运技术和装备均相对落后的瓶颈问题。

四是开展了菠萝深加工及其综合利用技术研发应用工作。重点是对现有加工主产品（罐头、果汁）的生产设备改造、工艺改进、技术水平和产品质量的提高，以及新产品的研发支持（如：菠萝纤维、高活性菠萝酶、菠萝饲料和有机生物肥等）。

芒果研究硕果累累。在种质资源与杂交育种、储藏保鲜、病虫害防治、品质生理、分子标记辅助育种等方面开展研究。2010年南亚所与攀枝花经济作物技术推广站等合作完成的"晚熟芒果生产关键技术研究与推广"研究成果，获得农业部、中国农学会2008—2010年度全国农牧渔业丰收奖一等奖（证书编号：FCD-2010-1-037-01）；该技术的推广进一步提高芒果果农的种植技术水平，提升芒果品质，促进芒果产业走精品农业之路。2011年南亚所、品资所与环植所合作完成的"芒果种质资源收集、评价与创新利用研究"成果，获得海南省人民政府颁发的海南省科技进步奖二等奖（证书编号：2011-J-2-D-041），并获得2011年热科院科技成果一等奖（证书编号：〔2011〕2号）。

在芒果科技推广和服务"三农"方面做出了显著成绩,特别是在助推攀枝花芒果产业发展方面做出了突出贡献。确定了红芒6号(Zill)、凯特(Keitt)、海顿(Haden)等适宜发展的8个中晚熟优良品种在攀枝花"落户",成为当家品种;研发了芒果套袋、花果调控等系列配套技术,针对性地解决了"大小年"结果、果肉溃败和区域性特有病虫害等重大科技难题;坚持派驻技术骨干赴该市挂职科技副县(区)长(继范辉建之后,2010年至2012年,马小卫博士挂职盐边县副县长),不间断的"火炬接力",参与当地政府决策,协助做好规划落实,架起了专家与合作社、农户的桥梁,成功实现了"把科研成果带下去,把产业需求带回来";创办"攀枝花新农学校",为该市培养学历型果树技术骨干,为当地源源不断地输送了拥有新观念、掌握新技术的新型职业农民。推广模式获得获全国农牧渔业丰收奖一等奖。"攀枝花模式"进入从形成到成熟完善阶段。

澳洲坚果研究助推我国澳洲坚果产业进入稳步发展阶段。在引种试种取得成功之后,继续开展种质资源收集保存、优良品种选育、丰产优质栽培等方面的研究并取得显著成果。研发了WGD-1配方扦插育苗技术,2003年获得云南省科技进步三等奖,获发明专利(专利号:ZL200910089779.8);研发了WGD-3配方诱导嫁接育苗技术,2013年通过农业部成果鉴定,获发明专利(专利号:ZL200910089779.3)。选育了H2、南亚1号、南亚2号、南亚3号等一批优良品种。研发了澳洲坚果早结丰产栽培关键技术,被农业部推荐为主推技术。制定了一系列农业行业标准《澳洲坚果种苗》《澳洲坚果果仁》《澳洲坚果带壳果》《澳洲坚果种质资源鉴定技术规范》。2007年完成的"澳洲坚果国外九个主要品种的适应性及丰产栽培关键技术研究与示范推广"研究成果通过农业部成果鉴定。这些技术进步助推我国澳洲坚果产业发展速度加快,这一阶段澳洲坚果平均每年新增种植面积在1万亩以上。产业发展进入稳定发展阶段。

2012年由热科院、广西壮族自治区亚热带作物研究所、广州市果树科学研究所、攀枝花市农林科学研究院、广东省湛江农垦集团公司、广西农业科学院园艺研究所、云南省德宏热带农业科学研究所共同完成的"特色热带作物种质资源收集评价与创新利用"研究成果,获得国家科技进步奖二等奖,南亚所的澳洲坚果课题组是主要完成单位之一。

荔枝研究成就斐然。南亚所是国家荔枝龙眼产业技术体系湛江试验站依托单位。这一阶段重点研发了荔枝果实套袋栽培技术、老低劣果园改造技术、安全高效生产技术,对提高我国荔枝单位面积产量,优化品种结构,提高产业效益和国际竞争力,确保荔枝产业健康稳定发展产生了积极的影响。项目组于2003年开始在海南、广东、广西等省区30多个市县、100多个示范点推广荔枝安全高效生产技术,到2011年直接推广面积超过2 000公顷,辐射带动推广面积5 300余公顷,这项技术已成为荔枝获得绿色食品认证的主要技术措施。"荔枝果实套袋栽培技术"成功解决了我国荔枝品质低,着色差和农药残留的问题,提高了荔枝的商品率。通过多年研究与实践,集成了一套包括间伐、合理整形修剪,环割环剥控梢促花,机械修剪、疏花,套袋技术,使用杀虫灯与低毒低残留农药防治有害生物，养分综合管理与施肥技术，采后处理与贮运保鲜等核心技术的"低产低值荔枝园改造技术"。通过国家荔枝产业技术体系等渠道推广70多万亩，每年新增收益5亿多元。该技术2011年由南亚所、华南农大园艺学院与海南省农科院果树所合作组装成"荔枝高产高效关键生产技术的集成与推广应用"研究成果，获得农业部颁发的2010—2011年度中华农业科技奖科研类成果一等奖（证书编号：KJ2011-D1-016-01）。作为该项目的组成部分，2005年南亚所"荔枝果实套袋栽培技术的研究与推广"成果，获得海广东省科学技术委员会颁发的广东省农业技术推广二等奖（证书编号：2004058）；2006年南亚所"套袋技术提高荔枝果实品质的研究与推广"研究成果，获得广东省科学技术委员会颁发的广东省科学技术二等奖（证书编号：2005-农-2-012-D02）；2008年南亚所"荔枝安全高效生产技术的研究与推广"研究成果，获得热农院校颁发的科技成果一等奖（证书编号：〔2008〕14号）；2009年南亚所"荔枝安全高效生产技术的研究与推广"成果，获得海南省人民政府颁发的海南省科技进步三等奖（证书编号：2008-J-3-D-057）。

优稀果树和其他南亚热带作物研究也取得许多成果。

2005年南亚所"色拉特罗大翼豆选育及推广利用"研究成果，获得海南省人民政府颁发的海南省科技技术三等奖（证书编号：2004-进-3-078）。

2006年南亚所"毛叶枣高产优质栽培生理及配套栽培技术的研究与应用"研究成果，获得热农院校颁发的科技成果一等奖（证书编号：〔2006〕02号）。该技术体系可有效调节毛叶枣产期、显著提高产量与品质，并分别在海南、广东、云南、福建等地推广应用，累计推广面积达3 300余公顷，效益显著。

2007年南亚所"毛叶枣高产优质栽培生理及配套栽培技术的研究与应用"研究成果，获得海南省人民政府颁发的海南省科技进步三等奖（证书编号：2006-J-3-D-082）。

2009年南亚所"苹果属植物小金海棠的发现及其利用的生物学基础研究"研究成果，获得重庆市人民政府颁发的重庆市科学技术奖三等奖。

2009年南亚所"菠萝蜜资源调查、引种及开发利用"研究成果，获得湛江市人民政府颁发的湛江市科学技术奖三等奖（证书编号：2009-3-36-D02-047）。

2011年5月西南大学与南亚所合作"苹果属植物优良种质资源变叶海棠起源和遗传多样性研究"研究成果，获得重庆市人民政府颁发的重庆市科学技术奖自然科学三等奖（证书编号：2010-Z-3-03-D02）。

2006年南亚所"湛江市区绿化植物品种选择和栽培技术研究"研究成果，获得湛江市人民政府颁发的湛江市科技进步三等奖（证书编号：2005-3-40-D01-061）。

植物保护方面的研究成果不断涌现。2008年南亚所"芒果炭疽病的抗药性及其综合防治关键技术的研究"成果，获得热农院校颁发的科技成果一等奖（证书编号：〔2008〕13号）；2009年南亚所与海南大学、广西农科院等合作完成的"芒果炭疽病生物学基础及其可持续防控关键技术研究与应用"成果，获得农业部、中国农学会颁发的中华农业科技奖三等奖（证书编号：KJ2009-D3-047-01）；2009年南亚所完成的"以食物诱剂为主桔小实蝇综合防治技术示范推广"成果，获得广东省农业技术推广奖评审委员会颁发的广东省农业技术推广奖二等奖（证书编号：2008105）；2009年南亚所、广东省东莞市农业科学研究中心、东莞市盛唐化工有限公司合作完成的"以食物诱剂为主的桔小实蝇综合防控技术研究与示范"成果，获得热农院校颁发的科技成果一等奖（证书编号：〔2009〕10号）；2010年东莞市农科中心、南亚所与盛唐化工合作完成的"桔小实蝇食物诱剂配制与应用研究"成果，获得东莞市人民政府颁发的2010年度东莞市科技进步二等奖（证书编号：201026）；2012年南亚所完成的"热带作物几种重要病虫害绿色生防化防技术研究与应用"成果，获得海南省人民政府院颁发的海南省科学技术奖二等奖（证书编号：2012-J-2-R-168）。

另外，2007年南亚所"主要热带作物种质资源描述与评价标准技术体系建设"研究成果，获得海南省人民政府颁发的海南省科技进步二等奖（证书编号：2006-J-2-D-024）；2008年南亚所"植物快繁技术体系的计算机辅助决策和管理系统"研究成果，获得湛江市人民政府颁发的湛江市科技进步三等奖（证书编号：2008-3-35-D03-050）。

特别需要强调的是，2011年12月中国农业大学、南亚所和天脊集团三方聚首，徐闻"科技小院"正式揭牌。徐闻科技小院是以菠萝为主要研究对象的中国热区第一个科技小院，也是我国第一个以"高校—研究所—企业—地方政府"四方共同筹建的小院。中国农业大学张福锁教授、南亚所谢江辉所长、天脊集团高义副总经理、徐闻县农业局柯开文副局长、前山镇黄新民书记和吴启涛镇长共同为小院揭牌。科技小院建成了扎根基层，产、学、研、教"四位一体"服务"三农"的典范，为当地农民提供零距离的科技服务，把最新的农业科技直接送到农民手中。徐闻科技小院成为南亚所科技推广、服务"三农""攀枝花模式"之外的又一张亮丽的"名片"。

新世纪，新作为！南亚所在21世纪之初，继往开来，砥砺奋进。在科研道路上，不断取得新突破，斩获多项研究成果，科研实力和综合实力也在中央与地方各级政府的支持下、在与有关科研院所、涉农企业（农户）、社会机构和团体的合作过程中、在南亚所人的汗水中得到了国家与社会充分认可。以南亚热带植物园的兴起，以孙光明、谢江辉、詹儒林、陆超忠、周文钊、石胜友等为代表的一大批骨干科学家的崛起，以农业部热带果树生物学重点实验室为代表的一大批国家级、省部级和地方科研平台的建设，以橡胶、剑麻、菠萝、芒果、澳洲坚果、荔枝、香蕉、甘蔗等南亚热带作物研究的丰硕成果，以芒果"攀枝花模式"、徐闻"科技小院"为代表的科技推广、服务"三农"新模式的构建……为标志，南亚所在新世纪科技体制改革的助推下，实现了二次腾飞；南亚所正在以前所未有的姿态，阔步前进；南亚所这颗茁壮的大树，以改革为动力，再次抽发了新芽！

第五节　扬帆新时代，砥砺铸梦想（2013—2018年）

十八大以来，在农业农村部和中国热带农业科学院的领导下，南亚所围绕"自主创新、重点跨越、支撑发展、引领未来"建设创新型国家的指导方针，按照乡村振兴战略总要求，紧紧围绕"强实力、扩影响"的工作主线，以院所创新改革发展为动力，"立足广东、服务热区"，全面提升南亚热带农业科技创新能力，大力实施科研兴所、人才强所、和谐共建和可持续发展战略，以自主创新推进科研工作优化升级，通过科技推广、服务"三农"工作引导热区经济发展、用科研成果服务地方发展经济，有效地推进南亚所和热区经济社会可持续协调发展。新时代的南亚所人"不忘初心，牢记使命"，只争朝夕，奋力前行，不断增强南亚所综合实力和对外影响力。取得了更加辉煌的业绩。

进入新时代，南亚所的科技创新能力进一步提升。确立了"抓生产问题、做基础研究；用先进手段、攻薄弱环节；育专门人才，出科研成果"的科研发展思路，强管理、带队伍、推进学科和团队建设，全面提升科技创新能力。

实现了南亚所和湛江实验站的融合发展，优化了资源配置，降低了管理成本，增强了综合实力。根据《中国热带农业科学院湛江院区"三所一站"管理改革工作方案》（热科院人〔2017〕15号）（参见第十一章"十、关于印发《湛江院区'三所一站'管理改革工作方案》的通知"）的总体要求，2018年上半年南亚所、湛江站已实现合署办公、融合发展。现阶段已实现了领导班子一体化、管理机构一体化、工作部署一体化、科技研发一体化、资源配置一体化，基本实现了管理制度一体化。

进入新时代，人才结构更优化，培养了一大批高层次杰出人才。

谢江辉研究员先后被评为广东省"扬帆计划"高层次培养人才（2013年度）、热带果树研究创新团队"全国农业科研杰出人才"（2015年度）、第七届全国优秀科技工作者（2016年度）、农业部有突出贡献中青年专家（2017年）、"国家百千万人才工程人选"；徐明岗研究员先后获得"国务院政府特殊津贴专家"（2015）、"中国农业科学院现代土壤学一级岗位杰出人才"和美国农学会"农业突出贡献奖"（2018）称号；詹儒林研究员被评为广东省"扬帆计划"高层次培养人才（2015年度）、全国农业先进个人（2016年度）；陆超忠研究员被聘为"贵州省百千万人才引进计划"千人创新创业人才；石胜友研究员被评为广东省"扬帆计划"高层次培养人才（2016年度）、被聘为荔枝龙眼产业技术体系龙眼育种岗位科学家；张秀梅研究员被评为广东省"扬帆计划"高层次培养人才（2016年度）、通过海南省高层次人才认定，获得"海南省拔尖人才"称号；汪春研究员获得广东省"扬帆计划"领军人才（2017年度）称号；李伟才研究员获得广东省"扬帆计划"高层次培养人才（2017年度）称号；金辉研究员被评为贵州省创新型高层次人才"千层次人才"（2017年度）、海南省高层次人才"拔尖人才"（2017年度）。

新时代南亚所加快推进平台建设取得新突破。仅2018年共获批基建、修购类项目4项，资金总额达7 500万元。其中，"中国热带农业科学院南亚热带作物研究所国家热带果树种质资源圃项目"总投资1 215万元，"中国热带农业科学院南亚热带作物研究所扶绥热带农业综合实验室建设项目"总投资2 912万元，"中国热带农业科学院热带农业环境与作物高效用水试验基地建设项目"总投资2 604万元。2018年在建项目顺利实施，其中，"中国热带农业科学院南亚热带作物研究所热带果树生物学综合实验室建设项目"总投资2 974万元，于2018年11月21日正式开工建设；"中国热带农业科学院攀枝花试验基地建设项目"总投资2 350万元，2018年7月开工建设。这些项目的实施，将极大促进所站科技自主创新能力。

建设了国家热带果树种质资源圃、国家重要热带作物工程技术研究中心（芒果研发部、澳洲坚果研发部），国家农业科技创新与集成基地，国家土壤质量湛江观测实验站等一批国家级科研平台；建设了农业部热带果树生物学重点实验室和广东省南亚热带作物种质资源圃等一大批省部级科研平台；建设了广西百色综合实验站、扶绥热带农业综合实验室、攀枝花试验基地、湛江院区试验基地、热带农业环境与作物高效用水试验基地等所内外研究基地；南亚热带植物园获得"全国科普教育基地"称号。

学科建设取得新突破。在果树学和植物营养学重点学科的基础上，加快都市与休闲农业、园林植物与观赏园艺等重点学科建设，增加了热带农业工程、冬季马铃薯、特色玉米学科领域建设。仅2017年全年围绕都市与休闲农业、旱作节水、设施农业、植物营养学和园林植物与观赏园艺等院重点学科建设，组织开展学术交流32次；派出骨干专家参加国内外交流178次；依托中国热带作物学会园艺专业委员会，主办了2017湛江·东盟农产品交易博览会"热带水果产业高峰论坛"；主办了2017年休闲农业研讨会和首届"热科院设施农业重点学科及旱作节水农业博览会"，加入了广东园艺学会，成为副理事长单位。2018年围绕院重点学科建设，组织开展各级各类学术交流共27次，其中，邀请知名院士、高端专家30多位来所进行学术报告20场次，参加学术交流科研人员、联合培养研究生和实习生已达1 100多人次，派出科研骨干参加国内外学术交流207人次；此外，还成功举办了"海南省热带园艺产品采后生理与保鲜重点实验室发展规划论证会暨热科院采后保鲜创新团队高峰论坛""2018年热带农业合作交流与培训"等培训班。

国际影响力有新提升。贯彻落实"一带一路"倡议和"走出去"战略，以2017年为例，2017年共派出专家到国外考察交流8人次，3名博士毕业或结束访学会所工作。在塞内加尔共建"芒果产业新技术示范中心"，与老挝昆仑明珠农业开发公司签署了合作共建老挝热带水果示范基地框架协议；邀请国际园艺学会热带果树分会主席Sisir Mitra到所交流；派出2名专家赴美国佛罗里达大学访问交流，共建中美热带果树联合实验室；

2名专家应邀赴老挝琅南塔省进行西番莲栽培技术指导，1名专家赴卢旺达为当地农业政府部门和科研机构讲授玉米的种植与加工技术，培训学员50名；1名专家赴尼日尼亚开展"948"项目开展资源引进工作；2名专家赴巴西访问交流，就菠萝研究和人才培养达成合作意向。

科技奖励有新突破。2013年以来，获得各类科技奖励20余项。

由南亚所、雷州市农业局完成的"芒果果实套袋栽培技术的研究与应用"成果2014年获得湛江市人民政府颁发的湛江市科技进步二等奖（证书编号：2014-2-20-D01-34）。由南亚所、广东伊齐爽食品实业公司完成的"菠萝产期调节与品质调控的研究与应用"成果2015年获得中华农业科技奖奖励委员会颁发的2014—2015年度中华农业科技奖科学研究成果二等奖（证书编号：KJ2015-D2-045-01）。由南亚所完成的"香蕉枯萎病综合防控技术研究与应用示范"成果2017年获得湛江市人民政府颁发的湛江市科技进步二等奖（证书编号：2016-2-08-D01-030）。由湛江实验站、南亚所、橡胶所完成的"橡胶树抗寒高效育种体系的建立与应用"成果2017年获得海南省人民政府颁发的海南省科学技术奖二等奖（证书编号：2016-J-2-D-050）。由南亚所、攀枝花市锐华农业开发有限公司、攀枝花市经作技术推广站、华坪县芒果技术指导站完成的"川滇金沙江干热河谷晚熟芒果产业化关键技术研究与应用"成果2017年获得农业部颁发的中华农业科技奖科研成果一等奖（证书编号：KJ2017-D1-036-01）。由南亚所、湛江市兴科生产力促进中心、徐闻县水果蔬菜研究所、广东省耕地肥料总站完成的"菠萝高产高效栽培技术示范与推广"成果2017年获得广东省农业厅颁发的广东省农业技术推广奖二等奖（证书编号：2016-2-Z12-D01）。由南亚所、广东海洋大学、雷州市农技推广中心、徐闻县农技术推广中心完成的"芒果炭疽病绿色防控技术的研究与推广"成果2017年获得广东省农业厅颁发的广东省农业技术推广奖三等奖（证书编号：2016-3-Z24-D01）。由热科院、南亚所、攀枝花市经作站、攀枝花市锐华农业开发有限公司完成的"攀枝花市优质晚熟芒果产业化"成果2013年获得农业部颁发的2011—2013年度全国农牧渔业丰收奖农业技术推广合作奖（证书编号：FH-2013-13-04R）。由热科院品资所、南亚所、广西亚热带作物研究所、云南省农科院热经所、四川省攀枝花市农林科学研究院、热科院环植所、福建省农科院果树所完成的"芒果种质资源收集保存、评价与创新利用"成果2013年获得农业部颁发的中华农业科技奖科技成果一等奖（证书编号：KJ2013-D1-017-02）。由东莞市农科中心、南亚所、东莞市盛唐化工有限公司、华南农大完成的"桔小实蝇食物诱剂的研制与配套技术的应用"成果2014年获得广东省科技厅颁发的广东省科学技术奖三等奖（证书编号：B01-1-3-06）。由广东伊齐爽食品实业公司、南亚所完成的"加工型菠萝新品种栽培技术研究及其产业化"成果2014年获得湛江市人民政府颁发的湛江市科技进步三等奖（证书编号：2014-3-43-D02-072）。由北京市农技推广站、南亚所、北京市植保站、北京农业职业学院完成的"北方温室观光采摘型南方果树关键栽培技术"成果 2015 年获得中华农业科技奖奖励委员会颁发的中华农业科技奖三等奖（证书编号：KJ2015-D3-051-02）。由华南农大园艺学院、南亚所完成的"广东特色蔬菜绿色环保保鲜技术应用推广"成果 2015 年获得广东省农业技术推广奖评审委员会颁发的广东省农业技术推广奖二等奖（证书编号：2014-2-Z05-D02）。由热科院农机所、南亚所完成的"胡椒鲜果脱皮工艺及配套设备的研究"成果 2016 年获得湛江市人民政府颁发的湛江市科技进步二等奖（证书编号：2015-2-17-D02-027）。由贵州省盘县农科所、南亚所、六盘水市马铃薯技术推广站、盘县马铃薯办公室、盘县退让肥料站完成的"马铃薯种薯繁育技术创新及脱毒种薯推广"成果 2017 年获得贵州省农业委员会颁发的贵州省农业丰收奖二等奖（证书编号：20170801-2）。由华南农业大学、广东省农科院果树所、南亚所、深圳市南山区西丽果场完成的"荔枝高效生产关健技术创新与应用"成果 2014 年获得国家科学技术委员会颁发的国家科技进步二等奖（证书编号：2014-J-201-2-05-D03）。由热科院品资所、海南省腰果研究中心、南亚所完成的"腰果种质资源收集、评价与配套技术研究"成果 2017 年获得海南省人民政府颁发的海南省科学技术奖三等奖（证书编号：2016-J-3-D-082）。由热科院加工所、橡胶所、南亚所、湛江霞山信佳橡塑制品有限公司完成的"天然胶乳与甲基丙烯酸羟乙酯的合成及其合成物改性填料增强天然橡胶复合材料的制备及应用"成果 2018 年获得广东省人民政府颁发的广东省科学技术三等奖（证书编号：B10-3-01-D03）。由海南大学、中科院植物所、国家农产品保鲜工程技术中心（天津）、南亚所完成的"芒果低产园改造和采后保鲜关键技术研究"成果 2015 年获得海南省人民政府颁发的海南省科学技术奖三等奖。由热科院环植所、华南农业大学、海南博士威农用化学有限公司、海南正业中农高科股份有限公司、海南利蒙特生物农药有限公司、南亚所、海南出入境检验检疫局热带植物隔离检疫中心完成的"热带作物几种重要病虫害绿色防控技术研究与应用"成果 2013 年获得农业部颁发的中华农业科技奖科技成果二等奖（证书编号：KJ2013-R2-019-05）。

成果转化和服务"三农"能力进一步提高。

芒果"攀枝花模式"服务水平进一步提高。继续坚持派驻技术骨干赴攀枝花市挂职科技副县（区）长，2012—2014 年王松标挂职仁和区副区长、2014—2016 年姚全胜挂职仁和区副区长、2016—2018 年左雪冬挂职仁和区副区长、2019 年至今梁清志博士挂职仁和区副区长，"桥梁"和"纽带"作用更加坚实。通过杂交育种等途径，培育出'热农 1 号''热农 2 号'等优良芒果新品种，为品种更新换代打下了基础。"川滇金沙江干热河谷晚熟芒果产业化关键技术研究与应用"成果 2017 年获得农业部颁发的中华农业科技奖科研成果一等奖。

目前，芒果产业规模快速扩大。攀枝花芒果种植面积已达 34 万亩，年产量达 13 万吨。形成了十大芒果生产片区，17 个乡镇的芒果种植面积超过 1 万亩，建成万亩以上芒果基地 10 个。攀枝花的芒果产业辐射到了周边地区，形成 50 多万亩的金沙江干热河谷晚熟芒果优势产业带,使我国芒果鲜果供应期从原先最晚的 8 月份延长到 11 月份,改善了我国芒果鲜果的供应结构。

芒果产业技术水平持续提升。芒果良种覆盖率达到 99% 以上;芒果品种结构进一步优化,中晚熟优良品种达到 77% 以上;研发推广了晚熟品种丰产优质栽培技术模式,解决了芒果生产"大小年",实现了连年丰产稳产;创建了芒果标准化生产示范园 13 个,其中 6 个获得农业农村部认证;建成了百亩以上的科技示范园 22 个,芒果科技示范村 3 个,实现了芒果产业区域化、良种化、标准化。

当地农民收入大幅度提高。2017 年,全市芒果种植农户约 5 万户,初步具备家庭农场适度规模条件的芒果种植大户约 200 家,总产值达 35 亿元,芒果成为攀枝花农业供给侧结构性改革的重要作物和当地农民脱贫致富的"摇钱树"。

菠萝产业体系建设更加完善,创建了南方菠萝研究院(徐闻)。针对"2018 年徐闻菠萝滞销的原因"的问题,中央电视台焦点访谈节目专访了吴青松博士;菠萝团队通过组织专家组认真调研,完成的"徐闻菠萝滞销情况调研报告、关于科技支撑菠萝产业发展的报告、湛江市菠萝产业发展方案"3 个报告,为菠萝产业的健康发展进言献策,得到了省市级相关领导的肯定性批示,为相关政府部门下一步决策部署提供了有力参考。

推动了我国澳洲坚果产业进入了高速发展阶段。进入新时期,我国澳洲坚果产业正以每年超过 10 万亩速度快速发展;目前我国澳洲坚果种植总面积超过 350 万亩,仅仅 2016 年到 2018 年新增澳洲坚果种植面积就超过 110 万亩。我国已经成为世界种植面积最大的国家。

南亚所从 1954 年建立徐闻试验站以来,经历了风风雨雨 65 载,为我国橡胶和热带农业做出了巨大的贡献。归纳起来,主要有以下几个方面。

一是培育了 93-114、湛试 327-13 等橡胶抗寒品种。打破了国外专家认为北纬 17 度以北不能种植橡胶的论断,使天然橡胶种植区域向北缘拓展 8 个纬度,实现在南亚热带地区大面积种植。为打破帝国主义的封锁,实现橡胶的自给做出了巨大的贡献。陈枫副局长的话还回响在耳边:"湛试 93-114 的选出,巩固了北部重寒区的橡胶农场,粤西试验站立了大功。"

二是建立了我国剑麻育种与高产栽培的技术体系。选育的 H·11648 品种占剑麻栽培面积的 98%;选育的粤西 114、南亚 1 号成为抗斑马纹病的主导品种。剑麻营养诊断施肥使我国剑麻平均产量是世界平均单产的 3 倍以上;获国家三等奖。

三是推进了我国热带果树特色产业的快速健康发展。

促进了我国晚熟芒果优势产业带的建立。选育出粤西 1 号、红芒 6 号、热农 1 号、热农 2 号、凯特、澳芒、吉来特等系列优良新品种。突破了晚熟芒果"大小年"结果、花期调控等系列关键技术难题;使我国芒果供应期从原来的 2—8 月,延长至 2—12 月。促进了四川攀枝花、云南华坪"海拔最高、纬度最北、成熟最晚、品质最优"的晚熟芒果优势产业带的建立。创建了成果转化和服务三农的"攀枝花模式"。

建成了我国菠萝产业技术研发体系。培养了国家菠萝产业技术体系首席专家孙光明研究员；开展了菠萝良种选育、示范、推广工作，选育出一批适合我国菠萝主产区种植的鲜果型、加工型和鲜果、加工两用型的菠萝新良种；开展了菠萝无公害商品标准化生产技术研发与推广，解决了我国菠萝鲜果生产产量、质量不高的问题，综合应用现代农业技术形成标准化技术措施，广泛推广应用，实现我国菠萝生产水平的大幅度提高；开展了菠萝保鲜贮运技术研发应用，初步解决了我国菠萝采后保鲜、包装、贮运技术和装备均相对落后的瓶颈问题；开展了菠萝深加工及其综合利用技术研发应用工作，提高了菠萝加工及综合利用技术水平。

培育了澳洲坚果新兴产业。在我国最早以产业化生产为目的，引进澳洲坚果优良品种进行研究，解决了我国能够种植澳洲坚果这一基本问题。解决了我国澳洲坚果种植区划（宜植地）问题，确定了云南、广西、广东和贵州的适宜种植区。解决了澳洲坚果宜植品种问题，选育新品种9个，其中通过审定5个、认定4个。解决了澳洲坚果种苗繁育技术问题，育苗核心技术达到世界领先或先进水平。解决了中国澳洲坚果早结丰产栽培技术问题。建立了我国澳洲坚果产业标准体系。在滇黔桂开创了"石漠化生态保护种植模式构建"研究。使我国澳洲坚果产业从无到有、发展到现在面积超过350万亩，成为世界最大的澳洲坚果种植国。

收集保存了一大批南亚热带作物资源，建立了国家热带果树种质资源圃、广东省南亚热带作物种质资源圃、农业部菠萝种质资源圃，保存各类作物资源达到139科1 437种的各类作物资源8 000余份；其中，热带果树30多个科50多个种的4 300多份，纤维作物（剑麻）120多份，糖能作物（甘蔗）150多份，热带饲料玉米1 250份、马铃薯200多份、蔬菜250多份，橡胶树195份，园林植物1 493份。

四是引领了粤西园林绿化植物优势产区的建设，开发了发财树、富贵竹、热带棕榈等大宗景观植物品种，形成了区域优势产业。

五是培育了一批南亚热带作物新品种（系），包括橡胶、剑麻、热带果树、适宜机械化收获的甘蔗，早熟、含糖量高的甜玉米，耐热高产蔬菜和马铃薯品种等。

面向未来，南亚所将坚持"求实办所，开放办所，特色办所"的发展理念，瞄准区域农业产业发展和科技需求，以南亚热带重要经济作物为主要研究对象，围绕种质资源与遗传育种、栽培与生理、采后贮运与保鲜、农业资源高效利用与环境生态等领域，开展基础、应用基础和共性、关键技术研究，培育作物优良品种，发展优质、高产、高效栽培技术，取得一批方向性、主导性、标志性的科研成果，强化技术集成、示范与推广，为南亚热带作物产业和热区农业发展提供支撑。完善现代科研院所管理机制，不断提供研究所的科技创新能力、学术影响力和服务社会经济发展能力，拓展国际合作领域，努力创建一流的国家南亚热带农业科技创新中心和一流的成果转化与服务基地、一流的国际交流与合作基地，引领南亚热带农业科技发展方向，推动热带农业产业升级，促进农业可持续发展。

新时代的春风使南亚所更添生机与活力，在未来的前进道路上，南亚所必将坚守初心，实事求是，与时俱进，为祖国、为人民做出更大的贡献！南亚所这棵大树必将再次绽放出灿烂的花朵、结满丰硕的果实！

第二章  科研平台

截至 2018 年，南亚所共建有科研平台 28 个，其中重点实验室 4 个（省部级重点实验室 3 个，市级重点实验室 1 个）；拥有并建成种质资源圃 3 个，其中部级以上 2 个，省级以上 1 个；建成研究中心 15 个，其中国家级研究中心 3 个，省级以上研究中心 7 个；建有创新基地 6 个，其中国家级创新基地占 2/3；建成所内、所外试验示范基地 30 余个。所内试验示范基地均为南亚所自有土地，主要以各研究室试验示范基地方式命名，所外试验示范基地分布于我国西南热区六省（区），主要试验示范种植包括香蕉、菠萝、芒果、澳洲坚果、橡胶等在内的多种作物，试验种植及推广示范面积超过 17 000 亩。

第一节　科研平台概况

南亚所依托土地和资源优势，各类试验示范基地在不同发展阶段根据实际需求开展建设。建所早期主要是橡胶抗寒试验示范基地，以及零星试种香茅、油棕、木瓜、玫瑰茄等热带特色作物，1979 年后陆续建设澳洲坚果、剑麻、芒果等热带作物试验基地，1996 年 9615 号超强台风后，橡胶试验基地受灾毁灭后于 2015 年重建，1998 年建成南亚热带名优良种苗木繁育基地，试验基地作物种类逐渐丰富，各基地自成特色。

科研创新平台建设集中于 2006—2015 年，以南亚热带作物研究特色，围绕产业发展需求，建设了种质资源圃、省部级重点实验室，涵盖了作物种质资源学、生物学、作物营养、采后保鲜等学科。各级科研平台数量和名称见表 2-1 和表 2-2。

表 2-1　各级科研平台数量年度统计

级别	合计	1954—1995 年	1996—2000 年	2001—2005 年	2006—2010 年	2011—2015 年	2016—2019 年
国家级	7	0	1	1	1	3	1
省部级	13	0	0	0	1	8	4
市级	3	0	0	0	0	3	0
院所级	27	3	0	1	10	8	5

表 2-2　南亚所科研平台

序号	平台名称	起始时间（年）	负责人
1	国家热带果树种质资源圃	2012	谢江辉
2	国家重要热带作物工程技术研究中心菠萝研发部	2007	吴青松
3	国家重要热带作物工程技术研究中心芒果研发部	2013	王松标

（续表）

序号	平台名称	起始时间（年）	负责人
4	国家重要热带作物工程技术研究中心澳洲坚果研发部	2013	曾　辉
5	国家农业科技创新与集成基地	2014	杜丽清
6	国家南亚热带名优良种苗木繁育基地	1998	窦美安
7	国家土壤质量湛江观测实验站	2019	石伟琦
8	农业部湛江菠萝种质资源圃	2012	吴青松
9	广东省南亚热带作物种质资源圃	2018	邹明宏
10	广东省南亚热带作物种业创新中心	2018	邹明宏
11	农业部热带果树生物学重点实验室	2011	谢江辉
12	海南省热带园艺产品采后生理与保鲜重点实验室	2009	朱世江
13	海南省热带作物营养重点实验室	2012	石伟琦
14	广东省热带特色果树工程技术研究中心	2013	詹儒林
15	广东省旱作节水农业工程技术研究中心	2016	刘　洋
16	广东省现代农业（重要热带作物）产业技术研发中心	2015	谢江辉
17	广东省现代农业（耕地保育与节水农业）产业技术研发中心	2017	窦美安
18	海南省菠萝种质创新与利用工程技术中心	2012	吴青松
19	贵州澳洲坚果科技创新中心	2013	陆超忠
20	华南农业大学湛江荔枝龙眼农科教合作人才培养基地	2012	李伟才
21	中国热带作物学会园艺专业委员会	1992	谢江辉
22	攀枝花芒果创新中心（湛江）	2013	王松标
23	湛江市热带作物遗传改良重点实验室	2015	詹儒林
24	中国热带农业科学院休闲农业研究中心	2011	孙好勤
25	中国热带农业科学院玉米研究中心	2014	贾利强
26	中国热带农业科学院热带旱作农业研究中心	2016	刘　洋
27	中国热带农业科学院湛江院区试验基地	2017	
28	中国热带农业科学院南亚热带作物研究所循环农业研究中心	2019	汪　春
29	南亚所实验中心	2006	魏长宾
30	南亚所芒果基地	1986	
31	南亚所菠萝基地	2006	

(续表)

序号	平台名称		起始时间（年）	负责人
32	南亚所澳洲坚果基地		1979	
33	南亚所荔枝基地		1997	
34	南亚所龙眼基地		2009	
35	南亚所香蕉基地		2002	
36	南亚所剑麻基地		1983	
37	南亚所蔬菜基地		2012	
38	南亚所马铃薯基地		2017	
39	南亚所玉米基地		2012	
40	南亚所橡胶树基地		2015	
41	南亚所甘蔗基地		2008	
42	南亚所旱作节水基地（热带农业环境与作物高效用水试验基地）		2014	
43	南亚所休闲农业基地		2013	
44	南亚所循环农业基地		2018	
45	南亚所植物营养基地		2009	
46	南亚所病虫害绿色防控基地		2009	
47	芒果所外基地	广东基地	2014	
		四川基地	2007	
		云南基地	2007	
		广西基地	2013	
48	菠萝所外基地	广东基地	2016	
49	澳洲坚果所外基地	广东基地	2013	
		云南基地	1996	
		广西基地	2008	
		贵州基地	2013	
		西藏[①]基地	2016	
50	香蕉所外基地	广东基地	2009	
51	橡胶所外基地	广东基地	2010	

---

① 西藏自治区，以下简称西藏。全书同。

第二节　科技创新平台简介

一、种质资源圃

1. 国家热带果树种质资源圃

国家热带果树种质资源圃，位于广东省湛江市麻章区，占地300亩，建有引种隔离检疫观察室、自动化玻璃温室、大棚及排灌系统等基本设施，同时建有农业部热带果树生物学重点实验室。目前共保存有芒果、澳洲坚果、菠萝、香蕉、荔枝、龙眼、油梨、火龙果、番荔枝、番石榴、杨桃、毛叶枣、莲雾、黄皮、人心果、蛋黄果等热带果树种质资源4 300余份。

2007年依据《国家中长期科学和技术发展规划纲要》（2006—2020年）中农业领域优先发展的主题"种质资源发掘、保存和创新与新品种定向培育"，根据我国热带果树种质资源圃的现状以及我国热带果树产业目前面临的发展机遇和挑战，申报了"农业部热带果树种质资源圃"。2008年6月18日，农业部以农办计〔2008〕123号文件（《农业部办公厅关于国家果梅杨梅种质资源圃等11个项目可行性研究报告的批复》）批复该项目准予立项。2009年8月11日，农业部以农办计〔2009〕86号文件（《农业部办公厅关于中国热带农业科学院热带果树种质资源圃项目初步设计和概算的批复》）对项目初步设计概算进行了批复。2010年竣工以及财务决算，申报农业部验收，2012年2月通过农业部验收。目前谢江辉为资源圃主任，邹明宏为副主任。

近年来，国家热带果树种质资源圃选育出了一批优异的热带果树种质资源。筛选出了'红杧6号'（Zill）、'凯特'等优良晚熟芒果品种，并在金沙江干热河谷推广60余万亩，培育了晚熟品种'热农1号''热农2号'新品种，其中'热农2号'2011年通过广东省审定，2014年通过国家审定。2017年，"川滇金沙江干热河谷晚熟芒果产业化关键技术研究与应用"成果，荣获2016—2017年度神农中华农业科技科研类成果一等奖。

国家热带果树种质资源圃澳洲坚果圃选育出6个澳洲坚果优良品种，其中'H2'通过全国农作物品种审定委员会审定，'南亚1号''南亚2号'通过广东省农作物品种登记、'南亚3号'通过广东省农作物品种审定，品种'H2''O.C'被农业部确定为2008年主推品种，栽培面积10万余亩。

国家热带果树种质资源圃（菠萝圃）筛选出了适应我国生产的菠萝品种'台农16号''台农17号''金菠萝'等鲜食型品种和加工型品种'珍珠'，并在广东、广西、海南、云南等菠萝主产区推广5 000多公顷。

截至目前，国家热带果树种质资源圃获省部级以上奖励成果30余项，出版10余部反映热带果树种质资源状况的专著。

2. 农业部湛江菠萝种质资源圃

2012年1月13日，农业部湛江菠萝种质资源圃获得农业部办公厅认定（文号农办垦〔2012〕3号）负责人为孙光明，秘书为孙伟生，成员包括陆新华、吴青松、刘胜辉、李运合等人。

农业部湛江菠萝种质资源圃建设在南亚所，面积20亩，建有喷灌系统、基地管理和仓储用房。圃内保存有境内外菠萝种质资源130余份，主要开展菠萝种质资源的收集保存鉴定评价等工作。2012年11月菠萝种质圃由原20亩基地，迁入国家热带果树种质资源圃内，并逐渐面积增至10亩。2013年负责人变更为吴青松。

农业部湛江菠萝种质资源圃获得农业部948项目、公益性行业科技专项项目、农业部物种保护项目热带作物种质资源保护、农业部国际交流与合作、中央级科研院所基本科研业务费等项目的资助。

3. 广东省南亚热带作物种质资源圃

广东省南亚热带作物种质资源圃，根据2017年11月29日湛农计〔2017〕15号文件（关于印发《2017年雷州半岛现代农业发展规划省级补助资金项目——雷州半岛二线南繁育种示范基地项目申报指南》的通知），申请南亚热带作物种质资源保护圃建设项目，2018年5月25日，湛江市农业局以湛农通〔2018〕225号文件《关于下达2017年现代农业发展规划项目计划（雷州半岛二线南繁育种示范基地）的通知》批准项目立项，2018年7月12日，湛江市农业局农业局以湛农〔2018〕106号文件《关于2017年现代农业发展规划项目资金（雷州半岛二线南繁育种示范基地）实施方案的批复》对实施方案进行了批复。目前该项目正在建设中，预计2019年年底验收。2018年6月21日广东省南亚热带作物种质资源圃顺利揭牌。

二、重点实验室

1. 农业部热带果树生物学重点实验室

农业部2011年正式批复设立与挂牌农业部热带果树生物学重点实验室，隶属于热带作物生物学与遗传资源利用学科群。热带果树生物学重点实验室依托南亚所，现拥有3 500平方米综合实验大楼，70多平方米的低温保鲜冷库，200平方米的钢结构塑料大棚，200多平方米的隔离检疫温室和人工气候室，500平方米组织培养室。本项目旨在维持重点实验室的正常运行，保障各类在研的国家和省部级项目的正常进行，提高重点实验室的科研创新能力，为我国热带水果产业的可持续发展提供必要技术支撑。实验室主任为谢江辉研究员，副主任为刘恒教授，联系秘书为陈倪博士。主要研究人员52人。

农业部热带果树生物学重点实验室对热带果树生物学的关键技术与共性问题进行攻关，为我国热带水果产业的发展提供技术指导和理论依据，促进热区果农增收。主要研究方向为以下4个方面。

一是热带果树种质资源的保存鉴定、创新利用与关键基因功能解析。

二是热带果树分子育种遗传改良与相关细胞生物技术。

三是热带果树生理生态与栽培环境资源。

四是热带果树采后生物学及贮运保鲜。

2018年11月依托南亚所成功举办了"农业部热带果树生物学重点实验室青年学术交流"，邀请了向云教授、张峰教授、向东石教授、付艳蕾研究员、燕志强副教授、张春广副教授、赵鹏善副研究员等国内知名专家，会议对果树学进行学术交流以及与青年人员进行了学术讨论。2019年9月，开张农业部热带果树生物学重点实验室国际学术研讨会，邀请黄建副研究员、巴基斯坦巴哈瓦尔伊斯兰大学园艺系助理教授 Nafees Muhammad、巴基斯坦巴哈瓦尔伊斯兰大学园艺系讲师 Ishtiaq Ahmad 进行学术交流。2019年展开了农业农村部热带果学重点实验室开放课题评审项目5个。

2. 海南省热带园艺产品采后生理与保鲜重点实验室

2005年8月25日海南省热带园艺产品采后生理与保鲜重点实验室申请筹建（热科院科〔2005〕108号），同年9月1日海南省科技厅同意筹建该实验室（琼科函〔2005〕269号），筹建阶段实验室主任为朱世江教授，副主任为谢江辉研究员。通过3年建设，于2009年12月9日，海南省科技厅同意依托南亚所设立海南省热带园艺产品采后生理与保鲜重点实验室（琼科函〔2009〕448号），实验室主任为朱世江教授，副主任为谢江辉研究员，联系人为张鲁斌博士。实验室设立专门学术委员会金志强教授为学术委员会主任。

海南省热带园艺产品采后生理与保鲜重点实验室设立在南亚所（广东省湛江市麻章区湖秀路1号），占地面积1 500平方米，拥有保鲜冷库、真空预冷机、气调库，10万元以上仪器设备16台套。基本可以满足采后保鲜理论研究和技术开发的试验条件。实验室分为采后生理生化、采后病害、采后分子生物学、采后新技术四个研究方向。

2012年5月30日实验室顺利通过了首次考核评估，朱世江教授为实验室主任，张鲁斌副研究员为实验室副主任，弓德强博士为学术秘书。

2014年7月1日申请并获得了海南省重点实验室和工程技术研究中心建设专项（sys 2014006）支持。

2018年4月9日依托实验室成功举办了"海南省热带园艺产品采后生理与保鲜重点实验室发展规划论证会暨热科院采后保鲜创新团队高峰论坛"，邀请了田世平、李正国、陆旺金、程运江等国内从事采后保鲜研究的知名专家，会议对实验室未来五年的发展规划进行了讨论。同时进行了学术委员会换届工作，聘请中国科学院植物研究所（北京）田世平研究员为学术委员会主任（南亚所发〔2018〕29号）。

2018年实验室考核为优秀，并获得海南省科技厅36万元运行费的支持。

3. 海南省热带作物营养重点实验室

2011年10月14日海南省热带热带作物营养重点实验室申请筹建，2012年3月20日海南省科技厅同意筹建该实验室（琼科函〔2012〕101号），筹建阶段实验室主任为陈清教授，常务副主任石伟琦博士，学术秘书马海洋（南亚所发〔2012〕16号）。通过两年建设，于2014年8月15日，海南省科技厅同意依托南亚所设立海南省热带作物营养重点实验室（琼科函〔2014〕335号），实验室主任为陈清教授，常务副主任为石伟琦副研究员，联系人为马海洋。2015年聘任石伟琦副研究员为重点实验室主任。

海南省热带作物营养重点实验室设立在南亚所（广东省湛江市麻章区湖秀路1号），占地面积2 000平方米，拥有万元以上仪器设备50多台，其中10万元以上的仪器25台（套）。大型仪器主要包括：电感耦合等离子体发射光谱仪、原子吸收光谱仪、全自动凯氏定氮仪、连续流动自动化分析仪、微波消解系统、原子荧光分光光度计、高效液相色谱仪、紫外可见分光光度计、便携式荧光—光合仪、植物根系生长实时监测仪、智能人工气候室等精密仪器和设备，主要从事热带作物养分管理、肥料配方与平衡施肥、作物营养与品质等研究。

2014年8月1日申请并获得了海南省重点实验室和工程技术研究中心建设专项（sys 2015006）支持。

2018年海南省热带作物营养重点实验室顺利通过了海南省科技厅首次考核评估，考核结果为优秀，并获得海南省科技厅36万元运行费的支持。

4. 湛江市热带作物遗传改良重点实验室

2015年12月15日，湛江市热带作物遗传改良重点实验室申请筹建，2015年12月24日，湛江市热带作物遗传改良重点实验室获得湛江市科学技术局批准建设，批准文号为湛科〔2015〕160号，负责人为詹儒林，成员包括谢江辉、周文钊、吕玲玲、曾辉等10人。

湛江市热带作物遗传改良重点实验室拥有1 000平方米以上室内综合实验场所，200平方米的钢结构基地育种大棚，100平方米的隔离检疫温室，300平方米的组织培养室。实验室有超低温冰箱、高速冷冻离心机、荧光定量PCR仪、大分子仪、测序仪等科研仪器总值1 000万元以上，有剑麻、澳洲坚果、茄子、玉米、菠萝和芒果等种质资源约4 300余份，主要开展剑麻、澳洲坚果、茄子、玉米、菠萝和芒果等种质资源收集、保存以及评价利用研究，杂交育种以及优良品种选育，抗病、抗旱、纤维合成、皂素合成、低温以及品质相关优异基因的挖掘，芒果、菠萝、剑麻以及茄子等再生体系构建和遗传转化研究，剑麻抗斑马纹病生理生化以及分子机制研究，剑麻突变体库的构建以及SSR

分子标记开发利用等，茄子抗病育种和茄子青枯病防治方法研究，茄子突变体库的构建以及突变体的筛选鉴定等。菠萝成花分子机理研究，芒果花色素苷和类胡萝卜素合成分子机理研究等。

三、研究中心

1. 国家重要热带作物工程技术研究中心菠萝研发部

2007年4月3日，科技部批准筹建国家重要热带作物工程技术研究中心，后更名为国家重要热带作物工程技术研究中心菠萝研发部，国家重要热带作物工程技术研究中心南亚所基地是其下设机构〔曾更名为南亚所分中心、湛江基地（南亚所）等〕参加筹建，国家重要热带作物工程技术研究中心于2010年通过科技部验收。南亚所基地负责人为孙光明，秘书为吴青松，成员包括窦美安、孙伟生、陈菁、陆新华、何衍彪、李运合、张秀梅、刘胜辉、臧小平、魏长宾等13人。承担主体为菠萝研究团队，面积100亩，有菠萝育苗基地和试验示范基地，主要开展菠萝优良品种引进及高效安全栽培技术集成完善。

2009年国家重要热带作物工程技术研究中心南亚所基地更名国家重要热带作物工程技术研究中心南亚所分中心。2010年更名为国家重要热带作物工程技术研究中心湛江基地（南亚所）。2013年5月3日，国家重要热带作物工程技术研究中心机构设置中增设国家重要热带作物工程技术研究中心菠萝研发部，文号国家工程中心〔2013〕1号。菠萝研发部负责人为吴青松，秘书孙伟生。成员包括孙光明、陈菁、陆新华、何衍彪、李运合、张秀梅、刘胜辉、魏长宾等人。

2. 国家重要热带作物工程技术研究中心芒果研发部

2013年5月建立，文号国家工程中心〔2013〕1号。主要开展芒果优良品种选育、高产栽培技术、品质生理调控等技术研发与推广。

3. 国家重要热带作物工程技术研究中心澳洲坚果研发部

2013年5月建立，文号国家工程中心〔2013〕1号。主要开展澳洲坚果优良种苗产业化、澳洲坚果系列产品开发等工程化技术研发与推广。"十二五"期间承担农业部南亚热作等研发项目4项，研发澳洲坚果嫁接繁殖等技术多项，选育品种'南亚3号澳洲坚果''922澳洲坚果''南亚12号澳洲坚果'和'南亚116号澳洲坚果'。

4. 海南省菠萝种质创新与利用工程技术中心

2011年11月15日，海南省菠萝工程技术中心申请筹建，2012年3月27日，海南省菠萝种质创新与利用工程技术获得海南省科技厅批准筹建，批准文号琼科函〔2012〕117号。2014年8月15日，海南省菠萝种质创新与利用工程技术中心获得海南省科学技术厅批准建设，批准文号琼科函〔2014〕334号。中心负责人为吴青松，秘书为孙伟生，成员包括孙光明、张秀梅、张鲁斌、张劲、邓干然等31人。

海南省菠萝种质创新与利用工程技术中心建设在中国热带农业科学院南亚热带作物研究所和中国热带农业科学院农业机械研究所，面积7 600平方米包含综合试验楼及中试工厂。拥有液相色谱仪（HPLC）、气质联用仪、CID光合作用测定仪、万能正立显微镜照像系统、超低温冰箱、高速冷冻离心机、原子吸收光谱等10万元以上仪器共49台（套），总价值为1 493.53万元。菠萝工程技术研究实验室620平方米、纤维处理车间2 000平方米、基地用房500平方米、冷库223平方米、温室870平方米、菠萝试验基地100余亩。主要开展品种选育与种质创新研究、轻简高效标准化栽培技术研究、菠萝保鲜贮运采后技术研究与菠萝加工新产品研发、菠萝综合开发利用技术研发。

5. 广东省热带特色果树工程技术研究中心

2013年5月申请筹建，2013年12月广东省科技厅批准同意组建（粤科函政字〔2013〕1589号），2017年3月通过验收。中心负责人为詹儒林，成员包括王松标、马小卫、张鲁斌、石胜友、石伟琦、陆超忠、曾辉、张秀梅、吴青松、李伟明、梁清志、陈晶晶等31人。设轻简高效标准化栽培技术研究室、热带特色果树生物技术与遗传改良研究室、热带特色果品采后生物学与贮运技术室、热带特色果品加工新产品研发室和管理办公室5个部门。

中心定位于热带特色果树的生长发育和品质调控等相关基础和应用研究，集成与组装热带水果安全、优质和稳产栽培管理技术以及产期调控技术，选育出具有自主知识产权的优良热带水果新品种，解决热带特色水果产品质量档次和安全性低、产量不稳定、产品上市季节过于集中、优良新品种缺乏等突出问题，提高热带果品的质量档次、安全性和稳产丰产性，促进广东省热带特色水果产业的健康持续发展。

6. 广东省旱作节水农业工程技术研究中心

2016年3月21日，广东省旱作节水农业工程技术研究中心申请筹建，2016年11月10日，广东省旱作节水农业工程技术研究中心获得广东省科学技术厅批准建设，批准文号粤科产学研字〔2016〕176号，负责人为刘洋，秘书为邢淑莲，成员包括窦美安、安东升、徐磊、姚艳丽、胡小文、高玉尧、苏俊波、孔冉、徐志军、杨洁、贺军军等13人。

2016年获得热科院旱作节水科技创新团队项目和农业部旱作节水重点实验室开放项目资助，2017年获得湛江市政府30万元资助资金，2018年通过湛江市财政资金科技专项绩效评价。2017—2019年，连续三年依托该平台举办热带旱作节水学术交流会。

7. 广东省现代农业（重要热带作物）产业技术研发中心

2015年10月，"广东省现代农业（重要热带作物）产业技术研发中心"申请筹建，2015年11月，获得广东省农业厅（粤农计〔2015〕118号）批准建设，建设经费200万元（粤财农〔2015〕513号），建设年限2015.12—2016.12。负责人为谢江辉，成员包括詹儒林、孙光明、陆超忠、杜丽清、张鲁斌、胡会刚、弓德强、吴青松、武红霞、罗纯、石胜友、邹明宏、梁清志、石伟琦、陈菁、何衍彪、柳凤、常金梅、张秀梅、魏永赞、曾辉、李伟才、马小卫、舒波、苏俊波、孔冉、罗炼芳、周文钊、张燕梅、李俊峰、鹿志伟等32人。

该平台定位于建立重要热带作物科技创新与集成转化公共平台，加强热带作物品种的改良和安全高效栽培技术的研发，以促进广东省热作产业的健康可持续发展，主要研发方向包括重要热带作物种质资源与创新研究、重要热带作物高效安全栽培技术研究、重要热带作物养分综合管理技术研究、重要热带作物病虫害综合防治研究、重要热带作物农产品保鲜贮运研究；技术推广与应用方面提供热带作物种质资源共享平台、全产业链的技术支撑、农产品质量追溯体系实训基地与电商交易平台、种苗规模化快速繁育平台。

8. 广东省现代农业（耕地保育与节水农业）产业技术研发中心

2017年4月7日，"中国热带农业科学院广东省现代农业（耕地保育与节水农业）产业技术研发中心"申请筹建，2017年9月1日，获得广东省农业农村厅（原广东省农业厅）批准建设，批准文号为粤农〔2017〕168号，建设年限2018.01—2021.02。负责人为窦美安，成员包括刘洋、李端奇、陈炫、安东升、徐磊、姚艳丽、高玉尧、胡小文、石伟琦、苏俊波、孔冉、陈菁、马海洋、刘亚男等23人。

该平台依托湛江实验站建设，与南亚热带作物研究所合作建设。该平台定位于广东及华南地区耕地保育和节水技术的应用基础和应用研究，主要开展典型红壤土耕地保护性栽培与耕作、土壤改良微生物菌剂、重要旱地作物资源收集与品种选育、水肥一体化与智能化灌溉技术研发集成与示范推广。同时提供抗旱作物种质资源、土壤和水分长期监测数据、土壤改良和节水技术共享平台和科技培训与服务，为广东及华南地区旱作农业水资源高效利用及可持续发展提供理论支撑和共享平台。

9. 中国热带农业科学院休闲农业研究中心

2011年2月，热科院休闲农业研究中心正式挂牌成立。中心的主要任务是：组织开展休闲农业产业发展战略、发展规律、发展模式、管理机制等研究；创新、集成和推广休闲农业技术成果，建立休闲农业产业技术体系，增强休闲农业支撑保障能力。截至目前依托该中心获批资助科研项目20余项；申请发明专利10余项，实用新型专利20余项，外观设计专利10余项；开发科技创新产品50余种，为休闲农业发展提供产业技术支撑。

10. 中国热带农业科学院玉米研究中心

2014年6月热科院玉米研究中心挂牌成立，以南亚所为依托单位成立玉米育种课题组，副主任为贾利强，主要开展热带饲料玉米，甜糯鲜食玉米的种质资源收集，保存及创新利用工作。成立以来，玉米研究中心收集玉米种质资源1 550份，其中热带饲料玉米

1 250份，甜糯玉米种质资源300份左右，选育30余份甜糯高代自交系。玉米中心现建设有种子烘干室，种质资源保存室，种子检测检验室，病虫害综合防控室等科研平台。

11. 中国热带农业科学院热带旱作农业研究中心

2012年11月2日，热科院旱作节水研究中心申请筹建，2016年11月10日，热科院旱作节水研究中心获得热科院批准建设，批准文号热科院科〔2016〕167号，负责人为刘洋，秘书为邢淑莲，成员包括窦美安、安东升、徐磊、姚艳丽、胡小文、高玉尧、苏俊波、孔冉、徐志军、杨洁、贺军军等13人。

2016年获得热科院旱作节水科技创新团队项目和农业部旱作节水重点实验室开放项目资助。2017—2019年，连续三年依托该平台举办热带旱作节水学术交流会。

12. 中国热带农业科学院南亚热带作物研究所循环农业研究中心

2018年9月27日，南亚所循环农业研究中心申请筹建，2019年10月12日获得南亚所批准建设（南亚所、湛江站所站务会会议纪要第24期），负责人为汪春，成员包括韩建成、邹华芬、李海亮、孙海天、蔺红玲等5人。

循环农业研究中心主要从旱田复合种养、水田复合种养、废弃物利用、果园立体种养、草畜一体化五个研究方向开展相关技术的研究、设备的研制、模式的集成、项目的示范、成果的推广。研究中心的建立和取得的成果为实现农业废弃物的高效利用和农产品的高效生产，提高农业生产过程的机械化和智能化水平打下基础，为热带生态循环农业的大面积示范推广提供技术支撑，为提高农村经济发展水平提供新思路、新方法，同时对提高中国热带农业科学研究院南亚热带作物研究所在循环农业研究方向的影响力具有积极的作用。

13. 广东省南亚热带作物种业创新中心

按照全国种业改革创新试验示范区的发展定位，大力实施现代农作物种业行动计划，培育一批育繁推一体化种子企业，2018年，广东省南亚热带作物种业创新中心申请筹建。

14. 贵州澳洲坚果科技创新中心

2013年9月29日，贵州省兴义市，南亚所和贵州省亚热带作物研究所联合建立的"贵州澳洲坚果研究中心"揭牌。

15. 攀枝花芒果创新中心（湛江）

2013年7月9日，南亚热带作物研究所与攀枝花市农林科学研究院签署的联合建设"攀枝花芒果科技创新中心"合作协议，2013年7月25日，"攀西芒果科技创新中心（湛江）"在南亚热带作物研究所挂牌，热科院汪学军副院长与攀枝花市农林科学院张洪祥院长揭牌。

中心围绕芒果科技创新能力提升及产业化发展需求，瞄准攀西地区晚熟芒果产业存在的共性问题，双方联合开展晚熟芒果选育种、栽培与品质生理、优质高效安全标准化技术研究与示范等方面的科技创新研究及产业化应用，使中心建设成为具有国内先进水平的区域性晚熟芒果技术研究基地，为攀枝花乃至金沙江干热河谷流域晚熟芒果产业可持续健康发展提供技术支撑。

四、创新基地

1. 国家农业科技创新与集成基地

2014年农业部科技教育司组织开展了"国家农业科技创新与集成示范基地"（以下简称"创新基地"）遴选工作。在综合考虑基地现有条件、产学研结合程度、主导产业区域布局以及特色产业发展等因素的情况下，从全国34个省、自治区、直辖市研究单位和有关企业共推荐的234个创新基地中，研究筛选出了100个较优秀的创新基地。南亚所作为主体建设单位被列入创新基地建设，根据建设需求，将联合加工所、农机所、雷州市农业局和湛江市农业局共建单位，组建一支由农业科技创新、农技推广、广东省伊齐爽食品企业共同参与的专家团队，对基地农业产业发展、科学技术试验示范等方面工作进行科学规划和日常指导。创新基地将综合考虑我国农业区划和农牧渔优势产业布局，优先依托国家现代农业示范区，现代农业产业技术示范基地、粮棉油糖高产创建整建制推进试点市县和粮食增产模式攻关试点县、美丽乡村创建试点村（镇）、新型职业农民培育试点县等现有基地资源，力争建设成为区域代表性强、产业链条完整、生态循环农业有特点的农业科教样板。

2. 国家南亚热带名优良种苗木繁育基地

南亚热带园艺作物良种苗木繁育基地，始建于1998年。2000年以来按国家南亚热带名优良种苗木繁育场项目的建设标准要求进行了扩建。拥有1 000多平方米组培工厂和配套的仪器设备，具有批量生产香蕉、芒果、澳洲坚果、毛叶枣、番荔枝、龙眼、荔枝、杨桃、番石榴、黄皮、人心果、莲雾等热带果树苗木和各种热带园林花卉植物种苗的能力，年生产能力270万株以上

3. 华南农业大学湛江荔枝龙眼农科教合作人才培养基地

2012年年1月12日，华南农业大学湛江荔枝龙眼农科教合作人才培养基地申请筹建，2012年4月5日，华南农业大学湛江荔枝龙眼农科教合作人才培养基地获得教育部和农业部批准建设，批准文号：教高厅函〔2012〕17号，负责人为胡桂兵、李伟才，秘书为魏永赞，成员包括谢江辉、石胜友、魏永赞、王一承、刘丽琴等7人。华南农业大学湛江荔枝龙眼农科教合作人才培养基地，是教育部、农业部首批设立的国家级农科教合作人才培养基地，是以国家荔枝龙眼产业技术体系为平台，依托南亚所建立的农科教合作人才培养基地。通过高校与试验站结合建立产学研基地，充分发挥高校和科研院所的各自优势，有效地培养荔枝龙眼产业相关技术和管理人才，进而辐射和惠及相关产业。

4. 中国热带作物学会园艺专业委员会

中国热带作物学会热带园艺专业委员会于1992年3月成立，2016年4月更名为中国热带作物学会园艺专业委员会（中热学字〔2016〕16号），主要职能组织开展园艺专业领域学术交流、技术培训等。第一届主任陈作泉，第二届主任肖邦森，第三、第四届主任孙光明，第五届主任谢江辉。

5. 实验中心

实验中心是南亚热带作物研究所科技支撑系统的重要组成部分，承担着全所的科研仪器管理工作，为全所科研提供高质量的专业测试、实验方法的开发与推广、仪器设备的技术培训和功能的挖掘与改进、小型仪器设备的设计制作、精密仪器的维修维护保养等工作。承担院大型仪器共享中心南亚所分中心的仪器共享工作和综合实验楼的安全管理和正常运行工作。实验中心负责人魏长宾，成员包括马智玲、汤昕明。

实验中心是热科院在广东地区规模最大、设备最先进的南亚热带作物领域的大型仪器开放共享的技术支撑平台。从2006—2018年，实验中心负责热带水果采后生理与保鲜研究仪器设备体系、热带果树遗传育种、热带果树环境生态、农业部热带果树生物学重点实验室遗传改良与生物技术等相关项目配套仪器设备购置及仪器升级改造工作，累计项目资金约3 000万元，购置共102台套仪器设备。截至2018年年底，拥有单价10万元以上仪器79台（套），价值2 700余万元，50万元以上仪器14台（套），价值1 100余万元，涵盖遗传育种与分子生物学、生理生态与栽培、作物营养与植保、采后保鲜与加工等研究领域。目前大型仪器主要有：激光共聚焦显微镜、液相色谱-质谱联用仪、气相色谱质谱联用仪、等离子体发射光谱仪、气相色谱仪、液相色谱仪、生物荧光显微镜、连续流动分析系统、荧光和化学发光成像仪、光合—荧光仪、叶绿素荧光成像仪、酶联免疫分析系统、荧光定量PCR、红外成像光谱仪、土壤呼吸仪、总有机碳分析仪、根系生长动态监测分析系统等。

实验中心所有仪器纳入全所共享范围，大型仪器设备均纳入院级和区域共享平台。在运行过程中，逐渐形成了"1+N"的大型仪器实验技术队伍，实现了大型仪器集中专职与兼职技术人员相结合的管理模式，现有管理制度包括实验室安全管理制度、实验室卫生管理制度、仪器使用管理制度、仪器培训管理制度、消防器材管理制度、危险化学品及有毒、有害化学物品安全管理办法等，保障实验室正常运行管理。

6. 国家土壤质量湛江观测实验站

国家土壤质量湛江观测实验站依托南亚所建设，湛江观测实验站位于广东省湛江市麻章区南亚所基地，长期定位监测始于2009年，2019年经农业农村部批准正式建设（农办科〔2019〕28号），土壤类型为砖红壤。长期开展热带作物不同优化施肥模式、水肥一体化、土壤质量提升等长期定位监测工作，在热带果园（菠萝/香蕉/红橙）土壤质量监测方面积累了较强的数据和土壤样品资源，具有明显的区域和资源优势，现有长期定位监测场地 3 块，储备用地 5 块。实验站有观测监测用地 80 亩以上，全部为国家无偿划拨给依托单位科研和建设用地。实验站有固定人员 12 人，其中中高级职称人员 5 人，固定技术人员 9 人。实验站有仪器设备 35 台（套）以上，总值 800 多万元。实验站有办公用房和实验用房面积 400 多平方米。实验站可观测参数数量 18 项，年上传观测数据 2 次，年上传观测数 83 个。

第三节　试验示范基地简介

（一）所内试验示范基地

1. 芒果基地

芒果基地面积 80 亩，1986 年定植高产稳产试验示范基地 30 亩（未含外点 20 亩），1987 年定植 50 亩（含 20 亩品种园）收集保存国内外芒果种质资源 260 余份，主要开展芒果种质资源收集、保存、鉴定、评价和利用研究及新品种新技术的示范工作，已选育出'粤西 1 号''印度 1 号''热农 1 号'等优良品种。

2. 菠萝基地

2006 年在所内建立菠萝课题实验基地，位于虾塘对面，龙眼试验基地旁，面积 30 亩，主要用于菠萝杂交育种。

2009 年搬迁至南亚大道旁，剑麻课题组试验基地对面，实验基地面积扩大为 90 亩，主要用于菠萝育种、菠萝高效优质栽培技术研发、菠萝新品种引种试种展示等。

2019 年搬迁至南亚热带作物研究所核心实验基地内，目前正在搬迁中，面积暂时为 20 余亩，主要功能为菠萝新品种种植展示、新品种品比试验等。

3. 澳洲坚果基地

1979—1984 年，广东土产进出口公司从澳大利亚引入澳洲坚果光壳种品种嫁接树 1 353 株，南亚所种植 520 株，其余部分送广西热作所、四川热作所、云南热作所、云浮林业局等单位试种。1980 年 3 月 17 日在南亚所大门外公路西面成片种植三个品种 246、508、H2 共 286 株；1981 年 6 月 23 日在上述地北面，种植 1980 年引入的种苗共 80 株，有 508、660、333 三个品种；1985 年 4 月 7 日在上一试区北面，种植 1984 年引入的种苗 154 株，有 333、344、508、741、800、Own choice。1989 年 5 月 10 日布置了品种比较试验 2.3 公顷，参试品种有 246、333、344、741、800、Own choice 六个品种，并布置了间作试验及辅助试验 2.82 公顷。1988 年美国友人 P.J. Ito 又赠送了 294、695、788 等七个品种的少量芽条，1991 年繁殖 40 株 788 种于大田，至 1991 年南亚所总计种植 6.2 公顷。

澳洲坚果基地现有面积 104 亩，有种质资源保存区、品种示范区、品种比较试验区、种苗繁育区、自然杂交授粉育种区等功能区，保存150余份资源。

4. 荔枝基地

荔枝示范基地面积60余亩，收集荔枝种质资源80余份，主要包括'妃子笑''无核荔''桂味''白糖罂''三月红''紫娘喜'等主栽品种，'井岗红糯''岭丰糯''仙进奉''御金球''新球蜜荔''冰荔''观音绿'等主推荔枝新品种，'D11''D13''9918''ZW36'及MS系列特早特晚熟优株。这为新品种选育、新品种推广和栽培技术示范提供了材料。

主要研究工作：①开展杂交育种、实生选种等新品种选育，实施荔枝新品种区域试验和生产试验，2015年与国家荔枝龙眼产业技术体系合作建立了荔枝龙眼南繁科研育种基地；②针对'妃子笑'等主栽品种及新品种，开展花穗调控、高接换种、果实品质调控等配套栽培技术的研究，研发轻简、安全、高效的栽培技术体系，为广东、海南和广西等荔枝主产区提供了技术支撑和示范。

5. 龙眼基地

龙眼课题组于2009年6月正式成立，当时给了30亩失管的龙眼树，在大约2012年，将菠萝一块基地给龙眼课题组，大约30多亩，大约在2013年，从龙眼课题组划出20亩地给国家荔枝龙眼产业技术体系"南繁育种基地"，故现在荔枝龙眼课题组约有40亩龙眼基地，其中大约10亩用于龙眼种质资源的保存，30亩用于龙眼的种质创新。

龙眼课题组成立于2009年2月，示范基地面积70余亩，主要用于种质资源收集保存、鉴定评价、创新利用研究，分为品种区，杂交实验区，实生选种区，嫁接示范区4个区域。目前收集保存的龙眼种质资源3 000余份，主要包括'大乌圆''古山''石硖''储良''灵龙''青壳宝圆''红核子''草铺种''桂明1号''赤壳''柴螺'等品种资源100余份，3个种间杂交群体约1 600余株，1个属间杂交群体300余株，7个实生选种群体约1 000余株，此外还有引进国外资源5份。龙眼示范基地有1人专门负责管理，另有具有热带作物种质资源保护工作经验的3名工人配合完成种质圃内日常的任务，包括土肥水管理、树体管理、病虫害防控、更新复壮等栽培技术措施，并严格按照规程管理，确保种质资源正常生长。基地规划合理，具备安全的围护设施，合理的灌溉施肥设施，配备必要的工作间等辅助设施，保障了龙眼基地的正常运转。

主要研究工作：①龙眼品种结构调整与新品种选育，即针对龙眼生产中存在的品种结构不合理这一问题，通过实生选种、种属间杂交育种、倍性育种、分子标记辅助育种等多种途径选育新品种，并开展品比实验，最终的目的是选育成熟期错开，品质优良的新品种，为龙眼产业提质增效提供品种保障；②龙眼种质资源收集、评价与创新。开展了国内外龙眼种质资源调查收集与保存工作，收集栽培品种和野生居群；对收集资源的生物学性状和植物学性状等进行深入评价，为资源的创新利用提供理论支撑。

6. 香蕉基地

香蕉基地初创于 2002 年 4 月，面积 15 亩，保存香蕉种质 71 份。经过多年扩建和发展，到 2019 年面积达到 90 亩，保存香蕉种质 160 份。现可承接的试验示范包括种质评价、杂交育种、新品系 DUS 测试、新品种试验示范、新型肥料试验示范、水分养分平衡管理技术试验示范、提质增效技术试验示范、无公害和有机香蕉生产技术试验示范以及标准化生产技术试验示范。

7. 剑麻基地

1983 年建立剑麻种质资源保存圃 1.2 公顷，对 10 多个地方品种和一些优良杂交后代进行了集中保存，并配套试验基地 4 公顷，主要开展剑麻抗病高产新品种选育与营养施肥技术研究。之后剑麻试验基地调整他用，仅保留 17 亩剑麻种质保存圃。2000 年随着剑麻课题撤销，剑麻种质圃也被规划为其他用途，剑麻种质移植至种苗繁育基地继续繁衍，并依托国家南亚热带作物良种苗木繁育场开展剑麻组培繁殖研究，期间收集保存了国内早期引进的品种资源 25 份。2008 年剑麻融入麻类进入现代农业产业技术体系建设行列，南亚所重新规划建设了剑麻科研基地，收集地方品种及近缘种、野生半野生种 65 份，从优良母株实生后代中筛选出优良单株 9 份，通过有性杂交创制出优良杂交后代 6 个，共收集保存种质 100 多份，并于 2010 年新建成了龙舌兰麻种质资源保存与利用研究基地公顷，对收集的种质通过种质保存圃进行活体保存，研究并确立了种质的组培繁殖方法，通过组培繁殖保存种质 50 份，确保了低繁殖系数种质安全繁衍。经过几十年的努力建立了龙舌兰麻种质资源的研究体系，制定了《剑麻种质资源描述规范》和《剑麻种质资源数据质量控制规范》，通过建立种质资源特征特性描述的统一尺度对 70 份龙舌兰麻种质资源进行了规范描述与整理，完成 4 340 份性状数据采集，并采集种质资源多样性图谱 23 张，通过热带作物种质资源信息网实现了种质资源信息的共享。通过营养与施肥研究，研制出剑麻'H·11648'营养诊断指标和营养诊断指导施肥技术。通过剑麻种质资源斑马纹病抗性鉴定与抗病种质筛选研究，筛选出一批高抗型种质，找到了转育抗病品种的抗原亲本；对剑麻种质倍性、资源性状、生物学、纤维特性等方面进行了深入研究，利用有性杂交培育出了抗斑马纹病品种粤西 114 和热麻 1 号；在生物技术育种研究方面建立了稳定的剑麻植株再生和遗传转化体系，应用转基因技术获得了一定数量的转化植株。

8. 蔬菜基地

蔬菜基地成立于 2012 年，现有在职科研人员两名，主要从事茄子种质资源的收集及创新利用研究和南瓜种质资源收集及抗白粉病研究，目前共收集茄子资源 150 多份，南瓜资源 100 份左右。课题组共有试验基地 28 亩（位于南亚热带作物研究所所内），聘用专职基地管理人员 1 名，该基地主要用于茄子和南瓜资源的保存及常规杂交育种等研究。

9. 马铃薯基地

马铃薯基地于 2017 年 6 月开始申请筹建，2017 年 10 月建成使用；基地位于南亚所一队旁，面积 71 亩，由面积分别为 38 亩、15 亩、18 亩的三块地组成，地块地势较为平坦，适于机械化操作，并安装有水肥一体化设备，可对所有地块进行水肥灌溉。主要开展马铃薯新品种选育、广东省马铃薯区试、广东省马铃薯产业体系的试验示范、新品种展示、高产栽培技术研究等方面的工作。

10. 玉米基地

2012 年玉米课题组成立，并配套建立热带玉米育种基地，占地面积 80 余亩，地势平整，土地肥沃，适合玉米育种工作的开展。课题组先后在黑龙江、辽宁、河南、贵州、云南、佛山等国内多个省份收集种质资源，并先后出访了尼日利亚、越南、马来西亚等热带国家进行学术交流和种质资源的收集工作，到目前为止共收集到了玉米种质资源 1 500 多份，其中青饲玉米 1 250 份，甜糯玉米 300 份；从国外引进玉米种质资源 33 份，其中从越南引进 2 份，泰国引进 5 份，尼日利亚引进 26 份。筛选适应热区生态环境的玉米种质 175 份，选育玉米自交系到高代趋于稳定，配制杂交组合 145 份，以种植于大田观察杂交组合表现，构建了热区玉米核心种质资源库。课题组随后对收集的种质资源进行鉴定和分类，筛选出了 20 余份具有耐旱性的材料。2018 年中旬，课题组与黑龙江八一农垦大学进行合作，在玉米单倍体的育种技术进行了深入交流和探讨，截至目前，已配置出玉米单倍体材料 46 份。此外，在基础研究方面，对玉米泛素基因家族 E1-E3 也有了一定研究，获得了部分与玉米抗逆性相关的候选基因，为后续利用生物育种或基因工程技术育种打下基础。

11. 橡胶树基地

基地名称：橡胶树抗寒种质资源评价与林下资源综合利用试验基地。

建设时间：2015 年。

建设地点：南亚所 1 队。

建设面积：30 亩。

建设内容：对 195 份橡胶树抗寒种质材料进行生长、抗性和产量等性状进行综合评价，筛选优异的材料与新品种；胶园林下覆盖柱花草和葛藤，间种砂仁、魔芋等作物，筛选适应林下种植的药材和种植模式。

12. 甘蔗基地

2008 年 4 月，"中国热带农业科学院糖能兼用甘蔗试验示范基地"申请筹建，2008 年 12 月 16 日，农业部办公厅批准建设，批准文号：农业部农计函〔2008〕98 号文，建设地点为南亚所甘蔗试验基地，基地负责人为苏俊波。基地于 2009 年动工建设，2010 年建成试运行，2012 年 3 月通过验收并正式投入运行，总投资金额 208 万元，分别建设有甘蔗田间实验室 410 平方米、光周期室 160 平方米、玻璃杂交温室 200 平方米，以及其相应的设施设备等，主要承担甘蔗种质资源收集及创新利用、新品种选育，新品种和新技术的试验示范，技术培训，服务三农以及人才培养等公益性的职能。

基地收集保存甘蔗主要优良种质150份，其中育种亲本60份，海南野生资源收集保存（割手密、斑茅等）90份。目前已经有6个自主选育的品种申报农业部品种权保护，其中'热甘1号''热甘11-713''热甘11559'已经获得农业部品种权保护办公室授权。

2016—2019年，获科研设施运行维护费支持，每年经费30万元。

13. 热带农业环境与作物高效用水试验基地

2014年7月，由农艺节水研究课题组和生物节水课题组窦美安、刘洋、安东升等人共同讨论策划并编写农业部粤西农业环境与作物高效用水野外观测站项目建议书，计划建设面积200亩，主要分为节水工程技术、旱作新品种选育、水分高效利用三个试验区，项目负责人刘实忠站长。2016年11月，该基地建设项目被列入《农业科技创新能力条件建设规划（2016—2020年）》规划，旱作节水基地项目更名为"热带农业环境与作物高效用水试验基地"，项目负责人为李瑞奇站长。2017年5月编写项目可行性研究报告，编写可研报告的科技人员为安东升、窦美安、徐磊；行政人员为吴浩、杨颖娣、陈超、王嘉平。2018年10月农业农村部批复可行性研究报告，项目资金来源为中央预算投资，批复金额为2 604万元，并正式开始初步设计。2019年4月完成项目的初步设计，目前正在评审中。

主要建设内容包括实验室2 200平方米，田间控制中心300平方米，作物水分平衡观测模拟设施474平方米，气象观测场450平方米，蒸渗观测场450平方米，径流观测场160平方米×12座，作物高效用水试验场15 000平方米，红壤提质扩容试验场18 000平方米，品种筛选鉴定试验场16 500平方米。主要仪器设备包括农田/温室微环境数据采集系统、蒸渗仪、坡面剖面土壤水分监测系统、悬移质水沙分流分离自动计量装置、多通道灌溉施肥机、土壤剖面水分监测反馈控制系统、稳定同位素标记套组等环境监测、植物水分生理、土壤物理相关的仪器设备。通过科学观测和科学试验解决主要热带作物灌水定额与胁迫诊断和热区红壤水土保持与土壤改良两个问题。

14. 休闲农业基地

休闲农业基地始建于2013年，占地面积70亩，位于南亚所南大门进入400米路西，2016年扩增40亩桑树基地，位于南亚大道与南门进入主干道交汇处。

休闲农业基地围绕农业绿色发展理念，以建立"生态型、科研型和示范型"休闲农业基地为目标，对内支撑科研，对外引领休闲农业发展动向，以在研科研项目和成果为依托，集中整合科研要素资源，探索"生态+"和"科研+"的休闲农业模式。在环境和生态资源允许的前提下，引入新颖的、高品质的、美丽的水果、蔬菜、鲜花和树木等，利用多种生态农业的方法来发展生态观光、农业观光等，满足游客参观、旅游和休闲需求。

基地定位为休闲农业清洁生产技术集成与创新利用示范基地，种质资源以引进筛选与创新利用为主，结合当地自然环境自主研发相应的栽培技术与模式，并根据产业发展与市场需求生产出契合市场需求的优质产品。目前，基地先后开展了葡萄引种与避雨栽培技术研究、桑葚种质资源收集和选育、草莓健康栽培技术研究、果园土壤改良与果园生草技术研究和果—草—禽耦合试验示范等科研工作。引进试种了葡萄品种18个、桑葚品种54个、草莓品种6个、番石榴品种4个、牧草品种6个，自主研发了葡萄产期调控技术、桑葚产期调控技术、草莓健康栽培技术等。承担农业部生态环保项目"热带果园农业清洁生产研究与示范"、热科院都市与休闲农业创新团队牵头专家项目、生态循环农业创新团队骨干专家项目、所基本业务费果园生草项目、休闲农业与清洁生产基地建设项目等。

15. 循环农业基地

循环农业基地于2018年开始建设，总占地面积20 000余平方米，试验示范基地根据田间地形情况和试验研究内容分为研究生试验与现代农机装备示范区、果园种植区、胶园种植区、温室和废弃物转化区、水旱轮作区、玉米种植区、畜禽饲养区、甘蔗种植区、草畜一体化示范区、水面种养结合区十个功能区。

循环农业试验示范基地以农业资源高效利用为技术核心，以节能、节水、化肥和农药的少施或免施为基本要求，运用可持续发展的思想、循环经济理论与产业链延伸理念，力争构建一种特色鲜明、效益明显、可复制、易推广的热带生态循环农业技术集成与试验示范体系。主要开展旱田复合种养设施与装备、水田复合种养设施与装备、水面复合种养设施与装备、果园立体种养设施与装备、废弃物利用设施与装备、草畜一体化技术和农业信息智能化技术试验示范工作。

热带生态循环农业技术集成与试验示范体系的构建可实现最大程度地减轻农业生产造成的环境污染和生态破坏，有效提高作物的产量和品质，降低农业生产所需劳动力，实现热带农业生产各个环节的价值增值。

16. 植物营养基地

植物营养研究室基地建立于2009年，主要开展测土配方施肥技术、根际调控与养根技术、根外追肥技术、滴灌技术、水肥一体化技术、土壤培肥技术、土壤改良技术、地膜覆盖技术等，经过近年来的努力建立了热带作物菠萝和香蕉等高效施肥技术体系，制定了《菠萝水肥一体化规程》。

17. 病虫害绿色防控基地

作物病虫害绿色防控研究室试验基地占地面积24亩，种植了团队主攻的4种热带作物：芒果、油梨、菠萝、剑麻。主要用于病虫害田间观测、接种、验证、数据及病原菌采集等工作，2009年前后，在金沙江干热河谷地区的四川省攀枝花市和云南省华坪县爆发芒果畸形病，当地农技部门束手无策，第一时间向我们研究室求援，我们团队迅速应对，多方面入手研究治理方案，其中研究室基地就承担了病原菌田间接种验证鉴定等任务，为该病害的有效防控奠定了基础。

（二）所外试验示范基地

1. 芒果所外基地

（1）广东雷州基地：或醉山庄芒果示范基地，2014年建立，位于雷州乌石或醉山庄内，南亚所与或醉山庄有限公司共建，面积约15亩，开展热农1号、澳芒等芒果新品种的试验示范。

（2）四川攀枝花基地：攀枝花市优质晚熟芒果示范基地，位于盐边县金河基地，2007年建立品种示范园一个，面积50亩，由南亚所与锐华公司共建，引进芒果新品种20余个，开展优良品种的试验示范及杂交育种工作。

（3）云南华坪基地：华坪果子山芒果示范基地，位于云南省华坪县荣将镇果子山，2007年南亚所与华坪园艺站共建，面积300亩，开展热农1号、凯特、Sensation等芒果新品种的示范。

（4）广西田阳基地：广西田阳县百育镇六联村二组，2013年建立，面积15亩，开展热农1号芒果新品种示范。

2. 菠萝所外基地

（1）广东徐闻基地：徐闻县曲界镇，菠萝新品种及配套栽培技术示范与推广，2016年建立，200亩，合作方为徐闻县诺香园农产品专业合作社，开展菠萝高效栽培技术、菠萝花期调节和产期调控技术、菠萝病虫害绿色防控技术。

（2）广东遂溪基地：湛江市遂溪县广前农场，菠萝新品种及配套栽培技术示范与推广，2016年建立，100亩，合作方为湛江农垦现代农业发展有限公司，开展菠萝高效栽培技术、菠萝花期调节和产期调控技术、菠萝病虫害绿色防控技术。

3. 澳洲坚果所外基地

（1）广东郁南基地：郁南县南江口镇，2013年5月1日开始种植，面积300亩，合作方为云浮市旭诚农业发展有限公司，主要开展澳洲坚果品种比较试验、新品种示范、繁育优良钟苗等工作，示范推广澳洲坚果1 000亩，繁育优良种苗5万株。

（2）广东阳春基地：阳春市三甲镇，2018年开始建设，面积200亩，合作方为广东壹方草木农业高新科技有限公司，主要开展澳洲坚果品种比较试验、新品种示范、繁育优良钟苗等工作。

（3）云南临沧基地：建于临沧市云县，2012年9月18日开始建设，面积约50亩，合作方为云南临沧云县香香苗圃，主要开展澳洲坚果品种比较试验及新品种示范工作，示范推广澳洲坚果3 000亩。

（4）广西岑溪基地：建于岑溪市归义镇，2008年4月30日开始建设，面积500亩，合作方为岑溪市金哥水果专业合作社，主要开展澳洲坚果品种比较试验、新品种示范、繁育优良种苗等工作，示范推广澳洲坚果5 000亩，繁育优良种苗50万株。

（5）广西田阳基地：建于田阳县坡洪镇百合村和新景村。百合村基地于2013年3月16日开始建设，面积30亩，合作方为田阳县科技局，主要开展澳洲坚果试种及栽培技术示范，示范推广1 000亩；新景村基地于2013年3月16日开始建设，面积80亩，合作方为田阳县逸景澳洲坚果专业合作社，主要开展澳洲坚果丰产栽培技术示范。

（6）贵州基地：①兴义市乌沙镇岔江村基地，2013年7月开始建设，面积100亩，合作方为贵州省亚热带作物研究所，主要开展澳洲坚果品种比较试验、新品种示范等工作；②兴义市南盘江镇达居村基地，2015年开始建设，面积50亩，合作方为贵州省亚热带作物研究所，主要开展澳洲坚果品种比较试验、新品种示范等工作，示范推广澳洲坚果1 000亩；③望谟县坝奔村基地于2017年9月开始建设，面积50亩，合作方为贵州省亚热带作物研究所，主要开展澳洲坚果品种比较试验、新品种示范等工作，示范推广澳洲坚果5 000亩。

（7）西藏基地：①林芝市察隅基地建于林芝市察隅县察隅农场，合作方为西藏自治区农牧科学院蔬菜研究所，2017年4月19日开始种植500株，面积20亩，2018年4月24日，又种植80亩，主要开展澳洲坚果引种试种、品种比较试验、新品种示范、繁育优良钟苗等工作，示范基地澳洲坚果生长正常且有部分植株开花，表明气候适宜澳洲坚果生长；②林芝市墨脱基地建于林芝市墨脱县背崩乡江新村，2017年4月23日开始种植500株，面积20亩，合作方为西藏自治区农牧科学院蔬菜研究所，主要开展澳洲坚果引种试种、品种比较试验、新品种示范、繁育优良钟苗等工作，示范基地澳洲坚果生长正常且有部分植株开花，表明气候适宜澳洲坚果生长。

4. 香蕉广东所外基地

（1）2009年8月1日，开始在徐闻县、东海区硇洲岛和遂溪县，建立三处标准化高产优质栽培技术示范园，共计面积500亩。另外为便于开展香蕉枯萎病综合防控研究，在枯萎病发病较为严重的徐闻县城北乡、东海区硇洲镇租赁两个发病蕉园，总面积约6亩，布置了抗病品种比较与生物农药的防控试验。

（2）2013年，在茂名高州、湛江硇洲岛和徐闻各建立1个区域性试验种园，展开了抗枯萎病新品种区域试种。

（3）从2014年起，与徐闻、雷州和廉江发病较严重的地区的农业技术推广站与香蕉合作社联系，建立了3个高产优质栽培技术试验示范园，主要是示范以拮抗菌发酵液为主的综合防控枯萎病技术，示范达面积450亩。

（4）2011年开始，承接土壤肥料岗位专家的香蕉控释配方肥试验示范协作网任务，建成试验示范园约4 600平方米。

5. 天然橡胶广东所外基地

（1）广东省卅岭农场 2 队 2016 年 200 亩广东省卅岭农场主要开展乙烯利刺激规范化割胶技术，营养诊断及配方施肥技术，病虫害防控技术，产品质量管理技术集成与示范。

（2）广东省红五月农场 19 队 2017 年，100 亩，广东省五一农场，主要开展新型种植材料——体胚无性系繁育与示范，评价体胚无性系繁育苗生长和抗性等性状。

（3）广东省红十月农场 17 队 2010 年 100 亩，广东省红十月农场，主要开展橡胶树优良品种区域适应性评价，筛选优良的适应性种植品种。

第三章

基本条件建设

2006年前，国家在科研院所事业单位投入的基本条件建设资金有限，南亚所获得的建设项目很少。2006年以来，随着国家建设资金投入的增加，南亚所获得的基本条件建设资金也逐年增加。南亚所共获批基本建设项目13项建资金总额19 418万元，其中已通过验收项目6项，目前在建项目7项；共获批建设修缮购置专项资金项目30项，资金总额7 995万元。随着基本条件建设资金的增加，项目建设规范性要求越来越高，为了规范基本条件建设，南亚所制定了《南亚热带作物研究所基建管理办法》《项目招投标管理办法》《南亚热带作物研究所工程建设签证管理办法》《基建工作流程图》《现场监督管理办法》等内控制度7项，编制了规划4项，共收集整理归档项目档案资料1 000余册。

通过项目的实施，改善了南亚所基础设施条件，解决了南亚所长期以来水管分布不均、重复、损坏、缺少、使用率不高的不良局面，形成了循环的交通网络；有效改善了热带果树采后保鲜与加工研究方向、热带果树生物学重点实验室遗传改良与生物技术研究等相关配套仪器条件，特别是提高了科研、推广与服务能力和安全与防护能力，为提升现代农业科研院所的科技创新能力奠定了基础。南亚所基条处获得农业部2018年"农业工程建设先进集体"称号，吴浩同志获得"农业工程管理先进个人"称号。

第一节 《南亚热带作物科研创新基地控制性详细规划》简介

南亚所于2012年编制了《南亚热带作物科研创新基地控制性详细规划》（图3-1、图3-2、图3-3）。属于南亚所的10年规划，基地规划用地面积504.82公顷，疏港大道南北纵向穿越其东部，海湾大桥西连线临近其北部通过，交通便利；基地地形起伏，地势呈东高西低、北高南低；植被茂盛，以果树林木为主；水网密布，旧县河、雷州青年运河灌溉南北渠贯穿其中；绿树苍翠、湖面清澈，生态环境优良。

规划按照"积极创新、加强交流、保育生态"的发展理念，确定项目发展目标为：建设"国内一流、世界领先"的南亚热带科研创新平台，确定项目在国际、国家、粤西、湛江四个层面的发展定位为：国际亚热带农业科技交流窗口、全国南亚热带农业科技创新排头兵、区域农业科技合作和成果转化中枢、都市农业科普观光胜地。围绕发展目标和定位，规划重点打造以"科技研发、交流合作"为主导功能、以"科普培训、创意加工、办公生活、休闲观光"为辅助功能的"2+4"职能结构。

在空间布局上，按照"生态优先、紧凑布局，集群创新、重点攻关，田林拥抱、河湖成环，路网优化、游道串联，设施完善、机制共享"的五大发展策略，按照"延续现状、有序拓展，动静分区、内科研外交流，因地制宜、四个组团联动，业态融合、研游产学一体"的布局思路，规划形成"一心、一园、五区"的空间布局。

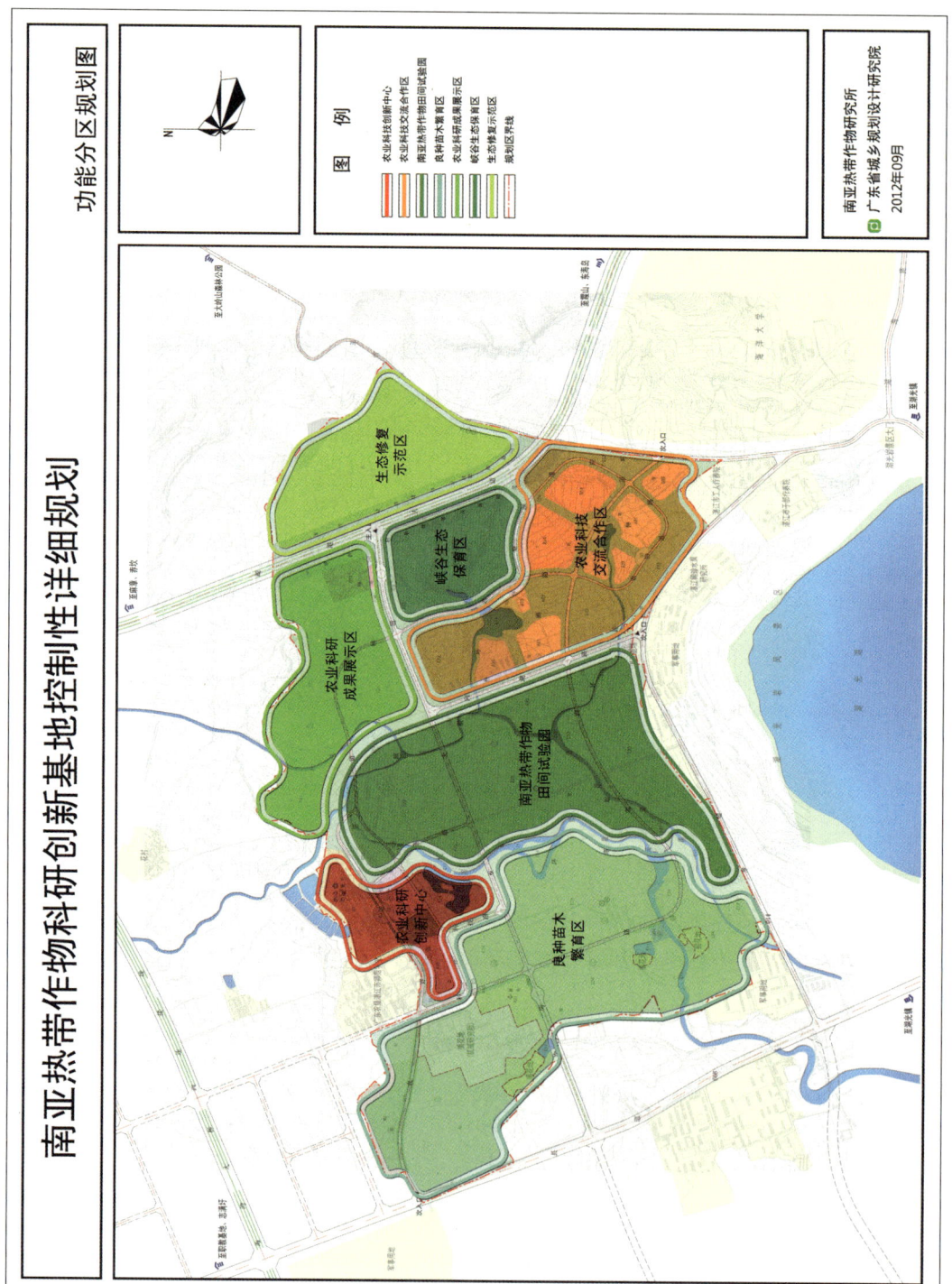

图3-1 功能分区规划

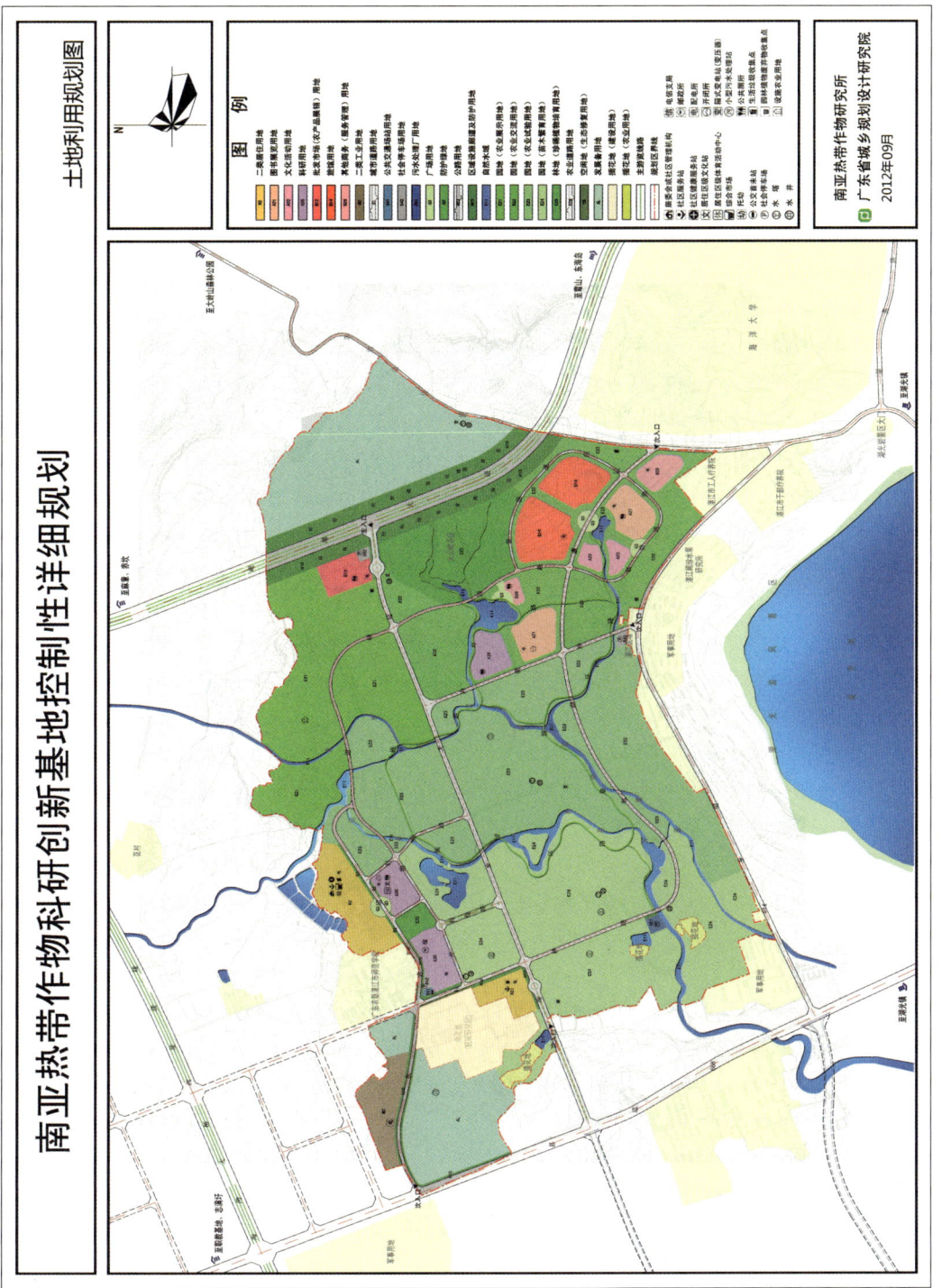

图3-2 用地规划

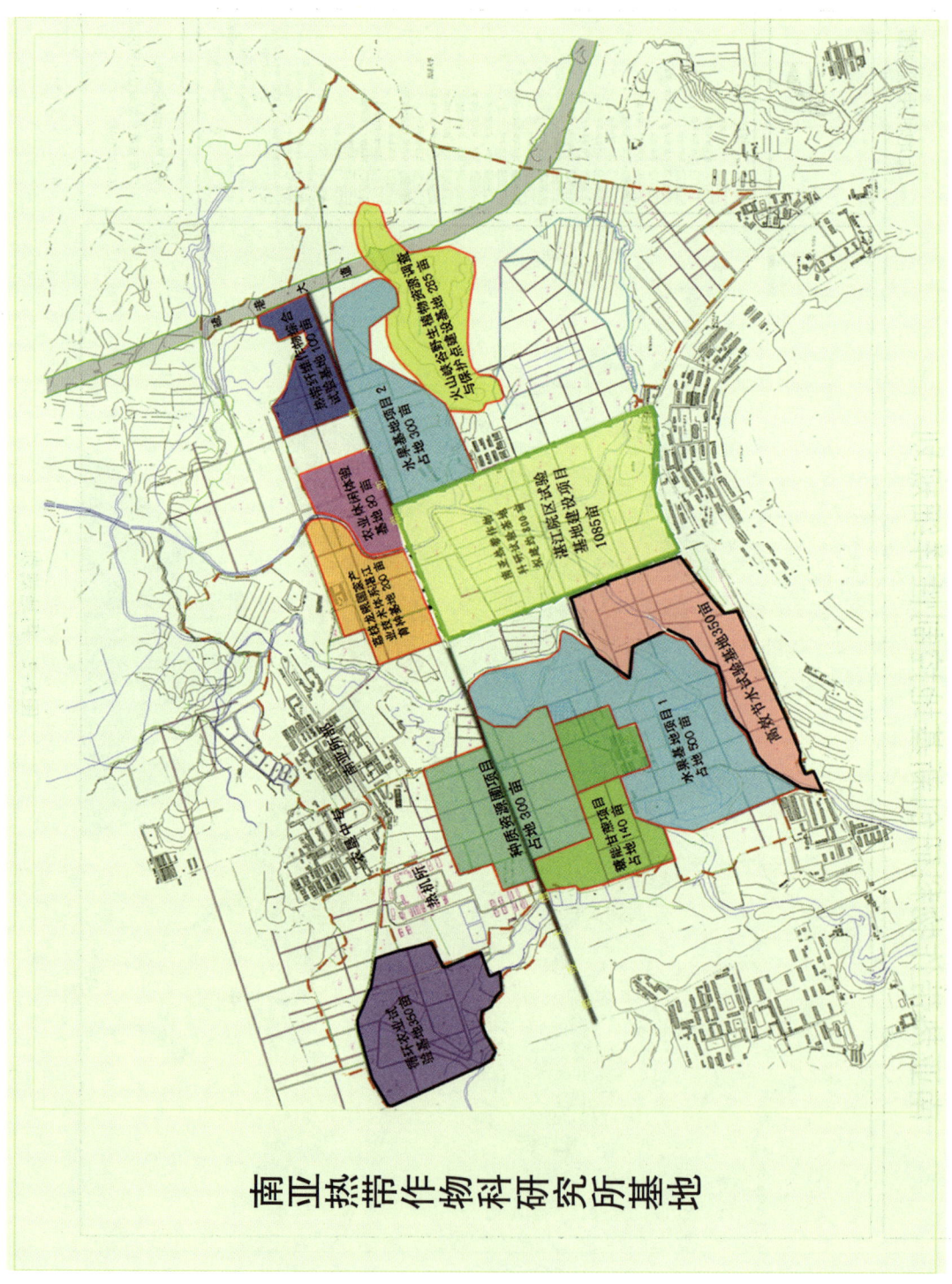

图 3-3 基地分布

"一心"即农业科研创新中心，主要为科技研发和办公生活提供服务，建设项目有实验中心和生活配套区等。"一园"即南亚热带作物田间试验园，主要提供作物栽培与生理、植物保护与农产品保鲜等技术服务，建设项目有育种基地、栽培研究基地、植物营养学科研基地、果蔬采前保鲜试验基地、百果园等。"五区"即"良种苗木繁育区、农业科研成果展示区、农业科技交流合作区、峡谷生态保育区和生态修复示范区"五大功能区。其中"良种苗木繁育区"承担着种质资源保存、优良品种选育、良种苗木繁育及推广等功能，建设项目有农产品精加工区、热带果树种质资源圃、热带坚果育种基地、甘蔗高产高糖育种基地、园林植物繁育基地等多个种植基地；农业科研成果展示区以技术展示、产品展销为主导功能；农业科技交流合作区以国内外交流与合作、成果展示为主导功能，主要建设项目包括：农业科技论坛、农博馆、农业科技培训中心、农业主题酒店、专家村等；峡谷生态保育区以火山地质生态保护、科普、珍稀植物培育为主导功能；生态修复示范区以生态恢复治理为主导功能。

在发展规模上，根据国土规模指标，参考相关案例，规划建议本项目建设用地规模控制在总用地的20%以内；规划预测基地未来的人口将包括常住型人口及观光旅游人口等，其中常住型人口将达到4 000多人，日平均观光游客量将达到每日2 600人次；规划的城市建设用地面积69.53公顷，占城乡用地的13.6%；另外还规划有发展备用地64.09公顷，占城乡用地的12.7%，为未来基地乃至城市的建设发展储备空间。

在交通组织上，项目依托疏港大道、海湾大桥西连线、湖志路等形成便捷、畅通的对外通道；内部交通则主要由主干路、慢行游道两级路网系统组成，主干路形成"一横、一环、两支"的路网格局，慢行游道由电瓶车、单车、步行线路组成，串联起基地各景观节点；规划以山谷绿地、河湖水系为基底，结合市区绿道建设，强调对旧县河、灌溉渠等湖泊水网的贯通利用，促进生态廊道景观节点间的相互衬托和点缀，形成"一带、两廊、三轴、多节点"的景观结构。

此外对基地范围内的公共设施配套、市政工程、环境保护、综合防灾、地下空间利用等内容也做了具体安排。在城市设计上结合湖光岩风景区、海洋大学等区域风貌特征，采取视线走廊引导的手法，强调建筑、公共空间、滨水空间与自然环境的融合、渗透，突出项目科技农业的独特性与休闲农业的观赏性，塑造极具独特魅力的区域新形象。

在开发时序上根据"基础先行、突出科研、完善配套、加强交流、全面铺开、业态融合"的基本原则，项目分近、中、远三个阶段弹性开发。南亚热带作物科研创新基地将在湛江市跨越式蓬勃发展的大好形势下积极前行，基地在承担起农业科研重任的同时，也将成为湛江市对外交流的一个重要平台，成为湛江市民都市休闲的桃源圣地。

第二节 基本建设项目概述

一、概 述

建所以来至 2006 年以前，国家在科学事业单位基本建设方面的投资有限，南亚所获得的基本建设项目数量和金额也很少。20 世纪 70 年代以前，南亚所科研和生活设施基本沿用原湖光农场场部的基本设施；80 年代之前利用中央级科学事业单位基本建设项目资金，分别建设了行政楼、教授楼和组培楼项目，总投资额约 400 万元。详见表 3-1。

表 3-1 建所至 2006 年以前的科研辅助用房项目

序号	项目名称	建设年度	投资额（万元）	建筑面积（平方米）	建设内容
1	行政楼	60 年代	约 87 万元	约 1 450	1 栋，三层，砖混结构
2	教授楼	70 年代	约 60 万元	约 1 000	住宿楼 8 幢
3	专家楼	70 年代	约 64 万元	约 800	住宿楼 8 幢
4	组培楼	80 年代	约 184 万元	约 2 300	2 栋，每栋 5 层框架结构

2006 年以来，南亚所共获批基本建设项目 13 项，包括综合实验室、农业农村部热带果树生物学重点实验室、热带果树生物学综合实验室、广西百色综合实验站、四川攀枝花试验基地、扶绥热带农业综合实验室、热带果树种质资源圃及国家热带果树种质资源圃改扩建、热带水果科研基地、糖能兼用甘蔗新品种试验示范基地、湛江院区试验基地、热带农业环境与作物高效用水试验基地等项目，建设资金总额 19 418 万元；其中已通过验收项目 6 项，目前在建项目 5 项，未开工项目 2 项（表 3-2、表 3-3 和表 3-4）。

南亚所获批的科学事业单位基本建设项目集中在野外试验基地、试验基地和实验楼建设三个方面。野外试验基地项目占比最大（7 961 万元，占 41%），其次是试验基地建设项目（约 6 602 万元，占 34%），再次为实验楼建设项目（4 855 万元，占 25%）。这一方面反映了国家的重点投资方向向着这三个方向倾斜，尤其加强了对野外试验站的建设投入；另一方面，也反映了南亚所的竞争优势在于具有土地资源和种质资源优势，具有建设野外试验站和试验基地的有利条件。

利用中央级科学事业单位基本建设项目，新建成实验室 3 栋 9 551.67 平方米，工作房 3 栋 865.32 平方米，田间实验室 1 栋 421.74 平方米，仓库房 1 栋 122.12 平方米，玻璃温室 5 栋 6 371.44 平方米，移动旱棚 1 栋 2 157 平方米，根系观察室 1 栋 717 平方米，

表 3-2 2006 年以来南亚所获批的实验楼建设项目

序号	项目名称	预算年度	预算批复文号 可研	预算批复文号 初设	项目总投资（万元）	建筑面积（平方米）	购置仪器设备（台套）	建设内容	备注
1	中国热带农业科学院南亚热带作物研究所综合实验室	2006	农计函[2005]286号	农、办计[2006]126号，农办计[2008]74号	1 120.00	3 760	297	新建办公楼1栋3 737.06平方米以及配套的附属设施、弱电工程、实验室排污处理系统、实验室专用设备集中供气（氮、氧、氢气）系统、实验室IC系统、玻璃幕墙工程等；购置的实验室台柜系统共计297台套	2014年12月验收
2	农业部热带果树生物学重点实验室建设项目	2015	农计发[2014]221号	农办计[2015]35号	837.00		18	按批复购置低温冰箱及冻存管理系统、气相色谱仪、液相色谱仪、超高速冷冻离心机、激光共聚焦显微镜、遗传分析系统、植物荧光成像仪、生物大分子分析仪、酶联免疫光谱仪、荧光定量PCR仪、红外成像分析仪、土壤呼吸监测仪、总有机碳分析仪及实验台柜各1台套，改造与仪器设备相关的通风系统、增购真空浓缩仪、皮肤渗透性测试系统、全自动样品快速研磨仪、低温热泵烘干房等配套小型设备	2017年11月验收
3	中国热带农业科学院南亚热带作物研究所热带果树生物学综合实验楼建设项目	2018	农计发[2017]117号	农办计[2018]5号	2 974.00	8 893	实验台300延米	主要建设内容为新建实验室8 893.9平方米，其中地下一层1 151.91平方米，地上九层建7 741.99平方米，场区工程1 478.5平方米，配套给排水、电力等附属设施，购置合300延米	2018年年底开工建设
合计					4 931.00	12 653	315		

表 3-3 2006 年以来南亚所获批的试验基地项目

序号	项目名称	预算年度	预算批复文号 可研	预算批复文号 初设	项目总投资（万元）	面积（亩）	购置仪器设备（台、套）	建设内容	备注
1	热带果树种质资源圃	2009	农办计[2008]123号	农办计[2009]86号	275.00	300	23	建设果树种质圃300亩，建工作房122.12平方米，仓库房122.12平方米，100立方米、24米高水塔1座，泵房10.46平方米，完善田间道路水电工程，购置田间道路检测等仪器23台（套）	2012年4月验收
2	糖能兼用甘蔗新品种试验示范基地	2009	农计函[2008]98号	农办计[2009]101号	208.00	146	122	建设光周期室166.45平方米，田间试验室421.74平方米，杂交温室201.71平方米，围墙围栏997米，硬化道路370平方米，配备供水供电及附属设施，购置旋光仪、移动轨道车、通风柜、自动光照系统、加湿（除）湿系统、循环风道等仪器设备122台（套）	2012年3月验收
3	热带水果科研基地建设项目	2009	农计函[2008]82号	农办计[2009]79号	785.00	800	9	新建田间工作房519.2平方米，泵房90.9平方米，玻璃温室576平方米，新增机井及供水系统2套，新建道路2600米，防护围栏3780米，灌溉管道4257米，田间灌溉系统800亩，新增变压器2台，高低压线路1160米，购置仪器设备9台（套）	2013年11月验收
4	湛江院区台风损毁基础设施修复项目	2011		热科院计[2011]453号	80.00			清淤4682平方米，道路230米，大坝路缘石460米，片石护坡387立方米，土方回填4314立方米；草皮护坡4222平方米，排水沟砌筑36立方米，混凝土桥3.8立方米，消力池12.31立方米，排水管安装86米等	2014年8月验收

（续表）

序号	项目名称	预算年度	预算批复文号 可研	预算批复文号 初设	项目总投资（万元）	面积（亩）	购置仪器设备（台、套）	建设内容	备注
5	中国热带农业科学院湛江院区试验基地	2017	农计发[2015]185号	农办计[2016]128号	2 842.00	1085	17	主要建设内容包括新建根系观察室947平方米，移动旱棚2 157平方米，基地用房224平方米，配电房33平方米，平整土地82.86亩，建设水源、灌溉、道路、排水、供配电、围栏、监控等田间工程及附属设备，购置仪器设备17台套	完工
6	中国热带农业科学院南亚热带作物研究所国家热带果树种质资源圃项目	2019	农规发[2018]10号	农办规[2019]43号	1 192.00	500	9	新建田间工作室167.6平方米，DUS检测实验室134.2平方米，玻璃隔离温室3 393平方米，水肥一体化机房22平方米；配套建设田间道路3 090平方米，排水沟1 030米，安防系统1套，水肥一体化系统280套，箱涵2座，栽培支架400套；购置植物图像数据采集设备、色差计等仪器设备9台（套）	在建
7	中国热带农业科学院农业环境与水作试验基地建设项目	2019	农规发[2018]3号	农办规[2019]36号	2 543.00	280	24	新建实验室2 226平方米，消防泵房63平方米，智能温室474平方米，田间控制中心298.6平方米，建设道路5 903平方米，排水沟3 689平方米，试验田9 818平方米，畜禽养殖舍859平方米，灌溉养殖一体化蓄水池1座，涵洞21座，观测场3 228平方米；配套建设大门、安防监控、供配电、挡土墙、围栏、周墙等附属工程，购置农田小气候监测系统、多通道连续监测叶绿素荧光仪等仪器设备24台（套）	在建
合计					7 925.00	3 111	204		

表 3-4 2006 年以来南亚所获批的野外试验站项目

序号	项目名称	预算年度	预算批复文号 可研	预算批复文号 初设	项目总投资（万元）	面积（亩）	购置仪器设备（台、套）	建设内容	备注
1	中国热带农业科学院广西百色综合实验站建设项目	2016	农计发〔2015〕201号	农办计〔2016〕98号	1 237.00	3	16	主要建设内容包括新建实验室及辅助用房3 335.41平方米，玻璃温室432平方米，门卫室11.02平方米，围墙120米，挡土墙83米，以及道路及土方，绿化，室外给排水，电气等配套工程；购置实验室配电柜16台（套，批）	完工
2	中国热带农业科学院四川攀枝花试验基地建设项目	2017	农计发〔2016〕103号	农办计〔2017〕86号	2 350.00	7	33	新建实验室2 479.2平方米，玻璃温室1 503.76平方米，大门及门卫室1座（其中门卫室30平方米，配套建设道路1 080立方米，围墙300米，挡土墙1 080立方米，绿化1 175平方米，给排水管线412米，电气管线440米，630千伏安变压器1座等工程，购置仪器设备33台套	完工
3	中国热带农业科学院南亚热带作物研究所扶绥热带农业综合实验室建设项目	2019	农规发〔2018〕10号	农办规〔2019〕37号	2 912.00	40	49	主要建设内容为：征地40亩，新建热带农业综合实验室1栋4 365平方米；新建玻璃温室2 609平方米；场区道路2 766平方米，低压线路730米，停车场460平方米，挡土墙610米；配套建设消防设施，污水处理设施，室外给排水工程，电气工程，绿化工程	在建
合计					6 499.00	50	49		

光周期室 1 栋 166.45 平方米；建成配电房 64.6 平方米，田间卫生间 53 平方米，水塔 2 座，机井 3 眼，配套泵房 118.36 平方米，大门及门卫室 3 座，道路 22 264.29 平方米，排水沟 5 303 米，围栏、围墙 6 496 米，果树栽培支架 30 亩，太阳能路灯 30 盏，新增变压器 5 台，购置设备 535 台套。

二、建设实施成效

中央级科学事业单位基本建设项目的实施，改善了南亚所科研基础设施条件，为南亚热带作物种质资源收集、保存和创新利用、作物生理与栽培、作物营养和植物保护等相关科研工作奠定了基础，取得了显著的成效。

促进了我国南亚热带作物科技创新能力，为我国南亚热带作物产业发展提供有力的科技支撑。

改善南亚所的科研基础条件，促进热带农业科研大协作，提升科技自主创新能力，基本上解决了热带农业生产中的科学问题及关键技术，为热带农业高产高效安全生产提供先进实用技术，为我国南亚热带作物产业发展提供有力的科技支撑。

促进新技术新成果的推广应用，提高科技对我国南亚热带作物产业的贡献率，提高我国南亚热带作物的生产总量和质量，提升我国南亚热带农业在国内外市场的竞争能力，满足国内外市场对南亚热带作物产品的需求。

通过仪器设备购置，有效解决了科研实验对仪器设备的要求，提高了科技攻关能力，促进了科技成果转化，为开展学术交流，开展引智工程提供有力保障。

实现了农业农村部重点实验室零的突破，建成"农业农村部热带果树重点实验室"，获得农业农村部重大专用设施运行费滚动支持，年均运行经费 30 万元。农业农村部热带果树生物学重点实验室是农业农村部 2011 年批复设立与挂牌的部重点实验室，隶属于热带作物生物学与遗传资源利用学科群。热带果树生物学重点实验室主要在热带果树种质资源的创新利用、遗传改良与生物技术、生理生态与栽培技术、采后生物学及贮运保鲜等方面进行基础研究，以及影响热带水果产业的关键技术与共性问题进行攻关，为我国热带水果产业的发展提供技术指导和理论依据，促进热区果农增产增收。在实验室运行费的保障下，实验室的科技创新基地和人才培养基地的作用得以实现。

建成了"国家热带果树种质资源圃"300 亩，获得农业农村部重大专用设施运行费滚动支持，年均经费 40 万元。目前保存有芒果、油梨、澳洲坚果、菠萝、香蕉、荔枝、龙眼、火龙果、西番莲、番荔枝、番石榴、杨桃、毛叶枣、莲雾、黄皮、人心果、神秘果、油梨、树菠萝、余甘果、蛋黄果、木瓜等热带果树种质资源 4 300 余份，是我国热带果树种质资源种类最丰富、数量最多的保存机构之一，是我国热带果树种质资源的研究与应用中心，为我国热带果树新品种的选育和新型果树的开发工作提供了公益性服务，特别在芒果、澳洲坚果、菠萝等热带果树种质资源的研究上形成了自己的特色。

建成了"糖能兼用甘蔗新品种试验示范基地"146亩，收集保存甘蔗主要优良种质150份，其中育种亲本60份、海南野生资源（割手密、斑茅等）90份。从2007年至今，每年完成60~70个杂交组合，培育3万株左右的实生苗，以高产、高糖、多抗、适应机械化栽培为育种目标，选育甘蔗新品种。目前已经获得一批在产量、糖分、抗逆性状等方面超过对照的优良品系。'热甘1号'和'热甘11-713'2个品种申报了国家品种权保护；积极探索甘蔗农机农艺配套栽培技术、抗旱胁迫试验等研究，逐步归纳出适合我国甘蔗产区的全程机械化农艺配套栽培技术，解决以大型切断式联合收割机为主的全程机械化与我国传统栽培方式不相适应的矛盾，大幅度降低甘蔗生产过程中的劳动力成本。

增加了"农业部湛江菠萝种质圃""湛江荔枝龙眼农科教合作人才培养基地""海南省热带园艺产品采后生理和保鲜技术重点实验室""海南省菠萝工程中心"等平台；筹建的"海南省热带作物营养重点实验室"和"菠萝种质创新与利用工程技术研究中心"2个平台顺利通过评估验收。

三、重大基本建设项目简介

（一）南亚所综合实验室项目（1 120万元）

南亚热带作物研究所综合实验室是南亚所最主要的实验研究场所，位于南亚所所部办公区内，大楼西侧是坚果基地，南面正对所大门，东面与农业博览园相邻，北面隔路相望为广东省农工商学校。综合实验室高五层，一层为会议展览和接待大厅，承担对外服务功能，二至五层为各研究室实验室及办公室。各实验室既相对独立，又互相联系。大楼设外走廊，有利于减少沿海地区潮湿空气的影响并便于通风采光，大楼充分运用空间形象意境化的理念，通过整体形象的塑造，体现科研办公建筑的特征，充分展示现代研究机构的建筑个性。

南亚热带作物研究所面向南亚热带地区，以南亚热带名优特色作物特别是南亚热带果树作物为主要研究对象，围绕南亚热带农业发展中面临的综合性、关键性、基础性的科学技术问题开展科技攻关。重点研究领域为南亚热带作物种质资源（包括野生近缘种）的收集、鉴定、创新及可持续利用研究，南亚热带地区名优特色作物产量、品质形成机理和高产、高效栽培生理基础理论研究，南亚热带地区名优特色作物适生环境及可持续发展种植模式研究。为南亚热带特色农业产业的形成与发展，南亚热带地区农业经济的快速发展和农民增收提供强有力的理论与技术支撑。

2005年9月12日该项目可行研究报告获得批复，2008年8月27日初设批复，新建综合实验楼一栋3 737.06平方米，该项目2008年10月开工建设，2011年11月完工，

2013年12月完成项目决算及财务审计，2013年11月25日通过项目竣工验收。综合实验室及设施已于2010年10月投入使用，运行情况良好，形成固定资产1120万元。

通过该综合实验室的运行，大大改善了南亚所的实验室条件，基本满足了南亚热带作物种质资源收集、保存和遗传创新、作物生理与栽培、作物营养和植物保护等学科领域研究的需要，提高了研究所科研创新能力和研究水平。通过大型仪器的培训、综合实验室的安全运行维护，保证了科技人员在综合实验室开展各项科研活动，热带农业科技创新能力得到较强的技术支撑，创新能力大大提升，热带农业学科和领域得到一定程度的扩展，进一步提升了南亚所对热区农业的科技支撑能力。采购了一批大型仪器设备，有效改善了热带果树生物学重点实验室的科研条件，对于开展热带果树种质收集评价与创新利用、新品种选育、热带果树产量与品质形成的生物学基础、热带果树抗逆基因资源挖掘、热带果树营养与生态调控等方面的研究工作提供了重要条件保障。

利用上述平台，实验室最近两年在国家自然科学基金、广东省科技厅和农业厅资助项目的经费和立项数等方面均取得历史性突破，以该平台为依托，几年来共发表论文140多篇，其中SCI 40多篇；主编、参编著作9部；获批植物新品种保护权2项；申请专利33项（发明专利23项），授权专利26项（其中发明专利12项，实用新型专利14项）；制定完成农业行业标准2项；通过湛江市成果鉴定1项；编制了都市休闲农业"十三五"规划，初步完成专家论证；与湛江实验站共同申报的"橡胶树抗寒高效育种体系的建立与应用"获海南省科技进步二等奖。

（二）中国热带农业科学院广西百色综合实验站项目（1 273万元）

百色试验站位于田阳县百育镇四那村，位于百色国家农业科技园区内。田阳县地处广西西部，右江河谷中部，县城距自治区首府南宁市200多千米，距百色市38千米。南亚热带作物产业在我国是近几十年才发展起来一个新型特色产业，对热区的经济社会发展起到了十分重要的作用，现已发展成为我国热区的重要支柱产业之一。其中科技对南亚热带作物产业的发展起了重要作用，如品种的引进示范与推广、栽培管理技术等对南亚热带作物面积的扩大和产量的增加起到了重要的促进作用。但在科研方面，长期以来重应用研究与推广，轻基础研究，致使基础和应用基础研究相当薄弱，对产业的发展缺乏有效的科技支撑，制约了我国南亚热带作物产业的持续健康发展。

本实验站立足于服务百色市农业产业需求，以芒果、番荔枝、澳洲坚果、小番茄、甘蔗等作物为主要研究对象，对百色市南、北部山区以及右江河谷地区进行优势农作物区划，重点开展新品种引进与培育、高产高效配套栽培技术、采后贮藏与保鲜、冷链物流体系建设、农产品质量安全与控制、水资源高效利用、生态保护与水土保持技术和区域农业经济等研究。

百色综合实验站于2015年批准立项，项目2016年12月开工建设，2017年11月工程竣工验收，2019年10月完成项目初验，建成了综合实验楼一栋3 335.41平方米、玻璃温室432平方米及门卫室、道路硬化、围墙、给排水、电气及安防监控等配套工程；购置实验台柜16台。百色综合实验站及设施于2019年10月投入使用，运行情况良好，形成固定资产1 273万元，实验楼1座3 267.16平方米，玻璃温室1座432平方米。

该试验站主要以芒果、番荔枝、澳洲坚果、小番茄、甘蔗等作物为主要研究对象，对百色市南、北部山区以及右江河谷地区进行优势农作物区划，重点开展新品种引进与培育、高产高效配套栽培技术、采后贮藏与保鲜、冷链物流体系建设、农产品质量安全与控制、水资源高效利用、生态保护与水土保持技术和区域农业经济等研究。本项目的建设，将成为我国南亚热带地区农业基础和高新技术研究的基地，成为基础研究和应用技术研究与开发成果的聚集地和辐射源，从而提升南亚热带作物研究所服务我国热区"三农"的能力和水平，带动整个南亚热带作物产业的技术进步，提高南亚热作产品质量，促进我国南亚热带作物产业升级换代。

项目运行后，实验站每年可承担春芒果、番茄、甘蔗、荔枝等农作物新品种的试验、生产试验及新品种展示、示范任务，通过有计划地对新品种定点试验，可以引进、筛选、推广优质、高产、多抗的新品种，有效提高试验质量，能够为新品种的审定提供科学依据；加速农作物优良新品种的推广，实现品种区域化布局；有利于品种结构调整，提高品质，增加品种类型；有利于加快科技成果的转化；有利于促进辐射带动当地及田阳县经济的发展，有利于田阳县农业持续稳定发展，维护品种选育者、生产者、经营者和使用者的合法权益，促进农民增产增收。

（三）中国热带农业科学院四川攀枝花试验基地项目（2 350万元）

川滇金沙江干热河谷流域位于川滇交界少数民族聚居区域，其流域海拔1 600米以下区域为南亚热带气候类型，这里年平均气温20℃左右，气候冬春干燥，气温高，昼夜温差大，少寒潮阴雨天气，夏秋雨热同季，是我国乃至全世界纬度最北，海拔最高的一块南亚热带作物区，同时该区域资源丰富，南亚热带特色农业产业发展空间很大。

在攀枝花市建立中国热带农业科学院试验基地，通过热科院科技支撑，围绕该区域南亚热带特色水果科技创新能力提升及产业化发展需求，瞄准区域特色产业的共性关键性技术问题，与当地科技部门联合开展南亚热带特色水果选育种、栽培与品质生理、优质高效安全标准化技术研究与示范等方面的科技创新研究及产业化应用，以点带面，向整个川滇金沙江流域3.5万平方千米扩展，有利于尽快形成金沙江沿岸南亚热带特色水果产业带，促进整个川滇金沙江干热河谷南亚热带特色水果产业可持续健康发展。

四川攀枝花试验基地建设，主要围绕芒果科技创新能力提升及产业化发展需求，瞄准攀西地区晚熟芒果产业存在的共性问题，联合开展晚熟芒果选育种、栽培与品质生理、优质高效安全标准化技术研究与示范等方面的科技创新研究及产业化应用，以科技支撑攀西晚熟芒果产业带的可持续发展，把攀西芒果产业建成具有世界竞争力的产业。以研究成果为契机，培训新型农技人员，创建我国优势芒果遗传资源创新中心和优良芒果新品种孵化基地、优质高效晚熟芒果栽培技术试验示范基地、晚熟芒果优势出口基地、芒果产业组织合作化发展示范基地。

攀枝花试验基地建设于攀枝花市仁和区农林科学院内，项目于2016年12月22日立项，2018年7月开工，2019年6月18日完工，建成实验室1座2 478.78平方米，玻璃温室与冷库1座1 498.57平方米及配套的道路、围墙、给排水工程、电气管线、安防监控系统等场区工程，仪器设备购置35台套。攀枝花试验基地及设施将于2019年12月投入使用，预计运行后情况良好，可以形成固定资产2 350万元。

通过为产业发展提供优质高抗新品种、无公害高效栽培管理技术和贮运保鲜技术，一方面可减少在种植管理和贮运保鲜过程中农药的使用量，从而有利于生态环境的保护；另一方面，可改善化肥的使用方式，减少化肥的使用量，从而有利于土壤环境生态的保护。通过这些新技术和新成果的推广应用，将提高南亚热带作物产量和品质，促进项目建设单位产生更多更好的新技术新成果。

（四）中国热带农业科学院湛江院区试验基地建设项目（2 842万元）

本基地为热科院湛江院区综合科研试验用地，为热科院南亚所、加工所、湛江实验站等科研机构在湛江院区开展南亚热带农业科研试验工作提供综合性基地。承担大量的国家与省部级科技创新试验项目，担负着热带农业科技创新、集成再创新、示范、推广等功能，是我国南亚热带农业领域重要的科技试验创新中心、先进南亚热带农业科研成果展示的重要平台。

本试验基地建设于湛江市麻章区湖秀路1号南亚所内，于2015年获得农业农村部批准立项，2016年12月22日初设批复，于2017年10月18日开工建设，2017年9月完成田间工程施工；2018年12月完成建安工程施工；2019年1月11日工程完工并通过了工程五方竣工验收，2019年3月完成竣工结算。已建成的设施有智能温室3 657.6平方米；根系观察室717平方米；移动旱棚2 895平方米；基地用房224平方米；配电房64.6平方米；水塔1座；水泵房17平方米；大门值班室1座；铁艺围墙398.5米；视频监控系统1套；田间卫生间2座；田间围栏900米。场地平整60 366平方米；田间道路15 616平方米；涵洞4座；管道灌溉系统1项；排水沟5 303.35米；挡土墙951.81米；供配电系统1套；果树栽培支架30亩；风光互补型太阳能路灯30盏，采购设备16台套。并已投入使用，运行后情况良好，形成固定资产2 842万元。

项目运行后，将大幅度改善南亚所的科研基础条件，促进热带农业科研大协作，提升科技自主创新能力，有利于解决热带农业生产中的基础性、前瞻性、全局性的科学问题及关键技术，为热带农业高产高效安全生产提供先进实用技术，为我国南亚热带作物产业发展提供有力的科技支撑。通过科技培训，将大大加快先进科技的普及，提高热带地区农民技术素质，培育新型农民，增强其造血能力，加快其脱贫致富步伐，促进热带地区特别是边陲地区新农村建设。基地建成后将促进新技术新成果的推广应用，提高科技对我国南亚热带作物产业的贡献率，提高我国南亚热带作物的生产总量和质量，提升我国南亚热带农业在国内外市场的竞争能力，满足国内外市场对南亚热带作物产品的需求。

（五）南亚所热带果树生物学综合实验室建设项目（2 973 万元）

热带果树生物学综合实验室建设于广东省湛江市霞山区文明西路9号，2017年11月5日立项批复，于2018年1月27日下达投资，2018年11月28日开工建设，其占地面积为837.5平方米，总建筑面积为8 994.38平方米（地下一层，地上九层）。目前该实验室已完成主体结构建设，计划2020年10月建成并投入使用。

综合实验室的主要任务如下。

一是开展南亚热带作物种质资源创新与利用研究，培育优质高效的热带作物新品种。利用植物学、细胞学、生理生化、分子生物学技术进行热带作物种质资源的系统评价，利用分子生物学技术挖掘主要南亚热带作物农艺性状的相关基因，利用分子标记辅助育种技术和农艺性状评价技术体系，高效筛选优良种质，建立突变育种技术体系，开展热带作物突变育种，构建高效基因转化体系，进行转基因育种，提高热带种质资源创新与利用研究，培育优质高效的热带作物新品种。

二是开展南亚热带作物产业发展中重大共性技术或关键技术的科技攻关，为产业发展提供优质高效安全栽培技术。对荔枝、龙眼、芒果、菠萝、澳洲坚果、香蕉、剑麻、热带玉米等南亚热带作物的栽培生理、花期调控、品质形成机理及调控、养分资源综合管理和水肥的高效利用、以生物防治为主的病虫害综合防治等关键技术进行科技攻关，在不同类型的生态区域，组装集成芒果、菠萝、荔枝、澳洲坚果、剑麻等优质高效安全综合栽培技术，建立标准化生产技术体系。

三是开展南亚热带农产品的贮运保鲜技术研究与开发，为延长产业链、提高产业的附加值提供成熟配套的技术。以南亚热带果蔬为主要研究对象，通过对产品采前、采后生理与病理基础研究，重点突破菠萝、荔枝、芒果、澳洲坚果、冬季瓜菜等采后贮运保鲜等关键技术，促进产品增值，为延长产业链、提高产业的附加值提供成熟配套的技术。

四是开展科研成果转化，提高南亚热带农业科技贡献率及服务"三农"的能力。根据新形势新任务的要求，对取得的科研成果通过示范与培训等途径进行转化与推广，并积极探索热带农业生产新方法、新技术，鼓励科研人员走进农村，走进田间，将科技成果和论文写在大地上，切实促进我国热带农业科研成果转化，提高热带农业科技贡献率及服务"三农"的能力。

五是培育南亚热带农业高级人才，提供产业发展人才保障。以科技楼为载体，在科技创新实践中发现人才、创新活动中培养人才、创新事业中凝聚人才；在人才培养上，能够打破常规，标新立异，而又实事求是，遵循科技创新的发展规律，实行以首席科学家和学科带头人为龙头，带动科研梯队建设，以高级人才为骨干，加强科研队伍建设，努力造就一支结构合理、素质优良的高层次人才队伍，同时，加大研究生的培养力度，为我国热带农业发展提供人才保障。

六是加强国际合作与交流，扩大我国在热带农业尤其是南亚热带农业科技方面的国际影响力。随着我国在南亚热带作物研究领域科技投入的增加，我国在南亚热带作物科研方面将在国际上产生越来越大的影响，国际合作与交流活动将会更加频繁。以南亚热带作物科技创新中心为平台，开展国际合作与交流，一方面可以引进国际先进研究技术和人才，提升南亚所的创新能力和研究水平，提高我国在这些研究领域的国际知名度和影响力；另一方面，通过开展与南美、非洲、南太平洋和东南亚等热带南亚热带地区发展中国家经济合作与援助，对这些国家进行技术和人才培训，促进我国的科技外交，将为我国南亚热带作物产业"走出去"发展战略提供有力支撑，同时扩大我国在热带农业尤其是南亚热带农业科技方面的国际影响力。

（六）南亚所扶绥热带农业综合实验室项目（2 813 万元）

该项目主要开展香蕉种质资源创制与栽培研究、香蕉分子微生物工程技术研究以及分子生物技术的研究、澳洲坚果新品种示范与推广工作等方面的研究及科技创新、技术研发，为产业发展提供技术支撑，为热带农作物产业升级提供试验平台，成为相关产业工程技术的集散地、辐射源和科研与生产结合的交汇点，推动相关行业科技进步。为产业提供新的优良品种，并对主要病虫害发生规律进行调查，建立标准化种苗生产基地，将本项目建设成为服务地方经济的示范与推广平台、对外科技合作及产学研合作的重要科研与成果转化平台，热科院辐射东南亚的新窗口，进而提升崇左市扶绥县特色农业的综合开发能力，形成特色农业资源高新技术创新体系，服务经济社会发展。

该项目于2018年11月19日立项批复，2019年9月30日初设批复，新建综合实验室4 365平方米、玻璃温室2 609平方米，建设道路、低压线路、停车场、挡土墙、消防排污、电气工程、室外给排水工程等场区工程。总投资2 813万元，建设地点在广西崇左市扶绥县。目前准备开工建设。

本项目建成后，项目农业综合实验室通过利用项目单位科技资源优势，开展香蕉种质资源的创制、菠萝优质品种选育和成果推广与示范、剑麻种质创新和高效栽培研究模式、澳洲坚果新品种示范与推广工作等方面的研究。通过后续技术研发，每年推出1~2个新品种新产品，完善2~3项农业生产新技术与规程等。有力提升热带特色农业产业发展技术水平。为科研提供条件支撑≥20年。同时构建热带特色农业研究利用体系，建立热带农业综合实验室研究技术领域的信息资源平台，为所内外本行业内以及农业农村部学科群提供高水平、高质量的技术和分析有偿服务，为提高我国热带特色农业资源研究与利用水平做出应有的贡献。

（七）中国热带农业科学院热带农业环境与作物高效用水试验基地建设项目（2 534 万元）

该项目与 2018 年 10 月 12 日立项批复，2019 年 8 月 30 日初设批复，主要建设现代农业科学试验区 150 亩，建设内容包括建筑安装工程、田间工程、配套工程以及仪器设备购置四部分。建筑工程包括：实验室 1 栋，建设面积 2 500 平方米；田间建筑工程含作物水分平衡模拟观测设施 1 座 465 平方米；田间控制中心 300 平方米；120 立方米水箱 1 座，泵房 15 平方米。

田间工程包括：土地平整 45 亩，土壤改良 100 亩，改造混凝土主干道路 6 000 平方米、次干道路 1 200 平方米、配套排水沟 4 600 米，以及涵洞 36 个，挡土墙 720 米，田间隔断 1 540 米，供电系统 1 套，监控系统 1 套，滴灌系统 100 亩。气象观测场 450 平方米；蒸渗观测场 450 平方米，配套蒸渗仪井 3 个共 10 立方米和公共观测井 1 个 30 立方米；径流观测场 12 座，建设面积 2 200 平方米。大门 2 座、安防监控系统 1 套、围栏 950 米、试验基地墙体围墙 900 米，铁艺围墙 900 米、排水沟风光互补型太阳能路灯 65 盏。

并配套采购植物生理及田间微环境监控系统、大气沉降搜集装置和多气体分析仪、蒸渗仪、高精度土壤水分监测系统、多通道连续监测叶绿素荧光仪、激光雨滴谱仪、数字冠层分析仪、全自动间断化学分析仪、小型数据服务器和智能灌溉施肥机等仪器设备 76 套/组，实验台 300 延米，样品架 20 套，农机具 1 套。

总投资 2 531 万元，建设地点在广东省湛江市麻章区湖秀路 1 号南亚所所部行政楼右侧。目前准备开工建设。

通过本项目实施，将在华南热区农业环境长期观测和定位试验、主要热带作物节水精灌和热区红壤提质扩容等研究方向产生重大成效，研发适用于华南热区应对季节性干旱的节水栽培技术，带动周边农业发展。

（八）中国热带农业科学院南亚热带作物研究所国家热带果树种质资源圃项目（1 192 万元）

该项目与 2018 年 11 月 19 日立项批复，2019 年 8 月 30 日初设批复，主要建设田间工作室面积 168.3 平方米；DUS 检测实验室面积 135 平方米；玻璃温室 3 413.7 平方米；水肥一体化机房 22 平方米；配套建设田间道路 5 450 平方米（含过路涵 5 座）；排水沟 1 308 米；围墙 550 米；大门 1 座（含门卫 9 平方米）；安防系统 1 套；水肥一体化系统 250 亩；箱涵 2 座；栽培支架 400 套。信息采集系统、环境监测系统、太阳能杀虫灯、植物图像数据采集系统、植物图像分析仪及系统、色差计、小型仪器设备等 9 台套。

通过种质圃的建设，提升现有热带果树种质资源保存能力，并开展 DUS 测定。通过对所收集保存的种质资源进行科学系统地鉴定与评价，一是为我国相关研究机构或企业提供有利用开发价值的特异种植材料,作为热带果树选育种的亲本材料,提高我国热带果树新品种选育的质量;二是筛选经过区域试种和示范就可以直接为生产部门所推广使用的优良新品种或热带果树新类型,加快选育种进程,满足热带果树产业对新品种或新类型的现实需要;三是通过建设热带果树种质资源数据库,实现种质资源信息的共享,扩大相关研究机构或企业对种质资源的利用开发需求,扩大种质资源的使用范围和利用率,提高热带果树选育种的整体效率。

第三节 中央级科学事业单位修缮购置项目概述

科研基础条件是保障农业科技发展的重要支撑。2006年中央财政设立的中央级农业科研单位修缮购置专项。在财政部、农业部的引导和规范下,在各农业科研单位迅速推行,着力解决农业科研基础条件薄弱的问题,取得了显著成效,逐步成为了中央财政优化科技投入的重要举措,是国家对科研单位的一项重要财政投入。

南亚所自2006年以来,共获批建设修缮购置专项资金项目30项,资金总额7 995万元;其中房屋修缮类项目6项,资金总额1 075万元;基础设施改造类项目12项,资金总额3 810万元;仪器设备购置项目12项,资金总额3 110万元(参见表3-5)。自2006年中央财政设立中央级农业科研单位修缮购置专项以来,南亚所获得修购项目资金逐年稳步增长。

利用中央级科学事业单位修缮购置项目,共修缮房屋面积4 442.12平方米,改造道路84 399平方米,排水沟17 500米,改造水井4眼,改建水塔4座,泵房5座,蓄水池14座,涵洞3座,混凝土砼管涵176米,桥梁改造5座共104米,200千伏安变压器1台,改造315千伏安变压器1台,升级改造630千伏安变压器及配套设施1套,配电房2座共107平方米,改造围栏、围墙10 235.81米,改造大门4座,安防监控系统5套,改造供水管道约68 285米,铺设电缆约8 000米,水肥一体化系统36亩,购置设备137台套,升级改造设备2台套。

表3-5 2006—2021年度修缮购置项目

序号	项目编号	项目名称	立项年份	金额(万元)	项目类型	验收时间
第一期修购规划(2006—2009年)				1 580.00		
1	125163006101	科技人员周转房改建(1)	2006	55.00	房屋修缮	已验收
2	125163006102	科技人员周转房改建(2)	2006	35.00	房屋修缮	已验收
3	125163006201	热带南亚热带果树种质圃及选育种基地改建(800亩)	2006	145.00	基础设施改造	已验收

(续表)

序号	项目编号	项目名称	立项年份	金额（万元）	项目类型	验收时间
4	125163006301	热带水果采后生理与保鲜研究仪器设备体系配套	2006	215.00	仪器设备购置	已验收
5	125163006401	液相色谱仪升级改造	2006	5.00	仪器设备升级改造	已验收
6	125163006402	CID光合作用测定仪升级改造	2006	15.00	仪器设备升级改造	已验收
7	125163006202	科研示范基地（1 000亩）供水系统改造建设	2007	90.00	基础设施改造	已验收
8	125163006203	科研基地主干道路及进所道路建设	2007	120.00	基础设施改造	已验收
9	125163006201	科研供电设施改造	2007	125.00	基础设施改造	已验收
10	125163006302	热带农业环境监测体系建设相关仪器设备购置	2007	30.00	仪器设备购置	已验收
11	125163006201	科研示范基地（1 000亩）供水系统改造建设项目（续建项目）	2008	100.00	基础设施改造	2009年12月
12	125163006202	能糖兼用甘蔗选育种基地（150亩）改造项目	2008	55.00	基础设施改造	2009年12月
13	125163006201	南亚热带作物试验基地改建（第一期：道路改造工程）	2009	590.00	基础设施改造	2012年2月
第二期修购规划（2010—2012年）				1 790.00		
14	125163006201	南亚热带作物试验基地改建（续建项目第二期：供水水电改建）	2010	370.00	基础设施改造	2012年12月
15	125163006301	热带果树遗传育种配套仪器设备购置	2010	460.00	仪器设备购置	2012年9月
16	125163006201	所部科研办公配电设施改造	2011	175.00	基础设施改造	2013年9月
17	125163006101	科技成果展示及科普用房的改造	2012	160.00	房屋修缮	2013年9月
18	125163006102	澳洲坚果果品加工技术研究中心改造	2012	45.00	房屋修缮	2013年9月
19	125163006201	抗寒高产橡胶试验基地改造	2012	135.00	基础设施改造	2013年9月
20	125163006301	热带果树环境生态相关仪器设备的购置	2012	310.00	仪器设备购置	2013年9月
21	125163006302	热带园艺产品采后生理与保鲜研究仪器设备购置	2012	75.00	仪器设备购置	2013年9月

(续表)

序号	项目编号	项目名称	立项年份	金额（万元）	项目类型	验收时间
22	125163006303	澳洲坚果果品加工技术研究中心仪器设备购置	2012	60.00	仪器设备购置	2013年9月
第三期修购规划（2013—2015年）				1 975.00		
23	125163006201	南亚热带作物试验基地道路、围栏、给排水基础设施改造	2013	1 030.00	基础设施改造	2015年12月
24	125163006301	农业部热带果树生物学重点实验室遗传改良与生物技术研究方向仪器设备购置	2013	475.00	仪器设备购置	2015年11月
25	125163006101	菠萝加工中试车间改造	2014	145.00	房屋修缮	2015年11月
26	125163006302	热带果树采后保鲜与加工配套仪器设备购置	2015	325.00	仪器设备购置	2017年7月
第四期修购规划（2016—2018年）				2 213.00		
27	125163014301	修购专项——南亚所试验基地给排水系统改造项目	2016	795.00	基础设施改造类	2018年11月
28	125163006201	修购专项——南亚所试验基地桥梁、涵洞、道路改造项目	2017	875.00	基础设施改造	2018年11月
29	125163006302	修购专项——热带果树生物学重点实验室遗传育种与分子生物学研究方向配套仪器购置项目	2018	345.00	仪器设备购置	2019年10月
30	125163010000150002	直属单位和转制单位设施设备修缮购置项目——抗旱胁迫仪器设备购置	2018	198.00	仪器设备购置	2019年10月
第五期修购规划（2019—2021年）				3 164.00		
31	125163006101	修购专项——所部基础设施改造项目（第一期）	2019	635.00	房屋修缮	在建
32	125163010000160001	中国热带农业科学院湛江实验站直属单位和转制单位设施设备修缮购置——热区红壤特性与土壤侵蚀仪器设备购置项目	2019	198.00	仪器设备购置	在建
33	125163006201	坚果及薯类试验基地基础设施改造项目	2020	539.00	基础设施改造类	已申报
34	125163006301	中国热带农业科学院南亚热带作物研究所广西百色综合实验站配套仪器设备购置项目（一期）	2020	174.00	仪器设备购置	已申报

（续表）

序号	项目编号	项目名称	立项年份	金额（万元）	项目类型	验收时间
35	125163006302	热带果树生物学重点实验室分子生物学方向配套仪器购置	2020	490.00	仪器设备购置	已申报
36	125163006303	中国热带农业科学院南亚热带作物四川攀枝花试验基地配套仪器设备购置（一期）	2020	300.00	仪器设备购置	已申报
37		热带纤维作物科研综合试验基地改造项目	2021	144.00	基础设施改造	规划项目
38		中国热带农业科学院南亚热带作物国家重要热带作物工程技术中心南亚所分中心仪器购置（一期）	2021	405.00	仪器设备购置	规划项目
39	125163010000180001	中国热带农业科学院湛江实验站直属单位和转制单位设施设备修缮购置——热区凝地小型气候与表型分析仪器设备购置	2021	279.00	仪器设备购置	已批复

通过中央级科学事业单位修缮购置项目的实施，取得了以下几个方面的实施成效。

建成了热带南亚热带果树种质圃及选育种基地800亩；基地种质资源收集与保存能力由600份提升到1 200份左右，糖能兼用甘蔗选育种基地150亩。

逐步改善了辅助用房、供电设施、给排水系统、围墙、道路交通等基础设施条件，形成了有秩序地、分片式的给水模式，比较完善的交通路网系统及基础设施，提高了基地运输、科学试验的通行能力，改善了所区科研环境，为热带作物研究试验提供了保障；改善了南亚所遗传育种与分子生物学研究、热带果树采后保鲜与加工研究方向相关配套仪器条件，为热带果树种质创新和生长发育的分子机理研究提供良好硬件设施条件；为项目单位实现引领南亚热带农业科技发展方向，推动热带农业产业升级，促进农业可持续发展打下了坚实的基础。

依托项目的实施，提高了安全与防护能力，保护了南亚所的土地资源；近年来累计收回被侵占土地资源430亩。

项目建设以需求为导向、以问题为导向，根据热科院发展规划和功能布局，围绕南亚所的"一个中心，十四个基地"的中长期科技发展目标；按照基建管理基本程序及施工规范，严把工程质量关，顺利地完成三年重点工作建设任务，实现了预期效果（图3-4）。

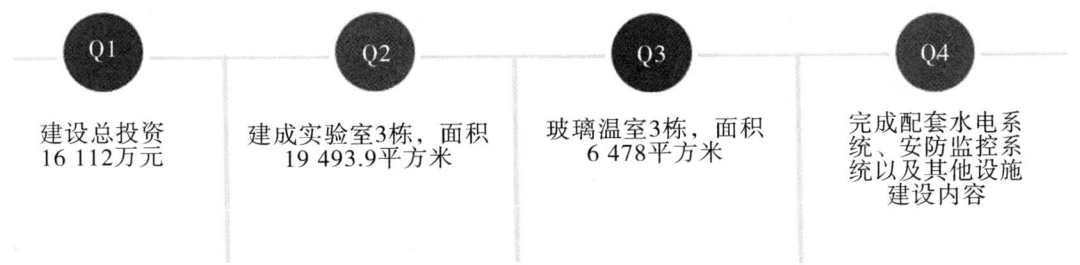

图 3-4 预期效果

通过项目的建设，构建符合科技自身发展规律的科研创新体系和实验体系，支撑南亚热带农业科技的应用基础研究及科技成果的试验示范与转化，提升了科技创新能力和科技服务能力，积极助推农业科技创新，促进农业成果的快速转化应用，为南亚所创建世界一流的研究所提供了基础条件的支撑。

第四章

重点科研项目与成果概述

第一节　建所以来的科研工作概况

一、橡胶研究

徐闻试验站和粤西试验站的建立，主要目的就是要解决橡胶生产发展中出现的关键性技术问题。

（一）1954年4月至1956年3月

研究人员选择了南华、友好农场不同结构次生林带和萌生林带，测定其防风防寒的效果，并得出了一些重要结论。

一是疏透林带（上密下疏）的背风面风速变化较缓和，对橡胶树为害较轻，紧密林带（上下皆密）背风面风速变化陡急，对橡胶树为害严重。当风向与林带垂直时，紧密林带有效距离只能达到树高的10倍，而疏透林带可达10倍以上，因而应选择较高的树种，主林带选择在高地上为宜，应该营造疏透林带。

二是疏透林带较紧密林带更能调节气温。在冬季寒流锋后，产生强烈辐射低温和辐射增温期，疏透林带气温的变化幅度不大，温度梯度较小，对减轻橡胶树寒害有利。

三是高而整齐有疏透结构的萌生带，在降低风速和蒸发量、冬季防寒作用上相对有较好的效果，但与橡胶树间存在显著的种间竞争，对橡胶树的生长十分不利。

20世纪60年代初期又重复开展了这些试验，两次测定结果基本一致。这些结论对橡胶树种植区域向北推移起到了重要的指导作用。

经过对1954—1955年冬期百年一遇的强辐射低温寒害和1955—1957年轻寒年橡胶树抗寒性的调查分析，从中得到一个重要结论，即：不能从抗寒实生植株中选择出抗寒性强的无性系，而应首先通过抗寒性鉴定，从高产实生树的初生代无性系中选抗寒品系，有利于选择抗寒高产品种。这一重要结论为抗寒品种选育指明了正确路径，也为93-114优良品种的选育奠定了基础。

（二）1954—1962年

试验站进行了湛江北部丘陵区橡胶树肥料试验。由于橡胶树是一种喜好肥沃土壤的作物，在土壤肥力低下的地区栽培橡胶，对于如何通过合理施肥以求橡胶树速生高产更是一个十分重要的问题。

从1954年开始，分别在湛江北部丘陵红壤区和雷州半岛南部林地红壤区两个主要植胶区进行了橡胶树田间肥料试验，经过较长期的试验研究，初步得出以有机肥为主，同时配合氮磷化学肥料就能大大加速橡胶幼树的生长；在施肥种类上，土壤比贫瘠的北部丘陵地区重，随着树龄的增大，对氮肥的需要量也日渐增多，至于南部森林地区，则应以磷肥为主，适当配合施用氮肥，而石灰的效果却不明显；不同形态氮肥均能促进橡胶树的生长，但以硫酸铵、碳酸氢铵和硝酸铵钙的肥效为最大；在施肥方法上，得出过磷酸钙集中施以及与堆肥混合施，磷硫粉与20倍土壤混合或与堆肥混合施用均能显著提高磷肥肥效；有机肥和磷肥宜于冬至春初一次深施于根系密集层，速效氮肥应在生长旺期浅施勤施，冬季施用氮肥则易导致严重寒害。

经过八年的试验观察，当时粤西试验站的科研人员总结得出了以下结论。

一是在湛江北部丘陵种植橡胶树，在修筑小梯田的基础上，通过合理施肥可在定植以后7~8年达到开割标准。如果施肥量不足，则需要延迟至9年左右才可以开割，单施磷肥或氮肥则需要10~11年左右才能割胶。在土壤瘠薄的地区栽培橡胶，如果不施肥就不能正常生长，更将大大推迟开割年限，从经济效果上看这将是无益的。

二是橡胶树对肥料的需要是随树龄增大的，关于氮磷肥的配合比例，在定植后头3年以1∶1较为适宜，第4~5年为1.5∶1，第6~8年为2∶1。

三是在湛江北部丘陵地区对开割幼树合理施肥可以显著提高橡胶产量。从施肥种类上看，单施氮肥可增产胶乳5%~16%，可增产干胶1%~11%，干胶含量则稍有降低。钾肥的增产作用不明显，但对加速再生皮的恢复具有良好的促进作用。单施磷肥仅可提高胶乳的干胶含量。干胶产量并不能增加，氮磷肥配合施用可以获得最大的增产效果。如果每株橡胶树每年施用10千克的有机肥料，0.5千克硫酸铵和0.5千克过磷酸钙，在第1年可增产干胶5%，即0.01千克，第2年可增产10%，即0.11千克，第3年可增产22%，即0.2千克，增产的作用逐年提高。

四是磷矿粉在酸性红壤区直接施用，肥效显著，对橡胶树施用磷矿粉初期肥效略低于磷酸钙，磷矿粉2~4倍用量的肥效约相当于过酸钙的60%左右。但是其后效大，4~5年后其肥效就大于过磷酸钙，第5~9年的肥效为过磷酸钙的316%~330%，至定植后第9年，凡是施用磷矿粉的橡胶树都比过磷酸钙大，开割率也高。因此，以磷矿粉作为橡胶树的主要磷肥种类，同时配合少量过磷酸钙满足橡胶树早期对磷肥的需要，就可以大大降低肥料的成本费用。

除此之外，自1954年起，试验站也持续不断地深入进行湛江地区橡胶树的营养与施肥研究实验，直到1981年，此项研究得出了诸多成果。

橡胶树的营养和施肥的研究是以促进橡胶树速生、丰产、优质、低成本为主要目的。因而研究方法始终以区域性大田肥料试验为主，结合大田调查，室内分析和少量盆栽实验，研究人员先后在本区三种土地上布置的肥料试验有20多个，供试验的材料有开割树、幼树和幼苗。用以比较的肥料有氮肥、镁肥、钾肥、磷肥、钙肥等。经过研究对比得出以下关于各类肥料的肥效的结论。

磷肥：磷肥可提高胶苗的磷营养水平；磷肥能显著加速幼苗和幼树的生长，提高开割率；磷肥与氮肥配合使用可提高橡胶产量。

镁肥：镁肥能提高胶树的镁营养水平；镁肥对胶树生长的作用不稳定，有正有负；镁肥对橡胶树产量有不良影响；镁肥会降低胶乳的机械稳定性；镁肥对开割树周径生长略有促进作用。

钾肥：钾肥能提高胶树的钾营养水平；钾肥能促进胶树的生长；钾肥对胶树产胶没有显著肥效；钾肥对开割树的周径生长和树皮再生略有促进作用；钾肥能改善胶乳质量。

钙肥：钙肥对橡胶树生长没有良好影响。

氮肥：氮肥可提高橡胶树的氮营养水平；氮肥能加速橡胶树幼树的生长，提高开割率；氮肥可提高橡胶树的产胶量，但降低胶乳的质量；氮肥可加速开割树再生皮的生长。

（三）1963年试验站橡胶树抗寒高产品系选育的研究

引进国内外42个品系，建立抗性苗圃系比区2个，高级系比区1个。由于当年的寒流，通过这次寒流选择无性系抗寒高产个体7个，单株、芽接定植62株。继续进行上一年抗寒生理指标测定方法研究，共进行细胞质浓度、细胞含水量及持水力、淀粉含量及呼吸强度等4个指标的测定。除呼吸强度因测定株数太少，其他项目测定的结果，品系内的不同植株之间表现基本一样。品系与不抗寒品系之间在生长季节虽有一定差异，但差距较小。

通过以上试验，研究人员得出了以下的初步结果：①现有无性系间耐寒力的差异，大体是在1.2~-2℃显现；②橡胶树的抗寒力是随着树龄的增大而提高的；③自然条件下测定品系的抗寒力必须在临界低温条件下才能真正显现其抗寒特性；④橡胶树的抗寒特性是一种遗传现象；⑤无性系间的抗寒特性表现出极大的复杂性与特殊性；⑥不同砧木质量对接穗的耐寒力有一定影响，以芽接苗做砧木比实生苗做砧木接穗的耐寒力要低很多。

（四）粤西试验站橡胶小蠹虫防治的研究

研究发现通过小蠹虫侵蚀途径，为害强度及扩展方式的观察，初步弄清橡胶树机械伤口是小蠹虫主要侵害途径。其为害主要沿着为害中心向周围攻击，逐渐扩展，一年中有3个为害高峰，3—4月、8—9月是小高峰，5—6月是大高峰。

（五）1981年后

粤西试验站仍然坚持攻坚橡胶抗寒品系及相关的研究，在有关橡胶抗寒品系研究方面，主要做了以下研究。

橡胶抗寒高产有性系培育的研究。进行人工授粉21个组合4.3万朵花，成果率5.4%。在本站建立有性大田系比区24.6亩，参试组合26个，1 002株。建于黎明、东升两地有性系比区51.8亩，参试的有希望的有性组合共17个，2 749株。在本站建立有性幼树园4亩，24个组合1 700株。建立授粉园6亩，17个品系100株。对历年有性系比区进行测产的有17个组合388单株，其中有希望的8号组合第9割年平均单株干胶产量4.36千克，表现出较好的抗寒高产特性。

橡胶抗寒高产无性系选择的研究。1981年引进国外品系8个，国内抗寒品系4个。建立抗寒前哨点苗圃系比，参试品系123个、3 747株。在站试验场建立大田中级系比区15亩，参试品系3个、342株；建于农场的系比区考试品系12个，每品系种植一亩。对无性系比区进行测产的有16个品系，其中红山67-15，第6割年平均株产干胶4.41千克，是对照GT1的160.8%，81-88年冬期云浮试验点出现倒春寒平流低温4.4℃，连续10天，全冬有害积寒31.8℃，三龄的红山67-15寒害0.85级，同试区的GT1达3.3级。同时感染白粉病历年都比GT1轻。此外，对推广无性系的产量及适应性进行了调查，发现93-114在湛江垦区及广西合浦地区产量不断提高，湛江垦区团结、南华等六个场（所）93-114第3~4割年平均单株产干胶2.1~3千克，亩产达57.1~87.6千克。广西滨海、前卫等场采用四分之一树围加电石刺激，年割40~48刀，第3~4年大面积单株产量达到2千克，而且在使用刺激剂的情况下，全年平均干胶含量达27%~29%，最高达33%。

橡胶树单倍体组织培养方法的研究。完成花药接种6个抗寒品系1 283管，胚珠培养接种8个抗寒品系730管。种胚培养已接种300个。经过多大重复试验，证明本站配方MB-10对抗寒品系花药培养疗伤组织诱导率比较高。种胚培养诱导多倍体植株试验结果表明，秋水仙碱的处理浓度以10~20毫克/千克成活率最高，达75%，超过20毫克/千克时，对生长有抑制作用，40毫克/千克以上对生长有严重抑制作用。

橡胶树组织器官电导率与抗寒力关系的研究。生长旺季进行了抗寒力品系的试验，结果没有明显的差异。冬期测定虽有所差异，但方法仍需继续改进。

橡树抗寒力人工冷冻鉴定方法的研究。进行了有性后代抗寒力筛选方法试验，参试组合24个，3 168个单株选出抗寒单株30个。不同抗寒能力的橡胶品系的自然授粉种子在同一低温冷冻处理后，它们之间的发芽率有差别。

橡胶树营养诊断指导施肥方法的研究。GT1开割树肥料要素试验和氮、钾用量及配比例试验。第七年试验表明，以不施化肥为对照，施氮增产13.3%，氮磷增产17.18%，氮钾增产9.3%，氮磷钾增产13.06%，氮磷钾钼增产10.97%，氮磷钾镁增产10.58%，氮磷钾加猪粪增产18.97%。两年进行了胶乳性能测定，可以看出钾肥能提高胶乳的机械稳定性，钾肥与镁肥配合没有降低胶乳的机械稳定性。GT1幼树氮磷钾镁肥用量及配合比例试验进入第三年。从第二年结果可以看出，氮、磷、钾、镁肥对橡胶幼树生长均有促进作用，高用量比低用量效果好。橡胶树叶片养分指标及消长规律的测定，第八年按计划完成定点观察，积累了数据。

橡胶树镁肥试验。与火星农场合作布置的 PB86 开割树镁肥肥效试验的第三年，试验结果与第二年相似，镁肥对叶片镁缺乏病有很好的肥效，施硫酸镁 0.5 千克/年/株处理发病指数平均为 17.3，施 0.25 千克的为 33.3，对照处理为 65.1。但镁肥对胶乳产量和干胶含量则没有显着效应，对生长量略有提高，但达不到显着。施镁肥使乳胶机械稳定性略有降低。

GT1 幼树氮、镁、磷、钾肥要素试验。第四年试验结果表明，镁肥的肥效继续增强，氮镁和氮镁磷两个处理已完全纠正黄叶症状，发病指数为 0，钾肥妨碍橡胶树对镁的吸收，氮镁钾处理仍有轻度症状，平均发病指数为 5.3。氮肥显著地加剧镁缺乏症，氮处理平均发病指数为 64.1。对氮处理平均发病指数 32.9。肥料对幼树生长的效应与去年的结果相似，氮镁肥的效应略有降低，而钾肥的肥效上升。

橡胶树抗寒高产原始材料的创造和选择。进行了人工授粉组合 68 个，共 3.7 万朵花，成果 6.8%。从海南、云南引进橡胶无性系 19 个。原始材料经前哨点及人工低温鉴定，初选出橡胶品系 83 个。对 20 个组合 2 500 株有性系进行人工低温鉴定，从中选出比较抗寒的植株 65 株。新建安石前哨点抗寒苗圃系比区，参试无性系 76 个，1 140 株，有性组合 7 个，207 株。

橡胶树抗寒产有性无性系大田系比试验。新建有性系比区 4 个，面积 169 亩，参试组合 54 个，共 6 745 株（其中本站试区 2 个共 55 亩，组合 22 个，2 213 株；广东黎明场试区 51 亩，组合 17 个，2 135 株；广西前卫场试区 64 亩，组合 15 个，8 397 株。此外在广西荣光农场扩大试种 8 号组合 150 株，红山 67-15 有 100 株。对系比区进行测产的无性系有 27 个，285 株，有性系组合 20 个，504 株。其中有希望的无性系红山 67-15 第 7 割年单株年产干胶 4.64 千克，是对照 GT1 的 151.7%，湛试 93-110 第 7 割年单株年产干胶 2.77 千克，是对照 GT1 的 115.4%。有性系 8 号组合第 10 割年 3.68 千克，是对照 PR107 的 101.8%。306 号组合第 2 割年 4.7 千克，327 号组合第 2 割年 2.76 千克。此外，对云浮前哨点 74 年苗圃区系比进行试割，从 64 个品系中择优选出 4 个参加高级系比，14 个参加初级系比。

橡胶抗寒高产新品系的推广和适应性调查。结果表明，GT1 在轻寒区头五年平均单株年产干胶 1.68~2.32 千克，亩产 58~66.8 千克，保存率 90.4%~94.6%；中寒区单株 1.45 千克，亩产 20.4 千克，保存率 46.9%；重寒区单株 1.84~2.31 千克。本站 93-114 生产林段第 3 割年单株年产干胶 2.12 千克，亩产 46.0 千克。GT1 生产林段第 4 割年单株年产干胶 2.15 千克，亩产 44.3 千克。

对徐闻地区 1982 年 17 号台风风害调查。结果表明，风害较轻的品系有红星 1（断倒率 3.4%）、湛试 8-67-3（0）、93-114（9.9%），风害中等的有海垦 1（27.1%）、南单

1（19.8%）、PR107（29.3%），而 GT1 风害较重，断倒率为 43.9%。在同一系比区内红山 67-15 与 GT1 断倒率均为 20%。三合树红星 1、南华 1 比照风害减轻 8%~20.8%。

橡胶树抗寒高产单倍体育种的研究。进行花药和胚珠培养，参试无性系 9 个，人工杂交抗寒高产实生树 5 株，完成花药接种 1 904 管，接种花药 29 815 个，愈伤组织等诱导率 24.6%，胚状体分化率为 9.4%，已取得抗寒品系五星 t3 试管全苗 27 株及根茎苗 9 株。胚珠培养接种 189 管，接种胚珠 1 514 个，愈伤组织诱导率 11.3%，胚状体分化率 12.8%。培养基筛选，参试第一培养基配方 28 个，第二培养基配方 12 个，第三培养基配方 5 个，从中选出了适宜的配方。此外，橡胶单株组织外植体培养自根系试验，接种无性系 3 个共 196 管，愈伤组织诱导率 20.2%。

橡胶树组织器官电导率与耐寒性关系的研究。对高抗、中抗、低抗品系枝条进行低温处理，测定细胞膜透性，结果低抗品系与高、中抗品系间细胞活性有所差异。而高、中抗品系间则未能分隔，看不出差异，原因可能是处理时间短，温度较高，测定时温度未能一致，样品材质不一致。对 5 个抗寒组合杂交苗及 93-114、PB86、GT1 自然种实生苗进行低温处理，因变温时间短，控制温度较高，结果只有 93-114、PB86、GT1 三个自然种带耐寒力有明显差异，抗寒性较强的 5 个组合均看不出明显差异。目前进行高抗、中抗、低抗品系叶片离体低温处理，细胞膜透性测定，初步看出低温处理后，不同抗寒性的品系叶片组织细胞膜透性间有明显的差异，即透性低者抗寒性强，透性高者抗寒性弱。

橡胶树营养诊断指导施肥的研究。该课题主要从事收集整理资料和总结工作。整理了本站 1974—1979 年肥料试验资料，写出《铁质砖红壤胶树对 N、P、K 肥的效应》报告。整理了与建设农场合作的肥料要素及 N、K 肥用量配比试，写成《硅铝质砖红壤胶树对肥料要素的效应》报告，论述了 N、P、K、Mg、Mo、猪粪等肥对胶树生长、产量、胶乳质量及树皮结构的影响，在硅铝质砖红壤上，氮肥肥效相当显著，单施氮肥生长量此对照增长 30.1%，干胶产量增加 14.6%。氮肥用量以高用量处理 N2 比低用量处理 N1 更能促进生长，但施氮会使胶乳机械稳定性下降，该课题还整理了本站 1973—1982 年胶树营养诊断指导施肥技术研究的资料，写出《橡胶树营养和施肥问题的探讨》。此外，综合了本站 1954—1981 年橡胶肥料试验的全部资料，写成《湛江地区橡胶树的营养和施肥》初稿，作为成果鉴定的技术文件。

橡胶树抗寒高产抗病新品种培育的研究。引入无性系 115 个，人工授粉 68 个组合 4.76 万朵花，成活率 9.4%，而建无性系高初级系比各 1 个。通过两个前哨点寒害调查，选出一个抗寒力强的品系，其中国外引入的抗病高产品种 TAN873 抗寒力表现突出，明显超 GT1（GT1 为 5.9 级，IAN873 为 2.4 级）。为加快选种速度，临时决定该品系跳级进入高级系比，并繁殖了芽条 800 多米，为下年多点试验作了准备。通过对有性、无性系比区测产，表现有抗寒高产苗头的品种有：有性 8 号组合第 11 割年平均株产干胶 4.19

千克，是对照 PR107 的 127.1%。红山 67-15 第 8 割年 2.33 千克，是对照 GT1 的 120.8%。湛试 50-2 第 1 割年 2.32 千克，是 GT1 的 138.9%。

橡胶树抗寒高产单倍体育种的研究。是和中国科学院遗传所的协作项目，已移栽五星 T3 试管苗成活 2 株。对五星 T3 等 5 个品系花药接种 578 管，愈伤组织诱导率 41.47%，已长成一批试管植株。

橡胶树耐寒性早期预测的研究。用电导法测定橡胶耐寒性不同的 5 个品系的叶片和茎干皮层，发现细胞电解质渗出率与品系耐寒性呈负相关，但叶片比茎干皮层的渗出率高。用人工低温冷冻方法，对不同耐寒性母本自然授粉橡胶种子进行了低温处理，已育出一批苗作为摸索有性系抗寒早期预测方法的材料。

橡胶树养分含量与外部症状关系的研究。进行缺素水培试验已诱发出 12 种元素缺乏症状且拍了照片。诱发元素过量中毒的土培试验发现 13 种不同元素的过量中毒症状都为叶缘焦枯，难以区别。

（六）"七五"期间的主要工作

1986 年是"七五"计划的头一年，在党的十二大精神鼓舞下，此后几年，南亚所遵循中央关于科技改革的方针、路线，认真贯彻科研为经济建设服务的指导方针，进一步学习党的一系列文件和各项方针、政策。使广大科技人员的思想觉悟有进一步的提高，大大提高了工作自觉性和光荣责任感。在站党委的领导下，1990 年开春就狠抓住科研计划的落实。6—7 月，我们根据计划的落实情况有侧重地进行课题检查召开现场会总结经验推动工作通过广大职工科技人员一年的努力，我们较好地完成上级交给的各项科研计划任务，取得较好成绩。在橡胶抗寒品系的育种与研究方面，我们总结以往的经验，在以往取得成果的基础上，更进一步。

橡胶抗寒单倍体植株诱导研究方面，研究的重点品系是 IAN873、93-114，红山 67-15、湛试 336-2、PB235 共 5 个。为了加速进程，进行突破，在五星 I3 培育成苗基础上，再一步进行探索。先后于春、夏、秋三个花期到海南保亭热作所。徐闻橡胶研究所接种，并多次到化州建设农场采花回站接种。经过努力。共接种花药 1 004 管（每管平均接种花药 20 个左右）完成年计划的 139%；胚珠培养，由于花量受到限制，仅完成计划任务 50%。

花药和胚珠培养：参试培养基有 MB、MS 和改良 MB 及 RT 共 4 种。参试配方：有 MB1-10、MB1-10 改、RT80-1、RT86-1、胶 2-1、86-3 胶 2、RT86-4、MB1-2、82-28、A5-1 共 11 个。其中对 PB235 高产品系适宜的配方 MB1-10 改、RT80-1、RT86-1，愈伤组织诱导率达 70% 以上，而且质地较好，成块、粒大、松度比较适中，颜色鲜黄 IAN873 基本适宜的配方有 MB1-10 改、BT86-1、RT86-4，愈伤组织诱导率达 35%～45%。胚珠培养反映在 IA873、93-11、红山 67-15 三个品系上，都以 86-3 胶 2 及 82-28

两个配方较好,其愈伤组织产生率达60%左右。以上这些进展为下一步突破分化胚状体打下基础。

抗寒无性系选择:对南亚所1983年以来建立的高比、初比、生比试区的有性、无性系中小苗试区,由课题承包管理,计17个林段,共9 300株苗木。管理措施:一是实现全覆盖每株干稻草10千克;二是全部施化肥三次(尿素一次、复合肥二次);三是部分林段施鸭粪肥一次,共35.8吨;四是全年除草,落实防牛害措施。效果:苗木保存率高,基本上无病害;生长势良好,年增粗7~8厘米。

对所外主要试区落实加强管理。火星场:1984年合作建立的IAN873生比区,生长好,1990年6月茎围接近30厘米,预计1990年开割。在农场投资基础上,每株增加投资2.5元。落实具体措施:垃圾肥25千克+菜籽饼1千克+复合肥0.5千克+0.25千克。胜利场:1984年协作3个品系试区,在此投资基础上,增加1元/株投资。具体措施:猪粪15千克+菜籽饼0.5千克+复合肥0.5千克+P 0.25千克。

建立高级系比区22.9亩1 098株,参试品系为湛试218-6、219-8、93-114多倍体和R046,以GT1为对照,随机排列,重复4次,每小区48株;与团结、火星场协作,建立生产性系比区502 200株,参试品系为218-6和R0462个品系,以GT1为对照采取对比法排列,每半个树位为1个小区(150株),重复3次,建立了广西安石前哨苗圃系比区,参试品系78个,1 170株;对所内外无性系比区进行产量测定及生长性状调查,完成了所内124个无性系1 140株产量测定。从所内无性系产量测定看,红山67-15继续表现高产,头10年平均株产干胶3千克,比GT1高28%,1986第11年株产4.3千克,比GT1高21.5%,第12割年株产干胶4.79千克,比GT1高34.9%;抗寒性比GT1强,产量比GT1高的湛试218-6,头二割年平均株产干胶2.26~2.55千克,比GT1高45%~28%,湛试8-16第6割年,4株平均株产4.44千克,比GT1高69.5%;抗寒与GT1相似,但不低于GT1;产量较高的新品系有030-10-24,第2割年平均株产3.42千克,比GT1高71.9%;29-178第2割年株产2.34千克,比GT1高17.6%,11-7第3割年株产2.55千克,比GT1高58.4%;湛试167-16,156-8开割1~2年产量均比GT1高,通过产量测定,呈现一批有苗头的抗寒品系,小规模推广的IAN873,1986年正式割胶共7株(其中苗圃2株,授粉园5株),年割90刀,株产干胶197千克,为GT1产量的148.1%,干胶含量30.6%,GT1为24.8%。

抗寒高产有性系选育。进行人工授粉完成3个抗寒父本的不完全双列杂交,所需试验材料的人工授粉1万朵花;通过人工低温筛选和叶脉胶早期产量测定,初选出抗寒力比93-114轻3级以上的无性系24个;完成2个单父本种子园的纯化,建立2个单父本种子园,1986年5月实地检查种子园纯化工作,2个单父本种子园,即93-114PR×107和93-114×IAN873的隔离带在150米以上,符合规定要求,可正式采种建立复合试验区。

人工低温鉴定。鉴定有性组合11个,1 676株,以476组合表现抗寒力较强,寒害比93-114轻1.7级。选出抗寒母树82个，繁衍为幼态无性系。建立幼态无性系幼树园一块，参试品系75个，共902株。培育1987年人工授粉杂种苗715株。有性系试区测产57个组合，2 498株。从25个有性组合424杂种苗中，选出抗寒个体18株，丰富了育种材料；通过37个有性组合1 700株产量测定，试种组326号和327号仍然表现高产，第7割年平均株产干胶分别为3.6千克和4.7千克，而第6割年的GT1株产为2.36千克；新的抗寒高产组合329，第6割年平均株产干胶4.08千克；完成化州建设场93-114/PR107、GT1×PR107单父本种子园和广西滨海场94-114×IAN873种子园的纯化和改接工作。

抗寒高产新无性系的选择。通过1988年广西安石前哨点寒害调查，辐射低温条件下，选出寒害比GT1轻2级以上无性系有IAN873多倍体、湛试485-4、485-35、485-12、485-20、485-1、509-3等。

在1985年试区比较郁闭条件下，IAN873受锋1.3级，比GT1（3.4级）轻2级，初步看出郁闭条件下873茎干受害比GT1轻。

通过人工低温筛选初选出受害比93-114轻2.5级以上无性系有：湛试476-9、485-43、509-13、485-100、511-14、511-32、485-69、508-3、474-23等九个。

新无性系各类试区产量测定。所内测产品系87个1 500多株，由于倒春寒，推迟割胶，年割85-89刀，对产量有所影响。产量表现较高的品系有：IAN873：年割9株，平均株产干胶2.55千克，干胶含量33.8%，比同龄GT1产量高65.6%；湛试218-6：株产2.36千克，亩产82.7千克，比GT1高47.5%；热研29-178：株产3.15千克，比GT1产量高96.9%。此外还有4~5个产量比GT1高的品系。所外测产试区有曙光、三叶、岗美农场三个初比区，共36个无性系，产量较高的有湛试156-4、156-8、50-2、93-7、红山67-15、保亭3429、大丰95、闽林71-22等。

橡胶抗寒高产选育种研究课题在"七五"期间纳入国家重点科技攻关项目。在1990年中，较好地全面完成了原定的"七五"科技攻关计划。

"七五"计划完成情况如下。

一是评选出中规模推广级无性系IAN873。该品种于1983年全国第二次橡胶育种会议上，南亚所首次提出IAN873具有较强的抗寒能力，大会即评为试种级。同年南亚所建立高级系比区。并分送芽条860米到粤西、广西、福建等省区共27个农（林）场作多点试种。1984年除在粤西站建立生产性系比区之外，还与火星、胜利农场合作建立生产性系比区。1990年取得一个高比区、两个生比区的树体产量，IAN873亩产干胶达39~41千克，比GT1同期产量高15%；已在粤西轻风轻寒区、轻风中寒区（北坡除外）种植3.5万亩120多万株。

二是评出小规模推广级有性系湛试366。湛试366亲本为GT1×PR107。南亚所种植316株，黎明农场合作种植666株。经过1983—1985年较强低温检验，抗寒力与GT1相似。产量比 GT1 高，第 1 割年亩产 46.35 千克，第 2 割年亩产 74.18 千克，比 GT1 同期产量分别高 57%~190%。

三是评选出试级品系 6 个（超额完成 4 个），其中 1990 年评出 2 个，湛试 327-4（93-114×PR107），保亭 030-37-13（GT1×RRIM623）；1988 年评选出 4 个，湛试 218-6、167-16，保亭 030-10-24，热研 29-178. 1988 年还评选出有性系 2 个，湛试 326（93-114×RRIM623），湛试 327（93-114×PR107）；三合树一个，93-114 南华 1 号。

四是亚马孙河新种质评选出抗寒力超 93-114 的有 168.325 号。试割产量较好的为 R01。

五是冷库模拟平流低温鉴定无性系苗期抗寒力的方法试验已取得成果，入选率达 86.67%。同时，还试验成功用绿色树皮芽接在载体上，用平流低温处理，取得相同结果。这两种方法于 1990 年 7 月通过攻关专家组鉴定通过。

（七）"八五"期间的工作

1991 年是"八五"计划的第一年。"八五"攻关目标是：选育出抗寒力比 GT1 轻一级以上，产量高 10% 以上，性状良好作小规模推广无性系 1 个，有性系 1 个，试种级无性系 1~2 个，选出抗寒力相当于 93-114 的新种质 1 个。

1983 年高比区湛试 312-4（93-114×RRIM800）无性系 1991 年为第 1 割年，株产干胶 174 千克，亩产 478 千克，为同试区 GT1 产量的 120%~159%，是一个很有希望升为小规模推广品系。

1987 年与团结农场合作建立生比区湛试 218-6 于 1995 年可取得 2 个割年材料，晋升为小规模推广级品系。

湛试 327 有性系，第 1 割年林产比同期 GT1 产量高 38%，可达到小规模推广级。

湛试 327-20、359-3、306-15、124-13 等，1991 年开割产量均比 GT1 高 50% 以上，可望成为试种级品系。

1992 年橡胶树单倍体育种研究采用花药培养的有 IAN873、湛试 98-91、海垦 1 等 13 个品系，共接种 2 479 管，每管接种 20 个花药左右，胚珠培养参试的有 IAN873、7-67-1、93-114 等 7 个品系，共接种 681 管，每管接种 9 个胚珠。

根据愈伤组织的生长情况，将质地优良为愈伤组织转入分化培养基诱导胚状体，共转了 436 管。已有两个品系的花药（湛试 98-91 和海垦 1）和一个品系（7-57-1）为胚珠诱导出胚状体，已将诱导出的胚状体转入了分化培养基进一步培养。

1993 年寒害受灾严重，所内试验区，1992 年建高比区，对照 GT1 寒害 1.6 级，湛试 486-5 寒害 0.3 级；1990 年建高比区，对照海垦 1 寒害 1.98 级，湛试 167-16 寒害为 0.9 级，热研 29-178 寒害 0.7 级，对照 GT1 寒害 1.0 级，湛试 86 寒害 0.3 级，对照 93-114 寒害 0.1 级，1990 年建初级系比区，抗寒力分离不明显。

1995年完成了1986—1987年建立的南亚所38-4、6、39-4三个林段初比区测产工作，采用S/2、d/3割制，不刺激，年割72刀，测产品系62个，750株树，株产高于对照GT1的品系有45个占72.5%，最高产品系是IAN873，年株产干胶1.96千克，对照GT1为0.8~1.0千克，509-13、516-1、511-1、486-4高于GT 10.8~1.0千克，可以预见在今后的试验中该初比区可望提出2~3个抗寒性强，产量较高的优良无性系，作扩大试验。采用多次芽接方法对IAN873、GT1两无性系进行老态复壮幼态处理，获得了具幼态特征的IAN873、GT1芽条。引种了大丰95花药苗幼态芽条，为今后建立幼态、老态比较试验区准备了材料。

直到1996年，由于遭受9615号超强台风"莎莉"的正面袭击，南亚所的橡胶园全部被摧毁，持续几十年的橡胶抗寒高产选育研究被迫中断，产业开发也由橡胶生产为主转移为以甘蔗等经济作物为主。自此以后，南亚所的研究重心实现了根本转移，从研究重心以橡胶为主转移到以南亚热带作物为主。这一阶段，研究的主要对象是剑麻、热带果树（芒果、澳洲坚果和其他优稀水果）和热带花卉等。旧岁已展千重锦，来年更进百尺杆。进入21新世纪，南亚所在其他植物课题上也迸发出更璀璨的光辉。

二、剑麻研究

自建国以来至1985年，这36年里许多科研工作者艰苦奋斗，针对龙舌兰麻的研究，也布置了许多试验，进行了长期的观察，总结了宝贵的经验，取得了丰硕的成果。

在1958年龙舌兰麻杂种H·11648号引种试种成功，在华南大面积扩植，获得了显著的经济效益。1963年国家农垦局两次派出人员到东非引进H·11648号的种苗20多株，20世纪70年代开始在广东、广西和福建三省南部进行生产性的种植。扩植20多年来证明H·11648麻具有优异的丰产性和良好的耐寒力。后来科研人员发明出人为破坏幼苗生长点的快速种苗繁殖法（包括剖苗、钻心、结心破头和钻心剥叶等方法），总结出了高产稳产的栽培经验：①开展试验解决生产上出现的问题；②坚持对种苗上山提出高标准、严要求；③采用良种、壮苗；④施足基肥，大穴或深沟种植；⑤密植早种；⑥施追肥，进行全周期抚育；⑦轮作，改土，提高地力；⑧合理割叶。

除此之外，还有丰产栽培"六改"措施经验总结：①改普通剑麻为高产耐寒的H·11648麻；②改薄施为重施基肥；③改小苗为大壮嫩苗上山定植；④改不合理为合理施肥；⑤改药剂防除为起洼，割叶防除斑马纹病；⑥改强度割叶为合理割叶。

1981年，试验站在党的三中全会路线的指引下，贯彻"调整、整顿、改革、提高"的方针，进一步落实了党的各项政策，调整了机构，配备和充实了各级干部，发挥了研究室的作用。

龙舌兰麻抗病高产品种选育的研究。进行了人工投粉15个组合共10 303朵，结果率7%。花粉生命力的研究，培养基以4%葡萄糖+0.1%四硼酸+0.2%琼脂+10毫升蒸馏水的半固体培养基为最好；发芽率达90%以上；花粉贮存实验的初步结果，花粉在干燥、低温（-5℃）下贮存，125天后发芽力达30%~40%。贮存花粉杂交稔实验和结果率均低于对照。对优良交后代114、105等进行了繁殖，建立了人工授粉园，同时对从国外引进的抽拉剑麻、暗绿剑麻、兰剑麻等品种进行试种和生物学观察。龙舌兰麻营养生理病的研究，砂培诱发生理病的试验，因时间短未出现生理病。缺硼水培试验已出现心叶短小、根系生长不良、栓化、霉烂的病症。经调查，闽南地区H·11648麻出现的营养生理病有带枯病、簇顶病、皱叶病等8种。

之后几年，持续进行龙舌兰麻抗病高产新品种选育的研究。1982年人工授粉了1万朵，杂交组合18个，结果率15.6%。花粉贮藏方法试验，贮藏花粉30批，进行花粉发芽试验20次，结果在-15℃条件下花粉贮藏90天后发芽率90%以上。对优良杂交后代进行繁殖，已繁殖114号种苗815株，105号15株。此外，初步筛选出具有优良特性的杂交后代3 799株，作进一步观察。并对墨西哥暗绿剑麻、抽拉剑麻、马盖麻、寓巨麻、细麻等品种进行试种观察。1983年人工授粉23个组合1.3万朵花，尖果807个。继实验"花种贮藏方法试验"，写了总结。对优良杂种繁殖了种苗2 400株，并作了生长产量鉴定。

龙舌兰麻体细胞杂交的研究。1982年通过培养基筛选试验选出较好的培养基配方有5-D、10-D、Ms-D、N6-D、10-D-G。其中以10-D、10-D-G、W6-D最好愈伤组织诱导率达90%~100%，有4株成苗，获得了小植株。1983年继续培养接种3批3 826管，其中10-K试验有10个组合长出试管苗共19株，移栽成活2株，制备纤维素酶1.6克。

龙舌兰麻营养生理病及微量元素肥效的研究。1982年，利用土培、水培方法对H·11648进行营养生理病（N、P、K、Mg、Ca、B、Fe、Zn、Cu、Mn、Mo）诱发试验，初步诱发出N、P、Ca、Mn缺乏的生理病症状。与福建热作所协作对H·11648布置了Ca、Mg、B肥效试验和喷B肥效试验。并与该所及福建凤南农场合作布置了探索簇顶病、皱叶病病因试验。在湛江北部东升场布置了探索叶基枯斑病病因试验。1983年用水培法诱发H·11648缺素生理病试验已有6种元素出现缺乏症状。土培法诱发元素过量中毒试验，已有7种元素出现症状，与福建热作所共同协作的缺硼的验证试验，已获得显著的效果。此外对广西、福建不同土类进行营养生理病调查。用水培法诱发H·11648缺素生理病试验已有6种元素出现缺乏症状。土培法诱发元素过量中毒试验，已有7种元素出现症状，与福建热作所共同协作的缺硼的验证试验，已获得显著的效果。此外对广西、福建不同土类进行营养生理病调查。

1985年9月我国剑麻抛光轮研制成功，国产剑麻抛光轮比棉布及麻抛光轮质量好。它具有耐擦、水湿、酸碱和腐蚀等特点，抛光时擦力大，切削能力高。加工后，产品光洁明亮，表观好，生产效率高，节约用电。耗抛光蜡少，加工成本低，运转时粉尘少，噪音小，劳动条件好。除此之外，还成功研制出了剑麻钢丝绳芯、xr-110型剑麻叶片削尖机等。

1986年从3月起到10月止，完成剑麻种植80亩。其中品比试验等共33亩，大田丰产栽培47亩，共建立了5个试验项目，还建立了疏植苗圃20亩，为龙舌兰麻研究工作打下了良好基础。

1986年开始进行了龙舌兰麻抗病、高产新品种的培育：在本站建立杂种粤西114号生产性品比试验区1个，面积8亩，参试品种为粤西114号，对照品种为H·11648，采用顺序对比法。分6个小区。3次重复，每个小区种植300株。后来，进行了剑麻新品种粤西114号区域性试验及珠芽与吸芽种植材料比较试验。完成试验材料选择和培育工作，繁殖种苗1.1万株，其中6 000株在本站进行疏植，准备下一年布置大田试验，5 000株运往广西马坡农场、广东东方红农场试种，以扩大试验范围。

在广东金星农场，建立了龙舌兰麻杂种粤西114号区域性试验，共2个试验点，面积共4亩，均选择在斑马纹病严重发病区作为试验点。1986年试验表明，粤西114号有较强的抗病力。据调查，H·11648发病死亡率为40%，粤西114无感病。

人工授粉试验。共6个组合，授粉10 785朵花。完成计划任务的108%。其中，长纤维育种，蓝剑麻×H·11648组合授粉3 565朵花，结果率为11%，H·11648×蓝剑麻组合，套袋授粉882朵花，结果率为24%，不套袋授粉1 765朵花，结果率为19%（蓝剑麻引入入后首次授粉），H·11648×假菠萝麻授粉2 015朵花，结果率为22%，H·11648×杂种75号，授粉1 369朵花，结果率为14%，杂种75号×H·11648与H·11648×马益麻均为不育。1988年突出以无刺番麻为母本，父本选用H·11648、粤西114号等丰产、抗性强的为亲本材料。完成人工杂交授粉花1.1万朵，杂交组合20个，结果460个，其中3个组合的种子经钴60辐射（1.5万~2万伦琴）。

杂交后代的筛选和鉴定。对杂交后代进行株选（具有种优良性状、叶片多、叶缘无刺类型等），入选单株共1 100株，建大田系比区1个，并对85个杂种进行了纤维拉力测定，测定样品共425个。

1988年3月调查了粤西114号生产性品比试验区（面积6亩，1 800株）。结果表明：H·11648对照品种受害率89%（叶尖10厘米干枯及斑点），粤西114号受害率10%。

1990年剑麻工作取得以下成果。

一是在南亚所及农场进行五要素，四水平，二水平田网试验，数据说明。各要素、各水平的产量差异明显，从中选出经济效益好的施肥组合。这一结果对剑麻指导施肥有较大的意义。

二是对剑麻根系观察弄清了根系的分布于0~20厘米的表层土叶、茎、根的干量比例为1∶1.17∶0.67。根茎的养分含量中N、P的比例略高，而K、Ca、Mg略低。这一数据可作为营养诊断指导施肥的依据之一。

三是两种磷肥肥效比较及过磷酸钙施用方法试验。经 2 年试验结果表明，钙镁磷肥优于过磷酸钙、钙镁磷肥混土施优于条施、过磷酸钙与毕栏肥堆沤用肥效高于混土施和其他施用方法。

1991 年对"剑麻营养诊断指导施肥研究"工作进行总结，写成研究报告和工作报告各一份。申请成果鉴定，农业部已批准由本院主持，用通讯形式请各有关专家鉴定，现已鉴定完成。专家们评价颇高。

继续进行金星农场和南亚所的大田肥料试验，按计划完成年度计划。金星农场得出的试验结果，最佳效益的施肥组合是尿素 72 克、过磷酸钙 121 克、氯化钾 133 克、石灰 490 克，按肥料纯元素计划比例，则 N：P：K：Ca 应为 1：0.24：2：4.6。南亚所的五要素大田试验，五种肥料都有增产效应，但以氮肥最好。各种肥料每年每株增产鲜叶：氮 4.03 千克、磷 0.45 千克、钾 0.53 千克、钙 0.56 千克、镁 0.41 千克，磷和钾逐年递增，钙和镁递减。

"剑麻茎腐病防治研究"研究项目结束，写出总结"剑麻茎腐病与营养施肥的研究"报告，经过三年研究，证明剑麻茎腐病与缺钙有关，给雷州半岛植麻区的麻田施钙肥，既能防病，又能增产，这一结果已在全地区推广。

剑麻新品种南亚 1 号、南亚 2 号，是用粤西 114 号×H·11648 来交后代培育出来的。经过近十年的（1981—1992 年）观察，南亚 1 号、南亚 2 号有如下主要性状和特点。

一是生长快产量高，叶产量比亲本增加 10%~12%。

二是纤维率提高，初制纤维率，南亚 1 号 3.13%，南亚 2 号 3.85%，与 H·11648 的 3.8%~3.9%基本相等，第二次割叶达到 4.8%。

三是抗病力强，据 1992 年田间带斑马纹病菌土壤自然诱发抗病力试验：对照区 H·11643 全部发生感染率 100%死亡；南亚 1 号南亚 2 号仅个别植株有少量叶片出现病斑，但扩展极慢，植株仍正常生长。

四是纤维质量优良，纤维拉力强，质量与粤西 114 号相近（70~78.5 千克）。

五是叶片性状良好，叶片基本无刺，偶尔出现蔬刺，但后期脱落，对操作没影响。1 号叶宽 14~15 厘来，2 号叶宽 10 厘米左右。

六是抗寒力表现，去冬今春寒流影响，最低温度为 3℃，低温持续时间长，致使剑麻各品种受不同程度的寒害。其受害指数分别为：H·11648 为 11.9，普通剑麻为 5.4，粤西 114 号为 1.8，南亚 1 号、南亚 2 号未发现寒害。

1993 年寒害严重，本年度定期、定点、定株和大田测产、室内分析鉴定，进行了测定叶片增长数（年），增长速度及生长特点观察、纤维率、纤维的质量（拉力强度）与对照品种作对比。并于 1992—1993 年冬春寒潮期进行了品种抗寒力与抗寒指数的调查。龙舌兰麻品种受害指数 H·11648 为 11.9，剑麻粤西 114 为 1.8，南亚 1 号、南亚 2 号均无寒害。粤西 114 第 6 割年鲜叶产量 9 146.4 千克/亩，比对照 H·11648 增产 14.4%。

对布置在金星农场的试验进行了抗病力、产量情况调查,调查结果表明,对照品种 H·11648 发生斑马纹病染病,南亚 1 号、南亚 2 号均未发现感病植株;第一次割叶叶片单株产量,南亚 1 号 51.3 千克、南亚 2 号 41.6 千克、粤西 114 号 43 千克、H·11648 麻 24 千克。

2006 年南亚所进行了剑麻突变体库的构建及抗斑马纹病突变体的筛选,已经构建了植物转化载体;优化了剑麻转化体系。剑麻遗传转化体系的构建及抗病基因导入研究,利用农杆菌侵染外植体法,将含有目的基因的植物转化载体导入剑麻,诱导出愈伤组织并分化出芽,获得阳性转化子。

"麻类作物综合利用产业化技术"研究项目引进了麻类作物新种质 22 份,其中剑麻种质 15 份(墨西哥 12 份、肯尼亚 3 份)、菠萝种质 7 份;开展了菠萝新品种选育工作,对几个品种进行了开花习性观察和杂交授粉工作;同时,开展了以茎尖和无菌苗的叶片为外植体的剑麻、菠萝组织培养技术研究;对巴厘、无刺卡因、香水菠萝、甜蜜蜜、冬蜜菠萝等品种的叶片纤维特性进行了测定,为纤维的进一步开发利用提供理论依据。

初步研究结果:筛选出了以剑麻 H·11648 和巴厘菠萝品种的茎尖、腋芽为外植体的组织培养配方;掌握了部分菠萝品种的开花习性,基本上掌握了菠萝的杂交技术;进一步验证了部分菠萝品种的叶片纤维含量等特性。

2008 年剑麻花芽分化的形态与生理变化研究,通过石蜡切片制作中固定、脱水、透明时间和相应溶液浓度等技术环节的优化,掌握了剑麻花芽石蜡切片制作技术,通过制作剑麻花芽分化的系列切片,观察到了剑麻花芽分化的形态变化,初步确定剑麻花芽分化始于剑麻新展心叶变窄而薄的时期。

2009 年通过单株选择进行了剑麻 H·11648 的提纯复壮工作,收集了生命周期长达 15 年,周期展叶数 600 片以上的优良单株的株芽 10 000 株,并选择了 330 株进行了组培繁殖。对不同发病区剑麻斑马纹病病原菌的收集、分离和纯化;用分离并纯化的烟草疫霉菌对 10 个种质进行了鉴定。筛选了优良剑麻种质 3 个,对目前选择的优良品系南亚 1 号用假菠萝麻互为父母本,进行了回交,获得杂交果实 140 个。

2012 年剑麻固土保水关键技术研究与示范中采用 PEG 水分胁迫法对 15 个剑麻品种进行了固土保水剑麻品种筛选,对一定坡度小区的 15 个剑麻品种种植后的固土效果进行了观察。从称量的冲刷土壤进行比较初步看出:假菠萝麻、南亚 2 号、墨引 12、H·11648、南亚 1 号等固土性能较好。

剑麻花芽分化的形态和生理变化研究,继续完善剑麻花芽石蜡切片制作技术,制作了剑麻花芽分化过程的一系列切片。获得成熟的剑麻花芽分化石蜡切片方法,并观察到剑麻花芽分化过程各时期的形态。同时测定了剑麻花芽分化过程中的几种激素(GA3、ABA、IAA 和 ZT)含量,观测到了相关激素在剑麻花芽分化过程变化趋势。

三、芒果研究

1986年6月经中央农牧渔业部批示设立了"芒果快速繁殖和高产、稳产栽培技术开发研究""芒果'矮、密、早'高产、稳产、优质技术研究"和"澳洲坚果引种试种"三个研究课题。本课题起步较迟，底子薄，但在各级领导的重视支持下，目前已初具规模，建立各种试验基地共110亩，育成果苗5万株。

1. 芒果快速繁殖和高产、稳产栽培技术开发研究

1986年建立芒果试验示范田：面积50亩，其中本站30亩（粤西1号15亩、印度1号15亩），在湛江市农科所20亩（粤西1号18亩、印度1号2亩），分别于4月和6月定植，4月定植苗生长良好，6月定植苗由于气温高等原因，生势较差。快速繁殖系列工厂化育苗：已作好园地规划及施工准备工作，可望明年投入使用。繁殖种苗5万株，并进行了周年扦插、药物刺激和机械处理等试验，扦插试验表明：3月最好，成活率达82.3%，11月至次年2月扦插，由于气温较低，插条不易成活，药物和机械处理、以吲哚丁酸和环剥效果较好，芒果小苗芽接成活率较高，达80%以上。

1987年收集国内品系15个，含原引进品种，现共有品种72个；为明年参加区域性试种，准备了品种18个，芽接1 653株；进行了杂交方法试探，采用粤西1号×印度1号进行杂交，单花授粉465朵，获小果2个，用网罩植株除雄授粉2 000朵花，可能是授粉不良缘故，小果全部脱落。

2. 芒果开花不结果因素探讨及控花保果措施研究

对粤西1号和印度1号花芽分化的物候期进行观察，因天气影响，未能达到理想结果；激素处理，因开花时扭伤花穗，效果不明显；去冬今春天气较暖，原防低温阴雨措施不起作用。

3. 短、密、早措施研究

为了摸索芒果从播种到定植3个月死亡问题，进行了系统观察。据调查，播种后成苗率为70%左右，芽接后截干抽1~2蓬叶死亡10%~40%，移植至大田死亡率5%~30%，因此，从播种到定植后成苗率仅达30%~40%，这是当前芒果栽培上急需解决的问题。

1986年底定植的50亩芒果在1988年全部植株开花，但第一批花（一月上旬）遇低温阴雨，第二批花（二月下旬）又遇低温阴雨，很少结果，第三批花（4月上旬）有90%植株重新开花，50%植株结果。粤西一号（以结果树计）平均每株10个果，计1.15千克。印度一号平均结5.5个果，计1.3千克。1987年定植的30亩已加强管理，为下年结果打下一定基础。粤西1号秋花催花试探，初步看可提早开花。

到了1990年11月芒果控花试验，已通过成果鉴定。具体工作如下。

一是粤西1号反季节开花,分三类进行。Ⅰ.春季土施多效唑每株20克,加叶面喷施(12×500毫克/千克),6月开始出现花穗,以后逐月增多,盛花期9月。Ⅱ.春季开花遇低温,土施每株20克,加叶面喷施(6×500毫克/千克),8月开始出现花穗。Ⅲ.春季结果正常,产后修剪,土施每株20克,10月下旬出现花穗。

试验结果:A.从施药到始花期150天,到盛花期180天。B.试验可获得一定的经济效益,但一年两熟在湛江可能性不大。C.11月26日进行产量测定,第Ⅰ类平均(6株)产量7.15千克。(9月前开花果)平均单果重达132克。D.6月稔实果,9月上旬成熟,但因雨日多,果实挂于树上自行腐烂;7月稔实果,10月上旬成熟,含糖量接近正造果;8月稔实果,含糖量下降为7%,味道十分淡。

二是不同品种反季开花能力试验。参试品种12个,在同样施药情况下,9月底前开花的有粤西1号印度1号、紫花芒、单芒澳引8号、锅兰811;在10月底前开花的有社音、红果牙:在1月底前开花的有单皮芒6号、腾武艺;在12月底前开花的有马切苏芒。

三是提高抽德率试验。对11月中旬仍在抽穗的粤西1号喷5002三次,枚条抽穗率100%,比对照提高30%。

四是提高反抽能力试验。在第一次花穗遇低温无法稳实情况下喷多效唑500毫克/千克,使粤西1号、印度1号反抽率接近70%。

五是不同时期土施对植株生长、开花和结果的影响:从9月、11月、1月、3月、5月土施每株20克。而9月、11月土施对次年春抽德率略有提高,但反秋开花植株很少。相反在1月、3月、5月土施能促进反季开花。

六是5月在平坦果场布置PP333不同施药量及施药方法试验。每株土施5克、10克、15克、20克,叶面喷施2 000毫克/千克,涂施1克、2克,施药后3个月已初步看出效果。土施的4个用量均有明显的抑制生长作用。而涂施第一蓬叶有抑制作用,喷施均无效果。

七是在同一等级基础上加其他生长调节剂和催花剂,初步看出有一处理催花快整齐。

1991年芒果优良品种区域性试种。完成了惠来县大南山华侨农场试点的补接及广州柯木朗省良种场试点的定性,调查了粤西1号在各地的试种情况,并组织了一次粤西1号芒果评议鉴定会。对九个主要品种进行了系统的生物学特性和结果情况观察。

控花保果的研究。在南亚所及遂溪农场布置了反季节结果试验,在南亚所内布置了PP333喷施试验及GA3延迟开花试验,目前尚未看出效果。

丰产栽培技术研究。在塘缀林木胜果场及廉江林场八一队布置了丰产栽培技术试验,制订了技术措施,进行合理修剪,科学施肥及防治病虫害,并辅以控制保果技术,目前这两个果场形势不错。

芒果保鲜研究。布置了芒果套袋试验,初步看出无纺布袋效果最好,保鲜试验也取得了一些进展,初步认为特克多+朴海因+2,4-D+53C效果较为理想。

多效唑在芒果中的应用。①反季节开花试验:试验植株250株,由于1991年使用的多效唑药效差,未能按预定时间开花,使花期推迟到11月中旬,结果状况良好,11月下旬采收,测定含糖量为7.37%,即稍有甜味;1991/1992年是冷冬,粤西1号芒第一次花穗受12月下旬至1月上旬低温危害,全部枯死;第二次花穗受2月份低温影响,几乎全部为雄性花;第三次花在三月中至四月上旬,气温虽回升,但受近海平流雾的影响,日照稀少,授粉不良未实在5月逐步脱落,标产不足0.5千克;②推迟花期实验,处理结果与1990年相似,处理植株比对照植株推迟花期达40天;③多效唑催花试验,1991年由于两次强寒潮低温,起到促进花芽分化和提高再生率的效果处理与非处理几乎无差异,抽穗率、反抽率都>70%。

1990年反季节开花植株在1991年开花状况表明:1990年12月上旬收获果实后,于1991年4月下旬开春花,抽穗率67%,(对照树只有9%)盛花期比对照迟60天。花期天气好,座果率高。粤西1号平均单株挂果91个(11.5千克),其他品种如锡兰811、紫花、桂香等单株产量都超过20千克以上的好收成。

1995年进行了芒果套药袋对果实外观、品质影响的试验,取得了较显著的效果。试验表明:芒果套袋能有效地防止芒果病虫害,套袋60天粤西1号芒果含糖量下降2%,套袋30天含糖量下降1%,套袋对紫花果、串芒、桂香芒的含糖量影响不明显。

2000年则继续完成1998年海南省百项农业技术项目"芒果换冠改造技术示范",1999年换冠的台农1号和爱文芒、台农1号平均株产12.3千克,爱文芒平均株产24.8千克。本年度又在海南省东方市朱海峰果园以台农1号换冠80多亩,在南亚所内也以台农1号换冠390株。

2002年进行的"芒果选育种研究",3—4月以紫花芒为父本,爱文芒(红1)和红芒6号为同母本,进行了杂交授粉工作,授粉后分别在第一周后和第二周后落花,未能获得授粉果实,此外,对1998年建立的品比区继续调查了两性花和雄花的数目和比例,对23个芒果品种进行了品质分析。

2003年3月6日—14日进行Nellum×Haden(296朵)、Haden×Nellum(244朵)、Zill×Zill(289朵)、Zill×Kent(162朵)、Kent×Zill(313朵)、Irwin×R2E2(293朵)6个组合的人工杂交授粉共计1 595朵,5月9日检查授粉情况,Haden×Nellum有1个小果,Nellum×Haden有3个小果,7月收果播种,现存活两个组合各1株苗。

2003年开展的"芒果种质资源遗传多样性的AFLP标记研究"。本项目收集了来源于国外(主要是印度、泰国、澳大利亚、斯里兰卡、古巴)和国内(主要是海南、广西、广东、云南及四川)的种质资源106份,其中包括芒果(*Mangifera indica* Linn)的近缘种扁桃(*M. persiciformis* Wu&Ming.)和林生芒(*M. sylvatica* Roxb.)。本项目还进行了芒果种质资源遗传多样性的生物学研究。制定了芒果的性状描述,其中主要包括叶、花、果实等生物学性状，品质性状及抗性性状，并就其中的77份种质进行了研究，取得了品种（种）特性的系统描述。项目对芒果DNA的提取方法进行了研究，从四种方法中筛选出了较适合的方法。

2004年4月从海南三亚引进新品种7个，于海口引进品种50个，都已进行树冠改接，品种已全部成活。调查了前几年实生播种树的产量，果实采收后进行了果实品质分析。

2005已完成AFLP研究的预备试验，建立了适用于AFLP研究的芒果DNA提取方法，浓度检测、限制性内切酶酶切的结果表明完全可用于芒果AFLP研究。已完成120份芒果品种DNA的提取及AFLP分析。项目还在广西百色市那坡县平孟镇进行了野生芒果的调查，初步明确该地区确有野生芒果，株数至少500株，分布在海拔500~1 200米的高山上，该野生芒果属于普通芒果种，这次调查还收集了部分枝、叶、果实用于进一步分析。

2006年进行了芒果绿色食品生产示范基地建设，研究表明，提前解袋对增加红芒品种果皮着色有较好的作用，但提前解袋过早易造成果实日灼；完成了套袋技术示范和病虫害综防技术推广，初步进行绿色食品生产技术的示范，效果较显著；绿色食品初次产品检测也委托提前检测，产品全部合格。

另外在利用生物技术培育多倍体芒果技术研究中，活体化学诱变发现，秋水仙碱处理过的材料，其抑制生物解除后，细胞的有丝分裂发生大量的异常，偶见多倍体细胞，数量较少且染色体形态异常；扁桃的珠心组织培养获得生长良好的胚性愈伤组织，现处于继代增殖阶段，部分愈伤已分化为球形胚；少量茎段在经过诱导及继代培养得到了形态较好且生长良好的愈伤组织。

2007年芒果抗炭疽病种质资源筛选及其遗传特性的初步研究在以往研究的基础上，已完成主要芒果品种的抗性鉴定，利用鉴定获得的一对抗感品种构建了杂交群体。进一步深入研究芒果炭疽病的抗性遗传规律，完成了680个花序的杂交工作，有望获得抗病后代，完成抗性相关基因序列的克隆，发表论文，顺利结题。

2008年继续进行芒果新品种选育，在海南三亚开展的人工杂交育种工作已完成，收到杂交授粉果实200多个，并已播种育苗。种质资源的分子标记研究也已经完成了种质的DNA提取。龙州品比试验区小苗已全部定植完毕，华坪品比区也嫁接完毕。完成了三亚品比区产量、品质等方面调查。对前期收集种植的实生种质进行了开花情况、座果情况等调查。进行了芒果无公害保鲜技术研究。

2009年开展的"芒果安全高效生产关键技术的组装与示范"中对我国芒果主产区主要病虫害进行了调查，并开展了以芒果炭疽病、桔小实蝇、细菌性角斑病、蓟马等的防治技术研究；同时对芒果修剪、套袋、授粉等栽培技术进行了研究。并得到：抑菌植物有效成分丁香酚、肉桂醛乳油制剂对热相对稳定，在稀释5 000倍后仍然对炭疽病有比较明显的抑制，丁香酚加入 10%咪酰胺增效剂后效果更佳，10 000 倍稀释下抑制芒果炭疽病的发病达 70%~80%。

2012 年开展芒果避雨栽培技术研究，研究避雨栽培对 Zillate 芒果产量、果实外观、果皮色泽及内在品质的影响。结果表明，避雨栽培区芒果单株产量比露地栽培区高 43.3%，病虫果率明显低于露地栽培区，避雨栽培显著提高果皮亮度，但降低果皮的色彩浓度；内在品质如果实维生素 C、可溶性固形物显著高于露地栽培区，可滴定酸度显著低于露地栽培区。相关研究成果已获批实用新型专利。

四、澳洲坚果研究

1979 年，我国首次进行了澳洲坚果的引种，初步摸索了果实发育规律并进行了枝条、花的物候观察；对植后 7 年实生苗进行了生长和产量测定，平均单株年产干果 2 千克，最高单株达 4 千克；初步分析了华南四省（区）气候情况，认为在福州、广州、柳州和昆明以南地区有可能成为澳洲坚果的生长区，按此假设进行了布点试种，到目前止，布置的试种点有广西龙州、南宁，云南的瑞丽，浙江的温州，海南的琼山、澄迈共 6 个点；繁殖砧木 2 万株，嫁接苗 800 株，扦插苗 2 500 株，初步摸索出了澳洲坚果的繁殖方法，嫁接成活率达 60%，扦插成活率 70%以上；建立澳洲坚果试种区 33 亩（累计 56 亩）。1988 年进行了澳洲坚果的品种比较及适应性试种、生物学习性观察、快速繁殖、同作试验。扩种澳洲坚果 2.4 亩。坚果试种区定植后两年生长量与原产地差不多，该作物有可能适应本区的自然条件。在四个试种品种中，以 H2 表现最好。

1991 年完成了澳洲坚果适应性试种及品比试验，对老果园及系比区施肥 3~4 次，除草 2~3 次，风后对老果园进行了风容调查。对系比区进行了生长调查和整形修剪，对果园进行了设计。

1992 年澳洲坚果试种及丰产栽培技术研究。完成了汕尾、茂名的 250 亩试种任务，到广西、海南的试种点进行了调查，掌握了各试种点澳洲坚果的生长情况及气象资料。广西各点的澳洲坚果树长势普遍良好，其中华山农场澳洲坚果的结果较好，其他试种点也有部分开始结果。加强了南亚所试验区及老果园的管理工作，施肥 3~4 次；试验区修剪 3 次，老果园修剪 1 次。对各品种的枝、叶、花、果进行了观察，初步掌握了各品种的生物学特性及生长性；对各品种进行了测产，1992 年最高株产为一实生树；产量最低的为 508，只有 0.91 千克/株带皮果。繁殖了一批种苗，其中嫁接成活 19 361 株，对 246 品种进行了不同时期的扦插试验，4 月扦插的成活率最高，达 92.5%；8 月扦插的成活率最低，为 53.5%。

1993 年继续以上试验，在南亚所及广西华山农场进行了南亚所自选系优良单株系比试验和保花、保果药效探索试验；进行了澳洲坚果种苗快速繁殖试验，不同品种扦插成活率试验及扦条的药物处理及浓度试验，不同成熟度种子发芽率试验。加强了果园水、肥、病虫害、鼠害的管理工作，获得了较好收成，1993年澳洲坚果总产达2 004千克带壳果。

2000年进入新世纪的元年，南亚所研究重心逐渐放在了澳洲坚果的相关研究上。这一年南亚所开展了澳洲坚果新选优良株品比试验，通过对所内试验点的物候期观察和逐株测产，发现新选品种C开花结果率高（达100%），结果株率比其他品种高，最高株产230个果，大小均匀，表现出较好的前景。缩短非生产期试验研究（院基金），按计划于8月、9月、10月进行了多效唑的叶面喷雾，目前植株尚未开花结果。施药后，植株有叶片变小、叶缘变缩、生长迟缓、新梢抽生慢等现象，其中以500毫克/千克处理的植株表现较轻。

2001年澳洲坚果优良株系品比试验研究，在南亚所试区，新选品系E、C仍表现产较高，最高株产带皮果20多千克（台风过后调查数据），显示出较好前景，有关风害调查资料尚在整理中。在华山农场试区，由于疏于管理，试验树被砍伐，试验点取消。

2002年南亚所加大对澳洲坚果相关项目的研究力度，开展了"澳洲坚果良种选育研究""澳洲坚果早结丰产品种高度密植栽培技术研究"。2003年全年加强了对试验植株的肥水管理，植株127、118、116、12、15、40、50、95等的产量较高，植株54号的花穗较长，40~50厘米；初步认为实选12号、实选15号、实选40号、实选50号、实选127号、实选118号、实选116号、实选109号、实选95号等几个单株综合性状较好。

"澳洲坚果早结丰产品种高度密植栽培技术研究"按计划对试验植株加强肥水管理，给植株施肥4次，同时进行摘心、拉枝处理。2003年，试验植株已经结果，生长发育良好。8月对试验植株进行了测产。研究结果表明，品种Own Choice开花株率100%，结果株率70%，品种H2开花株率只有84%，结果株率为52%。最高株产1.5千克带皮果。

2004年开始了农业部产业结构调整重大专项"澳洲坚果优质高产品种选育及无公害丰产综合栽培技术体系研制"，项目已完成原有果园的改造，进行示范基地建设。

科技部农业科技成果转化资金项目"澳洲坚果优质高产品种及标准化生产示范推广" 2004年底项目组已在云南德宏永成农庄与广东湛江南亚所所部各建立一个面积约10亩的育苗示范圃，进行澳洲坚果快速繁殖育苗技术示范。目前，20亩育苗示范圃已经建成投产，现有种苗22万株，其中，南亚所苗圃繁育种苗12万株，2005年可出圃4万株，德宏永成农庄苗圃繁育种苗10万株，2005年出圃3万株。

2005年开展病虫、鼠害分布规律调查和澳洲坚果茎腐病、鼠害防治研究：调查了德宏基地和南亚所主要病虫害及其为害特征，分离纯化了坚果茎腐病、叶斑病病源菌于实验室培养，开展了接种试验，其中坚果茎腐病病原菌已从病组织上分离到了2个病菌：腐霉和疫霉，已开始做对澳洲坚果的接种鉴定实验，而具体属何种病原菌尚待进一步鉴定；叶斑病病原菌在PDA平板上分离到3种菌株，进一步对坚果叶片接种实验后，发现有 2 种病菌已接种成功，说明这 2 种病菌均可引起澳洲坚果的叶斑病。并且对南亚所发生较重的澳洲坚果蛀果螟进行调查，结果显示，澳洲坚果品种 695、660、特殊种、H2、333、508、741、788、344、246、O.C 虫果率分别为 4.916c、6.154c、7.456c、8.266bc、11.896bc、14.026bc、19.800abc、20.404abc、23.846ab、24.216ab、31.942a；不同品种之间虫果率存在一定的差异，其中 695、660、特殊种虫果率显著（α=0.05）低于其他品种，O.C 虫果率显著（α=0.05）高于其他品种。

2007 年南亚所开展了澳洲坚果山龙眼状根释磷机制研究，在广西南宁、云南西双版纳、德宏等三个澳洲坚果产区进行调查不同品种的产量。发现我国已有的澳洲坚果，从定植至 5 年龄树，才有产量统计价值。这与世界主产区相同。但 H2、O.C 品种按现有的管理水平，有部分果树 3 年龄树即开花结果，4 年龄树即可投产。在广西南宁、云南西双版纳、德宏等三个产区的平均单株产量，5~9 年龄树，以 O.C、H2 最高，其次是 333、344、788、246，800 最低。在云南德宏产区，O.C 品种 5~9 年龄树，其平均株产 3.05~14.60 千克，已达到世界主产区澳大利亚的平均水平。但三个产区现有的果园，因投入少，管理粗放，果园的平均株产量均比世界主产区低，单位面积产量也比澳大利亚低，但和南非的单位面积产量相当。研究还发现，8 个基因型地上部、根部及全株干物质积累在低磷胁迫下均表现出 H2、246 和 800 等受低磷影响较大的特点。在低磷条件下，H2 的磷利用效率下降，仅为对照的 94.45%；其余品种大幅度上升，246 和 OC 在低磷胁迫下具有较强的磷吸收积累能力，磷利用效率高；尤其是 246 这个品种的磷利用效率达到了对照的 182.17%，OC 的磷利用效率也达到对照的 139.63%；H2、246 和 OC 等 3 个澳洲坚果基因型对低磷胁迫比较敏感。

2008 年进行澳洲坚果丰产优质高效栽培关键技术研究与示范，熟化了嫁接育苗技术和高接换冠技术，正在准备进行成果鉴定，并申请 WGD-3 嫁接配方专利。继续熟化 WGD-3 保果配方，取得良好示范效果。制定出 2 个澳洲坚果企业标准初稿："澳洲坚果无公害生产技术规程"和"澳洲坚果无公害果仁"，已在云南农垦试行。2009 年在此基础上，发现 WGD-2 处理和 WGD-2+CPPU 处理均显著增加了果穗保果率和单株产量，其中 WGD-2 处理增加单株产量 7.09%~24.16%，WGD-2+CPPU 增加单株产量 18.97%~26.18%。

在此基础上，2010 年制定了高接换冠技术方案要点：①选择适宜的高接换冠季节，最好选择在 12 月下旬至 3 月份以前；②选择母树枝条直径在 1~2 厘米，小于 1 厘米和大于 3 厘米的枝条会降低嫁接成活率；③接穗枝条采用 WGD-3 药物处理；④采用 Parafilm 蜡条包扎保护接穗的暴露部位；⑤嫁接前后加强水分管理。

2011 年共收集保存芒果优良种质 5 份，油梨 4 份。选配抗感杂交组合和晚熟优质杂交组合，在海南三亚、四川攀枝花等地持续开展芒果杂交育种工作，共收获抗感杂交组合群体后代 126 份，收获晚熟杂交组合群体后代 30 份。此外，通过钴 60 辐射诱变，获得有叶片有明显变异的变异材料400多份。对早期收集的实生后代群体进行了优株选育，共调查300多份实生材料，初步筛选出2份优良单株。

2012年澳洲坚果修剪和嫁接技术研究，对南亚热带作物研究所试验点和广西龙州试验点的密植栽培试验进行了"树篱式"修剪管理，结果发现修剪后的开花结果情况要比未修剪的表现好。进一步熟化了嫁接药物配方，开展了Parafilm封口膜与普通嫁接保护材料的比较试验，发现Parafilm封口膜比普通嫁接保护材料更能防止接穗的水分流失，并利于接穗出芽。开展了在高温气候条件下遮荫处理对嫁接成活率的影响试验，发现遮荫可以减缓接穗的水分蒸腾，利于砧穗嫁接口的愈合，提高嫁接成活率。

2014年新开展的澳洲坚果新品种选育、育苗栽培技术及示范推广从已收集保存种质中筛选出了40个优良单株，进行了扩繁，下一步将在贵州省兴义市布置品种比较试验；通过自然杂交的方式，获得实生苗2 000多株；通过芽变选种，获得了5个高产优良单株。人工杂交育种取得进展，初步掌握了人工授粉方法，利用授粉管进行人工授粉，使坐果率从自然授粉的0.1%~0.5%提高到4%~5%，并获得一个杂交组合的杂交苗14株。自主选育的新品种南亚1号、南亚2号、南亚3号和922已在广西、广东、云南和贵州推广600多亩。

2017年南亚所依托热区石漠化山地绿色高效农业科技创新联盟，选派澳洲坚果专家到贵州挂职，推进澳州坚果在贵州石漠化山地栽培技术研发及示范推广。已在兴义建立了高、中海拔澳洲坚果种质资源圃及品种比较试验点共计140多亩，涉及种质或品种35个；建成澳洲坚果育苗示范圃10亩，繁育种苗约1.5万株；建立石漠化山地澳洲坚果种植示范点约500亩，成活率达99%以上；示范推广"逢梢必剪（摘顶）技术""拉枝技术""环割环扎"等技术，发放技术资料约100多份，累计培训农民100多人次。

五、菠萝研究

21世纪初，在完成热带作物种子资源以及以往对菠萝种植资源的引种的基础上，南亚所在2004年开始将重心倾向对菠萝的相关课题的研究上，开展了"菠萝果实发育过程中糖酸代谢生理的研究及果实cDNA文库的构建""菠萝种质资源的收集，保存及鉴定""菠萝种质创新研究"，收集到菠萝种质资源10份，其中新种质2份。已经收集菠萝品种22个，并保存在菠萝种质资源圃中。已经掌握了取材—组培苗增殖—移栽的一整套菠萝组织苗生产技术；同时进行了菠萝种质的组培保存研究。在菠萝的开花期间，对菠萝再次进行了杂交授粉工作，获得杂交种子1 500多粒。

2007年开展农业部"948"项目"菠萝加工技术引进及产业化"，进行菠萝干物质累积规律研究、菠萝养分累积规律与营养特性研究、菠萝品质形成规律研究，分别在广州和海南万宁对引进的品种进行试种筛选，表现较好的有'澳大利亚卡因'品种。

2008年从国内外引进收集菠萝优良品种和种质资源共计74份，对国内外26份菠萝良种进行了组织培养快繁，其中8份为国内外优良的主栽品种进行了大量扩繁，截至目前共快繁试管苗300万株。在菠萝育种工作方面，进行了田间常规杂交育种，获得了5 000株菠萝杂种苗并定植田间，部分已经结果；从国内外收集到70多份菠萝种质资源，用于科研和示范推广；开展了菠萝种质资源遗传多样性分析，筛选鉴定杂交后代群体，构建遗传作图群体；利用秋水仙素溶液对多个菠萝品种进行化学诱变，现已成功获得七个多倍体新材料；通过EMS诱变处理，对2个菠萝主栽品种的试管苗、田间幼苗、愈伤组织三大类材料进行了处理，初步建立了EMS诱变技术体系；通过对台湾品种的叶基进行胚性愈伤的诱导，现已经获得台湾菠萝的胚性愈伤及胚状体。

对国内外引进收集的菠萝优良种质资源试种，田间筛选出一些综合性状优良的品种（种质）：珍珠菠萝，适宜加工品种；Phetchaburi 2#，适于鲜食；台农十七号，酸度低，风味与口感均佳，芳香多汁；Nanglae，泰国引进，果肉金黄，质地细腻，汁多，有蜜香气、果皮薄，成熟果颜色深绿略带些许黄色，叶片基本无刺。

2009年的菠萝幼苗对不同营养元素反应差异研究中，采用N、P、K、Ca、Mg肥的不同水平单独对菠萝进行水培试验。试验结果表明：各营养元素对菠萝的根系活力，叶绿素含量、叶幅、株高、茎粗，地上部分和地下部分的干、鲜重以及根冠比有着不同程度的影响。氮营养元素的施用比其他营养元素对根系活力的生长有明显的变化。肥料的效应大致顺序为N>P>K>Ca>Mg，而且N素使用较其他营养元素在试验中达到了显著的效果。Ca素较其他4种营养元素对菠萝生长中叶绿素含量的影响最大。另外，还进行了菠萝—甘蔗轮作关键技术研究，菠萝园耕作制度和施肥习惯的调查研究、菠萝果实糖积累的分子生理机理研究。

2010年菠萝催花生理与催花技术研究中以无刺卡因菠萝为材料，进行了磷酸二氢钾叶面喷施实验。结果表明：除0.4%的浓度与对照无异外，其他处理D叶的叶绿素含量显著高于下降，碳氮比仍在测定中。经400毫克/升乙烯利催花处理，结果表明：2%的浓度处理后抽蕾率最高为28.6%，对照为6%。对台农21号进行了催花试验，结果表明7月份台农21催花的乙烯利合适浓度为400毫克/升。对分子筛吸附乙烯的稳定性进行了测定，已吸附乙烯的分子筛在密闭环境下放置一年后其含量仍保持稳定。开展了抑制菠萝自然开花的实验。

2011年完成64份菠萝种质的农艺性状和果实性状等37个指标进行了调查和测定。对从泰国引种的12个菠萝品种进行了果实品质分析比较，以品种的单果重、可溶性固形物、可溶性总糖、可滴定酸和维生素C含量等5个指标作为评价目标，采用"合理—满意度"和多维价值理论的合并规则进行综合比较分析，分别得出各品种品质的合成合理—满意度，筛选出了适合广东湛江及其周边地区栽培的鲜食品种Phetchaburi 2#和Puket，加工品种Nanglae和Chantaburi。研究了50份菠萝种质果实中的可溶性糖组分及含量，分析其差异，并进行了系统评价。开展了杂交育种，配组了 13 个组合，共获杂交种子 1 万余粒种子。培育杂交苗 10 多个杂交组合的杂交单株 2 万余株，从已成熟杂交苗中选出优良单株 5 个，目前，杂交单株田间生长良好。

2012 年菠萝开花诱导技术及冠芽叶芽插育苗技术研究。对乙烯诱导菠萝开花机理进行了研究，得到了菠萝 ETR1，EIN4，ETR2，ERS1 等乙烯信号转导相关基因，发明了一种诱导菠萝开花的催花方法，已获批国家发明专利。研究出的菠萝冠芽叶芽插育苗技术，目前成活率已达 95% 左右。芒果采后诱导抗病性研究，研究表明，SA（20 毫克/升）和 MeJA（20 微摩尔/升）处理均能一定程度抑制采后接种炭疽菌芒果的病斑直径，降低贮藏期芒果的病情指数，提高商品果率。从处理的便捷性和抗病效果综合考虑，采前 2 个月进行诱抗剂结合套袋处理较好。采前采后复合处理（SA+SA 和 MeJA+MeJA）具有叠加效应，抗病效果要优于单独处理。

2014 年菠萝产业技术研究与试验示范开展杂交育种：进行了杂交授粉及杂交苗的培育和杂交后代的选育工作，选育出优良株系 1 个。对 50 份种质进行了翻新种植，对 40 份种质开展了株高、吸芽数量、现蕾期、开花期等农艺性状的鉴定，并测定果实糖、酸、香气等品质性状，相关测定还在进行中。利用开发的菠萝 est-ssr 标记对 40 份种质开展了检测。利用开发的菠萝 est-ssr 标记对对 80 个杂交后代进行了检测。叶芽插育苗技术优化成熟，对金菠萝、Josapine、黄金菠萝等新品种进行了快速育苗，形成了一套实用技术体系。

2016 年开展了菠萝肥水肥一体化高产高效技术研究与示范 50 亩集成试验示范现场测产和试验示范观摩培训会，得到了参会人员好评，中央电视台 7 套、湛江晚报等媒体对试验基地进行了专访。

2017 年，南亚所引进鲜食新品种菠萝资源 6 份，分别是芒果菠萝、西瓜菠萝、贝宁菠萝、拉格斯、贝宁无刺菠萝手撕菠萝，引进 15 份特异菠萝种质。对 21 份菠萝资源的品质性状和抗病性进行了评价。开展了金菠萝不同时期催花，成熟对果实品质和果实心腐病影响的实验。对筛选的金菠萝、黄金菠萝、Josapine 等优良菠萝新品种进行了叶片扦插育苗。对筛选的菠萝杂交优系进行了组织培养快繁育苗。通过几种育苗基质对比，初步探索出了菠萝壮苗育苗技术。完成了菠萝裂果发生时期及裂果率调查，开展了叶面喷施赤霉素对台农 17 号菠萝的壮果试验，及叶面肥试验；初步获得了降低台农 17 号裂果率的叶面肥配方以及夏季遮荫处理方法。

对乙烯诱导菠萝开花不同时期的茎尖进行了蛋白质组学研究，对此过程中的蛋白质组学变化有了初步了解。初步开展了菠萝洁粉蚧寄生蜂调查工作，发现菠萝洁粉蚧主要集中在菠萝根部为害。进行了不同形态氮肥对菠萝生长和黄化影响，连作和轮作菠萝土壤微生物多样性分析，菠萝不同品种养分差异分析等工作发现在菠萝营养生长期，宜施用铵态氮或酰胺态氮（尿素），不宜过量施用硝态氮。

六、荔枝、龙眼研究

按照无公害生产的要求,对所内现有果园完善配套设施。研究结果表明,荔枝、龙眼悬挂杀虫灯可减少使用农药 2/3;荔枝套袋可防病虫害和提高果实外观和品质(色泽鲜红、果大、可滴定酸含量降低)。用该技术生产的荔枝果实,本年度已有 10 000 多千克鲜果出口新加坡等地。目前该基地正在申报广东省绿色食品认证。

2004 年的"荔枝无公害生产关键技术研制"项目中在研制出荔枝套果专用袋基础上进行套袋对荔枝果实着色、耐贮性及品质影响的研究,在示范基地进行示范推广并研究套袋的时机和方法。通过对龙眼果肉与果皮的各自冰点温度的测定,探明了龙眼由于果肉与果皮的冰点温度不同、果皮的冰点温度高是限制龙眼不能进行冰温保存的主要原因。

2006 年,"荔枝绿色食品生产技术的研究与推广"通过农业部组织的成果鉴定,成果达到了国内先进水平。

经过两年努力,截至 2007 年,与廉江廉信果业合作社合作,已建成 1 010 亩荔枝绿色食品生产示范基地,示范基地注册的"绿荔果业牌"荔枝已通过中国绿色食品发展中心的认证,被认定为绿色食品 A 级产品。期间研发了妃子笑的一次成花固果及机械化疏花技术,引用了管道平衡施肥技术,完善了荔枝套袋技术,提高了生产效率。荔枝安全高效生产技术中关键技术已经得到熟化,"荔枝绿色食品生产技术的研究与推广"通过了农业部科技成果鉴定,技术水平达国内先进。已建成的荔枝生产示范基地,生产出的果品色泽鲜艳,外表洁净,果大,无酸味和涩味;平均产量达到每公顷 7.52 吨以上,商品果率达到 90% 以上,保鲜期达 45 天,并获得 A 级绿色食品认证,达到预期目标。

2008 年,多年努力终出璀璨成果,"荔枝安全高效生产技术的研究与推广"获得 2008 年度海南省科技进步三等奖、2008 年度热科院科技成果一等奖,获得 2010—2011 年度中华农业科技奖一等奖。

在往年研究的基础上,"无核荔枝配套技术产业化研究"对 A4 无核、南岛无核、荔 13 号 3 个无核荔枝品种,研究了其花粉生活力、萌发率、调查了其花粉的育性。对以上荔枝品种进行了倍性检测,并对花粉母细胞减数分裂过程中核仁及染色体行为进行了观察。在盛花期采集新鲜含苞的花蕾,采用常规石蜡切片法观察了雌、雄配子体的发育;采集人工授粉后的雌蕊及以后的幼果,进行了胚胎发育过程的观察。

根据荔枝绿色食品生产的要求,2008 年对病虫害进行了以农业防治、物理防治和生物防治为基础的综合防治措施的研究,研究了不同的低毒农药(植物源农药、生物农药、矿物源农药)对荔枝主要病虫害防治效果,并从中筛选出防治蒂蛀虫高效低毒生物农药——灭幼脲和阿维灭幼脲;筛选出对荔枝病虫害最佳的物理防治方法,套袋、频振式杀虫灯等;利用套袋技术提高荔枝蒂蛀虫的防治效果和减少农药残留;人工捕杀蝽象等害虫，放养平腹小蜂、中华草蛉、茧蜂、捕食螨等害虫天敌，构建荔枝主要病虫害的生态控制体系。

2009年已完成荔枝资源圃与育种圃基本建设工作（道路、水电等），开展了荔枝种质资源的收集、保存工作，共收集三月红、白糖罂、妃子笑、桂味、糯米糍、双肩玉荷包、鸡嘴荔、无核荔、灵山香荔、振凤、钦州红荔等10多个品种，并育了少量淮枝砧木。

2010年"荔枝果实采后活性氧代谢与线粒体功能研究"完成了荔枝叶肉细胞线粒体的初步分离，完成了其呼吸过程中耗氧速率的测定。发现荔枝的线粒体分离较为困难，成熟后的荔枝线粒体分享纯化后得率比较低，可能是果肉细胞由含糖量高的大量液泡所占据，而成熟前的荔枝线粒体产率较高，成熟后的线粒体呼吸速率较低只有5~10纳摩尔/（毫克·分），纯化后在氧电极反应杯内进行呼吸测定时维持的时间较短，只能维持3~5分钟，果实成熟前的线粒呼吸速率较高可达30~50纳摩尔/（毫克·分），在氧电极反应杯内反应的时间维持在6~10分钟。由于荔枝果肉细胞内液泡体积较大，线粒体可能大部分已退化，所以还需要进一步进行优化实验。

2017年重点推进优质高效水果生产示范基地建设，建成荔枝、龙眼和香蕉示范基地60亩，示范优质高效新品种（系）4个，其中荔枝2个、龙眼1个、香蕉1个；集成荔枝龙眼轻简化高效生产配套的树体与花果管理技术、养分综合管理与施肥技术1套；熟化一套适合香蕉抗病品种的栽培技术，示范推广300亩以上。

七、香蕉研究

2008年，南亚所开始了对香蕉新品种选育研究，进行了化学诱变体系的建立与突变体的筛选：以甲基磺酸乙酯（EMS）、硫酸二乙酯（DES）和叠氮化钠（NaN_3）为化学诱变剂，对巴西蕉、天宝蕉、8818等几个主栽香蕉品种进行离体诱变处理，已建立起一套高效的突变体创新体系，并利用这套诱变体系筛选出了一批突变体。通过EMS化学诱变技术对巴西蕉和威廉斯香蕉进行离体诱变处理，并结合苗期接种枯萎病病菌（4号生理小种）进行抗枯萎病香蕉种质筛选。通过秋水仙素对中抗枯萎病香蕉品种GCTCV-119进行离体诱变处理，已成功获得了一批六倍体新材料，通过接菌后观察，六倍体GCTCV-119抗病性比三倍体GCTCV-119有所提高。但六倍体GCTCV-119的果实比三倍体小，且果肉内有种子，只适宜作为抗病性种质供杂交育种用，不宜推广。

对威廉斯8818-1和野生型威廉斯8818的抗病性状、DNA等方面进行了比较鉴定。通过RAPD技术，在2 101条总带中筛选到了与抗枯萎病突变相连锁的12个标记，其中有两个已经成功转化成SCAR标记；并通过半定量PCR研究β-1,3葡聚糖基因、PAL和POD酶基因在接种枯萎病种（FOC4）后的表达情况，建立对枯萎病品种快速鉴定的方法。此外，本课题组也摸索出了适合香蕉根部总 RNA 提取的方法，并用同源序列法克隆了香蕉 β-1,3 葡聚糖酶基因，且证实了 β-1,3 葡聚糖酶在香蕉抗枯萎病过程中起到重要作用。

香蕉抗枯萎病基因的挖掘及其分子机理研究，以香蕉抗枯萎病突变株系及其野生型材料（Williams，AAA）60 天苗龄组培苗（7~8 片真叶）为试材，用伤根法接种枯萎病 4 号生理小种。已提取接种后不同时段（0h、12h、24h、48h、72h、120h、192h）供试材料根部总 RNA（采用改良 SDS 提取法），并对其完整性，纯度和浓度进行了检测。结果显示，所提 RNA 的质量满足下步分子生物学实验的要求。

此项目在 2009 年研究发现 GF-7 基因与番茄枯萎病抗病基因 I2 同源性可达 54%，可能具有抗枯萎病功能。该基因在浸染 FOC4 后被诱导表达，并在第 5 天达到表达高峰。根据上述研究获得的与枯萎病抗病基因 I2、I2C-1 和 I2C-2 具有较高同源性的 GF-7 保守序列片段设计特异引物，通过 3-RACE 技术获了 cDNA 序列为 1 770bp。该序列包含一个完整的 ORF，编码 513 个氨基酸，属于 nonTIR-NBS-LRR 类抗病基因。氨基酸同源性分析显示，该基因与番茄枯萎病抗病基因 I2 以及马铃薯晚疫病抗病基因 R3 全长序列分别具有 45% 和 41% 的同源性；与多个已知香蕉 NBS-LRR 类抗病基因序列具有 86% 左右的同源性。

"香蕉抗枯萎病相关基因分离及表达分析"中利用不同的方法，提取抗枯萎病香蕉金手指根、茎及叶总 RNA，并对其完整性，纯度和浓度进行检测。结果表明，所提 RNA 满足下一步分子学的实验要求。熟练掌握香蕉不同部位材料的 RNA 提取方法。根据 GenBank 上棉花、玉米、拟南芥、大麦、小麦、甜瓜、番茄、水稻等植物 RFO 基因序列的保守区域，设计简并引物，进行 PCR 反应。PCR 产物经切胶回收、连接、转化、克隆和测序。获得香蕉抗枯萎病基因片段。将测序的结果于 NCBI 上比对，确定与其他植物 RFO 基因具有同源性后，根据此序列用 Primer Premier 5.0 软件设计特异的引物，进行 3′RACE 和 5′RACE，获得了香蕉抗枯萎病基因全长 cDNA。

2009 年农业部种植业财政专项："香蕉种苗脱毒与组培快繁技术研究"对香蕉吸芽外植体进行消毒时，我们主要对不同消毒剂和不同处理时间对外植体污染率及萌发率的影响进行了研究。结果显示：用 75% 的乙醇处理 1 分钟和 0.1% $HgCl_2$ 处理 20 分钟联合消毒效果最好；香蕉吸芽外植体经消毒接种到培养基后，需每隔 15 天转接到新鲜的培养基中，并且把香蕉吸芽外植体基部褐色部分切除，且与培养基的接触面切成坡面。目前已获得了一批脱毒香蕉组培增殖苗。包括巴西、威廉斯 8818、8818-1、1282、龙选等 7 个香蕉品种的脱毒增殖苗，并对其进行了生根诱导。另外，有部分脱毒苗经炼苗、假植后种植于大田中。

2010 年"香蕉种苗脱毒与组培快繁技术研究"不定期地从各个试验点取回了一些在田间表现为抗病或高产等优良性状的优良变异单株，如巴西抗病突变株、8818-1 高产突变株、GCTCV-119加倍突变株等，进行组培快繁。到目前为止，总共做了30多批次、23个优良单株的外植体无菌体系建立的实验，成功建立了19个单株的无菌快繁体系。在EMS诱变育种方面，已经处理巴西和威廉斯香蕉苗10次，总共约处理8 000个芽，最后获得近2 500株EMS诱变处理苗，其中一批已转入硇洲岛重病区试验地进行抗病筛选，另一批目前正假植在基地大棚中，目前已高25~20厘米；在香蕉的倍性育种方面，已经对红河矮蕉、小米蕉、农科一号和琼中野生蕉进行了加倍诱导处理，结果正在观察中。在转基因育种方面，目前已建立2个品种胚性细胞悬浮液体系。

2011年从抗镰刀菌枯萎病香蕉种质'金手指'中分离了20条抗病基因同源序列。对可能具有抗枯萎病功能的GF-7进行了克隆和半定量表达分析。以抗病突变体和其野生型的根系样本互为测试子和驱动子，以及两者在接种Foc4后不同时间段取样、品种内等量混合的根系样本互为测试子和驱动子，构建了4个消减抑制杂交（SSH）文库。通过荧光分析研究了抗病相关信号物质H_2O_2在根系中的积累情况。目前发表研究论文5篇，国际会议收录论文1篇。获得国家发明专利1项"一种快速筛选香蕉抗枯萎病的方法"（ZL200810198426.7）和2项实用新型专利"用于人工接种枯萎病菌用的香蕉育苗容器"（201120050171.7）、"一种分装培养基装置"（201120079736.4）；另外1项国家发明专利"一种促进香蕉种子快速高效成苗的方法"已进入公布期。孵化1项国家自然科学青年科学基金项目"香蕉枯萎病抗病突变体的分子鉴定"（31101535），1项海南省自然科学基金项目"香蕉与枯萎病菌互作过程中过氧化氢及相关酶的动态研究"（项目编号：311069）。

2016年分别在徐闻、遂溪、雷州、廉江、硇洲等香蕉主产乡镇，推荐并指导农户种植"南天系列"和'粤科1号'等抗病香蕉种质。

香蕉种质资源收集评价和杂交利用。长期以来，从国内外广泛收集香蕉野生种质资源和特色栽培品种，建成香蕉种质资源圃一个，保存有近200份材料，其中芭蕉科野生近缘种10份，包括香蕉基因组测序所用材料 *M. acuminata ssp. malaccensis* var. DH pahang（AA）等一批珍贵资源。开展抗枯萎病评价工作，完成了10多个野生近缘种（亚种）的抗枯萎病评价研究，筛选出多份高度抗病和1份高度敏感野生种。开展香蕉杂交育种和实生选择研究工作，已建成香蕉杂交育种圃和实生苗圃各一个。目前，以野生祖先种 *M. acuminata* ssp. malaccensis（AA）和 *M. balbisiana*（BB）为父本，分别与数十份栽培蕉（大蕉、金粉1号、粉杂、过山香、贡蕉、香粉1号、玫瑰蕉、泰国红蕉、巴西、威廉斯8818、威廉斯突变体8818-1）进行了杂交。其中，两个父本与金粉1号和大蕉杂交均获得了种子，大蕉每个果可获得1~3颗种子。截至目前已获得各种组合的杂交种子约45 000颗，F1代小苗600多株，这些小苗在形态上呈现出丰富的多样性。数百株实生苗已经陆续抽蕾结果，有望获得新的栽培品种。

八、甘蔗研究

2006年南亚所开展甘蔗种质资源创新与利用研究，收集了70份甘蔗育种亲本，并对它们的形态学特征进行了初步评价；已经初步获得甘蔗健康种苗生产的培养基配方，解决了花药培养的基本技术问题。

该项目到了2007年以水稻、玉米、拟南芥等植物分蘖基因的保守序列设计了18对特异性简并引物，以甘蔗DNA为模板PCR得到700bp产物，连接到质粒载体pGEM-T，并转化到大肠杆菌。取甘蔗茎尖进行组培脱毒试验，获得了粤糖00-236，ROC22，ROC25，粤糖93-159等现有品种健康种苗的生产配方。

2008年收集得到15份甘蔗种质资源，在这15份育种亲本当中，有11份细茎野生种（割手密），2份大茎野生种，5份甘蔗近缘属野生种（斑茅），2份栽培原种，13份地方原种。将优良的甘蔗种质资源组合杂交，2008年度共计70个杂交组合，获得8万株甘蔗实生苗；将2007年度的实生苗中选出的1 200株进入选中圃，共计获得8个具有高产、高糖、高抗逆性状的甘蔗优良中间材料。

通过调整细胞分裂素和生长素的比例，已经建立起甘蔗新台糖22的再生体系，并获得了部分的再生植株；用来自拟南芥中的液泡膜Na^+/H^+逆向运转蛋白基因AtNHX1，构建了植物表达载体pCAMBIA1300-AtNHX1。同时用来自盐生植物辽宁碱蓬（*Suaeda liaotungensis*）中的甜菜碱合成途径中的2个关键基因，即甜菜碱醛脱氢酶基因BADH和胆碱单氧化酶基因CMO，分别构建了植物过表达载体pCAMBIA1300-BADH和pBI121-CMO。测序结果表明插入方向正确，可以进行下一步的甘蔗遗传转化。

摸索得到了甘蔗害虫综合防治的较好方法，利用紫光灯配合性诱剂试验，可以大大地降低甘蔗螟虫、天牛、金龟子的数量，从而提高甘蔗的产量个糖分。此方法在生产上的推广利用将能够大大提高蔗农和糖厂的收入。摸索得到甘蔗花药离体培养的部分技术体系；已经掌握甘蔗多数品种健康种苗培养的配方，建立起大规模健康种苗生产技术体系。

2009年"酵母谷胱甘肽合成酶（gshI）和柱花草NCED基因转化甘蔗研究"进行了甘蔗的潮霉素敏感性试验；通过浓度梯度比较试验，确定了甘蔗潮霉素的最佳筛选浓度为50毫克/升。对甘蔗进行了遗传转化，目前已得到少量转化甜菜碱合成关键基因BADH的分化芽点，但是生长缓慢。对甘蔗进行了遗传转化，目前已得到少量转化甜菜碱合成关键基因BADH的分化芽点，但是生长缓慢。

2010年的"绿僵菌田间控制甘蔗螟虫研究"从椰心叶甲僵虫上分离得到10株对甘蔗二点螟具有较好致病性的绿僵菌，其中MC3的致病性最好，校正死亡率为89.16%，且甘蔗二点螟的校正死亡率随着MC3菌株孢子浓度的增加而逐渐提高，当浓度为$1.0×10^7$个/毫升时，其死亡率为93.02%。MC3菌株在SDAY培养基菌丝生长及产孢效果最好，孢子萌发的最适温度是 25~28℃；在广前农场进行了灯光诱杀试验和色板引诱试验，防治效果达 75%；建立了 300 亩甘蔗螟虫综合防治技术示范区。

2018 年南亚所与广东广垦农机服务有限公司等单位合作在湛江推广甘蔗农业农机结合技术，在江苏常州举办的广东广西甘蔗机械化总结会上作大会报告，引起很大反响；农业农村部办公厅关于印发《2018 年推进农业机械化全程全面发展重点技术推广行动方案》指定南亚所负责甘蔗农机农艺研究与示范。甘蔗热甘 11713 获批新品种保护权 1 项。

九、热带花卉和其他作物研究

（一）热带花卉和其他作物的引进

1962 年开始，粤西试验站从国内外引进主要热带作物共 30 余种，对油棕适应性进行了比较系统地观察，对香茅无性系选种进行了优良植株后代的比较试验，并对腰果抗寒品种选择进行调查，初步选育一些抗寒性较强，产量较高的植株。

1981 年从国内外引进品种 41 个，其中有贝叶棕、旅人蕉、查理咖啡、喀麦隆咖啡、大花鸡蛋花、软枝人心果、热带葡萄以及香蕉、椰子、芒果、番石榴、龙眼、人心果、红毛丹、榴莲、树菠萝等品种。考虑试验站冬期气温较低，故把耐寒性较差的榴莲 2 个品种共 7 株，交由兴隆站试种。此外，扩种澳洲坚果 2.4 亩。坚果试种区定植后两年生长量与原产地差不多，该作物有可能适应本区的自然条件。在四个试种品种中，以 H2 表现最好。瓜栗试种区取得第二年的生长量，但母树 1981 年产量较低，最高产一株，产量只有 4 千克。银胶菊在高温多湿季节枯萎，越夏后大批死亡，仅保留 38 株，为定植数 13%。经过试种观察，初步选出印度第伦桃、锡兰橄榄、王棕、瓜栗等作为绿化树种，并把瓜栗分别在团结、建设、南光、红五月等场扩大试种。收集和引进兰花品种 20 多种，各种花卉 20 多种。对 9 个兰花品种进行无菌播种，其中只有两种发芽，现存试管苗 500 管。兰花组织培养，排种九个品种共 252 瓶，尚未成功。此外，应香港华慧公司的邀请，陈作桌和胡继胜两同志赴香港考察了热带花卉的业务，基本摸清了香港市场花卉的供销情况，并根据省外经委的批准与华慧公司签订了贸易协议，为今后组织热带花卉与果、林苗木的研究和生产打下了基础。

1982 年引入玫瑰花、萱草、较剪兰、番石竹等 42 种花卉，100 多个品种。玫瑰越夏试验可以看出，造成玫瑰花夏天凋萎的原因不是高温，而且多泥、多湿导致黑斑病严重，使叶子全部脱落。塑料纸防雨越夏效果较好。室内观叶植物共收集 10 种。热带花本无性繁殖试验结果看出，恒湿砂床插条对于一些生较慢的种类。神秘果、园柏、竹柏等效果较好。全光喷雾处理对印度紫檀、紫荆等效果较好。成效最为显著的是突破了神秘果的繁殖技术，过去空中压条 5~6 个月才生根，现采用恒湿砂床于适宜的季节插条仅用 3~

3.5个月生根,成活率80%以上。

1985年从国外引种3种热带经济作物共13个品种,继续对5个试种区进行管理观察,其中澳洲坚果1985年(植后三年半),开始开花结果,株数占总株数7%。繁育有希望的大果番石榴实生苗1 500株,定植216株,无性繁殖30株。银胶菊的引种试种,1985年在云南、江苏、河南、陕西、四川、甘肃、新疆维吾尔自治区(以下简称新疆,全书同)等七省选定7个试种点,将去年引入的美国改良种19个、法国种2个、墨西哥品种1个、杂交亲本3个、原始种126个株号进行育苗定植观察,大部身试种点苗本生长良好。

又从国内外引入玫瑰花成活95个、菊花品种48个、大丽花6个、各种草花19个、其他花卉10多种。取得玫瑰花越夏试验第二年资料,进一步肯定了塑料防雨棚能减轻黑斑病的危害。对3种荫生观赏植物及7种热带花卉进行了繁殖方法试验。

1987年引进花卉新品种有荷兰变叶木,黄色和粉红色重瓣宝巾花、樱草花、玫瑰切花新品种等,室内观赏植物引入15个科、43个种,较名贵的品种有五彩凤梨、虎斑纹凤梨、翠云草、火鹤花、金边富贵竹等。

1990年引进品种13个。其中,油梨品种5个、黄皮品种1个、大果人心果1个、印度大果番石榴1个、良种水潇桃1个、柿子1个、莲雾1个、芒果1个、咖啡种1个。采集滇刺枣种子6千克。

1991年先后在海南省保亭县引进红色、紫色、青色3个莲雾品种,在文昌椰子站引进红色、绿色、红绿色3个莲雾品种,在广西农垦职工大学引进大果人心果4株,从文昌椰子站引进椰子54株,生势较好。

1995年新引进花卉品种20个,表现较好的有巨齿宝石、紫宝石、酒瓶兰、三角椰、酒瓶椰等。

2000年先后8次到广州、顺德、深圳、珠海等地引种,共引进了50多个品种,其中30多个为新品种,且绝大多数品种都成活保存,保存的主要品种有红掌(3个品种)、鹤望兰、水晶花烛、白雪公主、翠衣掌等。

2008年引种试种129种热带亚热带的国内外树种及乡土树种植在种子种质圃中,其中红花风铃木、八宝树、铁冬青等40多种表现良好,而红楠、荷木、银叶金合欢等20多种生长较差,还有土沉香、大花第伦桃等50多种表现一般。现已推荐小叶榄仁、黄花风铃木、铁冬青等20多种优良的园林树种在园林中应用。

(二)热带花卉和其他作物栽培试验

1. 热带花卉

1986年银胶菊引种试种在前三年工作基础上,各试种点均进行了越冬寒害调查,采样分析和布置有关试验等工作。

各试种点越冬情况:云南和四川试种点,经过3年试种,冬期最低度>-1.3℃,无寒害；河南、江苏试种点寒偏重，死亡率分别为85%和96.7%；陕西、甘肃两地气候严寒，苗木基本死亡。

采样及分析：四月中旬在保山青年农场采集样品136个，其中英国改良种32个，墨西哥品种92个，法国品种2个，其他品种10个另在四川凉山州取样33个，这些样品均进行了处理和分析。

布置了生物调节剂试验：主要是探讨不同生物调节剂对银胶菊生长和干胶含量的影响。试验材料采用美国改良种V15法工、N21和墨西哥Ⅱ-9-4，设3个处理：清水对照，喷EFⅡ50毫克/千克，喷赤霉素40毫克/千克，每个处理分别为7株（云南点）和10株（四川点），随机排列，小区同，设隔离行，重复3次。6—10月每15天喷一次，每月对冠幅、株高、茎围进行观测。

在布置上述试验的同时，还在云南试种点布置了稀土元素试验，试验材料采用类国改良种V13，一年生植株，处理分：施有机肥0.5千克/株（对照），施有机肥0.5千克/株+稀土元素2克/株，施有机肥0.5千克/株+稀土元素4克/株共3个处理，对比法排列，重复3次，观测项目与上相同。

1987年热带花卉引种及栽培技术研究如下。

热带花卉引种：引进花卉新品种有荷兰变叶木，黄色和粉红色重瓣宝巾花、樱草花、玫瑰切花新品种等，室内观赏植物引入15个科，43个种，较名贵的品种有五彩凤梨、虎斑纹凤梨、翠云草、火鹤花、金边富贵竹等。

热带花卉栽培试验：切花试验：鹤蕉布置了3个处理，3次重复的小区试验，初步得出，一年生平均株高85.6厘米，可分株11.4株，二年生苗每平方可分株90株，每平方可开花20枝，亩产约8 000~9 000枝花；非洲菊共12个品种，1 188株，均安装滴灌。其中红色老种25厘米×30厘米株行距处理，折算亩产花50 420枝；25厘米×20厘米处理的亩产为64 700枝；玫瑰布置了两个品种，两种株行距试验，年初种植，七月开始剪切，至10月底可切花五次，平均每平方米可切花标准花128.78枝，折算亩产花5.2万枝。无土栽培试验：完成了试验布置，试验初步看出，高浓度配方比低浓度配方略好，基质以泥炭+木糠+谷壳较好，红土+煤渣的次之。神秘果盆栽试验：3个处理，3次重复，试验结果，平均每盆结果20~40个，单株最高带果达120余个。

荫生室内观赏植物适应性观察及快速繁殖：基本上掌握了主要品种对温、光、水、肥的要求，1987年气温较低，经过观察，发现一批不抗寒品种，如黛粉叶、天鹅绒竹芋、金边巴西铁树、喜荫花、心叶树藤、白掌叶等；另繁殖室内观赏植物3 000株。

热带花卉虫害调查及防治：重点调查了玫瑰、非洲菊的黑斑病、叶斑病和螨类等非洲菊黑斑病，发病率为68.0%，同时发现受一种螨类的严重为害；玫瑰黑斑病感病率达100%，螨类发病率76.33%，红蜘蛛100%，蓟马55%，白粉病50%，金龟子为害65%等，全年共防治达50次之多，此外，还建造玻璃防雨棚800平方米，遮光网荫240平方米等。

名贵花卉快速繁殖技术研究：①花叶龙血树在原取得成功的基础上，进行重复试验，并探索出新的培养基组合。已经选出一个生根快，又简易培养基组合，15~20天便可生根，在移栽试验中，表明在试管苗一定大小和温湿度适宜条件下有根与无根，与其栽培成活率均达100%；②非洲菊在原取得成功的基础上，亦进行重复试验，并对一些新品种用花托接种诱导分化再生植株，以及简化培养基等试验，已分别选出理想培养基组合；③香石竹着重对移栽成活率进行研究，经试验成活率高达83.3%；④斑纹竹芋，重复试验3次，设计3个组合，增殖率均较高；⑤印度榕设计3个组合，均诱导出愈生组织，1986年移栽苗高达55厘米；⑥孔雀竹芋、天鹅绒竹芋已诱导出不定芽，因消毒问题受到限制未达到应有效果，其他花卉如火鹤花、石斛等，已获初步成功。

1988年热带花卉研究如下。

1988年取得玫瑰切花无土栽培试验的试验材料。玫瑰砧木的四种不同处理：对芽接苗的成活、开花有显著不同的影响，其中最优处理已应用于大田生产。

神秘果盆栽试验已获成功，每盆带果20~40个，其营养生长生殖生长与温度关系最为密切，新梢生长与开花结果交替进行。带叶片硬枝扦插表明：基质以中等粗度砂为最好，采用恒湿砂床带叶粘泥球硬枝扦插，在初夏进行可以提高成活率。

荫生观赏植物：收集引进20种植物，快速繁殖各种类5 000盆，进行了扦插法、分株法、压条法、叶插法和块茎切离法的快速繁殖试验，开展了小盆栽的工作。据观察，许多荫生植物不抗寒，在年初的寒潮影响下（10℃以下），有些甚至冻死，受寒害的植物叶面腐烂，影响观赏价值。

花叶龙血树：在原来用叶片和茎段接种培养已成功的基础上，新设计5个培养基组合用叶片接种4次，同时新设计使用12个培养基组合用茎段接种培养2次，均取得进展。愈伤组织的保存增殖试验采用上4个组合，已选出一个良好的培养基组合。进一步进行试管苗的增殖试验，设计使用10个培养基组合，已取得结果。此外还进行了壮根试验、简化培养基试验。共接种转管2 010管（瓶）。目前用叶片培养的龙血树组培苗大多为绿色植株，用茎段培养出的组培苗大多为黄色植株，呈现母株（接种材料）本身特征颜色的植株均很少，但组培苗也发现了有价值的新的突变株。

非洲菊：在原已组培成功的基础上继续进行保种复壮试验、壮根试验、简化培养基试验，均取得满意结果；接种转管共889管（瓶）；引进的新品种如黑心菊用花托接种培养成功，已移栽一批苗。

香石竹：在组培已成功的基础上继续进行保种复壮试验、简化培养基试验以及不同季节的移栽试验，接种转管725管（瓶）。

孔雀竹芋、天鹅绒竹芋：着重在提高分化率方面研究、分别新设计8个和7个培养基组合，目前分化率均较低，需继续进行提高分化率的研究。

豹斑竹芋：在组培成功的基础上进行试管苗不同基质的移栽试验。

1992年进行月季品种比较试验，初步看出参试10个品种中，比较好的有金奖章、肯尼迪。这几个品种切花产量高，质量好，抽花寿命长。而巴西铁树遮阴度试验，初步结果表明，在50%遮阴度下，生势和叶色显色度较好。

1995年进行了荫生观叶植物孔雀竹芋施肥浓度和基质试验。试验结果表明，肥料配比N：P：K=1：0.2：1，浓度0.3%，基质配比：甘蔗渣：腐叶：表土=1：1：1种植效果最好。

2. 其他作物

2001年完成了优稀果树种质圃的搬迁扩建任务，对濒临灭绝的部分番荔枝完成了异地嫁接保存的任务；完成毛叶枣、番荔枝、番石榴、杨桃四种果树示范基地的建设管理工作，由于受台风影响，示范基地各种果树的生长和结果受到较大影响。

2002年农业部南亚热作专项"热带作物良种繁育推广"已完成对采穗增殖母本园、良种表证试种园、良种繁殖苗圃等三个园的园内道路的调整修缮。已完成重新建设十个育苗荫棚（面积共20 000平方米）的工作。引进国内外热带作物种质资源130份。

2002年本年度新开题项目，制定番荔枝无公害生产关键技术的研究技术路线。进行了试验示范基地建设，包括原有100亩荔枝园、100亩芒果园及50亩番荔枝园改造，同时新植50亩番荔枝；开展了番荔枝无公害生产关键技术研究，主要的技术措施包括：果园生草、架式栽培、套袋及有机肥培技术。

开展了"番荔枝嫁接亲和性研究及抗病砧穗组合的筛选"，继续进行了不同嫁接方式的成活率比较：顶接（切接）24%，长方形芽接22%，皮接（芽接）90%。

对二合树和三合树进行栽培性状观察，发现"山刺+牛心"和"圆滑+秘鲁"嫁接亲和性较好，生长势较好。山刺+AP可抽芽，但生势不良；山刺+牛心+AP，圆滑+秘鲁+AP嫁接亲和性较好，生长势良好；山刺+秘鲁+AP这个组合还要进一步观察。做了普通、山刺、牛心、圆滑、秘鲁、AP 6个品种的过氧化物酶图谱。

到了2003年"荔枝、龙眼绿色食品生产示范基地建设"已建立试验示范基地300亩，包括原有100亩荔枝园、100亩芒果园及50亩番荔枝园改造，同时新植50亩番荔枝。并"热带亚热带六种名优果树良种选育研究"调查了现有芒果品种的开花结果情况，对23个品种进行了品质分析，进行了两个组合的杂交试验，未获得杂交种子。嫁接了12个毛叶枣品种进行品种比较试验，发现脆蜜品种坐果性能最好。"番荔枝根腐病无公害防治研究初探"项目在广东湛江番荔枝果园中，从病根中分离到了6种不同的真菌菌株，其中有致病力的有4个：寄生疫霉（*Phytophthora parasitica*）、棕榈疫霉（*P. palmivora*）、镰刀菌（*Fusarium* sp.）、小蜜环菌（*Armillaria mellea*），其中镰刀菌的致病力最强，棕榈疫霉次之，小蜜环菌的致病力较弱。致病力测定表明了以上4个真菌菌株均有可能为湛江番荔枝根腐病的病原菌。分别以各病原菌为靶标，用对峙培养法从果园健康番荔枝的根际土壤和果实、叶片筛选到了4个对上述4个病原物都有较强拮抗活性的生防菌株，经鉴定分别为3个木霉菌（Trichoderma sp.）菌株和1个隐球酵母菌（Cryptococcu ssp.）菌株。防效测定表明，这4个拮抗菌株均有很好的防效，是极具开发潜能的生防菌株。

2004年进行的"几种热带水果桔小实蝇的发生与防治研究"得出以下成果：利用东方果实蝇性引诱剂、瓜实蝇性引诱剂、红糖饱和水溶液、植物蛋白饱和动物蛋白饱和水溶液诱捕实蝇成虫发现东方果实蝇为湛江地区优势种群，少量瓜实蝇混合发生，利用红糖偶尔能诱捕到柑橘大实蝇。

利用自制瓶式诱捕器监测东方果实蝇成虫种群数量方法可靠，东方果实蝇在不同果树发生动态差异明显，其种群数量受寄主果实（食料）的影响最为明显。寄主果实成熟期是东方果实蝇幼虫高峰期，采后十天左右为东方果实蝇成虫发生的高峰期。

2017年收集玉米资源600份，稻种资源14份，甘薯资源51份，马铃薯资源200份，面包果和菠萝蜜种质资源20份，国内外不同生态类型的热带粮食作物种质资源的广泛收集丰富了热科院热带粮食作物种质资源库，超额完成2017年热带粮食作物种质资源收集引进任务，为选育适合我国热区生态类型的热带粮食作物新品种打下了坚实的遗传材料。选育青饲玉米二环系F_2代有50份，甜玉米和糯玉米高代二环系50份。育成水稻新品种'热糯1号'，获得山兰稻新品系1个，耐储藏水稻种质资源5份，耐厌氧发芽水稻种质资源5份，含抗稻瘟基因pigm种质资源2份。筛选产量高、耐逆性好的甘薯资源10份左右。

2018年引进玉米种质资源245份，其中从越南引进2份，泰国引进5份，甜糯玉米种质28份，普通玉米种质210份。筛选适应热区生态环境的玉米种质55份，构建了热区玉米核心种质资源库，选育玉米自交系到高代趋于稳定，配制杂交组合145份，以种植于大田观察杂交组合表现，和黑龙江八一农垦大学合作，配制了46个单倍体育种材料。引进53份马铃薯种质资源，其中22份已繁育得到了10 130粒实生薯，并进行了单株选择，配制了52份杂交组合，得到19份杂交组合的浆果。从8 565粒实生薯播种的植株中，选择出综合性状表现优异的单株1 618株、从11个杂交组合的108份株系中筛选出综合性状表现良好的株系18个。筛选出抗稻瘟病和白叶枯水稻优良种质5份，获得抗水稻白叶枯、稻瘟病的遗传改良材料12份，申请水稻新品种权2个，两个水稻新杂交组合进入区试。引进甘薯种质资源100份，筛选出14个优良的甘薯品种，对其中3个甘薯优良品种进行甘薯种苗大田繁育及栽培试验，建立甘薯健康种苗繁育技术体系。

第二节　重要研究项目简介

1. 南亚热带名特优果树引种试种及栽培技术研究

主持单位：南亚热带作物研究所

主持人：肖邦森

项目来源："九五"农业部重点支持科研项目

研究起止时间：1996—1998 年

资助经费：50 万元

项目简介：本项目将继续从澳大利亚，夏威夷、泰国和我国台湾省引进热带亚热带果树新品种，进行种质鉴定和区域性品种比较试验，筛选出适合我国不同气候类型区种植的种类和品种。并进行促花保果与产期调节技术研究、水肥管理技术研究。筛选出番荔枝抗病砧木优良品种的最佳组合，探索澳洲坚果番石榴的主要病虫害发行规律和防治方法。

2. 热带作物数据库建设

主持单位：南亚热带作物研究所

主持人：孙光明

项目来源：国家科技部科技基础性工作项目

研究起止时间：2001—2003 年

资助经费：50 万元

项目简介：该项目主要为了调查整理热带作物品质性状，植物学性状，农艺性状，进行种质资源的整合。

3. 澳洲坚果优质高产品种选育及无公害丰产综合栽培技术体系研制

主持单位：南亚热带作物研究所

主持人：陆超忠

项目来源：科技部农业科技成果转化项目

研究起止时间：2004—2006 年

资助经费：50 万元

项目简介：本项目将对澳洲坚果优质高产品种的筛选，对 15～20 个品种进一步进行主要生物学特性观察及主要抗性评价，对早期的产量、品质进行测定，最后筛选总结与优良品种推荐鉴定；研究和制定出澳洲坚果无公害丰产栽培生产技术规程和无公害产品质量标准，并在我国澳洲坚果主产区建立面积 500 亩的示范基地进行生产示范，以辐射带动主产区澳洲坚果生产的发展，为我国澳洲坚果产业的持续高效发展提供强有力的技术支撑。

4. 荔枝安全高效生产技术的示范与推广

主持单位：南亚热带作物研究所

主持人：孙光明

项目来源：科技成果转化

研究起止时间：2005—2007 年

资助经费：50 万元

项目简介：本项目研发针对不同品种、不同种植密度的密蔽或低值果园的回缩修剪、嫁接换种和间伐相结合的分类改造技术模式；研发对结果母枝的一次定梢技术、药物控穗与机械疏花相结合花穗调控技术，集成轻简化荔枝高产高效生产树体与花果管理技术；系统对荔枝根、茎、叶、花、果周期性养分变化规律及其养分需求量进行研究，明确荔枝养分累积的规律、荔枝营养诊断部位及最佳时期和指标，指出秋梢是荔枝主要的营养累积器官，改变"以果定肥"的传统给肥模式，研发荔枝养分综合管理，丰富发展荔枝营养管理理论与施肥技术。

5. 高蛋白热带豆科牧草配套养殖奶牛产业化示范

主持单位：南亚热带作物研究所

主持人：易克贤

项目来源：科技成果转化

研究起止时间：2005—2007 年

资助经费：50 万元

项目简介：本项目以"科研院所+基地+农户"的方式，建立了 1 500 头荷斯坦奶牛示范基地和 3 680 亩热带豆科牧草（柱花草和色拉特罗大翼豆）种植基地和 1 100 多亩王草种植基地。对示范基地技术人员和牧草生产农户进行了技术培训，主要包括牧草种植技术、施肥管理技术以及病虫害防治技术的培训，进一步增加了农户的田间技术操作与管理能力。

6. 菠萝加工技术引进与产业化

主持单位：南亚热带作物研究所

主持人：孙光明

项目来源：农业部 948 项目

研究起止时间：2006—2010 年

资助经费：80 万元

项目简介：引进境外菠萝种质资源 121 份，引进高产、优质与食品安全生产的核心技术，研发并组装形成了我国菠萝综合生产技术和采后保鲜关键技术，并进行推广和应用，经济和社会效益显著。共申请专利 10 项，发表论文 40 余篇，鉴定品种 1 个，培养研究生 23 名。

7. 芒果安全高效标准化生产技术的示范与推广

主持单位：南亚热带作物研究所

主持人：马蔚红

项目来源：科技部农业科技成果转化项目

研究起止时间：2006—2008 年

资助经费：50 万元

项目简介：本该项目主要负责芒果安全高效标准化生产中主要病虫害综合防治技术示范与推广，如频振式杀虫灯、引诱剂诱杀等；芒果高商品性状形成的田间管理关键技术示范与推广，如果实套袋技术、修剪调控开花、结果以及疏花、疏果等；适合于安全高效标准化生产的芒果品种示范与推广。以期推动我国芒果业标准化建设、推进产业化发展及促进我国的环境保护和农业可持续发展等方面起到积极的示范推广作用。

8. 菠萝现代产业技术体系研究与建设

主持单位：南亚热带作物研究所

主持人：孙光明

项目来源：农业部公益性行业科研专项

研究起止时间：2007—2010 年

资助经费：383 万元

项目简介：从境内外引进菠萝新品种和种质共计 116 份，建立了菠萝种质资源圃，筛选出高糖等优异种质 58 份，筛选出 3 个鲜食品种和 2 个加工品种，并进行示范推广，初步缓解了我国菠萝生产品种单一、老化退化严重、缺乏加工品种的问题，缩短我国菠萝品种与世界先进水平的差距。摸清菠萝养分阶段需求及变化的规律，研发美国 FMC 新型果蜡的保鲜关键工艺技术；研发了菠萝酶分离提取新技术，所得酶活力达到 300 万 U/克以上，是目前市售酶的 2~3 倍；初步研究形成菠萝叶纤维批量提取技术及菠萝叶纤维精细化工艺技术，研发了纯菠萝麻纱、混纺纱工艺，开发 T 恤衫等产品。建立示范点 12 个，中试生产线 2 条，培训农民技术人员 2 150 多人次，咨询 2 000 多人次，发放资料 10 000 多份。项目成果推广累计取得了 2 000 多万元直接经济效益，辐射带动周边 2 万多公顷，取得间接社会经济效益 2 亿多元。

9. 金沙江干热河谷地区芒果重要病害综合防治技术示范

主持单位：南亚热带作物研究所

主持人：詹儒林

项目来源：农业科技成果转化项目

研究起止时间：2008—2010 年

资助经费：70 万元

项目简介：本项目针对该地区芒果的白粉病、细菌性角斑病、炭疽病、蒂腐病、芒果簇芽（花）病和果实心腐病（生理性病害）等重要病害，将因地制宜地制定安全高效的重要病害综合治理策略，并建立了示范点，推广芒果病害安全高效防治技术。以示范基地建设为载体，以公司、新农学校及专业合作社为技术推广平台，加大技术培训力度，提高芒果的产量和质量加强技术培训力度。

10. 糖能兼用甘蔗选育种基地（150 亩）改造项目

主持单位：南亚热带作物研究所

主持人：孙光明（苏俊波）

项目来源：农业部科学事业单位修缮购置专项资金基础改造类项目

研究起止时间：2008—2010 年

资助经费：55 万元

项目简介：本项目主要承担甘蔗种质资源收集及创新利用、新品种选育，新品种和新技术的试验示范，技术培训，服务三农以及人才培养等公益性的职能，并为当地甘蔗产业的发展发挥着重要作用。

11. 桔小实蝇综合防控技术的区域性试验与示范

主持单位：南亚热带作物研究所

主持人：谢江辉

项目来源：农业科技成果转化资金项目

研究起止时间：2009—2011 年

资助经费：50 万元

项目简介：本项目核心技术为"以食物诱剂为主的桔小实蝇综合防控技术研究与示范"成果，通过对其最嗜寄主—番石榴挥发性物质、糖类及其超临界萃取物的研究，研制出了一种对桔小实蝇雄虫和雌虫均具有强力诱杀效果的食物诱剂。在项目实施上结合科技入户工程，采用"研究所+公司（新农学校）+基地+农户"进行成果转化。

12. 麻类岗位专家

主持单位：南亚热带作物研究所

主持人：周文钊

项目来源：现代农业产业技术体系

研究起止时间：2009—2013 年

资助经费：350 万元

项目简介：该项目主要为了加强进麻品种改良科研团队建设，依托国家麻类产业技术体系科技平台，吸引麻类岗位专家，深入开展科研协作和学术交流，促进科技骨干成长。

13. 芒果百科全书

主持单位：南亚热带作物研究所

主持人：武红霞

项目来源：国际合作项目——阿曼

研究起止时间：2009—2011 年

资助经费：15 万元

项目简介：项目主要负责芒果百科全书（中国）部分，完成芒果生产情况介绍，对我国选育的 15 个芒果品种进行品种的植株、叶、花、果实的详细描述；进行芒果植株、叶、花、果实的生物学特性的图片拍摄。

14. 优质高产澳洲坚果新品种'南亚 3 号'中试与示范

主持单位：南亚热带作物研究所

主持人：陆超忠

项目来源：农业科技成果转化资金项目

研究起止时间：2011—2013 年

资助经费：60 万元

项目简介：本项目以新品种'南亚 3 号'澳洲坚果为核心技术，拟在广东、广西适宜地区进行中试与示范。通过'南亚 3 号'种植示范及其配套栽培技术熟化，以推动我国自主选育的优良品种推广进程。

15. 剑麻育种岗位专家

主持单位：南亚热带作物研究所

主持人：周文钊

项目来源：现代农业产业技术体系

研究起止时间：2011—2015 年

资助经费：70 万元

项目简介：该项目主要为了加强进麻品种改良科研团队建设，依托国家麻类产业技术体系科技平台，吸引剑麻育种岗位专家，深入开展科研协作和学术交流，促进科技骨干成长。

16. 菠萝产业技术研究与试验示范

主持单位：南亚热带作物研究所

主持人：孙光明

项目来源：农业部公益性行业科研专项

研究起止时间：2012—2016 年

资助经费：322/464 万元

项目简介：本项目是为了筛选出产量高于目前主栽品种10%以上、果实品质或加工性能明显优于当前主栽品种、适应我国不同菠萝产区栽培的优良鲜食、加工和兼用品种5~10个，促进我国菠萝品种更新换代与合理配置；集成菠萝节本增效综合生产技术，在广东、广西、海南、云南产区推广应用，使产量提高10%以上，明显改善菠萝品质，提高生产效益，研发集成与推广菠萝保鲜关键技术，有效解决我国菠萝采后品质劣变快、货架期短、商品性差的问题。

17. 以诱杀为主的瓜实蝇综合防控技术区域性试验与示范

主持单位：南亚热带作物研究所

主持人：詹儒林

项目来源：农业科技成果转化资金项目

研究起止时间：2012—2014年

资助经费：60万元

项目简介：本项目核心技术为"以诱杀为主的瓜实蝇综合防控技术研究与应用"成果，即根据瓜实蝇产卵前补充营养期较长及幼虫蛀果为害、老熟幼虫入土化蛹等习性，在瓜实蝇产卵前用食物诱剂、荧光柠檬黄"诱粘器"诱杀瓜实蝇雌、雄成虫，结合及时捡拾落果烂果和清园等措施，最终达到有效控制瓜实蝇为害的目的。本项目拟在海南、广东、广西等省区建立热带亚热带蔬菜瓜实蝇综合防控技术示范基地；不同区域、不同蔬菜类型使用的瓜实蝇食物诱剂配方优化及瓜实蝇"诱粘器"等应用技术的熟化与示范。

18. 生长素极性运输在芒果子叶切段不定根形成中的作用机制研究

主持单位：南亚热带作物研究所

主持人：李运合

项目来源：国家自然科学青年基金

研究起止时间：2014—2017年

资助经费：75万元

项目简介：本项目主要研究芒果子叶切段不定根形成过程中MiPINs，MiAUXs，MiPGPs的时空表达以及这些基因编码的蛋白在细胞内的原位定位，从分子水平上阐明生长素极性运输在芒果子叶切段不定根形成中的作用机制。

19. 热带特色果树优良砧木资源引进

主持单位：南亚热带作物研究所

主持人：王家保

项目来源：948项目

研究起止时间：2014—2015年

资助经费：70万元

项目简介：本项目主要引进国外优良的热带特色果树砧木资源 19 份；经筛选与评价后，选育出满足我国芒果、澳洲坚果、番石榴、油梨等热带特色果树生产需求的优良砧木，或作为砧木育种的亲本材料，培育具有我国自主知识产权果树砧木品种，加快我国热带特色果树育种进程，提高我国热带特色果树产业砧木良种化水平。

20. 果树肥水一体化高效利用技术研究与示范

主持单位：南亚热带作物研究所

主持人：石伟琦

项目来源：科技支撑计划项目

研究起止时间：2014—2018 年

资助经费：562 万元

项目简介：水与肥是农业生产中两大重要因素，水肥配合存在阈值反应，不同的水肥耦合程度及其动态变化将影响水果的产量与品质，关系到水果产业的发展和农民的增收。课题分别选择南方两大水果荔枝、菠萝和北方两大水果苹果、葡萄作为研究对象，结合四大水果的养分需求规律和需水特性，针对肥料投入量大、养分利用效率低和季节性干旱的突出问题，围绕肥、水两大因素，以水带肥，以肥促水，水肥耦合，开展肥水的供应与果树养分需求时空匹配技术、水肥耦合调控果树生长发育研究、水肥耦合高效利用模式研究与集成和特定区域肥水一体化高效利用技术示范，节肥增效，补水增产，减少污染，实现果园的可持续发展。

21. 通过全基因组关联分析发掘芒果糖酸品质性状相关基因

主持单位：南亚热带作物研究所

主持人：梁清志

项目来源：国家自然科学基金面上项目

研究起止时间：2015—2018 年

资助经费：80 万元

项目简介：本项目负责构建一套核心种质资源；进行芒果种质资源果实品质性状检测和利用简化基因组测序技术进行全基因组等位基因多样性分析；综合利用这些数据和资料，明确不同等位基因和芒果果实糖酸品质相关性状的内在关系。

22. 碳水化合物饥饿下糖信号对 ABA 的调控机制及其对澳洲坚果早期落果的影响

主持单位：南亚热带作物研究所

主持人：杨为海

项目来源：国家自然科学基金面上项目

研究起止时间：2016—2019 年

资助经费：71.8 万元

项目简介：本项目主要研究果实发育早期 ABA 及糖组分含量的变化，探明果实脱落与 ABA 及糖组分之间的相互关系；研究早期果实发育过程中参与糖响应的主要酶活性与基因表达模式及其与果实脱落的关系，明确诱导果实脱落的糖信号；研究 ABA 生物合成的关键调控酶基因的时空表达特性及其与早期果实脱落的内在联系，揭示糖信号对 ABA 生物合成的调控机制。

23. 基于 ERF 转录因子调控 POD 基因的菜心木质素生物合成机制研究

主持单位：南亚热带作物研究所

主持人：张鲁斌

项目来源：国家自然科学基金面上项目

研究起止时间：2016—2019 年

资助经费：74.4 万元

项目简介：本项目主要研究乙烯信号转导对木质素合成的功能作用，验证 POD 基因在菜心木质素合成中的功能作用；ERF 转录因子对木质素合成关键酶基因 POD 的表达调控机制，阐明乙烯在菜心木质化进程中调控模式和作用机制。

24. 芒果果肉类胡萝卜素合成的转录调控机制研究

主持单位：南亚热带作物研究所

主持人：马小卫

项目来源：国家自然科学基金面上项目

研究起止时间：2017—2012 年

资助经费：78 万元

项目简介：本项目拟克隆某些基因的启动子序列，采用缺失和突变方法筛选和鉴定与结构基因表达密切相关的核心调控区段；利用酵母单杂交和转录组测序等方法筛选与之结合的候选转录因子；通过双荧光素酶体系研究其对结构基因的调控方式，并采用番茄和芒果愈伤组织转基因体系验证候选转录因子的功能。项目研究能够为高等植物胡萝卜素合成的转录调控机制提供理论支持，还可为改善芒果果实品质实践提供重要基因资源。

25. 第 6 课题"荔枝化肥农药减施增效技术集成"

主持单位：南亚热带作物研究所

项目来源：国家重点研发计划项目

研究起止时间：2017—2019 年

资助经费：85 万元

项目简介：本项目主要研究联合集成中晚熟荔枝产区化肥农药减施增效技术，并对中晚熟荔枝产区化肥农药减施增效技术模式中的化肥减施增效单项技术验证与实施效果评估。

26. 第 7 课题"芒果化肥农药减施增效技术集成"

主持单位:南亚热带作物研究所

项目来源:国家重点研发计划项目

研究起止时间:2017—2019 年

资助经费:140 万元

项目简介:本课题将根据云南金沙江干热河谷华坪晚熟芒果产区生态条件、病虫害发生特点针对农药过量施用和利用率低等问题,以生态为单元、以作物为主线,集成和组装配套晚熟芒果化农药减施增效综合技术模式,并进行示范推广。

27. SPL 成员在乙烯诱导菠萝成花不同阶段的作用机制及信号网络解析

主持单位:南亚热带作物研究所

主持人:张红娜

项目来源:国家自然科学基金立项项目

研究起止时间:2019—2022 年

资助经费:60 万元

项目简介:项目拟对 5 个候选 SPL 成员进行亚细胞定位和转录激活活性分析,同时构建超表达和 RNAi 载体转化菠萝愈伤组织(同源)和拟南芥(异源)进行功能验证,观察其成花效应;利用酵母单杂交和 EMSA 等实验,对早期 SPL14 和 SPL16 是否响应乙烯、中期 SPL4 和 SPL8 与 FT 等成花关键基因上下游关系、晚期 SPL10 是否调控 WUS 等花器官形成关键基因等进行分析,同时构建 SPL 不同成员的酵母双杂交文库筛选鉴定与其互作的蛋白,构建 SPL 不同成员在乙烯诱导菠萝成花不同阶段的信号网络,为进一步阐明 SPL 基因在乙烯诱导菠萝成花过程。

28. SmTCP7a 正调控茄子抗青枯病机理

主持单位:南亚热带作物研究所

主持人:肖熙鸥

项目来源:国家自然科学基金立项项目

研究起止时间:2019—2022 年

资助经费:60 万元

项目简介:项目来源是国家自然科学基金立项项目,经费是 60 万元,项目主持人为肖熙鸥,项目简介:本项目进行以下研究:对 SmTCP7a 进行表达模分析,确定其转录活性;超表达和沉默 SmTCP7a 后,接种 *R. solanacearum* 进行病情指数和水杨酸含量等分析,确定 SmTCP7a 正调控抗青枯病功能及其对水杨酸的影响;利用 SA 喷施 SmTCP7a 沉默植株,调查病情指数,探究 SmTCP7a 是否处于 SA 合成途径上游;利用 Chip-Seq 和 RNA-seq 数据关联分析,筛选 SmTCP7a 下游与水杨酸合成相关基因,解析 SmTCP7a 调控水杨酸合成机理。通过上述研究从 SmTCP7a 调控水杨酸合成的角度解析其抗病机理,为通过基因工程创制抗青枯病材料提供理论基础。

第三节　主要项目清单

建所以来，南亚所历年承担的主要项目，列清单如下（表4-1、表4-2）。

表4-1　南亚所1954—1995年期间承担的主要项目

年份	项目名称
1954	橡胶树合理割胶制度的研究
	华南土壤微生物的研究及利用
	橡胶树幼龄期野鼠防治研究
	白蛾主要防除对策及其生物学的研究
	湛江区橡胶树合理施肥制度的研究
1955	橡胶树有性杂交方法之研究
	橡胶树无性杂交方法之研究
	用选择方法培育适合海南的高产品种
	橡胶树在不同环境与不同农业技术措施基础上生长于性能规律性研究
	防护林营造的研究
	主要热带技术作物栽培及无育方法的试验研究
	橡胶树有性杂交方法的研究
	橡胶树无性繁殖方法的研究
	粤西区橡胶所虎林营造及设计的研究
1956	橡胶树在不同环境与个体农业技术措施基础上生产与产胶性能规律的研究
	新胶园农业技术措施经验总结
	橡胶栽培农业技术措施研究
	主要热带技术作物栽培技术经验总结
	垦区现行栽培耕作农业械具使用情况调查
	橡胶无性杂交方法的研究
	橡胶树北移的研究
	用选择方法培育适合海南各区的高产品种

（续表）

年份	项目名称
1956	热带技术作物的引种试验和选择繁殖方法的试验研究
	橡胶树同一植株内各部位乳管的构造发育及其在橡胶形成过程中的作用
	割胶强度与植株营养生长和健康关系的研究
	藤本橡胶植物割胶方法的研究
	海南垦区橡胶树根病类初步研究
	橡胶树幼龄期的主要害虫金龟子生态学及其防治方法的研究
	白粉病发生与环境的研究
	橡胶树幼龄期的主要野鼠的防治研究
	剑麻叶斑病病理学及防治的研究
	香茅叶斑病病理学及防治的研究
	咖啡树害虫调查及其主要重的生态学和防治对策研究
	白蛾主要种防除对策及其生物学研究
1958	粤西油棕生产技术研究
	香茅株行距试验
	香茅割叶试验
	香茅丰产栽培技术及选育种的研究
	热带经济作物引种试种
1959	小粒种咖啡速生丰产农业技术措施研究
	香茅选育种试验
	湛江地区橡胶白粉病流行规律及防治研究
	油梨栽培技术及选育种研究
1960	丘陵地区胶园土壤改良及利用的研究
	平原地区胶园土壤耕作制度的研究
	在不同环境条件下橡胶树速生丰产肥料试验
	橡胶灌溉制度与需水规律的研究
	橡胶防护林林网设计研究
	橡树病害研究

(续表)

年份	项目名称
1960	香茅高产栽培技术研究
	香根高产栽培技术研究
	丁香罗勒栽培技术研究
	香茅肥料试验
	湛江地区橡胶树的施肥制度和肥料问题的研究
1961	橡胶树速生高产综合农业技术措施的研究
	橡胶树速生高产品系的培育
	丘陵地区胶园土壤改良试验
	橡胶幼树对割胶的试验
	橡胶白粉病防治研究
	香料作物引种试种
1962	粤西北部植胶地土壤改良的研究
	抗性高产品系的培育
	湛江橡胶幼树割胶试验
	热带作物的引产试验
	香茅丰产栽培技术研究
1963	湛江北部瘠薄地区胶园土壤改良研究
	适应粤西垦区橡胶树抗性高产品系的培育
	橡胶树丰产栽培技术研究
	幼龄胶树割胶试验
	橡胶小囊虫的生物学观察和防治研究
	热带作物引种
1964	湛江地区不同强度不同频率割胶制度的研究
	湛江地区热作病虫害调查
1966	湛江背部瘦瘠地区橡胶树速生高产综合措施研究
	湛江南部橡胶树抗风高产栽培技术研究
	橡胶树抗性高产品系的选育及栽培技术的研究
	热带作物引种试种及主要的热带经济作物栽培试验研究
1974	橡胶抗寒高产无性系的选育与鉴定
	橡胶树丰产技术措施的研究
	橡胶树病虫害防治的研究
	热带作物引种试种及栽培技术措施研究

(续表)

年份	项目名称
1977	橡胶树抗寒高产品系选育研究
	橡胶树高产稳产技术措施的研究
	橡胶树栽培制度革新研究
1978—1985	橡胶树抗寒高产品系选育的研究
	橡胶树抗寒高产单倍体育种研究
	橡胶树组织器官电导率与耐寒性关系研究
	橡胶树营养诊断指导施肥的研究
	镁肥资源利用方法试验
	龙舌兰麻抗病高产新品种选育的研究
	龙舌兰麻体细胞杂交的研究
	龙沙兰麻营养生理病及微量元素肥效研究
	胡椒抗寒高产品种选育和丰产栽培技术经验总结
	芒果良种树菠萝选育的研究
	热带花卉引种及栽培技术措施的研究
1978	橡胶树高产稳产省工省药低成本保安全综合采胶措施的研究
	橡胶丰产土肥条件及栽培新制度的研究
	橡胶树病害防治研究
	热带农业气象的研究
	热带作物引种、试种及栽培技术的研究
1981	橡胶树抗风、耐寒、高产抗病新品种培育的研究
	橡胶树速生、高产、抗风、防寒栽培措施的研究
	热带作物引种、选育和丰产栽培措施的研究
1986	橡胶树抗寒高产抗病优质品种选育
	橡胶单倍体育种研究
	龙舌兰麻选育种和丰产栽培措施研究
	舌兰麻H·11648营养诊断指导施肥研究
	热带花卉引种及栽培技术的研究
	热带果树研究
	热带经济植物引种试种
	银胶菊引种试种及其栽培技术的研究
	热带水果高产优质、保鲜及加工技术
	橡胶芽接树割胶制度改革，开发性实验

(续表)

年份	项目名称
1986	粮油，经作，热作，绿肥良种选育，高产优质技术
	橡胶芽接树割胶制度改革开发性实验
	葡萄，瓜果，椰子，参茸，土特产加工工艺及配套设备
	橡胶树抗寒高产品种选育
	剑麻抗病、高产新品种选育的研究
	龙舌兰麻 H·11648 号营养诊断指导施肥研究
	澳洲坚果引种试种及栽培技术的研究
	多效唑在芒果树上的应用
	热带花卉引种和栽培技术的研究
	芒果良种筛选及控花保果实验
	热带、亚热带、优稀果树引种开发利用研究
1987	橡胶树抗寒高产选育种研究
	剑麻选育种研究（包括栽培试验）
	营养诊断指导施肥
	芒果开发研究
	澳洲坚果试验
	花卉引种栽培技术研究
	银胶菊引种试种
1988	主要农作物品种选育技术的研
	热带作物选一种和丰产栽培技术的研究
	热带作物选育种和丰产栽培技术的研究
	热带水果、花卉选育种及栽培技术研究
	热带水果高产、优质、保鲜及加工技术
	芒果选育种和丰产栽培技术研究
	热带花卉引种及栽培技术研究
	名贵花卉快速繁殖技术的研究
	热带亚热带作物引种试种研究
	番荔枝科果树的研究
	鸡蛋果引种试种研究
1989	热带红壤利用于养分循环的研究
	海南省热带落叶季雨林代表树种韧皮部结构和发育的研究

(续表)

年份	项目名称
1991	化学调控器在热带南亚热带果树的应用及作用机理的研究
	南亚热带果树资源调查收集和鉴定
1992	橡胶抗寒高产品种选育研究
	剑麻抗性高产新品种选育的研究部重点科研项目
	剑麻矿物营养诊断施肥研究
	澳洲坚果引种试种及丰产栽培技术研究
	番荔枝优良品种选育和抗病砧木的研究
	南亚热带优稀果树引种试种及开发利用研究
	热带花卉选育及切花栽培技术的研究农业部
1993	番茄枝抗病砧木研究
	莲雾的引种试种与栽培技术研究
	芒果高产优质新品种选育研究
	芒果稳产丰产栽培技术
	澳洲坚果丰产栽培技术措施
	芒果矿质营养缺素诊断及生理病害的综合研究
	番荔枝优良品种选育及抗病砧木研究
	澳洲坚果病虫害的调查研究
	剑麻抗性高产新品种选育的研究
	热带花卉选育种及栽培技术的研究
	剑麻矿质营养诊断指导施肥技术研究
	剑麻营养诊断指导施肥技术研究
	剑麻行品种粤西114号推广
	快速繁殖香蕉苗
	试管苗香蕉丰产优质栽培技术
	橡胶树新品种选育技术研究
	剑麻抗病高产新品种选育的研究
	剑麻营养诊断施肥研究
	综合诊断施肥法在热带作物上的应用及其改进的探讨
	芒果选育种及丰产栽培措施研究
	多效挫在农业中的应用
	澳洲坚果丰产栽培技术措施研究
	热带花卉选育及栽培技术的研究

(续表)

年份	项目名称
1993	澳洲坚果病虫害种类的调查研究
	广东省芒果病虫害周年发生规律的研究
1995	剑麻抗性高产品系选育和丰产栽培技术措施研究
	澳洲坚果引种试种及栽培技术研究
	芒果稳产丰产栽培技术研究
	热带花卉开发研究
	巴西橡胶树发育的幼态阶段高产特性的研究
	鸡蛋果栽培技术研究

表4-2 南亚所1996—2019年以来承担的主要项目

序号	课题名称	起止年限	项目来源	经费（万元）	负责人
1	南亚热带名特优果树引种试种及栽培技术研究	1996—2000	"九五"农业部重点支持科研项目	50	肖邦森
2	莲雾种质资源库的建立	1996—1998	海南省自然科学基金	3	莫善文
3	园林造型植物的选择和栽培技术的研究	1996—1998	国家自然科学基金	3	黄祖传
4	剑麻抗病育种抗原亲本选择和杂交组合筛选的研究	1996—1998	国家自然科学基金	7	谢恩高
5	保护地栽培的反季芒果含糖量与温度关系的研究	1996—1998	国家自然科学基金	7	岑洁荣
6	海南芒果优质、早熟栽培技术的研究	1996—1999	海南省自然科学基金	3	岑洁荣
7	利用芒果冬梢调节花期和结果的研究	1996—1999	国家自然科学基金	10	王才发
8	澳洲坚果微型扦插的研究	1996—1999	国家自然科学基金	6	陈作泉
9	莲雾成花生理及花期调控研究	1999—2001	国家自然科学基金	12	肖邦森
10	毛叶枣新品种选育及丰产优质栽培技术研究	1999—2001	海南省自然科学基金	6	肖邦森
11	毛叶枣高产优质栽培生理基础研究	2000—2002	海南省自然科学基金项目	1.8	肖邦森
12	成龄低产劣质芒果园换冠改造技术推广（与园艺所合作）	2001—2003	国家丰收计划项目	25	孙光明
13	热带作物数据库建设	2001-2003	国家科技部科技基础性工作项目	50	孙光明
14	芒果种质资源遗传多样性的AFLP标记研究	2002—2005	国家自然科学基金项目	16	雷新涛

（续表）

序号	课题名称	起止年限	项目来源	经费（万元）	负责人
15	热带水果无公害生产关键技术创制与示范	2002—2004	农业部农业结构调整重大技术研究专项	50	孙光明
16	南亚热带作物种苗繁育与推广	2002—2004	农业部南亚办专项	15	陆超忠
17	热带作物良种繁育推广	2002—2005	农业部南亚热作专项	15	陆超忠
18	柑橘一年两收优质高产栽培技术	2003—2004	948项目（合作项目）	3	雷新涛
19	种质资源收集与保存	2003—2005	农业部南亚办专项	25	陆超忠
20	海南野生山竹子种质资源收集评价	2004—2005	海南省自然科学基金	1.43	陆超忠
21	澳洲坚果优质高产品种及标准化生产示范推广	2004—2006	海南省自然科学基金指导性项目	50	陆超忠
22	澳洲坚果优质高产品种选育及无公害丰产综合栽培技术体系研制	2004—2006	科技部农业科技成果转化项目	50	陆超忠
23	热作产品区域协作与入世研究	2004—2005	农业部专项	10	陆超忠
24	热带果树种质资源标准化整理、整合	2004—2005	科技部基础条件平台子项目	20	陆超忠
25	芒果抗炭疽病种质资源筛选及其遗传特性的初步研究	2005—2006	广东省自然科学基金项目	5	雷新涛
26	荔枝安全高效生产技术的示范与推广	2005—2007	科技成果转化	50	孙光明
27	澳洲坚果山龙眼状根释磷机制研究	2005—2007	海南省自然科学基金指导性项目	2	孙光明
28	施肥对肥域土壤微生物特性和剑麻内源激素代谢的影响	2005—2006	广东省自然科学基金	5	孙光明
29	高蛋白热带豆科牧草配套养殖奶牛产业化示范	2005—2007	科技成果转化	50	易克贤
30	热带作物（剑麻、甘蔗、芒果、果树）种质资源标准化整理、整合及共享试点	2005—2008	科技部基础条件平台子项目	20	
31	甘蔗种质资源创新利用	2006—2007	广东省自然基金项目	3	雷新涛
32	芒果标准化生产技术研制与示范	2006—2010	农业部948项目子项目	6	马蔚红
33	菠萝加工技术引进与产业化	2006—2010	农业部948项目	80	孙光明
34	芒果安全高效标准化生产技术的示范与推广	2006—2008	科技部农业科技成果转化项目	50	马蔚红

(续表)

序号	课题名称	起止年限	项目来源	经费（万元）	负责人
35	剑麻斑马纹病病原生物学及遗传多态性研究	2006—2008	海南省自然科学基金指导性项目	经费自筹	易克贤
36	热带作物（花卉、剑麻、甘蔗、芒果等6项）种质资源标准化整理、整合及共享试点	2006—2008	科技部基础条件平台子项目	19.65	
37	无核荔枝配套技术大规模产业化	2006—2008	农业部农业科技跨越计划项目	60	郑学勤、孙光明
38	甘蔗种质资源创新与利用研究	2006—2008	广东省自然科学基金项目	3	雷新涛
39	广东芒果规范化栽培及新品种选育相关技术研究	2007—2010	农业部公益性行业科研专项子项目	22	马蔚红
40	芒果新品种选育	2007—2010	国家科技支撑计划项目子项目	5.5	马蔚红
41	绿僵菌田间控制甘蔗螟虫研究	2007—2010	国家科技支撑计划项目子项目	12	詹儒林
42	适宜林果间种牧草种质资源筛选与示范	2007—2010	国家科技支撑计划项目子项目	7	陈河龙
43	菠萝现代产业技术体系研究与建设	2007—2010	农业部公益性行业科研专项	383	孙光明
44	剑麻新品种选育及高效生产技术研究	2007—2010	农业部公益性行业科研专项子项目	20	周文钊
45	荔枝套袋与标准化生产技术研究与推广	2007—2008	农业部南亚热作专项	20	谢江辉
46	芒果炭疽病抗性遗传规律及其分子标记的研究	2008—2010	国家自然科学基金项目	16	雷新涛
47	香蕉抗枯萎病基因的挖掘及其分子机理研究	2008—2010	海南省自然科学基金指导性项目	8	谢江辉
48	菠萝果实糖代谢生理的研究及相关基因的克隆	2008—2009	广东省自然基金项目	5	张秀梅
49	金沙江干热河谷地区芒果重要病害综合防治技术示范	2008—2010	农业科技成果转化项目	70	詹儒林
50	澳洲坚果丰产保果配方WGD-2技术示范推广	2008—2009	农业部南亚热作专项	20	陆超忠
51	糖能兼用甘蔗选育种基地（150亩）改造项目	2008—2008	农业部科学事业单位修缮购置专项资金基础改造类项目	55	孙光明（苏俊波）
52	酵母谷胱甘肽合成酶（gshⅠ）和柱花草NCED基因转化甘蔗研究	2009—2010	海南省自然科学基金项目	2	苏俊波
53	不同种质芒果对炭疽病的抗性差异分析	2009—2010	海南省自然科学基金项目	经费自筹	常金梅

(续表)

序号	课题名称	起止年限	项目来源	经费（万元）	负责人
54	菜心纤维化相关基因 pal 和 cad 的克隆及其采后表达分析	2009—2010	海南省自然科学基金项目	经费自筹	张鲁斌
55	菠萝果实糖积累的分子生理机理研究	2009—2010	海南省自然科学基金项目	经费自筹	张秀梅
56	桔小实蝇综合防控技术的区域性试验与示范	2009—2011	农业科技成果转化资金项目	50	谢江辉
57	澳洲坚果新品种推广与集成技术示范	2009—2011	农业部南亚热作专项	15	陆超忠
58	麻类岗位专家	2009—2013	现代农业产业技术体系	350	周文钊
59	香蕉种苗脱毒与组培快繁技术研究	2009—2012	农业部南亚热作专项	20	谢江辉
60	芒果百科全书	2009—2011	国际合作项目——阿曼	15万美元	武红霞
61	菠萝分子标记辅助育种技术研究	2010—2011	海南省自然科学基金项目	1	吴青松
62	荔枝果实采后活性氧代谢与线粒体功能研究	2010—2011	海南省自然科学基金项目	1	莫亿伟
63	辣椒采后病害生防菌筛选及其抑菌机理研究	2010—2011	海南省自然科学基金项目	自筹经费	谷会
64	境外热带作物种质资源引进	2010—2011	农业部948项目子项目	18	谢江辉
65	澳洲坚果标准化生产示范基地	2010—2011	农业部南亚热作专项	20	陆超忠
66	芒果园土壤有机碳特征及其与土壤养分相关性研究	2011—2012	海南省自然科学基金项目	2	郑良永
67	菠萝果实芳香物质及其相关品质性状遗传多样性研究	2011—2012	海南省自然科学基金项目	0	魏长宾
68	苯并噻重氮和茉莉酸甲酯诱导芒果抗病性机理研究	2011—2012	海南省自然科学基金项目	0	弓德强
69	生长素极性运输与钙信号对水稻根负向光性影响	2011—2013	国家自然科学基金面上项目	32	莫亿伟
70	菠萝种质资源保护	2011—2012	农业部南亚热作专项	10	孙光明
71	优质高产澳洲坚果新品种'南亚3号'中试与示范	2011—2013	农业科技成果转化资金项目	60	陆超忠
72	剑麻育种岗位专家	2011—2015	现代农业产业技术体系	70	周文钊
73	香蕉湛江综合试验站站长	2011—2015	现代农业产业技术体系	50	谢江辉
74	荔枝湛江综合试验站站长	2011—2015	现代农业产业技术体系	50	李伟才

（续表）

序号	课题名称	起止年限	项目来源	经费（万元）	负责人
75	香蕉枯萎病抗病突变体的分子鉴定	2012—2015	国家自然科学基金青年科学基金项目	22	李伟明
76	香蕉与枯萎病菌互作过程中过氧化氢及相关酶的动态研究	2012—2015	海南省自然科学基金项目	2	胡玉林
77	芒果果实类胡萝卜素形成及调控的生理机制研究	2012—2015	海南省自然科学基金项目	0	马小卫
78	荔枝果皮中脱落酸生物合成及其在着色过程中调控作用研究	2012—2015	海南省自然科学基金项目	2	魏永赞
79	活性氧在热处理减轻采后菠萝黑心病中的作用	2012—2015	海南省自然科学基金项目	2	胡会刚
80	菠萝产业技术研究与试验示范	2012—2016	农业部公益性行业科研专项	322/464	孙光明
81	重要热带作物特异种质资源的引进	2012—2013	948项目子项目	12	谢江辉
82	以诱杀为主的瓜实蝇综合防控技术区域性试验与示范	2012—2014	农业科技成果转化资金项目	60	詹儒林
83	脱落酸调控非跃变型荔枝果实成熟的分子机理研究	2013—2016	国家自然科学青年基金	21	魏永赞
84	菠萝洁粉蚧灾变规律及其控制基础研究	2013—2015	海南省自然科学基金	0	何衍彪
85	龙眼果实糖分积累模式及调控机理研究	2013—2015	海南省自然科学基金	2	刘丽琴
86	菠萝果实糖代谢相关酶基因的克隆与亚细胞定位	2013—2015	海南省自然科学基金	2	张秀梅
87	枯萎病菌侵染下香蕉H2O2产生及分子抗病途径研究	2013—2015	海南省自然科学基金	2	李伟明
88	酸性土壤菠萝缺铁机理研究	2013—2015	海南省自然科学基金	2	陈菁
89	晚熟芒果标准化生产技术集成与产业化示范	2013—2014	科技部科技富民强县专项行动计划	22	詹儒林
90	菠萝洁粉蚧不同地理种群生物学差异及其在种群竞争中的作用研究	2014—2016	国家自然科学青年基金	20	何衍彪
91	乙烯调控菜心木质素生物合成的生物学机制研究	2014—2017	国家自然科学青年基金	15	张鲁斌
92	赤霉素和生长素在调控香蕉矮化过程中的基因表达及交互作用研究	2014—2015	海南省自然科学基金	2	陈晶晶

（续表）

序号	课题名称	起止年限	项目来源	经费（万元）	负责人
93	转橡胶素类多肽蛋白基因对提高剑麻抗病性的研究	2014—2015	海南省自然科学基金	2	张燕梅
94	乙烯在芒果采后诱导抗病性中的作用机理研究	2014—2015	海南省自然科学基金	2	弓德强
95	剑麻叶片的抑菌物质成分分析及其对采后芒果防病保鲜效果的研究	2014—2015	海南省自然科学基金	2	常金梅
96	糖饥饿对越冬龙眼脱落酸及其果实脱落的调控机理研究	2014—2016	海南省自然科学基金	2	杨为海
97	赤霉素在调控香蕉矮化过程中的基因表达及与生长素的交互作用研究	2014—2015	海南省自然科学基金	2	陈晶晶
98	生长素极性运输在芒果子叶切段不定根形成中的作用机制研究	2014—2017	国家自然科学青年基金	75	李运合
106	热带特色果树优良砧木资源引进	2014—2015	948 项目	70	王家保
107	果树肥水一体化高效利用技术研究与示范	2014—2018	科技支撑计划项目——课题	562	石伟琦
108	通过全基因组关联分析发掘芒果糖酸品质性状相关基因	2015—2018	国家自然科学基金面上项目	80	梁清志
109	环剥调控荔枝菌根发育的分子生理机制	2015—2017	国家自然科学青年基金	24	舒波
110	剑麻斑马纹病抗病基因的挖掘与功能分析	2015—2017	国家自然科学青年基金	25	张燕梅
111	夏季高温导致紫红长茄着色不良的机理研究	2015—2016	广东省自然科学基金	15	吕玲玲
112	香蕉野生祖先种 NBS 类抗病基因的规模化克隆分析及抗枯萎病成员鉴定	2015—2016	广东省自然科学基金	10	李伟明
113	神秘果叶中多酚组分的分析及活性鉴定	2015—2017	海南省自然科学基金	3	刘玉革
114	与芒果果皮红色性状连锁的分子标记筛选	2015—2017	海南省自然科学基金	8	罗纯
115	活性氧信号分子调控茄子抗青枯病分子机制研究	2015—2017	海南省自然科学基金	3	肖熙鸥
116	菠萝磷脂酶 D 与采后果实黑心病发生的关系研究	2015—2017	海南省自然科学基金	8	洪克前
117	E2 基因表达变化与香蕉果实成熟的关系研究	2015—2017	海南省自然科学基金	3	董晨
118	不同季节成熟的巴厘波萝果实香气成分差异的机制	2015—2017	海南省自然科学基金	3	魏长宾
119	碳水化合物饥饿下糖信号对 ABA 的调控机制及其对澳洲坚果早期落果的影响	2016—2019	国家自然科学基金面上项目	71.8	杨为海

(续表)

序号	课题名称	起止年限	项目来源	经费（万元）	负责人
120	MYB 基因调控红皮芒果品种果皮着色差异的分子机制	2016—2017	广东省自然科学基金	10	武红霞
121	芒果果实套袋后香气成分的变化及分子机制研究	2016—2017	广东省自然科学基金	10	马小卫
122	层状过渡金属/石墨烯/导电高分子复合材料的制备及其在多酚测定方面的应用	2016—2018	国家自然科学青年基金	25.02	刘玉革
123	基于 QTL 定位的芒果抗炭疽病分子遗传机制解析	2016—2018	国家自然科学青年基金	26.4	罗纯
124	OsMTP 基因调控水稻锰代谢的分子机制研究	2016—2018	国家自然科学青年基金	24	赵秋芳
125	CAD 和 LAC 基因在菜心木质素合成中的功能作用	2016—2017	海南省自然科学基金创新团队项目	40	张鲁斌
126	光受体及信号转导元件在光照调控荔枝果实着色过程中的作用机制研究	2016—2017	海南省自然科学基金面上项目	10	魏永赞
127	不同菠萝品种对乙烯诱导成花敏感性差异的分子机理研究	2016—2017	海南省自然科学基金面上项目	8	张红娜
128	芒果与细菌性角斑病病原菌互作机制研究	2016—2017	海南省自然科学基金面上项目	5	柳凤
129	放线菌 FS-4 对香蕉枯萎病的拮抗机理研究	2016—2017	海南省自然科学基金面上项目	5	段雅婕
130	玉米响应干旱胁迫 E2 基因资源的挖掘及其机制分析	2016—2017	海南省自然科学基金面上项目	5	决登伟
131	澳洲坚果油微胶囊的稳定性能及释放动力学特性研究	2016—2017	海南省自然科学基金面上项目	5	涂行浩
132	利用连锁作图与全基因组关联分析解析龙眼重要果实品质性状的等位变异	2016—2019	国家自然科学基金面上项目	78	石胜友
133	基于 ERF 转录因子调控 POD 基因的菜心木质素生物合成机制研究	2016—2019	国家自然科学基金面上项目	74.4	张鲁斌
134	SmEDS1 调控茄子抗青枯病机理	2016—2018	国家自然科学青年基金	24	肖熙鸥
135	农业技术"走出去"——剑麻品种选育技术示范推广	2016—2016	农业国际交流与合作	15	李俊峰
136	中国—巴西菠萝、剑麻种质资源创新与利用联合研究	2016—2016	农业国际交流与合作	30	吴青松
137	主要热带果品出口技术壁垒监测与研究	2016—2016	农业国际交流与合作	20	张鲁斌
138	miR156-SPL 途径在乙烯诱导菠萝成花转变中的作用机制研究	2017—2017	广东省自然科学基金	10	张红娜
139	AcERF3 转录因子在乙烯诱导菠萝成花中的功能及其作用机理研究	2017—2019	国家自然科学青年基金	25.02	张红娜

(续表)

序号	课题名称	起止年限	项目来源	经费（万元）	负责人
140	菠萝组织培养过程中体细胞无性系变异的研究	2017—2019	海南省自然科学基金面上项目		林文秋
141	抗氧化防御系统在菠萝黑心病发病过程中对ROS的解毒作用研究	2017—2018	海南省自然科学基金面上项目		侯晓婉
142	芒果高效再生体系构建及组培体系优化	2017—2019	海南省自然科学基金面上项目		许文天
143	LcDELLAs蛋白响应烯效唑处理调控荔枝花穗发育分子机制研究	2017—2018	海南省自然科学基金面上项目		王弋
144	龙眼荔枝属间杂交遗传规律及优株选育研究	2017—2018	海南省自然科学基金面上项目		刘丽琴
145	间作西芹调控黄瓜枯萎病抗性机理研究	2017—2019	海南省自然科学基金面上项目		高晓敏
146	芒果果肉类胡萝卜素合成的转录调控机制研究	2017—2020	国家自然科学基金面上项目	78	马小卫
147	詹儒林	2017—2017	广东省杨帆计划	20	
148	石胜友	2017—2017	广东省杨帆计划	20	
149	张秀梅	2017—2017	广东省杨帆计划	20	
150	哈萨克斯坦高产大豆种植技术和配套农机装备的联合开发与应用示范	2017—2021	国家重点研发计划项目	30	刘汉武
151	第6课题"荔枝化肥农药减施增效技术集成"	2017—2021	国家重点研发计划项目课题	85	
152	第7课题"芒果化肥农药减施增效技术集成"	2017—2021	国家重点研发计划项目课题	140	
153	荔枝类受体激酶LcLRR在菌根耐受碳饥饿过程中的功能及调控机制解析	2018—2021	国家自然科学基金面上项目	75	舒波
154	南瓜抗白粉病遗传规律分析及抗性基因的精细定位	2018—2020	海南省自然科学基金青年基金项目	8	李可
155	影响芒果可溶性糖含量的关键调控因子分析	2018—2020	海南省自然科学基金青年基金项目	8	李丽
156	介孔二氧化硅纳米控释肥料的研究	2018—2019	海南省自然科学基金面上项目	10	孙德权
157	组成型三重反应基因CTR1在乙烯诱导菠萝开花中的作用机制研究	2018—2020	海南省自然科学基金面上项目	10	李运合
158	农业国际交流与合作	2018—2018	农业国际交流与合作	80	
159	引进紧缺拔尖人才	2018—2018	广东省杨帆计划		
160	培养高层次人才项目	2018—2018	广东省杨帆计划	30	
161	芒果核仁油的理化特性及其脂质组学研究	2019—2020	海南省基金青年基金项目	8	涂行浩

(续表)

序号	课题名称	起止年限	项目来源	经费（万元）	负责人
162	剑麻 AsMYC2 下游抗病关键基因筛选及鉴定	2019—2020	海南省基金青年基金项目	8	鹿志伟
163	澳洲坚果蛋白肽的抗氧化特性及其构效关系	2019—2020	海南省基金青年基金项目	5	帅希祥
164	保护性耕作改善海南省红壤团聚体结构	2019—2020	海南省基金青年基金项目	5	李海亮
165	2019年农业国际交流与合作—澳洲坚果、菠萝病虫害及其生防资源联合调查	2019—2019	农业国际交流与合作	18	何衍彪
166	2019年农业国际交流与合作—芒果种质资源联合调查与评价	2019—2019	农业国际交流与合作	27	梁清志
167	SPL成员在乙烯诱导菠萝成花不同阶段的作用机制及信号网络解析	2019—2022	国家自然科学基金立项项目	60	张红娜
168	SmTCP7a 正调控茄子抗青枯病机理	2019—2022	国家自然科学基金立项项目	60	肖熙鸥
169	剑麻斑马纹病原菌效应蛋白 PnRXLR1 的致病机理研究	2019—2022	国家自然科学基金立项项目	25	杨子平

第四节　各类科研产出概况

建所65年以来，南亚所取得各类科研成果155项，其中获奖成果88项、鉴定、评价、登记成果67项，获奖成果中国家级奖励8项、省部级奖励48项、地市院校级奖励32项；授权专利195件，其中发明专利41件，实用新型专利131件，外观设计专利23件；授权植物新品种权3件；编写出版著作56部；获软件著作权3项；发表论文1 379篇；选育橡胶、澳洲坚果、芒果等新品种23个；制定修订标准34项。

建所以来，南亚所取得的各类成果数量统计见表4-3，详细情况参考《南亚硕果——中国热带农业科学院南亚热带作物研究所科技成果集（1954—2019）》。

表4-3　南亚所主要科研成果统计

成果类型		1954—1957年	1958—1986年	1987—2002年	2003—2012年	2013—2018年	合计	总计
获奖成果	国家级	0	3	3	0	2	8	88
	省部级	0	5	9	18	16	48	
	地市及院校级	0	11	8	9	4	32	
	小计	0	9	20	27	22	—	

（续表）

成果类型		1954—1957年	1958—1986年	1987—2002年	2003—2012年	2013—2018年	合计	总计
成果鉴定	鉴定/评价	0	7	16	12	11	46	
	登记	0	0	1	4	16	21	67
	小计	0	7	17	16	27	—	
新品种	审定登记	0	1	9	5	8	23	
	新品种保护	0	0	0	0	3	3	26
	小计	0	1	9	5	11	—	
授权专利	发明专利	0	0	0	10	31	41	
	实用新型	0	0	0	29	102	131	195
	外观专利	0	0	0	3	20	23	
	小计	0	0	0	42	153	—	
著作	专著	0	0	15	16	25	56	
	软件著作权	0	0	0	2	1	3	59
	小计	0	0	15	18	26	—	
论文	中文	0	20	194	575	387	1 176	
	外文	0	0	0	73	130	203	1 379
	小计	0	20	194	648	517	—	
制/修订标准		0	0	1	20	13	34	34

从粤西试验站到南亚所，在不同发展历史阶段，研究对象和研究重点均有所变化，科研产出层次和类型逐渐丰富。

1954—1957年，建站初期，以橡胶树为主要研究对象，主要开展粤西地区的气候条件、土壤生态条件调查及橡胶树抗寒、抗风研究，形成关于气候、土壤以及橡胶树抗寒性等调查分析报告若干，未公开发表相关科研成果。

1958—1986年，迁址至湛江市郊，得到党和国家重要领导人的亲切关怀和大力支持，迅速扩展，主要承担橡胶北移栽培研究任务、同时开展剑麻等热带、亚热带经济作物引种试种，在橡胶树抗寒品种选育的理论上实现了突破，在剑麻和胡椒的引种试种技术方面取得重大进展，获国家发明一等奖1项，国家科技进步二等奖1项，国家科委、国家农委科技推广奖1项，省部级奖励5项，地市和院校级获奖成果11项，鉴定评价成果7项；审定新品种1个。

1987—2002年，站扩建为所，橡胶为主要研究对象的同时加强了对其他南亚热带作物的研究。自1996年试验基地橡胶树遭受超强台风"莎莉"（Sally）的正面袭击毁灭后，南亚所的研究方向的发生重大转移，研究的主要对象变为剑麻、热带果树（芒果、澳洲坚果和其他优稀水果）和热带花卉等，获国家科技进步一等奖1项，国家科技进步三等奖2项，省部级奖励2项，地市及院校级奖励8项，鉴定评价成果17项；制定标准1项；审定鉴定新品种9个；编写出版专著15部，发表论文194篇。

2003—2012年，南亚所体制改革为国家非营利性科研机构，完成主要研究力量转向南亚热带作物方向的战略转移，承担南亚热带作物应用基础研究、应用研究和重大关键技术研究；南亚热带作物种质资源收集、鉴定与利用；芒果、菠萝、澳洲坚果等南亚热带果树、剑麻等热带纤维新技术研究、新品种培育与示范；南亚热带生物质能源工程技术研究、南亚热带农业资源高效利用与良好环境生态建设关键技术研究与示范等，获省部级奖励18项，地市及院校级奖励9项，鉴定评价成果16项；制定标准20项；审定鉴定登记新品种5个；授权专利42件；软件著作权2项；编写出版专著16部，发表论文648篇。

2013—2018年，南亚所按照乡村振兴战略总要求，主要以菠萝、芒果、澳洲坚果等南亚热带果树，剑麻和甘蔗等热带纤维和糖能作物等南亚热带作物为研究对象，开展种质资源与遗传育种、作物栽培、采后贮运与保鲜、农业资源高效利用与良好环境生态建设等基础、应用基础和共性关键技术研究，培育作物优良品种，发展优质、高产、高效栽培技术，强化技术集成、示范推广与服务"三农"，获国家科技进步奖二等奖2项，省部级奖励16项，地市及院校级奖励4项，鉴定评价登记成果27项；制定标准13项；审定鉴定新品种8个；授权专利153件；软件著作权1项；获植物新品种保护权3项；编写出版专著25部，发表论文517篇。

按作物研究对象统计科研产出情况如下。

橡胶研究科研成果共获国家级奖励3项，省部级奖励6项，地市院校级奖励9项，自主选育品种3个；剑麻研究科研成果共获国家级奖励2项，省部级奖励2项，自主选育品种2个；芒果研究科研成果共获省部级奖励8项，地市院校级奖励1项，自主选育品种4个；澳洲坚果科研成果共获省部级奖励2项，地市院校级奖励2项，自主选育品种9个；荔枝龙眼科研成果共获国家级奖励1项，省部级奖励4项；菠萝科研成果共获省部级奖励3项，地市院校级奖励1项，自主选育品种1个；其他研究对象科研成果共获国家级奖励2项，省部级奖励9项，地市院校级奖励5项，自主选育品种3个。

第五章

科技服务

南亚热带作物研究所成立以来，历经橡胶树北移、南亚热带作物综合发展、作物高产高效发展等多个阶段。其中20世纪60年代至90年代开展的橡胶树北移研究，实现了我国橡胶树在北纬18°~24°大面积种植，突破了北纬17度的世界临界值，使我国橡胶资源能够自产自足，免遭国际橡胶物资的封锁。20世纪80年代末，围绕南亚热带作物开展了大量研究和推广工作，尤其是针对热带亚热带果树的品种改良、高产栽培管理技术的探索和推广做了大量工作，有效促进热带亚热带地区果树产业的发展，帮助农民增产增收。21世纪以来，积极承担国家和农业农村部的科研推广任务，收集、鉴定和利用南亚热带作物种质资源，培育和推广南亚热带果树新品种、新技术，进一步推动农业生产水平提升，帮助热带亚热带地区多个农业产业发展。

近20多年来，南亚热带作物研究所立足湛江，服务热区，重点服务于广东粤西地区、广西右江河谷地区、云南滇南热区、海南三亚地区、金沙江干热河谷地区、贵州黔西南热区和西藏林芝热区等地区，结合承担的各类科研项目的实施及发挥国家现代农业产业技术体系试验站、岗位专家的职能，为助力乡村振兴提供"三农"服务，为助力芒果、香蕉、澳洲坚果、荔枝龙眼、菠萝、番荔枝等一批热带优势作物产业发展，大力开展科技推广和提供技术保证，为助力地方政府科技兴农，选派大量科技骨干到地方政府挂职。形成了以"新型农民学校""科技小院"和"农家课堂"为重点抓手，科技下乡、科技扶贫和科技救灾为常态的"三农"服务模式，有力地促进了热区农民增产增收；形成了科技骨干挂职助力地方政府科技兴农的所地合作模式；形成了所外技术支持热带优势作物产业体系重点企业、农业合作社，所内孵化良种良苗繁育、园林中心、科普教育中心和农业试验材料生产中心等平台，由内而外，以点带面，以示范带推广的科技推广模式。

南亚所在四川攀枝花地区和云南的华坪县等地进行芒果优质、晚熟新品种与安全、高效生产技术的示范与推广，促进了"海拔最高、纬度最高、成熟最晚、品质最优"的我国晚熟芒果优势产业带的建立。先后在广东、广西、贵州、云南、西藏等地开展澳洲坚果示范推广工作，推动我国澳洲坚果产业从无到有，并直接带动发展澳洲坚果20余万亩。引进金菠萝（MD2），台农16，台农17和台农22等适合我国发展的优良品种，并积极开展试验示范和推广工作。先后建立了'台农17'生产示范基地，'金菠萝'示范基地，'台农16'示范基地，并建设一个标准化的菠萝叶芽插快速育苗基地，繁殖了优质种苗20万株。同时积极推广菠萝套袋技术，病虫害综合防治技术和产期调节技术，在生产上解决了新品种种苗繁殖慢、日灼、病虫害、产期调节等技术难题，推广菠萝冠芽叶扦插技术使金菠萝的繁殖系数由5增加到40~60，推广使用牛皮纸袋使菠萝果实日灼率从80%下降到0，示范推广了种前甲霜霜霉威+毒死蜱浸苗技术，同时解决了心腐病及菠萝凋萎病的防控。推广了电石催花技术，使得难催花新品种台农17号夏季成花率由原来的低于50%上升到95%以上。推广大苗秋季定植技术，使得金菠萝自然成花率从30%~

60%不等下降到5%左右。在雷州、廉江、阳西、阳东、阳春5个示范县建立不同生产技术的长期试验示范果园（1个高接换种示范园，1个密闭龙眼改造示范园，5个综合技术示范园），通过关键季节开展培训、现场观摩、田间技术指导的方式极大推动了荔枝龙眼产业的发展。

近10年来，南亚所累计开展技术培训600余次，派出专家实地培训、调研、指导2 000余人次，培训农民40 000余人次，发放技术资料10 000余册，派遣骨干专家48人次前往地方政府挂职，除此之外，还给农民赠送数万株优质种苗。

自2008年以来，南亚所形成了科技救灾机制，在灾害天气或病虫害大爆发季节，有针对性的组织专家团队进行灾后生产指导，降低经济损失的工作，先后组织6批次，24个专家团队前往广西、福建、云南、四川、广东开展芒果、菠萝、荔枝、龙眼、香蕉、甘蔗、澳洲坚果、柑橘、枇杷等热带经济作物实地指导，帮助农民灾后减少损失和恢复生产工作。服务队所到之处，受到了当地政府热烈欢迎和农户的一致好评。

南亚所围绕热带果树产业发展所开展的工作也得到了社会和媒体广泛的关注，先后在《人民网》《农民日报》《光明日报》《海南日报》《南方农村报》《湛江日报》等媒体报道222次。

第一节 服务"三农"助力乡村振兴

一、服务"三农"典型模式

1. 攀枝花模式

攀枝花市地处金沙江干热河谷流域，是我国最重要的晚熟芒果种植优势区域，该市冬春干旱，少有低温寒害，有利于芒果开花座果，且病虫为害少，6—7月果实发育期雨热同季，光照强，有利于果实发育和着色，秋冬昼夜温差大，有利于芒果糖分积累，而且晚熟品种芒果成熟季节在8—11月，相比我国其他芒果产区都推迟上市，具有极大的市场竞争优势，晚熟芒果产业发展前景十分广阔，为发展好攀枝花的芒果产业，1997年3月，热科院与攀枝花市签订了市院合作协议，拉开了院市全面开展合作的序幕。而南亚所多年来一直坚持开展芒果研究，拥有丰富的技术积累，自此，攀枝花市也正式成为南亚所负责对接服务的热区之一，为更好地开展工作，南亚所先后选派6名科技骨干在盐边县、仁和区挂职科技副县区长。

在1997年前院市合作协议签订以前，攀枝花市的芒果主栽品种多为低产劣质品种，以马切苏、吕宋、乳芒、龙眼香芒和攀西红芒等乡土品种为主，这些品种均为早中熟品种，且产量低（约为 150 千克/亩），品质不尽人意，销售价格约为 0.4~0.6 元/千克，芒果品种结构不合理，品质差。同时，在管理上也存在较多问题，如"大小年"结果现象，早花易遭寒害，无法正常挂果，长期施肥不当造成的果实生理性病害逐年严重，病虫害防治方法不当，生态环境遭受严重破坏，食品安全堪忧，果品商品性差等。综合上述各种不利因素，造成该区域的芒果产业发展缓慢，没有充分发挥季节及价格优势。由于效益差，农民种植芒果的积极性不高，仅有零星的分散种植，成片发展较少，农民组织化程度低，芒果产业整体低迷。

针对攀枝花芒果产业存在的问题，南亚所分别从新品种、树体综合管理技术、病虫害防控技术、养分综合管理技术、技术推广模式等方面进行了系统的推广。

一是推广优质中晚熟芒果品种。1997 年前，金沙江干热河谷地区芒果种植面积小，仅为 1 万亩左右，主栽品种多为低产劣质乡土品种，从 1998 年后，开始在该区域大力推广种植中熟品种红芒 6 号、圣心、热农 1 号和晚熟品种凯特（Keit），目前该区域优良中晚熟品种覆盖率达到了 85%以上，且攀枝花芒果种植面积截至 2019 年已经达到 50 万亩，并辐射至云南华坪县、楚雄州和凉山州。其中，热农 1 号在攀枝花及周边地区种植面积超过 7 万亩。

二是推广树体综合管理技术。三次摘花技术：在 1 月中下旬、2 月上旬和 2 月中下旬分批摘除花序，其中 1 月摘花时可连顶端密节芽一起剪除，可推迟花期 30~40 天，2 月上旬摘花时自花序基部摘除整个花序，2 月中下旬摘花时留花序基部 1~2 厘米（或保留 2~3 个分枝），将花序顶部部摘除，该技术解决了授粉座果的问题。疏花疏果技术：在花穗抽生期，对花穗抽生率达末级梢数 80%以上的树，疏除弱花穗，保留 60%~70%中等长度、花期相近且健壮的花穗；对过大的花穗从主花枝顶端剪去 1/3，留下 2/3，或抹除花穗基部 1/3~2/3 的侧花枝。

三是推广病虫害综合防控措施。通过预测预报及抗药性监测，建立了以生物防治和农业防治为主、化学防治为辅的炭疽病综合防治技术体系，因地制宜地制定周年防治日历。芒果畸形病在防控上建立了以物理防治（如修剪、隔离、铲除、焚烧病枝等）为主，化学防治为辅的综合防治技术；桔小实蝇是芒果的重要害虫之一，建立了以食物诱剂为主的桔小实蝇综合防控技术，在该区域芒果桔小实蝇为害较为严重的地方，防治效果显著。

四是推广晚熟芒果养分综合管理技术。金沙江干热河谷地区秋冬季节温度较低，在果实生长发育后期由于土温较低而影响根系从土壤中吸收营养等原因极容易引起果实生理性病害，南亚所专家们采用多施有机肥、增施钙肥的措施，使生理性病害得到有效防治。

五是推广果实护理技术。为提高果实品质，南亚所科研人员系统研究了不同套袋材料、套袋及除袋时期对不同芒果品种果皮色素、果皮色泽、可溶性固形物、可滴定酸、果实转黄指数、耐贮性等果实品质指标的影响，筛选出适合不同品种的果袋。该项技术基本解决了生产普遍存在的芒果日灼、病虫害斑等问题，极大提高了果实外观品质和商品率。

（6）在技术推广上采用以"新农学校"或"合作社"为平台的推广新模式。2004年，攀枝花农牧局植保站赵家华开启了村级农民培训工作，随着培训的深入，受限于知识面不足，农民培训工作越来越难以开展，2007年南亚所科技入户，攀枝花作为试点单位，在南亚所科研人员的支持下，新农学校开始萌芽，随着影响力的不断扩大，2010年得到当地政府的重视，正式挂牌"新型农民学校"，挂靠攀枝花仁和区党校，并给予正式编制，攀枝花新型农民学校由民间组织成为政府部门的正式部门。攀枝花新型农民学校以"新思想、新观念、新农民，新技术、新生活、新农村"的"六新"建设为指导思想，以提高农民思想意识、转变农民传统观念为目标。建立以"科研院所+地方政府+公司或合作社+技术员+示范户+辐射户"和"科研院所+地方政府+新农学校+农民技术员+农户"的农技推广新模式（组织结构见图5-1），坚持参与式、启发式、互动式的教学

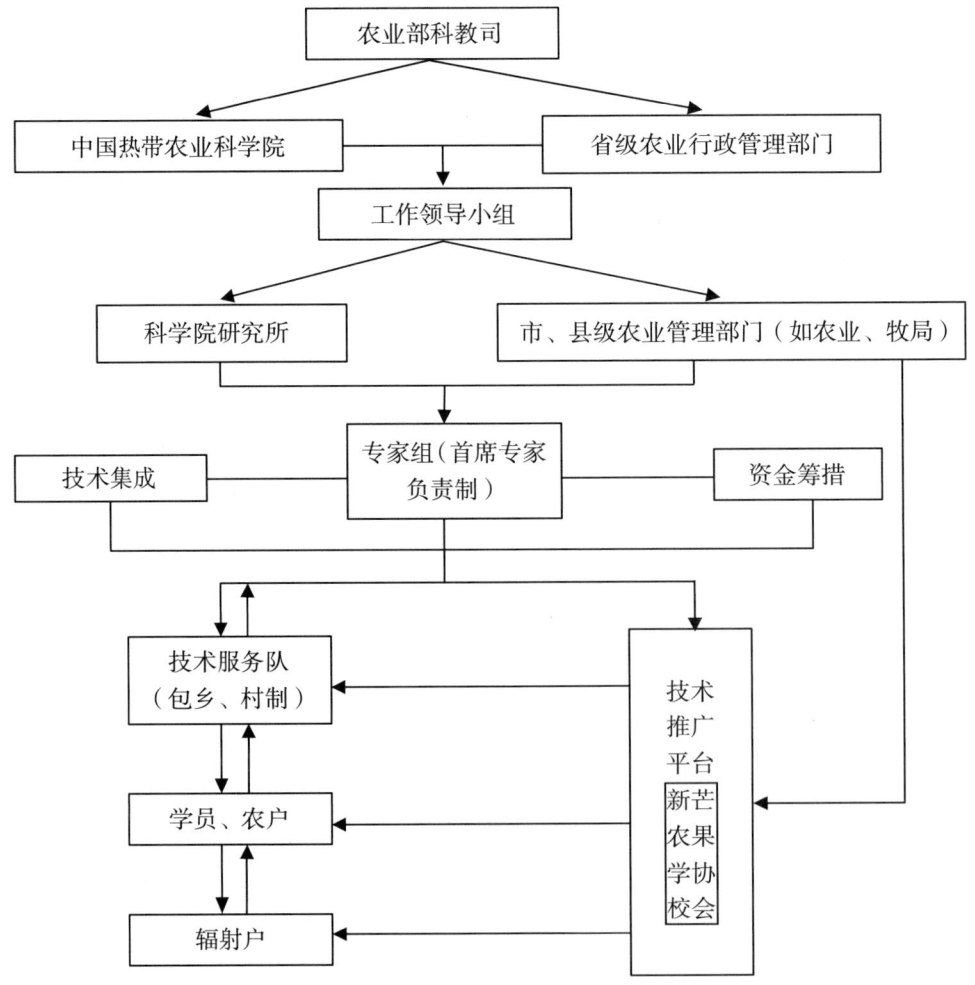

图5-1 以"新农学校"或"芒果协会"为平台的科技推广模式

方法，注重理论知识与生产实践、技术成果与生产应用的紧密结合，注重经济、社会、生态的综合效益，培养出了具有丰富实践经验的基层农业技术人才和"土专家"；通过他们的示范带动和辐射作用，促进了科技成果的快速推广和应用，成功解决了科技与生产脱节的问题；截至2019年，攀枝花新农学校共开展技术培训600余场，培训学员3万多人次。

通过20多年的发展及上述各项技术措施的综合运用，形成了一套针对攀枝花地区晚熟芒果的安全高效生产技术体系，为攀枝花地区芒果的标准化生产及产业化发展提供了重要的技术支撑，目前攀枝花已培育了"锐华""田园"等一批芒果龙头企业，形成了"攀枝花""金川红玉"等多个芒果知名品牌，2009年，"攀枝花"牌商标成功申请国际注册，并获得GAP认证，取得欧洲市场准入证。带动了一大批种植大户，建成了我国乃至世界"海拔最高、纬度最高、成熟最晚、品质最优"的芒果生产基地，使攀枝花地区的芒果产业快速发展壮大，使攀枝花地区的芒果产业实现了从小到大、从弱到强的巨大转变，至2019年，全市芒果种植面积达50万亩，芒果产业已成为该地区农业的支柱产业。

以南亚所为第一完成单位的"晚熟芒果生产关键技术研究与推广"获得了2008—2010年度全国农牧渔业丰收奖农业技术推广成果奖一等奖。

2. 徐闻科技小院（高校+科研单位+企业+地方政府+农户）

热带农业在我国国民经济中占有重要地位，按照科学发展的要求，大力发展热区现代农业，是增加热区农民收入和建设热区社会主义新农村的必然选择。徐闻县素有"中国菠萝之乡"之美誉，是以经济作物种植为主的农业大县，同时徐闻是连接大陆和海南岛的枢纽，技术辐射面广。徐闻菠萝种植历史悠久，劳动人民积累了大量的种植经验，但徐闻菠萝产业的发展中也存在较多的问题。

首先，品种单一，老化。徐闻自20世纪80年代以来，主栽品种一直是巴厘种菠萝。该品种在较长时间里价格低迷，经济效益低。

其次，当地菠萝栽培管理较粗放。灌溉基本靠天，施肥靠人工撒施，菠萝商品性不高，机械化程度较低，90%以上是散户种植。

再次，长期连作，土传病虫害严重。

最后，技术服务相对滞后，农民接收外界新思想、新技术相对较少，技术更新较慢，盲目性较大，农民盲目跟风催花上市，菠萝大量上市，价格低迷。南亚所地处湛江市，菠萝研究是南亚所重点研究作物，在徐闻进行农业技术研究、示范与推广对南亚所，对推动我国整个热区农业的发展有着非比寻常的意义。

徐闻科技小院是由中国农业大学、南亚热带作物研究所、山西天脊煤化工集团股份有限公司与前山镇政府的通力合作下组建起来的，张福锁院士、谢江辉所长（现热科院副院长）、李晓林教授、天脊集史庆林主任及前山镇黄新民书记、吴启涛镇长、黄立孟副镇长的指导下于 2011 年 6 月建立。2011 年 12 月 1 日，徐闻科技小院在南亚所、天脊集团、中国农大和前山镇的领导专家的见证下正式揭牌成立，这是华南地区第一个"科技小院"。在李晓林教授的亲自指导和带领下，刘亚男、江良洪作为首批科研人员进驻科技小院，严程明、张江周作为第二批科研人员在科技小院驻点。

中国农业大学和南亚热带作物研究所是徐闻科技小院的技术支撑，负责开展各种研究工作，为当地各种作物量身定做一套田间管理技术规程，并根据当地的实际情况，引进实用技术（如：水肥一体化技术），同时将当地农民提出的问题以及田间发现的一些问题加以研究并解决，全方位的提供技术服务。其工作思路见图 5-2。企业负责维持基地的正常运转以及各种研究工作，而基地则帮助企业发现和解决产品技术上的问题，同时通过田间试验进一步验证企业产品在当地的应用效果，在技术上扩大企业产品的影响力。政府为基地的发展腾出了一片广阔的天地，提供了很多生活上以及研究上的很多便利条件。

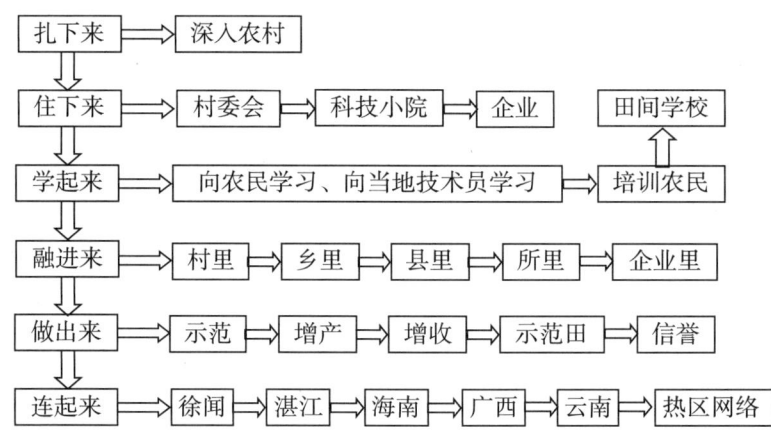

图 5-2 徐闻科技小院工作思路

借助于这个平台，学校、研究院所、企业派遣研究生以及工作人员等各方面人才驻扎农村，在当地政府的支持下，对热区主要作物展开研究、实地学习与实践，根据当地的实际情况，确定研究方向，在技术上形成一系列的田间管理方案。且这些技术通过建立"农民田间学校"，对农民学员实行"零距离、零时差、零费用、零门槛"的培训，将他们首先培养成农村实用型人才，并通过他们再影响周围的群众，真正将技术传播给千家万户。同时，基地人员深入农村开展基础调研，了解当地农村的现状以及农民的生活水平、经济来源等一系列民生问题，帮助政府更加详细客观的了解民情，并将调查过程中了解的一些技术上的问题及时通过学校和研究院所加以解决，通过田间学校这个平台再反馈给农民。企业的参与，一方面解决了基地运转所需的资金问题。另一方面，以徐闻基地为媒介，直接跳过了中间经销商，将企业与农民直接沟通，为农民提供便宜而优质的肥料，降低了当地农民的生产成本，提高了经济效益。

在学校、科研院所、企业和政府的通力合作下，将科技带到农村，为当地解决生产上的问题，同时将实用技术应用到当地作物上，推动农业的高产高效发展，促进当地经济发展，真正实现产学研的大融合。并且促使企业与农民直接对话，降低生产资料成本，增加农民的经济收入，从而提高当地农民的生活水平。同时，让政府彻底了解当地农村的实际情况，刺激政府对当地经济的投入，加快当地基础设施的建设，向全面小康社会更近一步。

徐闻科技小院的建立，从长远角度考虑，是为了探索"高校—科研单位—企业—地方政府—农户"相结合的高产高效技术研究、示范、推广发展模式，并逐步辐射到其他热作地区，为实现我国热区作物的高产高效和现代农业的可持续发展贡献力量。而短期目标是以菠萝为核心，通过水肥一体化技术和高产高效栽培技术的应用推广，技术培训，新型职业农民培养等综合措施，推动徐闻菠萝产业的发展。

徐闻科技小院是"技术创新+示范推广+科技服务+人才培养+高产高效+社会进步"六效合一，根据徐闻菠萝产业实际情况，开展了大量的技术创新、推广、技术服务和社会化服务工作。

一是水肥一体化技术试验示范与推广。2011年，针对徐闻菠萝产量提升慢、品质不佳、肥料浪费、施肥人工强度大等问题，综合考虑，决定在徐闻菠萝上重点推广水肥一体化技术，通过改善菠萝水肥管理，来达到菠萝高产高效，农民省工省力增收的目的。在徐闻通过推广菠萝水肥一体化技术，可帮助农民增产15%~40%，净增收40%~90%，2013年净增收最高达4 000元/亩以上，大果率提高30%以上，肥料成本节省400元/亩，人工成本节省75元/亩。

二是菠萝养分管理技术研究与推广。系统研究了滴灌施肥以及常规管理情况下菠萝养分吸收规律，为徐闻菠萝合理施肥奠定了理论基础，并且针对徐闻当地实际情况，系统的制定了10套菠萝营养管理方案，为了进一步推广菠萝养分管理技术，徐闻科技小院科研人员线上出版了《菠萝营养与施肥》。

三是农民田间学校。农民田间学校自2011年12月成立，用于推广先进实用的菠萝种植技术，培训新型职业农民和技术带头人，大户带散户，青年农民带动中老年农民。线上采用QQ群指导农民，帮助解决疑难问题，线下组织农民技术培训、技术观摩会、田间交流、入户拜访、雷剧舞台宣讲、发放明白纸、村广播和张贴电线杆海报等方式开展技术推广工作。截至2014年，总共发放明白纸2 000多份，入户拜访1 500多人次，培训农民2 000多人次，组织大型技术观摩会5次，技术推广覆盖前山、龙塘、曲界等3个镇。

四是社会服务。常驻科研人员除开展技术研究、示范和推广工作以外，还与当地的小学对接，成为小学的校外老师，利用业余时间给小学生普及自然课。

五是组织会议。为吸引更多的人关注热区、关注徐闻的农业发展，徐闻科技小院借助南亚所、中国农业大学平台，定期组织各种形式的会议或交流会，吸引全国各地关心农业发展的专家和领导来到徐闻，来到热区，共同探讨农业生产问题，为当地的农业和经济发展做出一定贡献。

2011年12月1日，徐闻科技小院揭牌，农民、当地基层干部、当地农技人员、企业代表、专家齐聚徐闻科技小院，共同探讨徐闻农业发展。

2012年12月初，"首届热带亚热带高产高效现代农业国际研讨会"在海口召开。

2012年2月中旬，中国农业大学曹一平教授莅临科技小院指导。

2012年4月，"2012科技推广年'徐闻基地'产学研融合交流会"在徐闻科技小院召开，到场嘉宾达60多人，分别来自由当地农民、基层干部、农技人员、企业代表以及各方专家。

2012年4月30日，英国女王大学Peter教授莅临科技小院指导。

2012年11—12月，"第二届热带亚热带高产高效现代农业国际研讨会"在广西南宁召开。

2012年11月底，组织"第二届科技小院总结会议"会议。

2012年12月29日，美国夏威夷专家访问科技小院。

2013年3月中旬，组织菠萝水肥一体化技术现场测产会和大型观摩会。

2013年4月13日，印度尼西亚专家访问科技小院。

2013年4月20日，中国农业大学资环学院专家莅临科技小院指导。

2013年4月底，南亚所第一党支部访问徐闻科技小院。

2013年9月，南亚热带作物研究所新进员工抵达徐闻科技小院参加为期1个月的基层锻炼。

2013年10月，南亚热带作物研究所所长和书记莅临科技小院看望基层学生。

2014年3月10日，菠萝滴灌施肥示范基地现场测产会。

徐闻科技小院模式的探索，是科学研究、示范推广、人才培养、校所合作、所地合作和所企合作模式的探索与创新，得到国内媒体的广泛关注，同时，针对一线科研问题进行系统研究和推广，发表学术论文12篇，出版专著《菠萝营养与施肥》1部，2016年"菠萝高产高效栽培技术示范与推广"获广东省农业技术推广奖二等奖，获授权发明专利2项。

3. 田阳科技小院

田阳县是广西右江河谷地区重要的农业产业大县，是我国"南菜北运"的重要生产基地之一，芒果和番茄是田阳县重要的农业支柱产业，素有"中国芒果之乡"和"番茄之城"的美誉。但在生产中却存在着诸如：品种繁杂、部分老化；散户种植，组织化、标准化程度不高等问题，为此，田阳县政府与南亚热带作物研究所于2012年10月达成合作协议，促进科技合作，推进田阳农业产业发展。南亚所与中国农业大学在"徐闻科技小院"有成功合作经验，谢江辉所长希望与中国农业大学能在田阳加深合作，与中国农业大学资源与环境和粮食安全研究中心的李晓林教授加强"科技小院"合作。

2013年5月，田阳科技小院正式搭建成立，李晓林教授带领博士郑良永、硕士生赵振海正式入住，随后硕士生张东和赵丹也于2014年入驻田阳科技小院，开展芒果的生产研究（图5-3）。

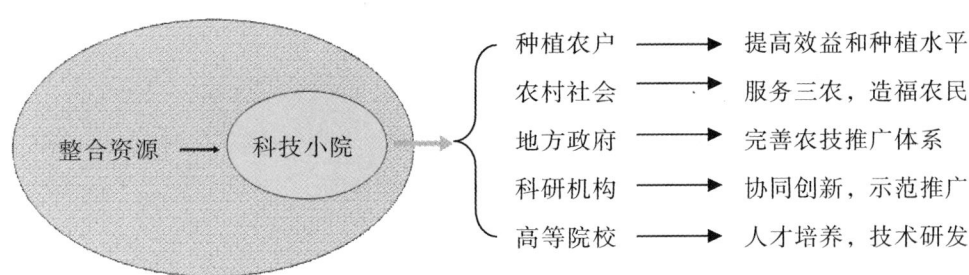

图5-3　田阳科技小院模式

田阳科技小院是由南亚所、中国农业大学和田阳县政府共同打造，集"科研院所+高等院校+地方政府+示范基地+农户"五位一体，同样是以科技创新、试验示范、培训推广和人才培养相结合的产学研特殊平台。以研究生与科技人员入村驻点，"零距离、零门槛、零时差、零费用"服务农户及高效生产，促进农民增农业增效，逐步推动农村生态文明建设和农业经营体制改革，探索现代化农业可持续发展之路（图5-4）。

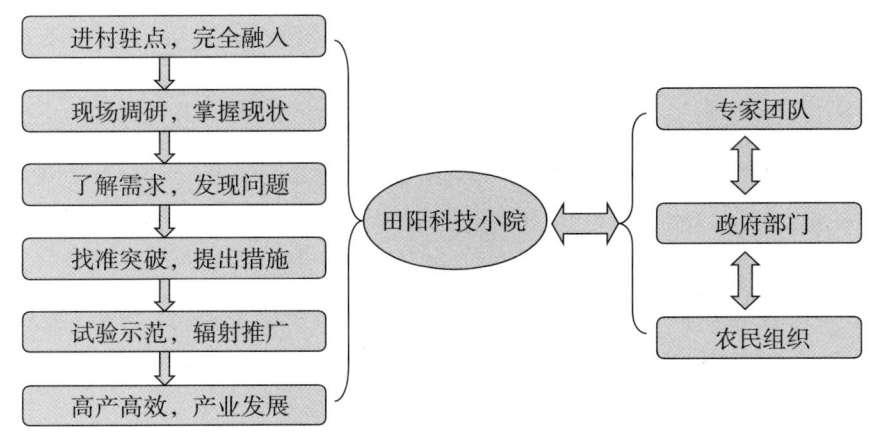

图5-4　田阳科技小院工作思路

科技小院的研究生长期驻扎芒果生产一线，融入农村生活，亲身感受芒果生产。并通过农户调研的形式，对芒果的生产现状展开调查。通过调研和长期的跟踪观察，针对生产问题总结技术措施，并形成一套应用方案（图5-5）。

图 5-5 田阳科技小院技术总结

为加大技术的辐射面积，让更多的芒果果农了解科学管理技术，提高他们的管理技能。科技小院采用多种形式加强宣传，如技术展板、田间指导、现场观摩和开展培训会等等。科技培训共走近 30 个农村，开展 36 场培训会，人数达到 900 余人。

"2014 年广西科技活动周"中科技小院代表田阳县参加，自治区副主席黄日波、科技厅党组书记陈大克、科技厅农村处处长蒙福贵以及百色市副市长赵桂兰等领导先后到科技小院展台参观，并对田阳县科技发展好评连连，对田阳县科技前景非常看好。

科技小院学生的出色工作得到了当地政府的高度认可。科技小院的学生被聘为广西"科技特派员"，致力于广西百色革命老区贫困山村的发展事业。

田阳科技小院的工作也得到了国内外各界的关注，2013 年 12 月 9 日，西印度大学副校长 Clement 教授等几位外宾来到六联科技小院指导。2014 年 5 月 14 日，英国女王大学 Peter 教授来六联科技小院指导。2014 年 6 月 11 日，热科院党组书记雷茂良等院领导在南亚所谢江辉所长和韦敏庆副县长等领导专家的带领下来到小院进行参观指导。2014 年 11 月 13 日，来自美国夏威夷大学的 Russell Yost 教授和 Richard Manshardt 教授，在中国农业大学李晓林教授的陪同下，来到广西田阳科技小院参观考察。

二、科技推广

科技推广是南亚所一直以来的工作传统，建所至今，历经 65 年，这项优良传统一直未中断，一代又一代的南亚所科研工作者秉承着"来源于生产，回馈生产"的科研和推广理念，将大量的科研成果通过科技示范、培训、观摩的形式推广到一线生产中。胡椒、天然橡胶、剑麻、芒果和澳洲坚果是南亚所最早开始研究的热带作物，前期的示范推广工作也主要是围绕着几种作物开展。

胡椒是著名调味的香辛作物，在 20 世纪 60 年代以前，粤西地区是没有胡椒生产的。粤西站胡继胜等于 1957 年从海南兴隆试验站引种胡椒，并进行生物学习性和开花期、修枝整形、施肥效应、防寒措施等试验，至1964年基本摸清胡椒在粤西地区的生长习性，总结提出了适合于当地自然特点的栽培措施，并建立了示范胡椒园。1965年湛江地委决定发展胡椒生产，委托粤西试验举办技术培训班，培训各县胡椒生产技术骨干，先后4期共培训学员256人次。粤西试验站还派员到各县协助指导。胡椒生产逐渐在粤西地区发展起来。1977年由粤西站和湛江地区果蔬公司及各县公司组成胡椒科技协作组，建立技术指导网，进行现场技术指导，检查生产，交流经验，进一步普及胡椒技术，推动胡椒生产发展。由胡继胜、郑心柏、翁家瑜和邓福兴等开展的"胡椒在湛江地区引种试种推广"研究成果，于1982年荣获"国家科委和农委颁布发的国家成果"推广、开发奖。胡继胜还于1984年荣获全国农业科技推广先进工作者称号。

我国天然橡胶业是在非常的国际环境和特殊的历史条件下迅速发展起来的。中华人民共和国成立不久，帝国主义对我国实行经济封锁。作为战略物资的橡胶受到禁运不能进口，党中央作出在我国华南地区建立橡胶生产基地的战略决策。但我国华南地区属于橡胶生长的非适宜区，低温寒害是我国橡胶生产的严重威胁，因此抗寒品种的选育和适应性种植是当时重要任务。

1961年，粤西试验分别在广西东方农场、华山农场建立梯度前哨抗寒试验点，在湛江建设农场建立胶园土壤改良试验点，随后又相继在三中农场、云浮农场建立前哨抗寒试验点。1964年，在大办农业样板活动中，有三分之二的科技人员下楼出院，深入生产第一组，建立样板点。有广西广东农场橡胶抗寒栽培样板，湛江建设农场改土带生样板，南华农场抗风栽培样板和海鸥农场香茅破产栽培样板。此外，还派人参加了农垦部湛江黎垌农场橡胶速生样板点工作。橡胶抗旱育种及示范推广工作截至1996年才停止，总共持续了30余年。

龙舌兰麻原是国家计划发展的重要热带作物，对它的研究始于1956年。1958年所、院热作系成立硬质纤维组，建立试验基地。在1966年初，研究院热作系的剑麻研究组已到湛江东方红农场建立剑麻样板点，进行现场研究。我国龙舌兰麻发展初期主要种植番麻，产量低，质量差。科技人员从东非引进H·11648麻，至1994年华南各省区已推广种植约2万公顷，在一定程度上改变了龙舌兰麻生产面貌。但H·1164麻在东非种植受到斑马球纹病的限制，在我国推广后同样出现了该病的严重为害。为此，粤西试验站的谢恩高、王东桃等开展了抗病育种的研究。1980年选用H·11648（♀）与普通剑麻（♂）杂交，经不断筛选和品比试验培育出新品种粤西114。其产量接近H·11648，而抗病力尤其抗斑马纹病能力显著比H·11648强，纤维接力也优于母本。在剑麻农场病区得到推广种植。研究成果"剑麻新品种粤西114号的选育"，于1990年荣获农业部三等奖。

1983—1990年南亚所许能琨等在广西热作所、旺茂农场、广东东方红、金星农场，研究剑麻营养诊断指导施肥技术，完成了土壤叶片采样方法，麻区土壤、麻田营养状况的调查，进行各种肥料试验，制订出营养诊断指标。目前，已在华南剑麻种植区 15 万多亩的剑麻园中推广应用，增产 10% 以上，取得显著的社会、经济效益。

粤西试验站韦素洁、李桂生和胡继胜等于 1977 年从吕宋芒初生后代中选出优良早熟品种——粤西 1 号。1992 年 7 月 20 日，由南亚热带作物研究所选育的'粤西 1 号'芒果新品种，由华南热带作物研究院正式通过科技成果鉴定。"芒果新品种粤西 1 号的选育和推广"研究成果，于 1993 年获湛江市科技进步二等奖。

1993 年 12 月，原中央政治局常委宋平，在李昌书记的陪同下，视察了南亚所，并题词："振兴三高农业"，以勉励南亚所全体科技工作者积极振兴我国三高农业。秉承着这一理念，南亚热带作物研究所不断强化为热区农业产业提供科技支撑，助推乡村振兴发展。特别是将广东粤西地区、川滇金沙江干热河谷地区、广西右江河谷地区、海南三亚地区、贵州黔南热区、云南滇南热区、西藏林芝热区作为南亚所重点服务区域，结合新时期各类科研项目的实施和国家现代农业产业技术体系试验站、岗位专家的职能，通过科技下乡、技术示范、技术培训、编写技术手册、发放明白纸等形式，为农民和农业企业提供科技服务和科技支持，为芒果、香蕉、澳洲坚果、天然橡胶、荔枝龙眼、菠萝、番荔枝、剑麻、甘蔗等一批热带优势作物产业发展提供技术保证。

1994 年 11 月，根据两院领导和湛江市领导的商定，由院领导梁荫东和支小纪带领，由南亚所、加工所、热机所、植保所、植保系领导和专家组成的 9 人考察组，在湛江市农业部门领导的陪同下，对湛江市区、徐闻、雷州、遂溪和廉江的"三高"农业进行了考察，分析了这些地区三高农业的特点和问题，提出了相应的建议。

1994 年 7 月 22—26 日，在华南热带作物产品加工研究所举办两院成果展览，湛江市委、市政府和市府农业部门领导及各县（市）主管农业的领导带领机关、乡镇领导、专业户等人前来参观，粤西和茂名农垦局及部分农场也组织队伍前来参观。南亚所组织科技成果参加了成果推广展览。

1996 年 6 月 9—17 日，两院又在湛江地区举办"农民科技日"活动，分别到雷州市、麻章区、遂溪县和徐闻县举办热带农业科技展览，王文壮副院长和十多名专家参加了这次活动。这次活动由两院科研处组织，南亚所、加工所、热机所、农牧所、园艺所和农学院（部）等单位参加了展出。参观展览的有湛江市及四个县（市场机制的领导，各地的农民，农业科技人员和学生等 5 000 多人，效果良好。

至 1998 年，南亚所共举办橡胶、香茅（香根）、果树、胡椒等培训班 11 期，培训人员 1 200 人次以上；提供橡胶芽条 1 万米以上，热带果树种苗 20 万株，胡椒种苗 3 万株以上。

2003 年，在农业部组织的科技年活动中，南亚所送科技下乡 75 人次，在云南德宏、四川攀枝花、贵州从江和晴隆等地举行了新技术新成果推广活动，累计推广优良品种种苗近 10 万株，发放科技推广资料 3 000 多份。

2008年，南亚所以"服务三农"为目标，以农业部"十大行动"纲领为指导，积极配合农业部、热科院等上级部门大力开展"科技入户""科技下乡"等活动。在四川攀枝花地区和云南的华坪县等地进行芒果优质、晚熟新品种与安全、高效生产技术的示范与推广，培训科技示范户200多户，发放实用技术资料和技术挂图500余册。辐射带动推广面积4万多亩；努力探索建立农业科技入户工作的新机制、新模式，切实帮助农民解决生产过程中的实际问题，提升农民的科技能力，11月7日攀枝花市农业局带领了一批农户共16人，到南亚所赠送了"情系三农解民优、科技富民民增收"的锦旗，感谢南亚所通过科技入户工程让他们走上了致富的道路；同时，在海南、广东、广西、云南等地开展澳洲坚果优良品种和无公害丰产栽培技术、荔枝安全高效生产技术等技术的示范推广。并结合新农村建设在湛江园林处、珠江三角洲、新农村生态园等地区进行铁冬青、红花紫薇、八宝树、土沉香等10多种新优的园林树种推广种植；对湛江市麻章花卉协会及湛江农业局的花农进行花卉培训及指导。

2009年，南亚所继续以"服务三农"为目标，以农业部"十大行动"纲领为指导，贯彻落实农业部、热科院等上级部门开展"科技入户""科技下乡"等活动。在四川省攀枝花市仁和区大龙潭乡新街新农学校和总发乡立新新农学校等地举办了2期6个专题的芒果科技培训，培训人数在600人以上；结合澳洲坚果新品种推广与集成技术示范，在德宏州澳洲坚果发展有限实业总公司、广西龙州县彬桥乡、广西岑溪市南渡镇盘古圩开展澳洲坚果丰产栽培技术培训11期，培训300余人次；剑麻岗位科学家组织参加了揭阳农垦区剑麻实用技术培训班，对揭阳垦区的东埔、葵潭、大池、大坪、马鞍山、川岭6个农场的36名剑麻种植管理技术骨干进行了培训；荔枝试验站结合当前荔枝的栽培管理技术，在广东廉江、阳东、阳西示范县就标准果园建设和荔枝轻简优质栽培技术对荔枝种植户进行了培训，共培训果农200多人；香蕉试验站于10月19在廉江市良垌镇举办了香蕉生产技术培训班，150多名种植户参加了培训；成功协助云南省华坪县举办了首届"丽江华坪芒果节"之芒果论坛，并在论坛上作了报告，吸引了100多芒果种植大户、经销商及新闻媒体参加，扩大了南亚所在芒果产区的影响力；澳洲坚果无公害丰产栽培技术、荔枝绿色食品生产技术等先进实用技术在海南、广东、广西、云南等省区得到大面积推广，澳洲坚果优良种苗在广西各地推广3万多株。为当地农民增收、农业增效和新农村建设做出了一定的贡献。

2010年，全年开展科技培训1 700多人次，在广东、广西、云南、海南、四川等建立示范基地23个。结合南亚所承担的农业"科技入户"示范试点工程，在攀枝花建立了"科研院所+当地政府+新农学校+技术员+学员（农民）的新型农技推广模式，大力推广新品种与新技术，推动了金沙江干热河谷地带优质晚熟芒果产业带的建立与发展。

2011年，南亚所加强了科技推广与服务队伍建设，建立了有效的科技推广与服务激励机制，积极创新推广服务模式，构建科技成果转化与示范平台，努力开展科技示范推广与服务"三农"工作，全年培训20多场次，培训农户近2 000人次。其中，在四川省攀枝花市仁和区大龙潭乡新街新农学校和总发乡立新新农学校等地举办芒果科技入户培训10场次，培训果农和基层农技人员近1 000人。在盐边县建立"芒果科技长廊"1个。澳洲坚果无公害丰产栽培技术，荔枝、香蕉等绿色食品生产技术等先进实用技术在海南、广东、广西、云南等省区大面积推广。在广东、广西已建设300亩（其中广东湛江100亩、广西龙州200亩）澳洲坚果标准化生产示范园基础上，集成应用标准化高产优质生产技术示范，建立健全产前、产中和产后质量安全控制制度，产品通过绿色食品检测。在荔枝绿色食品生产技术示范县阳西华翔果场开展高接换种试验与示范，进行科技推广培训4场，培训果农近300人。在香蕉的主产区举办了2次技术培训班，培训农技人员、果农等120多人次。与中国农业大学资环学院合作在徐闻进村驻点，创建"高产高效示范项目徐闻基地"。撰写《徐闻基地》日志200期，培训农户200多人。目前，徐闻示范基地初具规模，科技小院将于12月1日揭牌，广东徐闻科技推广平台已初步建立。

2012年，为深入贯彻2012年"中央一号文件"精神，全面落实热科院"科技创新、服务三农"的工作重点，推进南亚所科技成果转化与服务"三农"工作，特制定《2012年度南亚所科技成果转化和服务"三农"工作方案》，加强了科技推广与服务队伍建设，建立了有效的科技推广与服务激励机制，积极创新推广服务模式，构建科技成果转化与示范平台，努力开展科技示范推广与服务"三农"工作，全年开展科技培训30多次，培训农户或技术骨干3 000多次。

稳步开展金沙江干热河谷地区的三农服务工作，先后在云南华坪、四川攀枝花仁和区等地开展芒果科技培训和现场指导5场，发放《芒果主要病虫害诊断与防治原色图谱》技术手册10 000多册。11月5日，攀枝花市龙头企业锐华公司到所赠送10万元奖金，奖励南亚所科技人员对该企业的技术支持。选派了一名专业科技人员赴攀枝花仁和地区挂职科技副县长，为该地区的芒果产业实时提供科技服务。

明确将"广西右江河谷区域"定位为重点服务地区，随着"农家学堂"如期开班，南亚所在广西右江河谷的科技支撑服务已经正式启动。2012年上半年完成了相关调查研究和初步探索，并与广西田阳县签署了农业科技合作框架协议，组织专家在开设的"农家学堂"进行了3次芒果、澳洲坚果和番荔枝等优稀水果的绿色生产栽培技术培训，发放技术手册200多份。参与了广西百色"中国-东盟农业博览会"，展示了南亚所的科技成果20多项。

在广东湛江徐闻，继续加强徐闻"科技小院"的建设，"进村驻点"进行科技推广，开展菠萝、香蕉水肥一体化技术培训和指导，撰写"徐闻基地"日志350多篇，培训农户200多人次。4月，南亚所联合中国农业大学和天脊集团股份有限公司在徐闻县科技小院举办2012科技推广年"徐闻基地"产学研融合交流会。研讨以"科技小院"为平台的产学研融合的技术研究、示范、推广无缝连接的模式，总结热带作物高产高效的技术与示范推广模式，成立了"农民田间学校"，分别来自农业部、广东省、湛江市等多家单位的领导和科研人员、农民学员共 80 多人参加会议。

同时，与广东农科院植保所、华南农业大学资环学院合作在阳西西荔王合作社、廉江新民新桂合作社进行 2 次荔枝果期病虫害防治培训，受到了当地种植者的广泛欢迎，到场总人数超过了 300 人。

在产业技术体系（甘蔗）遂溪综合试验站进行了甘蔗机械化施肥培土的现场培训会，现场指导技术骨干和蔗农如何对甘蔗进行营业诊断、如何对化肥进行高效利用、如何能够节省劳动力、提高劳动效率等。

在剑麻科研与生产调查方面，深入剑麻生产第一线对麻农开展科技咨询和服务工作，传递剑麻科技信息。根据剑麻产业需求开展剑麻科技示范工作，在剑麻主产区建立高产高效示范点 1 个，宣贯剑麻高产栽培与病害防除技术。

2013 年，在广西田阳县上开办了"农家学堂"，派研究生及科技人员进村驻点，与"新农学校""科技小院"形成三种不同类型的农业科技推广服务模式；派出专家深入热区农村基层或农民自发到所培训相结合，针对芒果、菠萝、香蕉、荔枝龙眼、剑麻、甘蔗、澳洲坚果等作物，共派出专家 332 人次，培训总人数达 2 000 余人次，其中 20 人以上的集中培训有 31 次；此外，赠送种苗 6 000 株、图书 3 500 册、果袋 10 000 套。

2014 年，为服务热区、服务产业，南亚所制定出台了《服务"三农"管理办法（暂行）》。全年共派出专家 332 人次，在金沙江河谷、右江河谷、雷州半岛和云贵高原部分地区，指导培训各类从业人员总人数达 3 258 人次，其中 20 人以上的集中培训有 41 次；赠送种苗 6 000 株，图书 3 500 册。以"科技小院""农家学堂""新农学校"等为主要载体，通过多元投入、固定持续的服务"三农"的新模式和取得的成效受到农民和企业家的欢迎和赞誉，《农民日报》《湛江日报》《攀枝花日报》等纷纷报道。11 月 8 日，攀枝花市锐华农业开发有限责任公司董事长兼总经理钟方祥率慰问团队，又一次向科技人员送来科技贡献奖 10 万元，感谢南亚所科技人员长期以来深入攀枝花开展芒果科技服务，促进该公司产业升级、蓬勃发展。农业部副部长余欣荣、广东省副省长邓海光、湛江市市委书记刘小华、市长王中丙等来所考察时也对此做了高度评价。广东省朱小丹省长、邓海光副省长亲临指导，广东云浮市、阳春市，云南临沧市、华坪县等多个地方政府纷纷主动寻求科技合作。

2015 年，以"立足湛江、服务热区"为宗旨，主要在金沙江河谷、右江河谷、雷州半岛和云贵高原部分地区开展科技服务，南亚所先后举办了青枣、坚果、芒果、荔枝、剑麻、菠萝、甘蔗等科技培训班及田间现场会 60 多场次，培训农民 3 235 人次，发放科技资料 3 000 多份。安排了 11 名新引进科技人员到基层驻点，效果良好，共完成工作日志 500 余篇。

2016 年，南亚所继续以"立足湛江、服务热区"为宗旨，主要在广东、广西、贵州、云南、海南、四川等地开展甘蔗、菠萝、芒果、坚果、香蕉、甘蔗等开展科技培训，派出专家320人次，培训技术人员及农户5 553人，同比2015年增长73%。拓展服务区域，前往西藏林芝、墨脱、察隅等地考察，初步确定澳洲坚果在西藏种植适宜区，第一批援藏试种苗木已发往西藏。创新服务三农新模式：研究所+企业+农业合作社，利用"攀枝花芒果创新工程中心"平台，对农业合作社农户开展芒果标准化生产技术培训，参训农户达1 500多人次。

2017年，先后在广东、云南、四川攀枝花、广西、贵州等地农村开展技术培训50场次，培训果农5 000余人次，《农民日报》《广西新闻网》和《百色新闻网》等媒体均刊发了南亚所"服务三农"工作的先进事迹。央视两次播出南亚所科技创新和服务三农节目，特别是3月21日中央电视台综合频道《新闻30分》播出南亚所芒果太空育种的新闻报道，在国内引起高度关注。

2018年，广东省农业农村厅授予南亚所"广东省新型职业农民培育示范基地"称号。芒果、坚果、菠萝、香蕉、甘蔗、青枣、荔枝和植保等方面的专家对四川攀枝花、云南、贵州、广东和广西的农民和技术骨干进行培训，科研院所、高校及合作社等到基地交流学习人数达6 000多人次，推广了新技术、新品种，提升了南亚所作为国家非营利研究机构的责任感和显示度。

三、科技扶贫

1. 派遣科技骨干到地方政府挂职

1996年，华南热带作物研究院、华南热带农业大学应广东省湛江市委和市政府的要求，向湛江市派出科技人员挂职担任科技副县（区）长、乡（镇）长。南亚所助理研究员罗萍于1996年3月至1997年9月，前往广东省湛江市麻章区担任科技副区长。同时期，南亚所周文钊担任廉江市雅塘镇副镇长，范辉建担任雷州市覃斗镇副镇长，庞振才担任湛江市赤坎区南桥街道办副主任。在新形势下，热科院（校）派遣科技副县（区）长是科教体制改革的一项重要措施，是科研、高教单位与县（市）之间架起的一座"桥梁"，加强了与地方政府及广大农民的联系，促进了科技开发和成果推广工作，为科教兴农开辟了又一途径。

1996年，在何康、黄宗道等老领导的关怀和大力支持下，热科院于1997年3月与四川攀枝花地区建立多方面的合作，并派遣专家前往当地挂职支援，这项人才支援制度自1997年一直延续至今，南亚所是热科院与攀枝花地区合作的重要执行部门，先后派出6名专家前往当地担任副区/县长。2000—2003年，范辉建挂职攀枝花市盐边县副县长一职。2010—2012年，南亚所派遣马小卫挂职攀枝花市盐边县副县长，2012—2014年，南亚所派遣王松标挂职攀枝花市仁和区副区长，2014—2016年，南亚所派遣姚全胜挂职攀枝花市仁和区副区长，2016—2018年，南亚所派遣左雪冬挂职攀枝花市仁和区副区长，

2019年至今，南亚所派遣梁清志挂职攀枝花市仁和区副区长。这6位专家挂职期间，集中力量助推攀枝花芒果产业不断做大做强，结合当地芒果产业芒果品种结构不合理，品质差，"大小年"结果现象严重，早花易遭冷害，不能正常座果，长期施肥不当造成的果实生理性病害逐年严重，病虫害防治方法不当，生态环境遭受严重破坏，食品安全堪忧，果品商品性差，科技水平不高，科技人才不足等问题，在该区域大力推广种植中熟品种红芒6号、圣心、热农1号和晚熟品种凯特（Keitt），并结合推广树体综合管理技术、病虫害综合防控措施、晚熟芒果养分综合管理技术和推广果实护理技术，在技术推广上采用以"新农学校"或"合作社"为平台的推广新模式。

2012年，南亚所开始与右江干热河谷的广西田阳县开展芒果科技服务工作。为积极落实好这项工作，应田阳县政府的要求，于2013年5月至2015年5月，选派遣曾辉同志任田阳县政府副县长，2015年12月至2017年12月，选派郑良永同志担任田阳县政府副县长，任职期间，他们依托南亚所的力量，加上自身的努力，积极推进田阳县新品种、新技术引进和推广，推进中国热带农业科学院广西百色综合实验站建设和农业科技示范基地建设，对接申报农业科技项目，脱贫攻坚工作。成功引进'热农1号'芒果、澳洲坚果、桂兴芋3号芭蕉芋、毛木耳、鹿角灵芝等新品种，协助田阳县科技园区向上级部门申报农业科技类项目6个，并依托国家现代农业甘蔗产业技术体系和广西芒果、水稻、玉米、香蕉和特种水果创新团队平台，共建示范基地25个，新品种新技术示范面积4 380亩，与田阳县经贸局帮扶联系那坡镇弄山村，为弄山村翻修村部设施、屯级道路硬化、产业设施建设以及为贫困户购买电视设备等，同时，为弄山村贫困户争取到芒果苗木5.8万株，举办培训讲堂6次212人次。

随着我国精准扶贫战役的打响，2016年5月，南亚所迅速组建扶贫工作队，前往吴川市吴阳镇那良行政村，扎实开展精准扶贫工作，坚持扶贫扶智相结合，坚持"造血"式扶贫，群策群力，步履铿锵，效果明显。在工作队的帮助下，那良村多年的"黑户"有了户口，多年的危房得到了改造，春耕的肥料有了着落，村民们学会了嫁接技术，懂得了种植桑树。截至2019年，南亚所先后派遣了3批驻村干部开展脱贫攻坚工作。

2016年9月，南亚所退休老干部张新民同志担任雷州市乌石镇塘东村驻村第一书记，期间，张新民开展了民生项目帮扶，促进村级公共服务均等化。促进篮球场、公共卫生服务站、党建室及村公共服务站、新农村美化工程、扶贫户项目宣传及启动工程、村环村路建设工程、饮水工程、芒果产业扶贫示范基地、阅览室及公共卫生间等扶贫项目工程相继完工，并与扶贫单位合力打造了科技产业扶贫"三位一体"模式，利用帮扶牵头单位佛山市顺德区乐从镇人民政府的资金，成立合作社，由南亚所提供全程技术指导，整合有劳动能力的贫困户，认购果园亩数及具体的株数，共同完成"青枣、芒果产业帮扶项目实施方案"。通过开展科技产业扶贫"三位一体"模式，塘东村2016年攻坚脱贫

30户66人，2017年脱贫36户159人。同时，张新民抓教育，断"贫"根，号召外出创业有成的老板、村委会、村民共同集资成立教育基金会，不断完善基金会管理条例。每年召开一次全村"状元"表彰大会，分别对考上中专以上学子给予现金奖励；落实各教育阶段贫困家庭在校生资助政策及相关生活费补贴；鼓励已完成九年义务教育，但没有考上大学的学生继续上技校学习深造，掌握一技之能。

2017年5月至今，所站干部陈永辉积极响应国家及单位号召，先后两次前往吴川市振文镇沙尾村长期驻点，扎实开展精准扶贫工作。

为响应国家脱贫攻坚的号召，贯彻落实贵州省科技厅、黔西南州政府、贵州省农科院与热科院的"四方合作协议"，经贵州省委组织部安排，杨为海受热科院党组委派去和望谟县委、县政府委任，于2017年2月至2019年2月挂任望谟县委常委、副县长，任职期间，主要负责热作产业发展工作，并协助抓好农业产业发展、脱贫攻坚、项目建设等工作。撰写了《望谟县菊花种植调查报告》《望谟县干果（板栗与澳洲坚果）产业现状与发展对策》《临沧市澳洲坚果产业考察报告》《望谟县澳洲坚果产业建设规划》，协助编制完成《望谟县"十三五"产业发展规划》《望谟县芒果产业发展规划》与《望谟县青柠檬产业发展规划》，促进望谟县建立芒果、澳洲坚果和板栗科技示范基地，为县委、县政府确立以板栗为主导产业、培育芒果、澳洲坚果等多种新优特产业的发展战略提供了智力支持。

2016—2018年，应云南省丽江市华坪县政府的要求，南亚所先后派遣李国平、谷会前往云南省丽江市华坪县挂职，挂职期间，他们充分调动县里的科技资源积极申报云南省科技计划项目，帮助华坪县引进种植资源，做好华坪芒果病虫害防治工作和农产品质量安全管理工作，同时，积极响应国家数字中国建设和数字农业建设目标，为加快华坪芒果产业的发展，全力开展华坪芒果大数据平台的建设工作。在脱贫攻坚方面，认真调研，梳理贫困户存在的问题并提出解决的办法，并把相关材料及时提交了驻村工作队。

南亚所历年选派科技人员挂职情况详见表5-1。

表5-1 南亚所历年选派科技人员挂职情况统计

序号	姓名	地点及挂任职务	时间
1	庞振才	湛江市赤坎区南桥街道办挂职	1996.03—1997.09
2	范辉建	雷州市覃斗镇科技副镇长	1996.03—1997.09
3	罗萍	湛江市麻章区副区长	1996.03—1997.09
4	周文钊	广东省廉江市雅塘镇政府	1996.04—1997.09
5	范辉建	攀枝花市盐边县副县长	2000.02—2003.09
6	杜丽清	北京办事处	2006.10—2007.10
7	谢江辉	农业部科教司	2008.04—2008.12

（续表）

序号	姓名	地点及挂任职务	时间
8	石伟琦	院机关科技处	2009.04—2009.10
9	李俊峰	院机关人事处	2010.07—2011.09
10	马小卫	攀枝花市盐边县副县长	2010.08—2012.10
11	许桓瑜	北京办事处	2011.03—2012.03
12	许桓瑜	农业部直属机关党委	2012.03—2013.05
13	许桓瑜	农业部科教司	2013.05—2014.03
14	李端奇	院机关开发处	2011.11—2012.10
15	王松标	攀枝花市仁和区副区长	2012.10—2014.11
16	曾辉	百色市田阳县副县长	2013.05.23—2015.06.05
17	马智玲	院机关基地管理处	2013.11—2015.01
18	邢姗姗	院机关人事处	2013.12.06—2014.04.25
19	魏永赞	中国农学会	2014.01—2015.01
20	姚全胜	攀枝花市仁和区副县长	2014.11.21—2016.12.06
21	马小卫	国家基金委	2015.02.28—2015.12.30
22	李俊峰	农业部国际合作处	2015.03—2016.03
23	郑良永	百色市田阳县副县长	2015.12.16—2017.12.18
24	欧阳红军	院机关基地管理处	2016.03.28—2017.03.28
25	苏俊波	湛江市农业局	2016.04.01—2017.03.30
26	胡玉林	湛江市科技局	2016.03.30—2017.03.30
27	张新民	湛江市帮扶雷州市乌石镇塘东村第一书记	2016.09.06—2018.09
28	贾志伟	湛江市帮扶那良村	2016.05.09—2017
29	李国平	华坪县农业局副局长	2016.07.13—2017.07
30	苏俊波	湛江市农业局	2017.09.01—2018.02.28
31	黄炳钰	院机关党委	2017.11.01—2018.03.15
32	乔健	试验场	2017.07.07—2018.06.30
33	赵艳龙	湛江市帮扶那良村	2017.06—2018.07
34	段雅婕	中国农垦经济发展中心中心经济贸易处	2017.06.16—2018.6.20
35	陈永辉	湛江市精准扶贫	2017.05—2018.05
36	左雪冬	攀枝花市仁和区副区长	2016.12.05—2019.01.20
37	杨为海	贵州省望谟县委常委、副县长	2017.02.17—2019.03.07
38	谷会	云南省丽江市华坪县副县长	2017.11.27—2018.12.02

(续表)

序号	姓名	地点及挂任职务	时间
39	张明	中国农垦经济发展中心质量安全处	2017.10.29—2019.02
40	刘亚男	农业部耕地质量监测保护中心	2017.12.13—018.12.29
41	房靖超	院计划基建处	2018.02.26—2019.04
42	房靖超	生物所	2019.04 至今
43	袁晓丽	院机关党委	2018.03.12—2019.01.25
44	黄炳钰	农业部农垦局	2018.03.19—2019.03.19
45	徐志军	院开发处	2018.02.28—2019.01.25
46	昝丽梅	院研究生处	2018.05.14—2019.05
47	昝丽梅	生物所	2019.05 至今
48	戴小红	农业部办公厅	2018.05.25—2019.06.13
49	陆军迎	湛江市帮扶那良村	2018.07.12 至今
50	梁清志	攀枝花市仁和区副区长	2019.01.20 至今
51	陈永辉	湛江市精准扶贫沙尾村	2019.06 至今
52	赵艳龙	湛江市帮扶那良村	2017.09—2018.09
53	陈曙	中国农垦经济发展中心（农业农村部南亚热带作物中心）质量安全处	2018.04.15—2019.01
54	张广明	湛江市科技局	2019.06 至今
55	郑良永	湛江市科技局	2019.10 至今

2. 产业扶贫

热带草畜一体化循环养殖技术，以精准脱贫为切入口、助推乡村振兴。热带草畜一体化循环养殖技术解决了热区饲草料难以加工储存、农业废弃物饲料化利用、黑山羊舍饲养殖、粪便自动化收集、粪便无害化沼气处理及草地水肥一体化循环利用等技术难题，打造了效益明显、可复制、易推广的现代草畜一体化循环养殖新模式。2017 年 9 月 20 日，所站与南方电网佛山供电局、湛江市南三镇巴东村委签订"党建同心同行推进精准扶贫"三方共建仪式，与巴东村勤致综合农场热带草畜一体化黑山羊循环养殖示范基地奠基仪式也同时举行。此项目被湛江扶贫办评选为十大扶贫项目第一名。到目前为止，热带草畜一体化循环养殖示范点在广东湛江、吴川、河源和汕尾等地推广建立了（牛羊）6 个，推广优质牧草种植 1 000 亩以上，累计受益养殖户达 500 多户。此模式基本实现了生态养殖零排放，构建了资源节约型、环境友好型畜牧生产技术示范体系，为我国热区农业尤其是热区畜牧业特色循环种养发展起到引领和带头示范作用，为推动当地的科技、经济发展做出了突出贡献。2017—2018 年度，2 家推广企业（龙川县民乐西村黑山羊一体化循环养殖合作社和海丰县犇犇群肉牛生态养殖专业合作社）参加中国好项目评选，进入了前10最具投资潜力养殖项目。

四、科技救灾

2008年1月中下旬，我国南方地区遭受了几十年来罕见的降雪、低温天气，对人民生活和工农业生产造成很大影响，尤其对多种热带作物造成了严重寒害。为了解此次华南大幅降温过程对此区域热带作物的灾害影响情况，按照农业部和热科院部署的抗灾救灾行动安排，南亚所立即成立4个抗灾救灾工作组赶赴广西、福建、云南、四川、广东开展芒果、菠萝、荔枝、龙眼、香蕉、甘蔗、澳洲坚果、柑橘、枇杷等热带经济作物寒害情况调查，并实地指导农民灾后减少损失和恢复生产工作。服务队所到之处，受到了当地政府热烈欢迎和农户的一致好评。此外，向广东农垦赠送一批抗寒高产橡胶新品种。

2011年，广东徐闻受强台风"纳沙"正面袭击，对当地北运瓜菜造成重大影响。10月15—16日南亚所联合广东省农科院、广东海洋大学农学院蔬菜专家及南亚所科技人员一行8人组成专家组前往北运瓜菜的核心区南山镇开展灾后复产技术指导工作。专家组重点在冬季辣椒重灾区举办了灾后复产技术培训班，台风过后，辣椒疫病、青枯病、炭疽病以及疮痂病发病严重，专家组对以上病害的发病特点、发病规律进行详细的讲解，并提出台风后的紧急救治措施和关键药剂。会后，专家组到菜园现场指导灾后处理技术。同时，专家组还向80多户辣椒种植户共赠送了价值5 000元的辣椒疫病、疮痂病和炭疽病等主要病害的防治药剂。

2012年，遂溪火龙果突发大面积病害，南亚所接到遂溪县杨柑镇种植户的紧急求助电话，随即组织植保和栽培研究团队成员庞振才、李国平、常金梅等，由副所长詹儒林研究员带队，于5月28日到达遂溪县杨柑镇布政村进行现场调查和技术指导。在现场焦急等待的果农及当地农业局植保方面人员有20多名。经现场观察、会诊、分析，确认该基地火龙果病害主要是由真菌感染引起的炭疽病、疮痂病以及由细菌感染引起的茎腐病。据此，南亚所专家团队向果农提出防治建议。

2012年8月，第13号台风"启德"正面袭击湛江市，让湛江市甘蔗、香蕉、荔枝、毛叶枣等作物遭受不同程度的损失，全市5个主要产蔗县（市）的100万亩甘蔗均遭受有不同程度损失。南亚所组织由部分研究室骨干组成的科技小分队前往湛江遂溪、雷州、吴川和廉江等市县开展科技下乡活动，协同当地农业局和农技人员，到田间地头查看灾情；针对具体情况，给当地蕉农、蔗农和果农送上科技救灾技术和现场指导，向农户提出多种可取的技术措施，赠送农药，帮助他们树立信心生产自救，尽快恢复生产。

2014年7月，雷州半岛遭受超强台风"威马逊"侵袭，给当地农业带来巨大损失，南亚所选派科技力量，联合湛江市农业局、湛江市农业科学院和湛江市农业技术推广中心，组成四支科技小分队近20人，赴徐闻、雷州、遂溪、廉江、吴川和麻章等县（市、区）开展科技救灾技术服务，科学指导农民开展生产自救。

2016年第21号台风"莎莉嘉"在海南省万宁登陆，雷州半岛狂风夹杂暴雨，给雷州市青枣、香蕉、外运菜等经济作物造成严重损失。南亚所科技人员急农民所急，与雷州市农业局对接，迅速组织由果树、蔬菜专家组成的科技小分队，赶赴雷州、遂溪和徐闻开展科技救灾，给农民开展技术指导。

五、科技推动产业发展

1. 橡胶

橡胶抗寒品种选育是南亚所前期重要的工作，粤西试验站于1965年用天任31-45×合口3-11杂交获得橡胶抗寒无性系93-114，1966年参加广西东方农场安石前哨抗寒系比，经1966/1967年冬期强辐射低温考验，选出抗寒母树，随即繁殖成无性系93-114，并经多点多年的连续系统鉴定和1986年、1990年两次全国品种汇评，认为该品种抗平流低温能力强，也具抗辐射低温能力，推荐在中寒、重寒植胶区作大规模的推广，1998年种植面积已达1万公顷。直至21世纪初，品种仍是世界公认的最抗寒品种，20世纪70年代至90年代末，一直作为橡胶树北缘种植的先锋品种，在琼、桂、粤和闽等省大面积种植。该品种也成为我国向国际交流的重要抗寒橡胶品种。"橡胶树在北纬18°~24°大面积种植技术"研究成果，1982年荣获国家科委颁发的国家发明一等奖。粤西试验站作为全国橡胶科研协作组成员之一，选育的93-114作为橡胶抗寒北移先锋品种，在该项成果中立下了汗马功劳。1980年，南亚所谢善昌、郭森元等参加的"橡胶树抗寒无性系93-114"研究成果，还荣获农垦部一等奖。

1979—1990年，粤西试验站通过前哨抗寒系比和人工模拟低温鉴定，从国外高产品种中筛选出抗寒力接近抗寒品种93-114的IAN873，其抗寒力和产量明显高于当地的当家种GT1。1990年全国品种汇评推荐在中寒中风、轻寒中风、轻寒轻风区作中规模级推广品种。1998年，粤西垦区已在更新胶园中种植3 300多公顷。"橡胶无性系IAN873引种利用的研究"成果，于1992年荣获农业部三等奖。

南亚所经过34年自主选育的橡胶抗寒高产品种"湛试327-13无性系"，2007年开始在广东省垦区扩大试种，目前种植面积已经超过700公顷。

2. 剑麻

南亚所剑麻的研究和推广工作历史悠久，1958年所、院热作系成立硬质纤维组，建立试验基地。在"文革"之前（1966年初）研究院热作系的剑麻研究组已到湛江东方红农场建立剑麻样板点，进行现场研究。兵团撤销后湛江农垦局成立剑麻研究所，该组也并入了剑麻所。1980年农垦部科字44号文，将剑麻所并入粤西试验站，成立剑麻研究组，研究人员曾友梅、余让水、林必、李林基、谢恩高和王东桃等随迁到粤西站，从此，剑麻逐渐成为粤西站重要科研任务之一，开展剑麻抗病高产品种培育、剑麻营养诊断指导施肥研究、剑麻缺素症和茎腐病防治研究和推广工作。

南亚所早期从东非引进和推广剑麻优良品种 H·11648，这个品种具有抗逆性强，适应性广，产量高、质量好等特点，鲜叶产量每公顷 75 吨以上，纤维率 5.23%，机械加工纤维率 4.6%，拉力 70.7 千克。至 1994 年华南各省区已推广种植约 2 万公顷。使我国剑麻产量跃居世界前列。

1980 年南亚所选用 H·11648（♀）与普通剑麻（♂）杂交，经不断筛选和品比试验培育出新品种粤西 114，有效解决因斑马纹病造成麻田缺株的问题。该成果获得 1992 年农业部科技进步三等奖。

随后，南亚所研究出种苗快速繁殖的方法，加速了剑麻种植良种化进程。并筛选出剑麻主要矿质营养的诊断指标，为麻区开展营养诊断提供依据，该成果获广东省 1989 年科技进步三等奖。1983—1990 年，南亚所许能琨等研究出剑麻营养诊断指导施肥技术，在华南剑麻种植区 15 万多亩剑麻园推广应用，全面消除了剑麻缺素症，病使产量提高 10% 以上，该成果也获得 1993 年国家科技进步奖三等奖。

3. 芒果

芒果是我国热带亚热带地区重要的经济作物，粤西试验站（南亚所前身）韦素洁、李桂生和胡继胜等于 1977 年从吕宋芒初生后代中选出优良早熟品种——粤西 1 号。经多年多点试验表明，具有生长健壮、易开化，两性花比例高，座果率高，花芽再生力强等特点，而且遇低温阴雨天气影响后能再抽穗开化、稔实、丰产稳产，果实成熟期在 6 月下旬。红芒 6 号又称美国红芒，澳大利亚红芒，是南亚所 1984 年从澳大利亚引进的 10 个美国红芒品种之一。经南亚所的试种观察红芒 6 号有较高的产量，粤西 1 号和红芒 6 号的引进和推广。极大地改善了当时广东和粤西地区芒果的产量和品质。1997 年，在院地合作的背景下，南亚所与攀枝花芒果结缘。2008 年，南亚所以"服务三农"为目标，以农业部"十大行动"纲领为指导，积极配合农业部、科学院等上级部门大力开展"科技入户""科技下乡"等活动，在四川攀枝花地区和云南的华坪县等地进行芒果优质、晚熟新品种与安全、高效生产技术的示范与推广。南亚所芒果科技工作者 20 年如一日，扎根在川滇金沙江干热河谷地区，促成了"海拔最高、纬度最高、成熟最晚、品质最优"的我国晚熟芒果优势产业带的建立。

川滇金沙江干热河谷地区的广大芒果果农真实感受到南亚所科技工作者给他们的实惠，科研人员在两地精心布点，把主要精力放在示范点上，把新品种、新技术、新产品全部放在示范点进行集中示范，使示范点的效益增长十分显著，达到了事半功倍的效果，在攀枝花市盐边县桐子林镇金河村，南亚所芒果研究室精心打造了攀枝花市锐华农业开发有限公司的 800 亩芒果园，丰产期果园亩产值上万元，带动了该地区金河、那儿河两条河沟近 2.6 万亩的芒果园的健康快速发展，在金河村，靠芒果一年收入十几万的果农比比皆是，差的一年都有 6 万~7 万，多的一年有 50 万左右的收入，锐华公司的带动作用可想而知，该公司 2012 年为感谢南亚所常年的科技支撑服务，向南亚所的芒果科技服务人员赠送了 10 万元的奖金，表达了对南亚所芒果科技服务人员的感谢与尊重。2014 年，锐华公司董事长兼总经理钟方祥率慰问团，又一次向南亚所科技人员赠送 10 万元奖金，感谢南亚所科技人员长期以来深入攀枝花开展芒果科技服务，促进该公司产业升级、蓬勃发展。

2012 年，南亚所开始与右江干热河谷的广西田阳县开展芒果科技服务工作，积极总结南亚所在攀枝花及云南华坪县的成功经验，并将这些宝贵经验传授给田阳果农。

2017 年年 8 月 14 日，农业部副部长余欣荣到攀枝花考察后，充分肯定了热科院在服务攀枝花市现代特色农业发展过程中做出的积极贡献和取得的显著成效。对南亚所科研人员 20 年如一日的促进攀枝花芒果产业快速健康发展给予高度赞誉，是把"论文"写在大地上的优秀典范，并勉励南亚所科技人员再干 20 年，再立新功！他强调，热科院要立足当地农业特色，围绕产业发展需求，抢抓机遇、创新思路，为推进攀枝花干热河谷现代特色农业发展做出更大贡献。此外，南亚所"干热河谷镌刻金色记忆——中国热科院帮扶攀枝花市芒果产业发展 20 年纪实"通讯报道在《农民日报》报道受到泛关注；2017 年 10 月 23 日《农民日报》以"右江河谷支农忙"为题报道了南亚所专家用 5 年时间帮助广西田阳县农民通过升级品种找到脱贫路径，相关内容同时在《广西新闻网》和《百色新闻网》转载报道，引起社会各界强烈反响。上述 3 则通讯报道为南亚所提升影响力和显示度起到了积极作用。

4. 澳洲坚果

1979—1984 年，广东土产进出口公司从澳大利亚引进 9 个澳洲坚果光壳种品种（246、333、344、508、660、741、800、H2、OC），共 1 400 余株，送南亚所试种并转供广西亚热带作物研究所、四川亚热带作物研究所、云南省热带作物研究所、德宏州热带作物研究所、云浮林业局扩大试种。1988 年夏威夷大学教授 P. J. Ito 带来 7 个品种，其中 294、695 及 788 是南亚所未曾引入的品种。经过多年的选育工作，截至目前，南亚所已培育出南亚 1 号、南亚 2 号、南亚 3 号、南亚 116 号、南亚 12 号、H2 和 922 等多个适合我国栽培的澳洲坚果品种，并得到广泛的认可和应用，先后在广东郁南县南江口镇、阳春市三甲镇，广西岑溪市归义镇、田阳县坡洪镇百合村、田阳县坡洪镇新景村，贵州兴义市乌沙镇岔江村、兴义市南盘江镇达居村、望谟县坝奔村，云南临沧市云县，西藏林芝市察隅县察隅农场和林芝市墨脱县背崩乡江新村等地开展示范推广工作，推动我国澳洲坚果产业从无到有，并发展澳洲坚果 20 余万亩。研发的"澳洲坚果丰产栽培关键技术"被农业部推荐为主推技术，应用研发的澳洲坚果扦插快繁技术，直接生产优良苗木 50 万株以上。

5. 菠萝

菠萝在我国广东、海南等地种植面积占全国总面积的80%，一直以来，受品种单一、上市集中、品质不稳定、生产管理粗放、技术滞后等原因的影响，我国菠萝产业受到严重制约，尤其是近几年，菠萝滞销严重，果农经济受损，引起了广泛媒体的关注。针对这些产业发展问题，南亚所菠萝研究室从品种和栽培技术入手，收集保存菠萝种质128份，一方面积极开展菠萝自有品种选育和国外新品种引进工作；另一方面，研究和推广菠萝高产高效优质生产技术。

2009年，菠萝研究室率先在南亚所试验基地中引进金菠萝（MD2），随后又从大量品种中筛选出台农16、台农17和台农22等适合我国发展的优良品种，并积极开展试验示范和推广工作。

2017年先后在广东省徐闻县建立了'台农17'生产示范基地210亩、广东省徐闻县建立了'金菠萝'示范基地250亩，海南澄迈建立了'台农16'菠萝新品种生产示范基地800亩，一共1 260亩。并在广东雷州市和湛江市新建设一个标准化的菠萝叶芽插快速育苗基地，繁殖了优质种苗20万株。同时积极推广菠萝套袋技术，病虫害综合防治技术和产期调节技术，发放《菠萝优质高产栽培技术》给各地农户共300册，发放甲霜霜霉威300包，培训农技人员及果农180人次。在生产上解决了新品种种苗繁殖慢、日灼、病虫害、产期调节等技术难题，推广菠萝冠芽叶扦插技术使金菠萝的繁殖系数由5增加到40~60，推广使用牛皮纸袋使菠萝果实日灼率从80%下降到0，示范推广种前甲霜霜霉威+毒死蜱浸苗技术，解决了心腐病及菠萝凋萎病的防控。推广了电石催花技术，使得难催花新品种台农17号夏季成花率由原来的低于50%上升到95%以上。推广大苗秋季定植技术，使得金菠萝自然成花率从30%~60%下降到5%左右。

针对"2018年徐闻菠萝滞销的原因"的问题，中央电视台焦点访谈节目采访了热科院南亚所吴青松博士。通过组织专家组认真调研，完成的"徐闻菠萝滞销情况调研报告""关于科技支撑菠萝产业发展的报告""湛江市菠萝产业发展方案"3个报告，为菠萝产业的健康发展进言献策，得到了省市级相关领导的肯定性批示，为相关政府部门下一步决策部署提供了有力参考。

第二节　产业服务平台

一、科普教育中心

科普教育中心是南亚热带植物园下属的集科普、旅游开发一体化的部门，1981年南亚所组建热带园艺研究室，专门开展热带园林花卉种质资源的收集、热带花卉及切花栽培技术研究，后来对标本园进行改造扩大，建成了南亚热带植物园。园内收集有热带植物品种1000多个，包括能改变味觉的神秘果，特殊香味的百香果，清甜香脆的毛叶枣，奇香蜜甜的番荔枝，美丽脆甜的珍珠莲雾，"世界坚果之王"的澳洲坚果，以及"热带果后"山竹子等热带水果珍品。收集有印度紫檀、油楠、印尼桂木、雨树等世界名贵树木，种植有胡椒、咖啡、肉桂、檀香、依兰香等香料饮料植物，还有世界最毒的植物之一——见血封喉，捉虫植物猪笼草，抗癌植物喜树，名贵棕榈科植物80多种，以及形态各异的沙漠植物和热带花卉400多个品种。吸引了省内外大批学生前来开展科普学习，认识植物世界的多样性和奇妙性。南亚热带植物园是"全国科普教育基地""全国青少年农业科普示范基地""全国中小学生研学实践教育基地"和"全国农产品质量安全教育基地""广东省环境教育基地""广东省科普教育基地""广东省青少年科技教育基地""广东省旅游定点单位""广东自然学院试点学校""湛江市中小学生研学实践教育基地"和"湛江市青少年科普教育基"。

历年来，科普教育中心接待了大量的学生科普游和研学游活动，每年平均接待10多万人次。

二、良种良苗繁育中心

良种苗木繁育中心始建于1998年，是南亚所从事良种良苗繁育和对外推广的重要部门。2000年以来，中心以南亚所为技术依托，按国家南亚热带名优良种苗木繁育场项目的建设标准要求进行了扩建。为推动热作种业"育、繁、推"一体化发展，2014年1月，挂牌成立"南亚热带作物良种良苗繁育基地"，2015年11月经中国热带农业科学院国家重要热带作物工程技术研究中心批准，挂牌成立"湛江澳洲坚果种苗繁育示范基地"。目前中心拥有90亩的种苗繁育基地和1000多平方米组培工厂及配套仪器设备，基地内水电道路等设施完善，拥有3600平方米的育苗大棚，具备批量生产芒果、澳洲坚果、油梨、番荔枝、菠萝、甘蔗、香蕉等热带果树和园林花卉种苗的能力，年生产能力达200多万株，已成为我国热区南亚热带作物国内外优良品种的引进、研发和推广中心。

三、园林工程中心

园林工程中心是南亚所集新型园林绿化种苗生产、示范和推广的部门，拥有园林花卉植物种植资源1400多份，种植90多公顷69个科200多种热带亚热带园林绿化苗木和室内景观植物，400多个热带花卉品种，每年能生产各类苗木20万株。

四、农业试验材料生产中心

农业试验材料生产中心是南亚所集研发、试验、生产、销售和技术服务于一体的专业标准化农业服务型生产中心。2011年由南亚所投资成立。主要研试、生产、销售香蕉、芒果、葡萄、菠萝等热带水果套袋产品。中心自2011年成立至今，经过持续跨越式的发展，拥有年生产达上千万条中试产品的能力，产品伴随着南亚所科研示范推广工作遍布于广东、广西、四川、云南、贵州等地，为改善香蕉、芒果、葡萄、菠萝等水果品质提供了保障。

第六章

合作与交流

第一节　国际合作与交流

一、历年来国际合作工作概述

南亚所的国际合作与交流始于 1960 年（原粤西试验站），当年 7 月，越南民主共和国主席胡志明由中共中央中南局书记、广东省委书记陶铸，中共湛江地委书记孟宪德等陪同，参观了粤西试验站。

1978 年，我国政府做出了改革开放的重大决策，在加大经济对外开放的同时，把加强国际科技合作当作国家科技事业发展的一项重要任务来抓。在此大环境下，南亚所的国际科技合作与交流开始恢复发展起来。截至 2000 年，南亚所共派遣科技人员 12 人次出国学习、进修、考察等。同时邀请外国科学家、政府官员和爱国华侨等 20 人次来所考察、讲学和交流，给南亚所带来了宝贵的芒果和澳洲坚果等种质资源。

2000 年至今，南亚所积极开展国际合作与交流，加大了国际科技合作力度，加强了对发展中国家的技术援助，国际合作单位逐年增加，合作人才队伍也逐渐增强。主要内容包括科研项目合作研究、学术交流、学术访问和科研人员进修等四个方面。在"走出去"方面，共计 71 人次分别赴澳大利亚、巴西、泰国、南非、肯尼亚、马来西亚、新加坡、印度尼西亚、斯里兰卡、坦桑尼亚、老挝、尼日利亚、卢旺达、柬埔寨、密克罗尼西亚、爱沙尼亚、越南、斯洛文尼亚、荷兰等国家进行考察、执行科研任务和参加国际会议等。出国访学和攻读博士学位等人员 6 人次。在"请进来"方面，美国、澳大利亚、德国、法国、巴西、泰国、瑞士、阿曼苏丹国、斯里兰卡、墨西哥、瑞典、喀麦隆、南非、塞拉利昂、斯里兰卡和埃及等国外大学、科研机构、政府机构的专家和官员等 87 余人次来所作报告、访问和交流。获得国际合作项目立项 8 项，到位经费约 381.5 万元。与美国路易斯安那州立大学和佛罗里达大学签署了合作协议。通过国际交流与合作，加深了南亚所与国外相关单位之间的了解，拓宽了南亚所对外交流合作的渠道和领域，搭建了新的合作平台。对提高南亚所的科研水平，扩大南亚所的对外影响，增加合作项目方面起到了极大的促进作用。另外也为南亚所的未来发展奠定了良好的基础。

二、国际合作项目简介

国际合作项目呈现逐年增加的趋势。截至 2019 年，国际合作项目立项 8 项，到位经费约 381.5 万元。

1. 阿曼芒果百科全书

阿曼苏丹国，经费 15 万美元，约合人民币 100 万元。资助年限是 2009—2011 年，项目主持人为詹儒林。阿曼苏丹国位于阿拉伯半岛东南部，除东北部山地外，均属热带沙漠气候。芒果在阿曼是继海枣、柠檬之后的重要经济作物，现全国芒果栽培面积约 1 万亩。由于毁灭性的病害使阿曼芒果生产受到极大影响，需要全面的芒果品种信息作为解决这一问题的参考。为此，阿曼国家希望编写《芒果百科全书》一书，向全世界 100 个芒果生产国发出邀请，希望得到全世界芒果研究机构的帮助，对世界 2 000 多个芒果品种进行植物学性状、农艺性状、品质性状等进行调查及描述，采用图文并茂的方式，共同编写此书。在中国农业部农垦局综合处联系和帮助下，南亚热带作物研究所作为《芒果百科全书》编写的中方负责单位，经过协商，由阿曼方面提供经费，通过两年时间对中国约 15 个芒果品种进行调查、分析与描述，进行芒果植株、叶、花、果实的生物学特性的图片拍摄。最后将调查、分析及描述数据录入阿曼提供的软件系统，汇编成为《芒果百科全书》。

2. 神秘果在食品、食品甜味剂上开发利用技术的引进

国家外专局与美国路易斯安那州立大学合作项目，经费 4.5 万元，资助年限是 2015 年，项目主持人为张秀梅。通过引智项目，引进美国路易斯安那州立大学教授徐志民博士于 2015 年 9 月 4 日至 10 月 3 日（30 天）来南亚所开展合作研究与学术交流，徐志民博士针对神秘果在食品、食品甜味剂上开发利用技术，主要开展了神秘果中变味剂的提取、分离、纯化等关键技术，以及加工过程中多酚和香气物质的变化规律研究，掌握了实验室规模的甜味剂生产工艺。徐志民博士的来访促进了双方在功能成分的开发及利用方面的交流，为进一步的合作奠定了基础。

3. 农业技术"走出去"——剑麻品种选育技术示范推广

项目来源于农业部国际合作司国际交流与合作专项，合作方为中非农业投资有限责任公司坦桑尼亚公司和坦桑尼亚国际剑麻研究中心，经费 15 万元，资助年限是 2016 年，项目主持人李俊峰。本项目以和中非农业投资有限责任公司、坦桑尼亚国际剑麻研究中心合作为重点，调查坦桑尼亚剑麻生产技术需求，开展剑麻高效生产技术示范与剑麻种质创新等合作研究，为深入开展剑麻科研的国际交流与合作创造条件。项目依托南亚所完备的科研平台，通过赴坦桑尼亚考察深入了解了该国剑麻产业基本情况和合作需求，并深入调研了农业走出去企业的生产经营情况和技术需求，为中—坦开展剑麻领域合作打下了基础。

4. 中国—巴西菠萝、剑麻种质创新与利用技术研究中心建设

是农业部国际合作交流项目"热带农业对外合作试验站建设和农业走出去企业外籍管理人员培训"子项目，经费 80 万元，资助年限为 2016—2019 年，项目主持人吴青松。巴西是世界菠萝和剑麻种植面积最大的国家之一，其菠萝产量居世界前列，剑麻纤维产量居世界首位,产品深加工及副产品综合利用技术先进。该项目主要通过与巴西农牧研究院木薯与水果研究所等研究机构开展国际合作与交流,增强双方在菠萝和剑麻科技创新队伍的科技创新能力,建设联合科研基地,促进两国菠萝和剑麻产业的发展。项目组成员对巴西农牧研究院木薯与水果研究所进行了访问,学习了菠萝杂交技术、杂交种子发芽技术、抗病性鉴定等技术,考察了巴西菠萝种植和加工情况,达成了进一步合作交流的意向。项目组成员还拜访了巴西巴伊亚州雷孔卡沃联邦大学剑麻病理学研究专家,就剑麻生产种植情况进行了交流,并参观了巴西当地剑麻种植农场和纤维包装及加工厂,了解了巴西剑麻产业基本情况,与巴西剑麻产业人员建立了联系,为中巴开展剑麻合作打下了基础。

5. 主要热带果品出口技术壁垒监测与研究

农业部农业国际交流与合作项目,经费60万元,资助年限是2016—2018年,项目主持人为张鲁斌。项目主要研究世界发达国家对热带水果进口的检疫对象、质量安全要求;我国对热带出口水果的检疫和要求,我国热区主要水果病虫害发展趋势、采后农药残留及发达国家对进口热带水果的质量标准要求,为我国将来热带水果大规模出口奠定基础。

6. 巴西菠萝和剑麻产业研究及中美联合实验室建设

热科院基本科研业务费专项,合作方为美国佛罗里达大学热带研究与教育中心,经费30万元,资助年限2017年,项目主持人李俊峰。该项目主要研究内容为开展巴西的菠萝和剑麻产业研究,以及开展中美热带果树联合实验室建设。本项目组成员于2017年11月对佛罗里达大学热带研究与教育中心、佛罗里达大学热带果树种质资源圃,美国农业部亚热带园艺作物研究站及其国家热带果树种质资源圃进行了考察,与佛罗里达大学热带研究和教育中心达成了建设中美热带果树联合实验室的共识,明确了中美热带果树联合实验室的研究方向,细化了中美热带果树联合实验室的研究内容,有利于加快中美热带果树联合实验室的建设,同时加深了热科院和南亚所与美国主要热带果树研究机构的科研合作,对于我国热带果树科学研究,包括种质资源、细胞工程和基因组研究在内的各项工作,都有非常重要的推动和促进作用。

7. 亚热带作物种质资源联合调研与技术示范推广

农业部农业国际交流与合作项目,经费72万元。资助年限是2019年,项目主持人为刘恒。该项目下设5个子项目:①芒果种质资源联合调查与技术示范,负责人:梁清志;②菠萝种质资源联合调查与技术示范,负责人:吴青松;③澳洲坚果种质资源联合调查与技术示范,负责人:曾辉;④玉米种质资源联合调查与技术示范,负责人:贾利强;⑤农作物病虫害及生防资源联合调查与开发评价,负责人:何衍彪。该项目主要是对"一带一路"热带国家中芒果、菠萝、澳洲坚果、热带玉米的原产国或主产国开展种质资源情况的调研,通过"一带一路"热带国家有关部门联系,与相关国家的研究人员开展种质资源联合调查与评价，提出资源保护、引进、交换与利用建议，促进各方热带作物产业发展。

项目绩效目标：①调查印度尼西亚、澳大利亚、马来西亚和塞内加尔等"一带一路"热带国家的菠萝、澳洲坚果种质资源情况，完成调查报告 2 份；针对越南、菲律宾等国提出菠萝、澳洲坚果种质资源保护、引进、交换与利用建议；②调查出访国玉米种质资源情况，提出玉米种质资源保护、引进、交换与利用建议；引进玉米种质资源 5 份以上，完成初步性状调查报告 1 份；③调查印度尼西亚、莫桑比克等"一带一路"热带国家的芒果种质资源情况，完成调查报告 2 份，并提出芒果种质资源保护、引进、交换与利用建议；调查芒果种质资源 40 份，筛选优异种质资源 11 份，提交种质资源评价数据 60 条；引进芒果优异种质资源 5 份；形成 2018 年从越南和泰国引进的 5 份芒果种质资源初步性状调查报告 1 份；④撰写相关国家澳洲坚果、菠萝病虫害考察报告 1 份，发表科研论文 1 篇；⑤举办国际培训班 1 期，培训果农 30 人次；⑥交流合作基础数据平台建设。

8. 山地野生蕉、澳洲坚果种质资源调查及其生态适应性合作研究

热科院基本科研业务费专项项目，经费 20 万元，资助年限为 2019 年 1—12 月，项目主持人万继锋。该项目拟系统收集山地野生香蕉资源并进行迁地保存；利用形态学分类法和分子分类法，对各份山地野生香蕉资源进行种属分类鉴定，揭示其与已知种质的分子系统发育关系；选取潜在农艺性状优良的野生蕉种质作为父本，与栽培种进行杂交试验，判断其对栽培种是否具有改良潜力并评估潜力大小；调查不同山地不同澳洲坚果品种的生物学特性，评价其抗性、产量与品质，从中筛选出适宜山地气候环境种植的澳洲坚果优良品种；研究澳洲坚果丰产树形培养、水肥管理等技术以及主要病虫害发生规律与防治措施，总结出适宜山地气候环境的配套栽培技术；加强与 CIAT、澳大利亚、越南等国外相关研究机构和人员进行交流合作，建立长期有效的互访机制。

三、出国访问、合作与参加国际学术研讨会的部分专家学者

南亚所历年出国考察、执行科研任务和参加国际会议 83 人次，通过国家公派留学基金委资助出国访学和国外攻读博士学位等人员达 6 人次，详见表 6-1。

表 6-1　出国访问、合作与参加国际学术研讨会的部分专家学者

序号	出访时间	国家或地区	参加人员	出访内容
1	1978 年	墨西哥	庞廷祥	安东尼奥农业自治大学学习银胶菊遗传育种并引种

（续表）

序号	出访时间	国家或地区	参加人员	出访内容
2	1980年9月25日至10月15日	日本	庞廷祥、庞任声、何瑞炎	日本植物抗寒生理研究考察，考察植物低温生理抗寒育种和耐寒性鉴定方法研究现状
3	1981年11月	中国香港	陈付、胡继胜	考察热带花卉业务，了解了市场花卉代销情况，收集了资料，签订了贸易协议
4	1982年	墨西哥	庞廷祥	考察银胶菊生产
5	1986年12月	缅甸	胡继胜	随同农牧渔业部水果考察团赴缅甸进行了考察
6	1988年11—12月	法国 科特迪瓦	陈作泉	随两院考察团，前往法国和科特迪瓦，考察热带水果的科研和生产（育种、栽培）等
7	1997年11月至1998年1月	澳大利亚	孙光明	学习澳洲坚果保花保果、营养诊断和水肥调控技术，引进澳洲坚果品种接穗10个
8	1997—1998年	墨西哥 美国 几内亚 德国 荷兰	肖邦森	随农业科技考察团出国考察
9	1999年10月11—24日	美国	孙光明	考察美国卡纳夫麻生产与发展现状
10	2007年12月15—26日	巴西	孙光明、张秀梅	考察巴西木薯与热带果树研究所，并进行学术交流
11	2007年9月23—30日	泰国	吴青松	去泰国农业大学交流学习
12	2007年10月30日至11月8日	南非 肯尼亚	孙光明	考察南非、肯尼亚菠萝、热带水果生产，引进和收集菠萝优良种质
13	2008年9月8—19日	马来西亚 新加坡	孙光明、孙伟生、刘胜辉	考察马来西亚考察菠萝生产种质情况
14	2008年11月2—13日	印度尼西亚	孙光明、张秀梅、杜丽清、李伟才、武红霞、胡玉林、陈佳瑛、张鲁斌	第4届热带亚热带国际水果会议
15	2010年1月17—26日	泰国	孙光明、谢江辉、石胜友	泰国农业大学考察菠萝生产栽培情况，引进菠萝优良种质
16	2010年7月11—16日	马来西亚	孙光明、窦美安、张秀梅、李运合、陆新华、魏长宾	第七届国际菠萝研讨会

（续表）

序号	出访时间	国家或地区	参加人员	出访内容
17	2011年8月至2012年8月	美国	张秀梅	路易斯安那州立大学访问学者
18	2012—2017年	澳大利亚	孙德权	迪肯大学攻读博士
19	2012年12月	南非内尔布鲁特	李伟才	第四届荔枝、龙眼及其他无患子科果实国际研讨会
20	2012年11月27—30日	广西南宁	詹儒林、陈菁	第二届热带亚热带高产高效现代农业国际研讨会
21	2014年2月—2015年2月	美国	詹儒林	佛罗里达大学访问学者
22	2014—2019年	澳大利亚	陆新华	迪肯大学攻读博士
23	2014年8月17—22日	澳大利亚布里斯班	孙德权	第29届国际园艺学大会
24	2014年11月3—11日	澳大利亚	曾辉、杨为海、孙德权	新南威尔士州的Gray Plantations澳洲坚果园、澳大利亚澳洲坚果协会及其第一产业部热带园艺研究中心交流澳洲坚果种植与加工技术
25	2015年9月至2016年9月	美国	李运合	维克森林大学访问学者
26	2015年9月26日至10月4日	澳大利亚Darwin	武红霞、王松标	第十一届国际芒果研讨会
27	2015年10月18—22日	中国杭州	张鲁斌、贾志伟	第二届国际水果品质生物学会议
28	2015年11月14—18日	中国重庆	张鲁斌、贾志伟	第十届国际植物激素乙烯学术会议
29	2015年12月6—13日	美国	曾辉、王家保	考察美国芒果和油梨生产现状与科研进展
30	2016年3月至2017年4月	澳大利亚	梁清志	南十字星大学访问学者
31	2016年10月29日至11月2日	斯里兰卡	詹儒林	应斯里兰卡农业部的邀请，作为中方技术专家，前往该国参加由联合国粮农组织（FAO）牵头的"中国—粮农组织南南合作"斯里兰卡项目规划，考察期间，双方达成了一致合作意向，拟定了合作谅解备忘录
32	2016年11月27日至12月2日	坦桑尼亚	周文钊、李俊峰	执行农业国际合作交流专项
33	2017年5月	老挝	孙德权、李国平	赴琅南塔省进行西番莲栽培技术指导

（续表）

序号	出访时间	国家或地区	参加人员	出访内容
34	2017年7月10—15日	中国田东	詹儒林、武红霞	第十二届国际芒果研讨会
35	2017年10月22—29日	巴西	吴青松、李俊峰	执行中巴菠萝、剑麻种质创新与利用技术研究中心建设任务
36	2017年11月19—27日	美国	詹儒林、刘恒	执行中美热带果树联合实验室建设任务
37	2017年12月11—20日	澳大利亚	吴青松	对昆士兰州农业部热带果树与采后团队开展了学术交流
38	2017年9月2—10日	尼日利亚	刘洋	开展948项目子任务的资源引进工作
39	2017年11月24日至12月3日	卢旺达	贾利强、刘洋	为当地农业政府部门和科研机构50名学员讲授玉米的种植与加工技术
40	2018年1月5—9日	柬埔寨	杜丽清	执行农产品加工业磋商合作项目
41	2018年6月2日至7月1日	密克罗尼西亚	李伟明	为当地种植户讲授香蕉种植技术
42	2018年6月11—17日	爱沙尼亚	徐明岗	出席欧盟项目"中欧农田土壤质量评价与提升"（iSQAPER）研讨会
43	2018年7月16—21日	中国云南	武红霞	第二届南亚东南亚农业创新研讨会
44	2018年8月26日至9月2日	越南	王松标、梁清志、吴青松、曾辉	与越南澳洲坚果协会、越南林业研究所、树林保护研究中心、越南西原农林研究所的研究和技术人员、果农在芒果、菠萝、澳洲坚果和玉米品种和栽培生产方面进行了现场技术交流。调查发现越南收集有种质资源芒果近100份，澳洲坚果24份，菠萝近70份
45	2018年9月15—16日	中国广西	吴青松	第二届中国（广西）-东盟农业科技交流合作研讨会
46	2018年10月17—19日	中国云南	曾辉、杨为海、万继锋、刘恒、邹明宏	第八届国际澳洲坚果大会。曾辉做了题为"中国澳洲坚果品种选育及栽培关键技术研究"的报告
47	2018年11月26—30日	泰国	王松标、梁清志、吴青松、曾辉	与泰国农业部农业司、碧武里农业研究发展中心、那空沙旺大田作物研究中心研究人员进行了交流，了解泰国芒果、菠萝、澳洲坚果和玉米产业现状。调查发现泰国有近200份芒果种质资源，共收集有5大类型38份菠萝种质资源
48	2019年6月10—21日	斯洛文尼亚	徐明岗	执行重点国际合作研究项目

四、历年外国国家或地区领导人和专家来访情况

自 1960 年以来,外国领导人和有关专家来南亚所访问有 124 人次,具体如下。

1960 年 7 月,越南民主共和国主席胡志明由中共中央中南局书记、广东省委书记陶铸、中共湛江地委书记孟宪德等陪同,参观了粤西试验站。

1980 年马来西亚原产部部长梁棋祥、澳大利亚林业考察团、加拿大汤森公司外宾、联合国橡胶专家林保罗先生等先后到粤西试验站考察。

1981 年 6 月,爱国华侨林保罗先生来到粤西试验站参观访问,并介绍了东南亚植胶国家胶园更新和橡胶育种的情况。

1982 年,法国橡胶研究院院长帕拉迪拉怎、法国橡胶研究院非洲橡胶研究所共两批 3 人来粤西试验站参观访问,他们对本站橡胶抗寒育种工作给予较高的评价。

1984 年 10 月,世界著名生物学家、美籍华人牛满江教授和夫人张葆英副教授访问了粤西试验站。

1986 年 6 月,以泰国农业合作部规划处处长彤差·佩差拉为团长的泰国橡胶考察团一行 6 人,到粤西试验站考察橡胶树抗寒选育种。

1988 年 11 月 28 日,法国国际农业开发研究合作中心香蕉研究所主任冈利,在南亚所考察香蕉等热带水果,两院副院长郑学勤陪同考察。

1988 年,美国夏威夷大学教授 P. J. Ito 访问南亚所并带来 7 个澳洲坚果品种,其中 294、695 及 788 是南亚所未曾引入的品种。

1997 年 6 月上旬,应热科院的邀请,澳大利亚芒果专家彼得·约翰逊来南亚所作了为期 2 周的工作指导,并给南亚所带来了 16 个芒果品种。

1998 年,澳大利亚专家 R. A. Stephenson(Maroochy Horticultural Research Station, Queensland Department of Primary Industries)来南亚所进行交流。

2006 年 8 月,美国夏威夷大学菠萝专家罗伯特·保罗(Robert E. paull)博士,应邀来到南亚所,介绍了夏威夷地区的菠萝生产情况及研究进展,与南亚所专家和科技人员就菠萝种植加工技术及产业化进行了广泛的学术交流。罗伯特·保罗博士此行,加深了中美双方在菠萝产业方面的互相了解和学术交流,建立起协作机制,为我国菠萝种植加工技术与产业化升级打下了坚实的基础。

2006 年 11 月 15 日,国际钾肥研究所所长 Hillel Magen 在广东珠海参加了国际钾肥会议后,应邀到南亚所访问。Hillel Magen 考察了南亚所节水施肥试验基地后,对南亚所正在实施的菠萝、香蕉、甘蔗等作物的节水灌溉与节水施肥研究,提出了许多合理化建议。

2007 年 9 月 21 日,国际知名农产品采后专家德国 Hohenheim 大学教授 Fritz Bangerth 应邀访问南亚所,指导热带园艺产品采后生理与保鲜重点实验室建设。

2007年10月13—15日，巴西果树专家阿丽思托特尔斯（Aristoteles Pires de Matos）博士应南亚热带作物研究所的邀请，访问了南亚所。阿丽思托特尔斯博士欣然作了"巴西菠萝产业"报告和"菠萝抗病育种"报告。他还与在场的科技人员就菠萝选育种、病虫害综合防治、生产管理技术集成等方面，展开了广泛交流和深入探讨。

2009年5月7—9日，法国CIRAD农业专家Alain Soler博士应邀到南亚所，进行学术交流。Alain Soler博士在南亚所作了3场专题学术报告。报告专题是：菠萝栽培管理与育苗技术；土生病虫害防治与有机栽培和根结线虫防治及菠萝与香蕉综合栽培技术。学术交流期间，中国菠萝首席科学家孙光明研究员及吴青松博士等还陪同Alain Soler博士，先后到海南、湛江等地菠萝主产区考察生产情况，并进行现场指导。

2009年5月28日至6月2日，泰国Rajamangala技术大学校长助理Suneerat Sripaoraya博士应中国菠萝首席专家孙光明研究员邀请，到南亚所进行学术访问。访问期间，Suneerat Sripaoraya博士介绍了转基因菠萝及其遗传、菠萝杂交选育种等方面的最新研究进展，并与南亚所菠萝研究人员进行了深入的学术讨论和交流。

2009年6月16—17日，泰国农业大学（Kasetsart University）校长助理Chalonchai Babpraserth副教授应我国菠萝首席专家孙光明研究员邀请，到南亚所进行学术访问，并作了菠萝及热带果树专题学术报告。

2009年7月22日，阿曼苏丹国皇室下设的芒果百科全书项目执行委员会与南亚所，在湛江举行国际合作项目"芒果百科全书"签约仪式。参加人员有芒果百科全书项目执行委员会主任和成员，阿曼苏丹国驻华大使馆有关工作人员，南亚所芒果课题组负责人和成员，南亚所综合办负责人。阿曼苏丹国驻华大使阿卜杜拉·萨阿迪、南亚所所长孙光明研究员出席了签约仪式，并签署《关于确定中国热带农业科学院南亚热带作物研究所参加芒果百科全书项目的合同》。

2009年9月16日，在热科院品资所腰果研究中心主任梁李宏教授的陪同下，斯里兰卡Wayamba大学农学院前院长S. J. B. A. Jayasekera教授到南亚所访问，为南亚所科研人员作了关于斯里兰卡菠萝、香蕉、芒果3种水果生产概况的学术报告。

2010年7月21日，由南亚所负责建设的热科院重点学科——"果树学科"引智项目研讨会在南亚所顺利召开。研讨会邀请到了法国INRA生态学李海港博士、德国慕尼黑工业大学博士后李斐副教授作学术报告。

2010年8月10日，由南亚所负责建设的院重点学科——"植物营养学科"引智项目研讨会邀请到了美国佛罗里达大学（University of Florida）热带研究和教育中心土壤和水科学系教授Yuncong Li博士做学术报告。

2012年5月澳大利亚迪肯大学孔令学教授、David Cahill教授等6人次访问南亚所。

2012年11月19日至21日，应国家麻类产业技术体系剑麻育种团队的邀请，墨西哥国家科学技术理事会（the National Council for Science and Technology，CONACYT）尤卡坦科学研究中心的龙舌兰种质资源专家 Patricia Colunga-García Marín 博士和 Daniel Zizumbo-Villarreal 博士受邀访问南亚所，对我国剑麻主产区进行考察，与南亚所剑麻研究专家在龙舌兰种质资源进化和剑麻生产及综合利用等方面进行学术交流，并探讨如何在剑麻研究方面建立合作关系。中—墨科学家学术活动的交流与融合，有利于双方搭建更深层次的、更广领域的国际科技合作，有利于科技人才的培养；借助墨西哥龙舌兰种质资源优势，发挥中国剑麻栽培世界领先技术，双方协同创新，研究和选育高产抗病品种，调整剑麻种植结构，优化中—墨两国剑麻栽培技术，促进雷州半岛和尤卡坦半岛剑麻产业发展，实现中—墨共赢。

2012 年 11 月 29 日，应南亚所邀请，由中国农业大学协助，美国夏威夷大学专家团一行 6 人在该大学热带农业和人类资源学院院长 Maria Gallo 的带领下，来到南亚所参观交流，双方希望进一步加强沟通与合作，提升南亚所引进消化吸收再创新能力，用协同创新巩固双方的合作。

2013 年 4 月 10 日，应菠萝行业体系首席专家孙光明研究员邀请，中国台湾中兴大学生命科学系林金和教授到南亚所作"菠萝栽培实务与问题"主题学术报告。

2013 年 4 月 24 日澳大利亚澳洲坚果专家 Martin Novak 和懿伟源种植有限公司 Nancy 女士一行，应邀到南亚所参观访问。

2013 年 7 月 14—16 日，美国路易斯安那州立大学徐志民博士应邀来南亚所进行访问交流，并做了题为 "Health benifits of antioxidant-rich phytochemical" 的学术报告。

2013 年 12 月 2 日，美国伊利诺伊大学明瑞光教授和夏威夷大学 Mark T. Nickum 博士应邀前来南亚所作了"芒果、施肥和树势管理"方面的学术报告。长江学者明瑞光教授系统介绍了木瓜性染色体、菠萝基因组和甘蔗基因组的研究情况，并和全所科研人员分享其研究经历和心得。明教授经过 20 多年系列研究的积累，创立了 "Fluid Reproductive Systems"（"流动性的有性繁殖系统"）的新概念，发现了与植物性别决定相关的基因，包括番木瓜的两个性别决定因子和一个种子败育基因，利用这 3 个基因可用来改变番木瓜的性别，创造不分离的两性花品种和无籽番木瓜。报告会结束后，明瑞光教授和菠萝、澳洲坚果、芒果、甘蔗等课题组逐一进行讨论，商讨合作事宜。并和 Mark T. Nickum 博士实地查看了南亚所基地建设，对南亚所的基地建设赞不绝口，初步达成双方合作意向。

2013 年美国夏威夷大学 Russell Yost 教授和 Richard Manshardt 教授访问南亚所。

2013 年澳大利亚迪肯大学材料研究中心主任孔令学教授等 6 人次访问南亚所，就进一步加强南亚所与美国夏威夷大学、迪肯大学合作与交流进行磋商与沟通。

2015 年 1 月 20 日，应菠萝首席专家孙光明研究员的邀请，澳大利亚昆士兰州农村渔业部 Maroochy 研究中心主任 Dr. Garth Michael Sanewski 高级园艺师，访问南亚所并进行学术交流。Dr. Garth Michael Sanewski 作了一场题为"澳大利亚菠萝产业和菠萝育种研究"的学术报告，菠萝首席专家孙光明研究员、华南农业大学朱世江教授和部分南亚所科技人员参加了学术交流会,并与科技人员进行了学术交流和探讨。

2015年9月4日至10月3日,美国路易斯安那州立大学Zhimin Xu副教授来所,并与南亚所签署"引进神秘果在食品、食品甜味剂上开发利用技术"协议。

2016年10月29日,澳大利亚迪肯大学孔令学教授等3人来所进行纳米材料研究的交流。

2017年2月28日,美国纽约州立大学生物系何汉兴教授莅临南亚所,为南亚所广大科技人员作了题为"剑麻及油梨疫霉病菌研究进展"的学术报告。

2017年邀请国际园艺学会热带果树分会主席Sisir Mitra到所交流。

2018年6月19日下午,邀请了澳大利亚昆士兰大学育种专家克雷格哈德纳(Craig Hardner)教授前来作学术交流,并在综合楼学术报告厅作了一场有关"澳洲坚果种质资源和遗传育种"等方面的学术报告。

2018年10月10日,澳大利亚昆士兰大学育种专家Craig Hardner博士到南亚所进行学术交流。

2018年10月10日,由商务部主办、热科院承办的"2018年发展中国家天然橡胶生产与加工技术培训班"在湛江市开班,参与本次培训班的喀麦隆、南非、塞拉利昂、斯里兰卡和埃及5国37名农业官员,来到南亚所参观学习。

2018年12月25日,澳大利亚达尔文大学陆平教授,就加强芒果种质资源的交流合作与芒果新品种的培育,进行交流。

2019年5月24—25日,斯里兰卡、墨西哥、瑞典厄勒布鲁大学科学技术学院钱敏杰博士、Luis Morales博士和AkeStrid教授一行3人受邀来南亚所开展学术交流。

第二节 国内合作与交流

一、举办重要研讨班、报告会

南亚所利用自身优势,如种质资源保存多、研究范围广等,积极开展国内合作和交流,提升了南亚所的知名度,大力促进了南亚所科研水平和当地相关产业的发展。

1. 中国热带作物学会常务理事会

为期3天的中国热带作物学会常务理事会暨华南四省(区)热作学会秘书长会议,1986年7月28日在华南热带作物研究院粤西试验站召开。中国热带作物学会常务理事、华南四省(区)的热作学会秘书长、中国热带作物学会剑麻专业委员会和热带作物机械专业委员会秘书长,共17名代表出席了会议。

这次常务理事会议由中国热带作物学会理事长，华南热带作物研究院院长黄宗道研究员主持。会议上，黄宗道理事长传达了第三届全国科协会议精神。对本学会几年来的工作给予了高度的肯定。各省（区）热作学会和专业学委员会的秘书长汇报交流了各省（区）学会工作情况和经验。中国热带作物学会是由具有一定水平的热带作物科技工作者组成的全国性学术团体。这次会议对于加强全国热带作物科学技术事业的发展有很大促进作用。

2. 全国热带水果保鲜技术研讨会

1991年4月中旬，农业部南亚热作办委托南亚所在湛江主办了第二次全国热带水果保鲜技术研讨会，来自我国粤、桂、琼、滇、闽、黔、川、沪等地的科研教学单位，生产企业和管理部门以及国内外有关厂商的代表100多人参加了研讨会。此次会议，代表们围绕着热带水果的保鲜技术问题，从不同的学科领域和不同角度，论述了我国热带水果保鲜贮运的最新发展和科研成果。同时希望国家或各部门在生产第一线上尽早建立包含采前、采后在内的，从品种、栽培、植保、加工、贮运到催熟上货架销售等一系列综合技术、一条龙服务的专业部门或公司，做到各项技术措施从头到尾都能落实，并环环紧扣，才能使我国热带水果在档次上有个质的提高，在国际市场上才具有竞争能力。

3. 热带园艺专业委员会在湛江成立

为适应热带果树业的迅猛发展和科学技术交流的需要，1992年中国热带作物学会热带园艺专业委员会在湛江成立。南亚热作所陈作泉研究员任该届理事会主任，著名热带果树专家黄昌贤教授聘为顾问，还不定期出版《热带园艺简讯》学术性刊物。

热带园艺专业委员会是个全国性科技工作者的学术性群众团体。她本着坚持实事求是的科学态度和优良学风，贯彻"百花齐放，百家争鸣"的方针，通过组织各种学术交流活动，搜集国内外有关科技信息，为生产提供信息、咨询和技术服务，促进我国热带园艺科技事业的发展和人才培养，为振兴热带、南亚热带地区经济作出贡献。

4. 菠萝产业科研进展交流会

2009年5月13日，菠萝产业科研进展交流会在湛江召开。会议由南亚所举办，有来自广东、广西、海南、云南等省份参加菠萝行业科技项目中11个单位的50位专家和科研人员参会。会上，项目参加单位的16位代表分别向会议汇报了所承担任务的执行进展情况。与会专家和研究人员还就如何更好实现信息和成果共享，尽快找到不同学科领域间的切合点，联合攻关，早日组装菠萝产业发展的关键技术等问题，展开了热烈讨论。

5. 植物营养学科学术报告会

2010年6月25日，南亚所召开植物营养学科学术报告会，中国农业大学资源与环境学院陈清和李晓林教授应邀作了学术报告。两位教授用生动幽默的语言，先后作了题为《北方果蔬根层调控与营养高效利用》和《曲高县高产高效示范基地建设进展》的学术报告。报告结束后，参加会议的科研人员与两位教授就相关问题进行了积极的互动交流和深入的讨论。科研人员感觉受益匪浅，启发很大。

6. "果树分子遗传和资源基因组学"学术研讨会

2010年7月1日上午，南亚所召开"果树分子遗传和资源基因组学"学术研讨会，浙江大学高中山教授应邀为南亚所科研人员作《水果过敏的遗传育种解决途径》的学术报告。会议由南亚所副所长詹儒林博士主持。报告结束后，南亚所科研人员就相关学术问题纷纷与高教授展开了积极的讨论交流。

7. 热科院重点学科——"果树学科"引智项目研讨会

2010年7月21日，由南亚所负责建设的热科院重点学科——"果树学科"引智项目研讨会在南亚所顺利召开。研讨会邀请到了教育部跨世纪人才刘学军教授、法国INRA生态学李海港博士、德国慕尼黑工业大学博士后李斐副教授作学术报告。研讨会由南亚所副所长詹儒林主持，南亚所全体科技人员、在读研究生参加了研讨会。

针对南亚所果树学科的发展需要，2010年SCIENCE论文第一作者之一的刘学军教授作了题为《中国大气氮素沉降及生态效应》的专题报告，刘教授介绍了中国主要农田土壤发生显著酸化问题的研究和温家宝总理对此问题的批示；李海港博士作了题为《土壤磷的转化过程（提高南方土壤中磷肥的利用途径与技术）》的专题报告；李斐副教授作了题为《基于近地面遥感的作物氮素养分管理（精准农业在中国的实践）》的专题报告，探讨了在南方果树上运用遥感技术进行研究的可行性。3位专家的研究紧贴国家需求、立意高远、创新性强，令全体科研人员深受启发。

8. 南亚所召开植物营养学科引智项目学术报告会

2010年8月10日，由南亚所负责建设的院重点学科——"植物营养学科"引智项目研讨会在南亚所顺利召开。研讨会邀请到了美国佛罗里达大学（University of Florida）热带研究和教育中心土壤和水科学系教授Yuncong Li博士做学术报告。Li教授是美国农学会、土壤学会及世界粮农组织荣誉会员，获得泛美热带园艺学会的Wilson Popeoe奖、佛罗里达大学杰出论文奖、研究创新奖等一系列奖项，是全美土壤科学和水质研究方面的知名专家。研讨会由南亚所副所长詹儒林主持，南亚所全体科技人员、在读研究生参加了研讨会。Li教授作了题为《Overview of Tropical Research and Education Center (TREC), University of Florida》和《Nutrient Management for Tropical Fruits》的学术报告，介绍了佛罗里达大学热带研究和教育中心研究团队的科研工作、热带农业研究的最新进展，分析了热带农业土壤管理和水质监测发展趋势。Li教授的研究前瞻性和创新性强，南亚所科研人员纷纷与Li教授就相关问题进行了交流和讨论，双方表达了进一步合作的愿望。

9. "海南省热带园艺产品采后生理与保鲜重点实验室"学术交流会

2010年10月18日上午，南亚所召开"海南省热带园艺产品采后生理与保鲜重点实验室"学术交流会，实验室主任、华南农业大学园艺学院朱世江教授及团队做了报告。

会议由南亚所副所长詹儒林博士主持。南亚所全体科技人员、在读研究生参加了会议。朱教授做了题为《Induced disease resistance in harvested bananas》的学术报告，研究团队的另两名成员就自己的研究课题作了专题汇报。

10. 热带亚热带果树丰产栽培和养分管理学术研讨会

2010年，由南亚所、中国农业大学资环学院联合举办，北京新禾丰农化资料有限公司资助的"热带亚热带果树丰产栽培和养分管理学术研讨会"11月28—29日在湛江召开。本次会议是落实国办45号文件的具体行动，也是院所企合作提高我国水果产业的有益探索。有来自美国佛罗里达、北京、广东、江苏、山东、广西、海南等11个省市的20多个单位的专家、学者100多人出席研讨会。研讨会邀请到长江学者特聘岗位教授1名，国际知名专家3名，国家级专家2名，国家产业体系和行业专项首席专家3名、岗位专家10名。研讨会开幕式上，谢江辉所长致欢迎词，中国农业大学资环学院院长张福锁教授介绍了我国农业面临的机遇和挑战，农业部科教司原司长张凤桐研究员强调科研人员个人的发展要与国家产业的需求和农民的增收紧密结合，并对我国热带亚热带科技人员提出了殷切希望。研讨会以果树丰产栽培和养分管理为主题，研讨内容涵盖种质资源利用、遗传育种、优质高效栽培、环境生态和养分管理（中微量元素）等领域，涉及柑橘、香蕉、荔枝、芒果、苹果、梨和桃等11种果树，分享了整形修剪、水肥一体化等关键技术，针对果树生产的实际问题，提出了解决的思路和方法，介绍了攀枝花新农学校和曲周科技小院两种技术推广模式。首次实现了南北方技术的相互借鉴和补充，研讨会取得圆满成功。

11. 2013年度休闲农业研究与发展交流研讨会

由热科院休闲农业研究中心主办，南亚所承办的2013年度休闲农业研究与发展交流研讨会，7月22日在湛江召开。研讨会由热科院孙好勤副院长主持，来自农业部乡镇企业局休闲农业处、湖南农业大学、中国泛休闲农业智库有关领导、专家、院开发处、科技处、资产处、品资所、香饮所、椰子所、试验场和南亚所等主管领导和专家，热科院休闲农业研究中心团队成员，以及湛江农垦局代表等约60人出席了研讨会，并听取了专家报告，进行了学术及经验交流。部分专家代表还前往南亚所休闲农业体验基地进行了现场考察与指导。

12. 2017湛江·东盟农产品交易博览会

2017年6月9—11日，由南亚所与广东省农业产业化龙头企业协会共同主办的2017湛江·东盟农产品交易博览会在湛江会展中心召开，据统计，3天共超过20万人次到场观展购物，签订贸易合同金额28.9亿元，农博会期间，南亚所举办热带水果产业高峰论坛，邀请国内及东盟知名专家与300余名参会代表进行产业发展交流与研讨。

13. 发展中国家热带果蔬种植与加工技术培训班

2017年9月9—14日，南亚所协办2017年发展中国家热带果蔬种植与加工技术培训班，培训班学员为来自12个发展中国家从事农业的政府官员、企业代表、农场主等共25人，南亚所詹儒林研究员、吴青松副研究员分别就芒果、菠萝的生产情况及种植技术进行课堂教学，此次教学获得学员的一致好评。

14. 休闲农业理论与实践研讨会暨院都市与休闲农业科技创新团队2017年会

2017年10月12—13日，由热科院休闲农业研究中心、南亚所主办，试验场承办的休闲农业理论与实践研讨会暨院都市与休闲农业科技创新团队2017年会在儋州院区举行。热科院副院长谢江辉出席本次会议，院都市与休闲农业科技创新团队、院属各单位的相关领导和专家等50余人参加会议。

副院长谢江辉指出，都市与休闲农业是现代农业供给侧结构性改革的重要抓手，是一、二、三产业融合发展的重要途经，都市与休闲农业的发展具有深刻及深远的意义。热科院高度重视并支持都市与休闲农业学科的发展，要求院都市与休闲农业科技创新团队积极利用热科院拥有丰富的植物园、种质圃等资源的优势，把握好这一开展休闲农业研究的优势条件，真抓实干，做出亮点。

本次研讨会共邀请了5名国内外知名专家做专题讲座，为会议提供了高水平的学术与实践的交流。

此次会议既是热科院各单位从事都市与休闲农业研究的专家同行们一个学习交流的平台，使大家更好地把握都市与休闲农业发展的内涵与趋势，也是院都市与休闲农业科技创新团队的一次阶段性总结，通过会议进一步明确了今后团队的研究和努力方向，对推进热带农业科技博览园建设将产生积极作用。

15. 第二届热带旱作节水农业学术交流会

2018年9月10日，"第二届热带旱作节水农业学术交流会"在南亚所成功召开，从事热带作物及旱作节水农业研究的专家、学者及学生共80多人参加了会议。本次会议旨在通过学术交流，提升热带旱作节水农业研究领域的学术水平，促进热带旱作节水农业发展。会议邀请了中国科学院遗传与发育生物学研究所农业资源研究中心张正斌研究员、广西大学张木清教授、热科院热带生物技术研究所张家明研究员，分别作了抗逆农业建言献策、作物抗旱生理生化研究和高端精准育种方面的专题报告。会议期间还对热带旱作与节水团队建设方案进行了研讨，专家对团队的人员结构、人才培养、研究方向和发展规划给予了肯定，并提出了宝贵的意见和建议。会后，专家参观了热带旱作节水试验示范基地，给予了良好的评价和建议。

16. 2018年热带农业对外合作交流培训班

在热科院指导下，经过南亚所前期筹备，2018年热带农业对外合作交流培训班于金秋时节的10月15日在广东湛江正式开班。农业农村部对外经济合作中心刘志颐副研究员作"'一带一路'建设与农业投资合作愿景"专题报告。热科院国际合作处副处长刘海清研究员，南亚所党委副书记杜丽清到会致辞，南亚所热带园艺产品采后保鲜研究室主任张鲁斌研究员担任本次培训班班主任。根据中央加强农业对外合作与交流的文件精神，热科院南亚所举办2018年热带农业对外合作交流与培训，表明了国家用科技支撑引领我国农业对外合作的决心和行动。参加这次培训班的学员是来自云南、广东和福建等农垦系统的管理和技术人员。

17. 第三届热带旱作节水农业学术研讨会

2019年4月13日下午，由热科院湛江实验站主办，广东省旱作节水农业工程技术研究中心、广东省现代农业（耕地保育与节水农业）产业技术研发中心共同承办的"第三届热带旱作节水农业学术研讨会"，在南亚所学术报告厅成功举办。会议由徐明岗所长主持，西北农林科技大学校长吴普特教授、中国农业科学院副院长梅旭荣研究员、中国农业大学"长江学者"杜太生教授出席会议并作了报告，所站全体科技人员参会。

二、历年来科技合作的主要单位

长期以来，南亚所一直致力于建立和加强与国内大专院校、科研机构和地方政府之间的合作与交流，并取得了很大成绩。目前，已与华南农业大学、华中农业大学、海南大学、云南省农科院、广西农科院、贵州省农科院、江西省农科院、广东省农垦集团公司、广西农垦等大学、科研机构和生产单位建立了良好的合作关系，并与有关单位签署了合作建立园艺学博士后流动站、人才合作培养基地协议、科技合作框架协议和科技项目合作协议等。历年来南亚所科技合作的主要合作单位见表6-2。

表6-2 与南亚所开展科技合作的主要单位

合作单位	合作内容
华南农业大学	2004年，合作成果"荔枝绿色食品生产技术研究与推广"通过农业部成果鉴定 2008年，合作成果"荔枝安全高效生产技术的研究与推广"获海南省科技进步三等奖（第一完成单位）；加入以华南农业大学为首席单位的国家荔枝产业技术体系 2008年起，合作建立园艺学博士后流动站南亚所科研基地；聘任朱世江教授为重点实验室主任 2011年，合作成果"荔枝高产高效关键生产技术的集成与推广应用"获2011年度农业部中华农业科技奖一等奖（第一完成单位） 2012年，合作申报教育部、农业部项目"湛江荔枝龙眼农科教人才培养基地"获批

(续表)

合作单位	合作内容
华南农业大学	2013—2015年，2017年4月18日起，农科教合作人才培养基地 2013年10月23日起，荔枝龙眼南繁基地建设 2014年，合作成果"荔枝高效生产关键生产技术的创新与应用"获2014年国家科技进步二等奖（第三完成单位） 2018年，加入以华南农业大学为首席单位的国家荔枝良种重大科研攻关联合体，合作成果"荔枝高接换种提质增效技术创建与应用"通过中国农学会组织的成果评价（第二完成单位）；合作申报广东省重点领域研发计划项目"岭南特色水果荔枝、菠萝、枇杷和火龙果新品种选育"获批 2019年，合作成果"不同熟期优质荔枝系列新品种选育和高接换种技术创新及应用"通过中国农学会组织的成果评价（第二完成单位）；合作申报国家重点研发计划项目"主要经济作物优质高产与产业提质增效科技创新——常绿果树高效育种技术与品种创制" 2019年7月4日起，博士后工作站合作
海南大学	2009年至今，与海南大学李雯教授共同承担了2013—2015年海南省重大科技计划项目，联合招生和培养研究生多名 2014年10月15日—2017年10月14日，合作协议 2019年联合申报海南省果蔬采后保鲜产业联盟
华中农业大学	2011年至今，与园艺学院程运江教授联合招收研究生
黑龙江八一农垦大学	2013年12月26日起，战略合作框架协议和研究生联合培养协议书 2016年9月18日起，战略合作协议
岭南师范学院（原湛江师范学院）	2014年起，校所科学研究与人才培养合作协议 2017年9月30日，岭南师范学院校外实习基地建设协议书
中国农业科学院深圳农业基因组研究所	2016年3月21日起，合作协议
齐齐哈尔大学	2017年10月9日起，研究生联合培养
东北农业大学	2017年10月26日起，联合培养研究生
云南农业大学热作学院	2019年4月23日起，院所合作 2019—2023年，云南省春砂仁资源调查与收集合作协议
广西亚热带作物研究所试验站	2006—2022年，开展澳洲坚果品种比较试验、新品种示范、早结丰产栽培技术、繁育优良钟苗、新品种选育等工作 2006年4月2日—2021年12月31日，澳洲坚果品种比较试验基地合作协议 2007年1月25日—2022年12月31日，澳洲坚果早结丰产栽培技术研究合作协议 2007年4月13日—2010年12月31日，澳洲坚果绿色食品生产技术研制合作协议

(续表)

合作单位	合作内容
广西亚热带作物研究所试验站	2007年4月22日—2010年12月31日，澳洲坚果绿色食品生产技术研制合作协议 2007—2012年，澳洲坚果新品种选育研究 2008年7月28日—2010年12月31日，澳洲坚果间作种植模式研究示范基地合作建设协议 2009年3月10日—2011年12月31日，澳洲坚果新品种推广与集成技术示范合作协议 2010年起，科技合作框架协议
贵州省亚热带作物研究所	2009—2027年，以共建贵州澳洲坚果研究中心方式，开展澳洲坚果品种比较试验、新品种示范、早结丰产栽培技术、繁育优良钟苗、新品种选育等工作 2013年7月11日起，科技合作协议 2009年8月27日—2025年12月31日，建立澳洲坚果品种比较试验基地 2017年7月30日—2027年7月30日，在贵州省望谟县建立澳洲坚果品种比较试验基地
江西省农科院原子能应用研究所	2010—2011年，2013年，剑麻种质材料的辐射处理工作
湖南大学、国家麻类产业技术体系麻类产业研发中心	2010—2014年剑麻数据采集协议
云南省农科院热区生态研究所	2011—2015年，合作开展剑麻品种水土保持效应试验
热科院橡胶研究所	新技术示范推广、新品种选育等，联合研发与推广（长期）
热科院农产品加工研究所	2015年10月14日起，科技合作框架协议 2018年11月13日—2020年12月31日，橡胶树委托种植协议
潮州市水果所	2017年9月20日起，开展优稀水果种质资源保护工作的合作
四川省攀枝花市	2011年9月26日—2016年9月25日，科技合作协议（农林科学研究院） 2012年2月21日起，科技合作协议（仁和区新型农民培训学校） 2013年7月9日起，联合建设攀枝花芒果科技创新中心合作协议（农林科学研究院） 2017年起，科技合作框架协议（仁和区政府） 2019年6月27日起，共建农业气象试验站合作协议（气象局）
广西壮族自治区田阳县人民政府	2012年4月28日—2017年4月27日，农业科技合作框架协议 2012年10月15日—2017年10月14日，几种特色果树生产技术研究与示范合作协议
广西壮族自治区田东县人民政府	2012年11月6日—2017年11月5日，合作协议
广东省仁化县国家现代农业示范区	2012年11月6日起，合作协议
重庆市江津区农业委员会	2013年9月2日—2018年9月1日，农业科技合作框架协议
广东省遂溪县农机技术推广站	2015年3月25日起，甘蔗机械化

（续表）

合作单位	合作内容
贵州罗甸果业办	2015年4月16日起，罗甸火龙果
广东省阳春市人民政府	2016年2月1日起合作 2016年2月1日—2020年2月1日，澳洲坚果产业发展合作协议
云南省丽江市华坪县人民政府	2016年5月3日起，科技合作
广东省湛江市徐闻县政府	2017年4月28日起，县所战略合作
云南临沧市	2018年起，中国热科院与临沧市"院市合作工作站"挂牌
广东省佛山市南海区狮山第一小学	2013年起，所校科普合作协议
《果树学报》编辑部	2014—2017年，协办果树学报协议
广西国营华山农场	1990年1月19日—2000年12月31日，扩大澳洲坚果种苗繁殖
云南省西双版纳州热带作物学会技术咨询服务部	1996年11月15日—2000年12月31日，合作繁育澳洲坚果无性种苗
云南省发展热带亚热带经济作物办公室	1997年5月9日—2017年5月9日，澳洲坚果研究推广工作合作
云南省德宏州澳洲坚果有限责任公司	1997年7月25日—2005年12月31日，合作协议
云南省德宏州澳洲坚果开发有限实业总公司	1997年12月24日，发展德宏澳洲坚果产业的合作协议
云南农垦集团有限责任公司	1998年9月9日—2010年12月31日，澳洲坚果研究推广工作合作协议
云南省潞西市芒市清塘河永成农庄	2003年8月25日—2018年12月31日，澳洲坚果品种比较试验合作 2005年1月31日—2007年12月31日，澳洲坚果育苗示范苗圃合作协议
广西壮族自治区岑溪市科学技术局	2004年6月18日—2018年12月31日，澳洲坚果品种比较试验基地合作
云南省德宏州畹町琳丽山庄	2004年12月20日—2009年12月31日，澳洲坚果生产示范基地合作协议
云南省农垦局勐养农场	2005年1月31日—2006年10月31日，100亩成龄澳洲坚果果园高产优质示范合作协议
广西岑溪市金特澳洲坚果发展中心	2005年9月20日—2006年12月31日，示范推广澳洲坚果合作协议 2007年1月23日—2022年12月31日，澳洲坚果早结丰产栽培技术研究合作协议 2007年4月13日—2010年12月31日，澳洲坚果绿色食品生产技术研制合作协议
云南省热带作物学会	2006年9月4日—2007年12月31日，澳洲坚果优质高产品种选育及无公害综合配套丰产栽培技术体系研制项目联合攻关协议
广东省东方剑麻集团有限公司农业研究所	2008—2010年，与湛江农垦东方红农场合作开展剑麻新品种选育与高效生产技术研究
广西农垦国有桂北农场	2009—2011年，合作开展剑麻抗寒试验

(续表)

合作单位	合作内容
湛江农垦东方红农场	2009—2010年，合作开展剑麻抗病虫种质筛选 2011—2015年，2016—2017年，合作开展剑麻品种高产高效种植试验示范
广西农垦国有山圩农场	2009—2010年，合作开展剑麻抗病虫种质的筛选工作
广西农垦国有东方农场	2011—2013年，布点开展剑麻抗病性试验
广西岑溪市金哥水果专业合作社	2011年3月1日—2021年3月1日，澳洲坚果育苗示范苗圃合作协议
广西灵山县灵城镇国园农机销售中心	2011年10月1日—2021年12月31日，澳洲坚果育苗示范苗圃合作协议
云南临沧云县香香苗圃	2012—2022年，澳洲坚果育苗示范苗圃合作协议
广东揭阳垦区葵潭农场	2012—2013年，合作开展剑麻高效生产关键技术试验示范
佛冈县石澳农业发展有限公司	2014年10月31日—2029年12月31日，建立澳洲坚果品种比较试验基地的协议
佛冈县石澳农业发展有限公司	2014年12月18日—2029年12月31日，关于在广东省佛冈县建立澳洲坚果品种比较试验基地的协议
广东省农垦集团公司（农垦总局）	橡胶树新品种新技术示范推广，科技培训与科技服务等（长期）
海南省国营南田农场	2015年起，科技合作协议
贵州半亩方塘农业科技有限公司	2015年起，科技项目合作协议
湛江市博泰生物化工科技实业有限公司	2015年1月9日—2020年1月8日，健康土壤培育工程技术研究中心合作协议
海南万钟公司	2015年11月25日起，菠萝领域战略合作协议
广东省阳春市天益坚果种植有限公司	2016年3月1日—2025年3月1日 澳洲坚果生产合作协议
广东省台山市龙飞园林有限公司	2017年4月1日起，省级现代农业（特色农产品精深加工）科技成果转化中心基地（孵化器）合作
广东润阳新能源科技有限公司	2017—2021年，科技合作
老挝昆仑明珠农业开发公司	2017年5月11日起，合作共建老挝热带果树示范基地
广东骏旭投资有限公司	2017年8月1日—2022年7月31日，澳洲坚果技术合作协议
广东壹方草木农业高新科技有限公司	2018年9月1日—2023年8月31日，澳洲坚果技术服务协议
云南省临沧市坚果协会	2019年2月22日—2034年12月31日，澳洲坚果新品种选育研究合作协议

第七章 人物

曾友梅 研究员 国务院政府特殊津贴专家（1913.5—2001.9）

曾友梅，男，曾名曾鹏，1913年8月12日生，籍贯福建省龙海县。1956年，加入九三学社。1937年7月，于国立青岛山东大学生物系植物学专业毕业。1941年，毕业于暨南大学理科研究所。主要研究植物生理学，主要擅长从事植物生理学和橡胶树的垦殖工作。1937年9月—1941年7月，在广州暨南大学理科研究所工读；1941年9—12月，在香港大学生物系任助教；1942年1月—1942年9月，在香港南支日报香港通讯社任港间通讯员；1942年12月—1944年10月，在贵阳图云关军政治战时军用卫生人员训练所任生物学教官。1944年10月—1946年7月，任兰州国立西北师范学院植物系副教授，教植物和普通生理学；1946年7月—1947年7月，任国立北京师范学院植物系副教授，教植物解剖学和普通生物学；1947年7月—1951年9月，任青岛山东大学讲师、副教授，任教植物生理学和普通植物学，其间，1948—1951年任青岛国立山东大学工会副主席，1949年加入中英友好协会，1950年加入中国米丘林学会青岛分会，任该会干事，同年加入中国植物学会青岛分会，1950—1951年任该会干事；1951年加入中华全国科学普及协会青岛分会，任该会干事，主持宣传工作，同年任协会理学院委员会主席、加入中国生理学会；1951年9月—1952年9月，在广州华南垦殖总局粤西、海南岛参加橡胶勘察、移苗、生长和规模育苗工作，在此期间任分队长；1952年9月—1953年2月，在青岛山东大学担任植物系教授；1953年2月在广州华南热带作物科学研究所第二室担任研究员。1953年3月到1958年，在广州华南热作所，任热作所第三研究室副主任、研究员；1954年转入垦殖工会，同年，加入中国林学会；1956—1958年，被广州华南农学院聘任为该校国家考试委员。1978—1979年，任中国植物生理学会广东省会理事。1978年，任华南热作两院学术委员会委员。1980年，任中国植物生理学会广东省会副理事。

曾友梅同志43年来撰写了30多篇文章。1953—1980年（27年），他在热作院接受过剑麻、油棕、椰子等热作研究任务，主持过数项研究课题，撰写过多篇有关热作研究的文章，参加过4次大学教材及材料的编写。他参加龙舌剑麻科研工作的时间比较长，写了15篇文章，为我国龙舌兰麻生理、植保、选育种做出了一定贡献。1978—1982年，参加编写《中国麻类作物栽培学》第六章，任"龙舌兰类"编委。1979年，任《中国麻作》编委。1981年任《热带作物学报》编委。1980年，参加编写《热带作物栽培学》第一章"龙舌兰麻类"第1~64页，由北京农业出版社出版，且任副总编辑。

1946年，他参与编写的《青激素》发表于《科学》第25卷，第2期；1951年，与陈惠民同志合编的《植物生理学实习指导》在山东大学植物系出版；1952年，由曾友梅执草的密件《植物生理工作队总结报告》存湛江华南垦殖局垦殖处，包括有机肥料对苗木生长的影响、移苗试验、畸形苗木的观察、消威茅草试验等有价值的研究内容。1952年，他与陈机编著的密件《橡胶树解剖与生理讲义》（本人编写生理部分）在湛江华南垦殖局出版；1955 年，"关于橡胶树的抗寒和防寒问题" 论文发表于《热带作物》第 8 期 18~25 页。1955 年，曾友梅与洪福珠等编写的 "橡胶树的蒸腾作用和光合作用方法试验" 发表于华南热作所《科学报告》第三卷第八期第 1~21 页。1954—1956 年，由曾友梅主持执笔的综合报告 "橡胶树北移的研究" 发表于华南热作研究院《科学报告》第 3 卷第 4 期第 1~27 页。1954—1956 年，《橡胶树北移的研究（综合报告）》发表于热带作物研究所《科学报告》第 1、2、3 卷合订本第 1~27 页。1957 年，由曾友梅同志指导的 "巴西橡胶树幼苗根系低温处理对于吸水力和蒸腾强度的影响" 发表于《热带作物研究通讯》第 5 期第 46~51 页；1957 年，"对大田测定巴西橡胶树光合作用方法的讨论" 记录于热带作物科学研究通讯第 6 期第 52~57 页，同年 "橡胶树光合蒸腾作用与含量关系的研究" 发表于华南热带资源开发科学讨论会会刊，第二部分第 32~33 页；1957 年，"橡胶树北移及其存在问题" 发表于华南《热带及开发科学讨论会会刊》第一部分第 57~62 页；1963 年，曾友梅与谢恩高合作的 "我国龙舌兰麻生产科研现状及前瞻" 是全国农业科技会议参考文件之一。1964 年，与谢恩高等合作撰写的 "我国华南地区剑麻及其他地区龙舌兰麻适应性的初步调查报告" 在华南热作所印发，农垦内部交流。1964 年，由曾友梅主持的 "文昌椰子生物学习性观察初步年度工作总结" 由华南热作所印发，作为农垦内部交流文件。1960 年，"剑麻叶斑病的调查研究及其防治方法初步报告" 记录于《热作译丛》第 1 期第 32~38 页；1958 年，由曾友梅执笔的 "两种不同结构林带防寒效能的观测报告" 在中国林业杂志第 129~141 页。在油棕研究方面，1961 年，曾友梅编写的 "油棕栽培" 出版于《热作栽培学》第一章第 1~106 页。在椰子研究方面，1979 年，"植物激素在热带作物上的应用"（未发表）存于热作院热作所科研组。在植物生理学方面，1960 年撰写的《剑麻的调查研究及其防治方法初步报告》发表于热带作物科学研究第 4 期第 76~80 页；1963 年，《油棕可快速育催芽的研究》发表于 "华南热带作物研究所" 第 1~22 页；1969 年，曾友梅主持、与谢恩高和王东桃进行剑麻生理病的研究，1976 年，参与《中国农作物主要病虫害及其防治》一书编写；1979 年，参与两院三十大庆热院科研成果献礼项目之一。1979 年，曾友梅（主持）与李林荃等合作的 "七种龙舌兰麻科植物染色体形态及其体细胞分裂行为的初步观察报告" 是南宁 "全国创新麻科研究规划协作会议" 的交流文件。1980 年，曾友梅（主持）与李林荃，蒋雄达合作的《六种龙舌兰麻植物光合作用强度测定初报》发表于《热带作物研究》第二期第 111~164 页。在选育种研究方面，1974 年，曾友梅编译的《龙舌兰麻国外文献总结》存于华南热作院纤维组；1979 年，《国内外龙舌兰麻选育种科研概况及现代优选育种前瞻》为 "全国剑麻规划协作会议" 交流文件之一，且在《中国麻作》发表；1989 年，曾友梅与李林基、蒋雄达合作的《七种龙舌兰麻科植物染色体形态及其体细胞分裂纤维初步观察报告》作为 "全国剑麻科研规划协作会议" 交流文件之一；1981 年，曾友梅、李法涛、邢怡茂等合作的 "龙舌兰杂种第 11648 号在华南地区引种栽培及适应性的研究" 发表于

《热带作物》第2卷第1期第110~119页；1981年，"我国龙舌兰麻科研三十年回顾，现况和前瞻"发表于《中国麻作》；1980年，曾友梅（主持）与李林基，蒋雄达合作的"龙舌兰选育种新技术的研究纤维素酶和蜗牛酶的试剂，纤维素酶及蜗牛酶脱壁试验初报"是华南热作研究院热作所1979年主要成果之一。在适应性研究方面，1964年由曾友梅主持，谢恩高执笔，王东桃等参与的"华南地区剑麻及其他龙舌兰麻适应性初步调查报告"（内部交流资料），华南热作所年度科研报告之一；1974年，由曾友梅执笔，李道和邢怡茂等合作的"海南岛发展龙舌亚麻"调查报告作为华南热作研究院科研成果献礼项目之一。在植保方面，1974年，曾友梅编译的"龙舌兰麻杂种与11648号斑马纹病国外文献总结"由华南热作所打印120份分发给华南植麻研究机关及其他有关单位（内部交流文件）；1980年"国内外龙舌兰麻生产，科研概况及我国发展11648的前瞻"发表于《中国麻作》；1960年，曾友梅与张彩民编译的《东非坦噶尼喀剑麻试验站1945—1957年的工作概况》在华南亚热作所出版；1976年，他所编写的《龙舌兰麻栽培》第二章在广东农垦总局出版；1977年，由陈家远编，曾友梅改的《热作栽培学》第一章"龙舌兰麻类"约7万字，是全国高等院校统一教材之一；1978年，曾友梅编写"植物学特征及对环境条件要求"，由农村科学实验丛书，广东农垦总局编，广东科技出版社出版于《剑麻》第二章第7-29页。

1951—1952年秋，曾友梅同志为响应祖国号召，参加过建设工作，在暨南垦殖局的橡胶垦殖工作中，完成了下列工作任务：①勘察并决定林宜地；②计划并参加主持大规模的疫苗工作；③参加植物生理工作队，展开环境（土壤，肥料等）条件，对抗菌生长的影响的研究工作；④在技术训练班中与陈机同志合讲橡胶树的解剖与生理，培养技术人才；⑤参加大规模的育苗工作，在苗圃中解决育苗的生理问题。

曾友梅同志努力教学，积极工作，热心参加社会活动，慎重考虑问题，负责任，团结互助，具有工作积极性。在海南岛工作的6个月中，疾病重发5次，都能坚持完成工作或病愈后再整装出发。具有工作创造性，在没有实际培育巴西橡胶幼苗参考文献的情况下，制定了一系列的试验，经队员的研讨修正和努力工作，探明了宝贵的苗木生长的规律，证明了环境（土壤、气候、营养等）与苗木生长的关系。曾友梅在大学里从助教到教授，教书育人十多年，从副教授开始独立开课，在独立开课，8年中，以每年每班30人计划，跟他学植物生理学的学生大约250人，加上其他两门，总人数为上述数量的3倍。曾友梅的学生大多数在科学院或大中学校的研究所/院或参加研究或教学，很多学生工作业绩突出。

曾友梅同志能在本学科范围内熟练应用英语。1960年，曾友梅编译的"油棕萌芽国外文献总结（1922—1960）"存于热作所油棕组作为内部参考资料。自1991年7月起，享受国务院特殊津贴。1988年，在南亚热带作物研究所退休。

庞廷祥 研究员 国务院政府特殊津贴专家（1923.8—2017.4）

庞廷祥，男，1923年8月出生，广西省博白县人，中共党员。1949年6月毕业于广西大学农学院森林系。在求学期间，短期担任过广西省博白县绿珠中心小学的教务主任和广西博白升中补习学校的教员。曾任中国热作学会委员、湛江农学会副理事长，国家科委热作专业组成员。1949年9月到广西桐油研究所任临时雇员，解放后被转为助理技术员和技术员；1953年1月被调到华南亚热带作物研究所任助理研究员；1957年任华南亚热带作物研究所粤西试验站技术副站长；1973年7月至1974年10月任广州军区生产建设兵团八师试验站生产科研组的负责人；1926年1月至1978年4月任湛江农垦局上报普查办公室的负责人；1981年晋升为华南热带作物研究所副研究员；1985年由农牧渔业部授予热带作物科技研究员职称并聘任。是国家发明一等奖项目"橡胶树在北纬18°~24°大面积种植技术"的主要完成人之一。1992年受聘为国务院政府特殊津贴专家。

庞廷祥同志从事橡胶热带作物研究30多年，对橡胶热作栽培，垦区气象情况和适合种植橡胶热作的环境类型等方面都很熟悉。1980年赴日本短期考察低温生理，1982年赴墨西哥尼奥自治农业大学遗传育种研究室学习银胶菊遗传育种和栽培。1949—1952年在广西桐油栽培研究所工作，通过调查研究，嫁接优质抗病力差的三年桐，并布置了试验，明显提高了三年桐的抗病力。1953年至1957年4月在华南热带作物研究所生态造林研究室工作，对胶园防护林树种和防护效能进行了调查，并从事及橡胶栽培的研究。1957年5月以后，对各种热带作物全面学习，对栽培和育种及生产情况有较全面的了解，并主持了"粤西北部垦区丘陵地土壤改良和橡胶抗寒育种"的研究。对粤西北部垦区丘陵胶园土壤改良研究方面提出以水土保持为基础，生物措施为中心，以小肥换大肥，以化肥换有机肥，以磷换氮，加速生物循环的技术路线，并建立试验示范基地，对粤西垦区丘陵地胶园种植绿肥覆盖改良土壤起示范推广作用，提出"扬长避短"；对橡胶树抗寒高产选育种研究方面，提出利用梯度系比试验和人工模拟低温方法，加速橡胶树抗寒性的鉴定，在同志们的共同努力下，选育出抗寒性强的无性系93-114，获原农垦部科技成果一等奖。

1983年从国外品系中选出抗寒高产品系IAN873及试种级品系一批，获华南亚热带作物科学研究所三等奖。1985年完成《粤西地区热带作物区划报告》《湛江市热带作物区划报告》和《粤西地区热带作物生产的自理优势和发展方向》，庞廷祥同志为该项工作的负责人和执笔者。其中，《粤西地区热带作物区划报告》论述了"扬长避短，发展茂名市的橡胶生产"和"湛江热带作物的资源及其发展"，均能从大农业的内部结构和贸工农的发展方向着眼，对两市辖区内的自然条件作了辩证分析，对部分热带作物品种特性作了实地调查，发挥不同优势的建议，有较高理论水平和实用价值。所参与的课题"橡胶树优良无性系的引种、选育与大面积推广应用"于1999年12月获国家科技进步奖一等奖。翻译"银胶菊———一种高质量的天然橡胶"一文。

许能琨 副研究员 国务院政府特殊津贴专家（1928.3—2010.9）

许能琨，男，汉族，广东省惠来县人。1928年3月出生，中共党员，副研究员。1952年毕业于广州中山大学林业专修科。1949年在惠来县资深小学担任校长，为期一年。1950年在惠来县清海小学担任教导主任。1954年初到华南热带作物研究院粤西试验站工作，1978年晋升为助理研究员，1986年晋升为副研究员。先后担任过研究组长，队长，研究所副主任，剑麻营养诊断技术研究课题负责人。1992年受聘为国务院政府特殊津贴专家。

许能琨同志长期从事橡胶和热带作物的栽培、育种和土壤肥料研究。1954—1958年及1973—1974年做防护林课题研究，发表《粤西区橡胶防护林调查研究》和《人工林带改造试验初报》等论文，其中《人工林带改造试验初报》获院四等奖；1965年参加两院与广东农垦总局合办的防护林进修班并主持工作，主讲防护林结构、设计等课程。参与编写《防护林资料汇编》；1959—1961年负责热带作物引种课题，任经济作物研究组组长；1962年至1964年做橡胶树育种研究，负责有性育种课题，并任橡胶研究组副组长，这期间杂交育出的8号组合和50号组合，均获院三等奖；1976年至1983年任橡胶树镁肥研究课题负责人和研究室副主任。在《我国橡胶树缺镁症状及其防治研究》的课题研究工作中，他对湛江区镁肥资源分布，利用镁肥对作物生长、产量、橡胶乳质量的影响进行了研究，提出了施用镁肥的技术措施和密切注意钾镁平衡，及时调整钾肥和镁肥的施用比例，能加快橡胶幼树的生长速度，提早开割；对开割橡胶树胶园的镁素平衡，能改善树生势，培养产胶潜力，高产，具有明显的经济效益。此项研究成果于1985年获得中央农牧渔业部科技进步奖二等奖。"橡胶树的施肥"获院三等奖。在这段工作时间，他发表论文近十篇。对橡胶树的营养和施肥，尤其是橡胶树的镁元素营养镁肥肥效有一定的认识和有自己的见解；1983年至1986年负责《剑麻营养诊断指导施肥》课题，对剑麻缺镁症状的发现和防治，对华南剑麻区土壤和剑麻园营养状况调查等做了一定的工作。他所主持的"橡胶施肥试验研究""人工防虫护林试验研究"，分别获得院科技成果三等奖和四等奖；他通过营养诊断，初步提出了龙舌兰麻H·11648的营养指标，并积极在植麻场加以验证。他为湛江垦区麻田提出增磷、增钙、减施或不施钾肥的施肥方案。之后，广西近十多个农场运用他的施肥方案，麻田营养得到改善，产量明显提高。其中玉林地区15 000亩麻田，亩产达纤维300千克。他也为湛江垦区剑麻茎腐病防治做了营养与发病关系的研究，得出茎腐病的轻重与剑麻的钙含量呈负相关，而与钾含量呈正相关。许能琨同志参加的"龙舌兰麻主要矿质营养缺乏症研究"1989年获得湛江市科技进步三等奖。其论文获两院优秀论文奖和全国麻类专业优秀论文二等奖，同年发表论文3篇，共发表论文近十多篇。

许能琨同志所翻译的《椰子的需钾量》和《油梨果实的温度敏感性与乙烯处理的关系》等6篇，均发表于《热带作物学报》。1952年获得"华南垦殖总局"先进工作者的奖励；1984年获农牧渔业部科技进步二等奖；1989年获广东省科技进步三等奖；1990年获农业部科技推广先进个人；1990年被评为南亚热作所先进工作者；1991年被评为广东省职工先进生产（工作）者；并且多次被评为湛江市直属机关优秀党员。

陈作泉 研究员 国务院政府特殊津贴专家（1930.4—）

1992年享受国务院政府特殊津贴专家。

陈作泉，男，汉族，1930年4月11日生，籍贯广东省汕头市澄海县，中共党员。1954年8月，毕业于华南农学院园艺专业。1954年8月—1974年4月，在华南热作研究院橡胶系工作，任办公室主任兼学术秘书；1974年5月—1985年3月，任粤西试验站副站长；1985年4月—1987年7月任粤西试验站站长；1987年10月—1990年12月任南亚热带作物研究所所长。1961年聘任为热作研究院助理研究员；1981年晋升为副研究员；1987年6月1日，被聘任为华南热带作物科学研究院粤西试验站研究员。1980年以后参加广东省热作学会，中国热作学会并担任二届以上理事，参加剑麻专业委员会并先后担任两委员会主任委员，参加热带园艺专业委员会筹备工作。1952年6月在广州"五反工作队"任区队长。1952年7月在广州中山大学教师思想改造运动任工作副组长。

陈作泉同志1954年8月1日在华南农学院园艺系毕业后分配到华南热作院橡胶系从事橡胶栽培，前后曾参与根系研究，橡胶生物学研究，覆盖作物，修枝整形等项研究工作。陈作泉同志从事橡胶及热带果树栽培37年，对热带作物栽培有一定经验，在从事橡胶根系研究，橡胶抗寒栽培修枝整形，胶园覆盖以及澳洲坚果栽培。陈作泉同志长期从事热作栽培及园艺方面的科研工作，具有理论专业知识，知识面广，学术造诣高，有独创见解，实践经验丰富。1987年以来，全面主持南亚热带作物研究所工作，组织并指导全所橡胶抗风抗寒栽培及园艺花卉、果树等方面科研工作，并在科技开发与推广方面取得显著成绩。他本人参加的橡胶抗寒品种93-114的推广工作，得到湛江、广西农垦局同志的好评，在花卉研究方面，他提出花卉应为切花、萌生植物为主要研究方向，在果树研究方面，提出以芒果的快速繁殖的研究作为首要任务，事实证明是正确的。他亲自主持并参加澳洲坚果的引种试种课题，在短短几年间取得迅速进展，并逐步推广，他撰写关于这方面的论文，经同行专家评议，认为是国内最好的论文，有较高学术水平。此外，该同志在科技管理及组织方面亦取得显著的成绩，其经验多次在研究院有关会议上交流，并得到肯定。1986—1991年，在"澳洲坚果引种试种及其栽培技术研究"课题中，陈作泉为该课题负责人，负责组织实施完成下列工作：①澳洲坚果，生物学习性的观察；②澳洲坚果适应性试种；③澳洲坚果快速繁殖方法研究；④澳洲坚果园的间作研究；⑤建立50亩澳洲坚果园；⑥组织和指导中初级人员工作，澳洲坚果研究课题已建立生物学研究，快速繁殖，果园间作适应性试种和品种比较，肥料试验第五个方面的研究内容争取了较多经费，布置了一些试验，建立了澳洲坚果试验园地93亩，在华南七街区已布置品种比较区三个，试种点25个，1 000亩以上，并取得了以下结果：对华南区首次作了一次全面调查，初步表示澳洲坚果在各地生长良好，耐寒性强（175）潜力较大，有迅速增长趋势；对澳洲坚果生物学特性及品种表现有了初步认识和理解；间作物以鸡蛋果较为成功，试验地有1 750~1 500千克，有了初步经验，并进行了开发；初步认识风害严重，出仁率低；果仁加工，初步反映良好，风味保存半年以上。

1975年12月—1976年4月参加援助柬埔寨天然橡胶考察组工作，队解放后的柬埔寨胶园进行调查，1978年参与编写由外经部主持的援柬材料汇编（未出版）。1956—1957年，参与编写"橡胶栽培经验总结"，该文参加过华南垦殖科技讨论会并收入该会议文献。1960年，参加编写"橡胶根系研究"，做了橡胶根系形态分布，生长观察工作，该文作为国家科技成果印发。1960年，与王秉忠合作编写"橡胶高温压条经验调查"。1962年，参与编写"橡胶栽培经验总结"及其具体工作。1964年，参与"橡胶丰产经验调查总结"的具体工作，该文由研究院印发单行本。1972年，参与编写"橡胶风害调查报告"，且负责组织调查且综合调查结果，同时参与"防护林现状调查"和"关于修枝整型问题"的调查和编写。以上三篇1973年4月由当时生产建设点兵团刊印单行本内部发行。1958—1964年，进行橡胶根系的研究，对橡胶树根系的生长，分布，形态首次作了系统观察试验有助于胶园土壤耕作及施肥措施的执行。1964年进行，胶园丰产经验的调查，提出了可行的丰产经验。1972—1973年，进行风害调查，对风害严重的橡胶园情况处理经验提出意见。1973年，组织调查并与邹志清合写的"橡胶树修枝整型调查报告"，与李国合写的"橡胶树修枝整型试验结果简报"二文在1974年由兵团刊印单行本内部发行。1973年进行橡胶树抗风处理的探讨。1984—1987年进行澳洲坚果的研究，1989年，陈作泉同志撰写了"澳洲坚果在外国试种情况及其发展前景"。1991年，撰写了"澳洲坚果在外国试种情况"，同年撰写"澳洲坚果果实生长发育，落果规律初步探讨"。1990年，编写"广东优稀水果图谱中的澳洲坚果"。1991年，编写"林业部'中国主要外来树种'中的澳洲坚果"章节。

陈作泉同志能较熟练地用英语阅读专业材料。1963年，翻译了马来西亚橡胶栽培手册第六章。1980年翻译《海里康》，登1981年《热作译丛》第二期；1981年翻译《世界兰花概况》。至今，陈作泉同志于1956—1957年，参与编写"橡胶栽培经验总结"，该文参加过华南垦殖科技讨论会并收入该会议文献。陈作泉同志1992年10月起享受政府特殊津贴。

郭森元 副研究员 国务院政府特殊津贴专家（1932.10—2004.6）

郭森元，男，汉族，1932年10月出生，籍贯广东省梅县，副研究员，中共党员。

1956年毕业于河南农学院林学系，获学士学位，同年9月被分配到广州华南亚热带作物研究所工作，为技术员。1965年任广州华南热作物研究院粤西站技术员。1978年11月被评为助理研究员。1986年晋升为副研究员。1988年受聘为国务院政府特殊津贴专家。

郭森元同志从20世纪50年代起长期从事橡胶树抗寒适应性及抗寒高产品种的选育研究工作，具有坚实而系统的橡胶抗寒选育种的基础理论和专业知识，了解本学科的现状和国内外发展趋势，有较好的组织和指导课题组的能力，且实践经验丰富。1978年他被分配到较远地区进行杂交方法的研究，在条件差、人员少的情况下，想方法克服困难，扎实肯干，在抗寒育种工作中发挥了骨干作用。他主要研究橡胶北移试种、橡胶宜林地的选择、抗寒高产品种选育3个方面。1956—1964年参加"橡胶北移试种"课题研究，1959年负责原汕头地区橡胶宜林的选择，选出20多万亩宜林地。1960年先后有8个农场种植了橡胶；写出了调查报告，1960年后相继产胶开割，产胶量超过福建省。1965—1986年参加橡胶抗寒高产优质品种选育研究。他抓住1984年和1985年的两次强寒潮低温后的寒害调查和重寒区的重寒害调查以及1982、1984年两次十级以上台风受害调查，结果表明93-114抗平流，低温力强，抗风力中上等。通过试验取得抗寒品系93-114多代次繁殖抗寒性不变的结果，进一步丰富和完善抗寒品系93-114抗性和产量的材料。1984年，进行IAN873无性系等引种试种，选出抗寒高产品系IAN873作小规模推广，至1986年粤西垦区已种植50万株。本成果获院成果三等奖，他是此课题的负责人及完成人。1984年，进行抗寒高产品系选育的研究。选出试种级无性系红山67-15及湛试8-67-3，有性系8号、50号。此研究获院成果三等奖，他是课题负责人，完成人。

其科研成果"培养橡胶抗寒品系93-114"于1980年获农垦部科技成果一等奖，他是主要完成者之一；他的代表作《橡胶无性系IAN873引种试种初步结果报告》中包含与其相关的国内外概况、气象因素以及大量试验数据的收集等方面。其《橡胶无性系IAN873引种试种初步结果报告》是湛江地区推广品系成果之一，也是"六五"国家攻关课题显著双超当地当家品种GT1的初步研究成果，对湛江地区植胶起到了促进作用。1974年他在粤西试验站被评为先进工作者；1976年参加湛江农垦局路线教育工作，被评为先进工作者；1980年在粤西试验站被评为先进工作者；1984年被评为南亚热作所先进工作者；1989年被评为南亚热作所先进工作者。1976年受党的委托参加第三批阳江县组织策农场党的基本路线教育工作。1988、1989年被评为市直属机关优秀党员；1988年获农业部有突出贡献专家称号。

王东桃 副研究员 国务院政府特殊津贴专家（1933.6—）

王东桃，女，1933年6月生，籍贯广东省和平县，中共党员。1956年7月毕业于华南农学院农学系，获农学学士学位。1956年10月至1969年9月在海南岛华南热带作物研究院任研究实习员。1971年7月—1975年1月在东方红农场任技术副连长；1975年2

月至 1979 年 12 月，任湛江农垦剑麻研究所育种组组长；1979 年任助理研究员；1987 年被聘任为华南热带作物科学研究院粤西试验站副研究员。1992 年受聘为国务院政府特殊津贴专家。

王东桃同志比较熟悉和掌握有关剑麻遗传与育种方面的知识及技能。30 年来，先后担负了中央农垦部下达的剑麻研究课题。20 世纪 50 年代后期至 60 年代初期，对华南地区的剑麻生产及科研现状进行了调查研究，参加写了题为"我国龙舌兰麻的生产现状与前瞻"一文，提出对我国如何发展龙舌兰麻产业的建议。后在海南岛红光农场设计与布置了剑麻株行距，番麻间作试验，写了该试验总结报告，提出双行密植的增产效果，对当时新植麻农场制定技术措施有现实的指导意义。1960—1962 年负责两院剑麻生产，试验基地的设计规划，及单独担负起龙舌兰麻选育种的课题任务，建立了品种园，进行品种特性观察、产量及质量鉴定。草拟引种 H·11648 报告书，在农垦部的支持下，于 1963 年引进该种并负责布置试种。在两院取得试种资料的同时，又在东方红农场布置该品种的区域性试验，1968 年 8 月与该场同志一起写了 H·11648 的引种试验小结，作为 1968 年四省区剑麻会议参政资料印发。经多年试种及生产实践证明：H·11648 具优异丰产性，比剑麻提高产量 1~2 倍，种植面积达 21 万亩，成为我国发展龙舌兰麻的当家品种。该项成果 1985 年进行鉴定，写了"H·11648 引种试种，技术改造与示范推广"的报告，并于 1985 年获国家科技进步二等奖；自 1971 年起她一直负责龙舌兰麻的选育种研究并取得一定成果。她从 42 个杂交组合中，筛选出 3 个较好的组合，有希望的品系 15 个，如 16 号、368 号、粤西 114 号是高抗、丰产品种；龙舌兰麻花粉在 0~17℃下储藏，其生命力能保持一年以上，经授粉，稔实率良好，初步解决了杂交花期不遇及花粉缺乏的困难；连续数年为培训剑麻技术队伍参加编写剑麻栽培讲义及讲课，并参与技术服务及咨询等工作。《龙舌兰麻 H·11648 引种试种研究》于 1984 年获院科技成果二等奖，且已经在生产上推广应用，H·11648 剑麻收获面积 18.2 万亩，成为我国剑麻生产的当家品种，平均每亩纤维 90~100 千克，经济效益显著，她是主要完成者之一；1961 年主编《热带作物栽培系——剑麻部分》由农业出版社出版；1976 年主写由人民出版社出版的《剑麻》及《剑麻栽培》中的剑麻生物学及选育种部分；主持的"剑麻选育种及繁殖"于 1972 发表在《中国麻作》；主持的"龙舌兰麻有性杂交不同组合的观察"于 1979 年在剑麻协会会议上宣读；1982 年主持的"龙舌兰麻 H·11648 引种试种"同年发表于《中国麻作》第二期。同年主持的"龙舌兰花粉储藏与生命力研究"1985 年发表于《中国作物学会麻类学术讨论会论文集》；1988 年上半年提出缩短育种年限研究初级，并提出剑麻优良品种培育及推广程序的初步意见。收集国内外品种，建立种质资源库。课题"龙舌兰麻抗病高产优质新品种的选育"属部重点课题，她为课题第一负责人；选育出剑麻新品种'粤西 114 号'，于 1990 年获农业部科技进步奖三等奖。

翻译过洛克所著的《剑麻》一书。翻译的《长纤维龙舌兰麻的育种》1979 年发表于

《热作译丛》。翻译的《单子叶植物——剑麻》于1978年10月发表于《剑麻高报》。

胡继胜 副研究员 国务院政府特殊津贴专家（1932.11—2015.7）

胡继胜，男，汉族，1932年11月出生，籍贯广东省番禺，中共党员。1956年毕业于华南农学院。1956年9月被分配到华南热带作物研究所工作，为研究实习员；1958年2月—1975年5月为本院粤西试验站课题组组长，学术秘书；1975年5月—1978年12月在广东农垦化工厂，担任计划员；1978年11月调回本院南亚所任副所长；1986年由农牧渔业部授予副研究员职称；1987年被任聘为华南热带作物科学研究院粤西试验站副研究员。

1956—1961年，参加红土地改良课题工作，此阶段掌握了田间试验设计、布置等科研方法；1958—1961年担任热带经济组课题组组长，负责热带香料研究，重点进行香蕉选育及丰产栽培技术研究，同时开展香根草、丁香罗勒、丁香树、香英荷、香荚兰、薄荷、留兰香茅香料作物的研究，布置各种栽培试验，累计了一批试验资料。在此期间，"香茅在砖红土上的肥料试验报告"刊登于《土壤学报》1964年第2期，农垦部科技处印刷成材料分发给农垦有关生产部门及香料生产技术训练班，对香茅生产的发展起了一定的作用。他通过大田选种及辐射诱变的方法，选出'湖光3号'香茅高产新品种。发表《香叶快速繁殖法》《丁香树在湛江引种试种成功》《香根草起畦栽培试验报告》等文章，其中《香茅在砖红土上的肥料试验报告》为香茅施肥制度提供了依据，提出切实可行的施肥方案，受到农垦部科技处的重视，并将该文印成资料分发生产部门作参考；1961—1982年，除担任学术秘书和在农垦化工产工作外，主要担负热作组组长，负责热带经济作物的引种研究，除引种各种热带经济作物试种外，重点进行胡椒的试验、示范、推广工作，共引种1 100多个种类，从中选出一批优良品种，批量生产，供应市场。20世纪60年代开始通过试验站和不断总结生产经验，创造出一套适合湛江自然条件的胡椒栽培技术，推广到全区13个县市种植。1980年以后，协助湛江地区外贸局推广咖啡栽培技术，使湛江咖啡生产迅速发展起来。在这阶段，他协助湛江地委举办地区、县市、公社各级的胡椒生产技术训练班，20多年来培养胡椒生产技术骨干1 079人次，仅湛江地区胡椒生产面积达5.1万亩，产量1 000吨，产值1 000万元以上。编写《湛江地区胡椒栽培技术》小册子，由湛江地区多种经营办公室分发给全区胡椒生产者，到1983年底；咖啡已发展到8 300亩。定期组织胡椒生产检查，发表了《湛江地区胡椒生产调查报告》，对湛江胡椒生产经验和问题提出意见，对生产起了促进作用；为云南热作所、云南青年农场、广西热作所等单位培训胡椒技术人员，对寒冷地区胡椒的发展起了一定作用；1982年，负责热带园艺研究室工作，开展热带花卉和热带果树的研究。他进行了国内花卉生产调查及香港花卉有关业务考察，确定了研究重点：积极引进国外优良品种，快速繁殖，进行切花生产技术和室内阴生观察植物栽培技术研究，所生产的花卉产品才能适合国内外市场的需要。"鹤蕉、玫瑰、非洲菊切花技术研究"自 1978 年开始，1989 年结束。其中：玫瑰花保护栽培能周年生产鲜切花，年总产量达 10 万~13 万枝/亩，其中商品切花（花枝≥40 厘米）达 2 万~7 万枝/亩。鹤蕉经 3 年试验，证明粗生易种，头 3 年年平均亩产切花达 1 万枝以上，完成计划指标。非洲菊共 8 个品种参试，1—8 月亩产达 7 万~10 万株，商品切花达 3 万~4 万枝，达到计划指标。鹤蕉、玫瑰、非洲菊 3 种切花已初步解决了品种和技术问题，室内阴生观赏植物种类较多，掌握了快速繁殖技术，使花卉研究工作在省内占有一定的地位。1979 年和省外贸协作，引进澳洲坚果试种，已将国外主要生产品种 5 个和新培育的品种 4 个引进，有两个品种已有结果，经过 6 年的试验，表明澳洲坚果适应性强，种植容易，其生长量和产量均与原产地相似。

参加了稳产、优质的'粤西 1 号'芒果新品种的选育工作。参与的《香茅在砖红壤的肥料试验报告》发表在《土壤学报》上；《香叶快速繁殖》1959 年发表于《热带作物》上（农业文摘译成俄文，并对外交流），他为主要参与者；主持的"香根草快速繁殖法"1959 年发表于《热带作物》；《湛江地区胡椒生产调查报告》于 1974 年发表于《热带科技研究》，他为主要参与者；"胡椒在湛江地区引种、试种、推广总结报告"效果显著，通过地区有关单位鉴定，上报并获得农委推广成果奖及湛江科研成果二等奖，他为主要参与者；《花卉商品生产技术》由省花协组织，科技出版社 1986 年出版，他为主要参与者，编写"无土栽培"部分，共 2 万余字；翻译《美国夏威夷澳洲坚果的生产》《用喷射法建造草坪》《金鱼草的切花生产》几篇文章。1984 年国家农委、科委、农牧渔业部、林业部授予他先进工作者称号。

谢恩高 副研究员 国务院政府特殊津贴专家（1934.10—）

谢恩高，男，1934 年 10 月出生，广东省和平县人，中共党员。1956 年毕业于华南农学院农学系，获农学学士。1995 年任聘为中国热带农科院南亚热带作物研究所研究员；1986 年任聘为中国热带农科院南亚热带作物研究所副研究员。1992 年享受国务院政府特殊津贴专家。

谢恩高同志毕生从事剑麻育种工作，具有坚实的理论基础和实践经验。担任"龙舌兰麻杂种 11648 的引种试种的研究"课题的主要完成者，课题负责人，并于 1984 年获院科技成果二等奖；是"龙舌兰麻杂种 11648 号引种试种技术改进与示范推广"课题的主要完成者，课题负责人，此课题报告执笔人之一，1981 年在中国作物学会麻类学术讨论会上宣读，并于 1985 年获国家科技进步二等奖；1985 年在中国作物学会麻类学术讨论会上宣读"剑麻科学技术与生产发展预测的研究"；担任"剑麻高产栽培措施的研究"主要完成者、课题负责人，并于 1980 年获农业部科技进步一等奖；担任"剑麻快速繁殖方法的研究"主要完成者、课题负责人，并于 1978 年获全国科学大会奖。

为促进我国剑麻生产的发展，1989 年主持并组织对福建省剑麻生产进行考察。执笔撰写《福建剑麻考察报告》，1989年发表于《中国麻作》第3期，对福建剑麻生产的优势、潜力作了分析，对如何提高单产提出意见，这份报告受到福建省有关部门及领导的重视，针对提出的建议作了肯定，并在生产中加以实施；1990年受农业部农垦司科技处委托，负责编写《剑麻选育种技术规程》，对剑麻选育种技术规范化和程序化和促进剑麻育种工作的发展起了一定作用；所主持的"选育出剑麻新品种粤西114号"课题于1990年获农业部科技进步三等奖，并于1991年登载于《中国麻作》第4期。通过有性杂交进行系统筛选，在F1代选出，产量比H·11648提高16%。已在广东、广西、福建垦区剑麻生产上应用于H·11648斑马纹病区补植或种植，获显著经济效益，如广东金星农场推广种植后年收103万元；承担国家75-01-02-09橡胶与热作种植资源主要性状鉴定与评价，科研成果于1991年获农业部科技进步二等奖；1991—1995年主持选育出抗病性加强、产量提高10%～20%纤维质量优良的F2代剑麻新品种南亚1号、南亚2号；1992—1994年所参与的"剑麻品种及其近缘（属）种纤维形态结构的研究"，对龙舌兰麻类3个属、11个种的叶片纤维细胞及其群体结构进行了系统研究，其成果1994年10月通过鉴定，并于1994年登载于《中国麻作》16卷；1995年主持筛选出有希望的剑麻品系5个，如B35号、A117号、292号等，较优的杂交组合3个，如H·11648×剑麻，还选出一批可用杂交的全本材料。

1993年获得国务院批准享受政府特殊津贴；他的《剑麻选育种工作的回顾与展望》一文1994年发表于《中国麻作》第3期；《剑麻种质改良与育种工程》1995年发表于《中国麻作》第4期；《剑麻抗病高产新品种选育及其探讨》1995年发表于《热带作物科技》第6期；《四种龙舌兰麻主要性状鉴定与评价》登载于1992年出版的《橡胶与热作种质资源主要性状鉴定与评价研究论文集》；"我国剑麻事业发展的现状与展望"于1988年在热带农业发展战略与前景学术讨论会上讨论；"龙舌兰麻H·11648高产栽培试验总结"登载在中国热作学会剑麻专业委员会学术讨论会论文集第2期；合著的《中国麻类栽培学》于1993年由农业出版社出版；独译《剑麻和灰叶剑麻咋栽培和加工技术改进潜力》于1987年登载于《热带作物译丛》第2期。

莫善文 研究员 国务院政府特殊津贴专家（1935.11—2003.11）

莫善文，男，汉族，广东省高明县人，1935年11月出生，1957年毕业于南京林学院森林系。1957年9月至1961年8月在中国林科院林科所任研究实习员。1961年10月至1982年5月在华南热带作物研究所任研究实习员、助理研究员。1982年6至1984年6月到美国佛罗里达大学林学院进修。1978年至1985年为华南热作研究院的助理研究员，1985年任华南热作研究院科技情报所副所长，1986年由农业部授予副研究员职称并发给任职资格证书，1987年6月至1991年12月华南热作研究院科技情报所所长。1992年1月调至华南热作研究院南亚热带作物研究所任所长。1992年受聘为国务院政府特殊津贴专家。

莫善文同志对林学、生态学和热带作物学科均有坚实的基础,了解国内外林学、生态学及热带作物方面的现状和发展趋势,能根据生产需要提出有应用价值的研究课题。多年来一直从事科研工作,1961年以前做森林经营方面的研究课题;1961年至1981年在华南亚热带作物研究所从事热带作物生态、栽培方面的研究,其中:1961年至1963年负责腰果适应性和栽培的课题,1964年至1966年参加椰子丰产的研究课题,1973年至1980年参加产胶动态分析的课题。在总结"三看"割胶经验的基础上,综合分析,看天气、看树围、看气候、看干胶产量和干胶含量等因素,提出了科学割胶的方法及其结论依据,这项成果于1976年以来在广东、广西、云南、福建、植胶区推广,为农牧渔业部最新颁布的《橡胶生产技术规程》所收纳。此项成果与"乙烯利刺激割胶试验"一题荣获第一届全国科学大会二等奖。由他执笔的《橡胶树树围与地上部分干重的回归分析》一文,分析了橡胶树树围与地上部分干重的依存关系,建立了几个品系的回归方程。此文1980年发表于《热带作物学报》第1卷第1期;1980年至1981年参加原农垦部热带作物调查与区划办公室的工作,与罗文犀、罗荫东、赫永、李法涛等人合作,由他执笔写了《海南岛发展热带作物与生态平衡问题》,于1980年在株洲市召开的全国学术讨论会上宣读,其后收入论文集;所执笔的《热带地区土地利用和作物布局》1982年发表于《热带作物研究》;所执笔写的《森林水文效应与植胶问题》1983年发表于《热带作物研究》;1984年参加中国热作学会组织的广西和湛江垦区多种经营调查,任领队,所执笔写的《广西和湛江垦区多种经营考察报告》1985年发表于《热带作物研究》第1期;所执笔写的《世界热带森林地理》于1985年发表在《世界地理集刊》;所执笔的《热带农业的现状与前景》与《世界银行资助的十个农村开发项目的成败利弊及其经验教训》1985年发表于《华南热带研究院情报》。

熟悉森林学、热带作物生态与栽培、农业科技情报等项业务。多年来在国内外刊物及国内与国际会议上发表科学论文约30篇。他的"热带地区的开发与生态平衡确保调研"于1986年获广东科技情报成果奖一等奖。所参与的"国外沿海湛江城市和开发地区农业发展方向的研究"获1987年中国农牧渔业部科技进步三等奖。1989年所参与的"海南岛的膳食构成与食物发展战略"于1990年获得中国热作学会优秀论文奖;所参与的"科技兴农的辩证法"获1988年海南岛科技优秀论文三等奖;1992年4月单独完成"世界芒果产销概况与前景"并发表于"广西热作科技"上;1992年2月他与林德光同志的"海南有国营橡胶农场经济效益的逐步回归分析"发表于《热带作物学报》上;独立完成"中国热带作物生产现状与前景",并于1992年6月在湛江召开的经济作物平衡施肥国际学术讨论会上宣读;他是1992年9月在中国热作学会学术讨论会(云南)上发表的"关于建立我国高产稳产天然橡胶"第三作者。1982年6月至1984年6月受教育部派遣到美国佛罗里达大学林学院进修森林生态。1984年参加广东省生态学会,任理事;

1985年担任中国农业部科技情报学会理事；1986年担任中国热带作物学会理事兼科普委员会主任；是IUFRO（国际林业研究组织联合会）成员；也是ISTRC（国际热带块根作物学会成员）会员。

1983年7月在美国首都华盛顿参加过以"中国农业的现在和未来"为题的学术讨论会；1986年11月在海南岛华南热作研究院参加热带资质开发利用国际学术讨论会并在会上宣读论文；1986年12月在海南岛华南热作研究院参加DNIRRDB橡胶生理与采胶国际学术讨论会并宣读论文；1988年11月赴曼谷出席ISTRC国际学术讨论会并在会上宣读论文；1989年11月在海南岛参加"热带人工群落和热带亚热带土地合理开发国际学术讨论会"并宣读论文。1990年，他与黄循精所撰写的海南省食物发展报告论文，被中国科协学会工作部召开的重点学术会议"全国分区食物学术讨论会"录用。

1987年9月至12月讲授"森林学"课程，1989年9月至1990年5月讲授"英汉翻译教程"课程。1985年至1991年间任《热带作物译丛》《热作参政资料》《热作科技报》主编和《热带作物研究》副主编。共翻译和校译文章约36万字。1993年获得国家政府特殊津贴，并获颁发证书。

余让水 研究员 国务院政府特殊津贴专家（1941.2—）

余让水，男，1941年2月生，籍贯四川犍为县，中共党员。1966年7月毕业于北京农业大学土壤农化系，2003年10月退休。在职期间曾任中国热带农业科学院南亚热带作物研究所副所长、党委副书记、中国热带农业科学院副院长、院长，华南热带农业大学副校长、校长、院校党委副书记；兼任中国热带作物学会剑麻委员会主任、中国热带作物学会常务副理事长、中国土壤学会副理事长、海南省科协常委、农业部科技委员、中国科协委员。1994年晋升为研究员，1993年受聘为国务院政府特殊津贴专家。

余让水同志，1966年7月大学毕业后分配到中国热带农业科学院（原称华南热带作物研究院）橡胶研究所土壤农化室，从事橡胶树营养诊断和微量元素的研究，1977年8月调到热作所从事剑麻营养诊断的研究，1980年8月调到南亚所从事剑麻营养诊断的研究。在《热带作物研究》《中国麻作》《热带作物学报》《中国土壤学报》等刊物上发表论文20篇。科研成果先后获广东省科技进步三等奖1项，农业部科技进步三等奖1项，国家科技进步三等奖1项。

任院校长期间，当时各方面条件十分艰苦，和广大科教人员，其他干部职工一起艰苦创业、无私奉献、在科教队伍建设、科教基础条件设施、科教成果和科教成果转化等都取得了很大的发展。广大职工的居住条件、生活待遇有大的改善。任院校长后期，农业部党组已决定将热科院下放给海南省，并经国家两位副总理批示同意的情况下，院校经过多方努力，特别是争取到新任农业部部长杜青林的支持，2001年10月经国家批准热科院继续保留在农业部，为现在热科院的发展创造了条件。

肖邦森 研究员 农业部有突出贡献中青年专家（1953.12—）

肖邦森，男，1953年12月出生，汉族，中共党员。1976年12月毕业于华南热带农业大学。1977年至1981年于华南热带作物科学研究院热作所担任助理研究员；1981年9月至1982年8月于农业部外语培训中心学习英语，以全优成绩结业。

1982年9月至1984年8月在中国四川大学生物系植物学专业、研究生班读书；1984年9月至1991年10月于华南热带作物研究院担任助理研究员、资源研究室主任；1991年6月至1991年7月代表中华人民共和国农业部赴泰国考察调研水果产业发展现状；1991年10月至1995年1月出任联合国开发计划署（UNDP）项目官员、香草兰栽培技术专家，并代表中华人民共和国农业部赴东非国家乌干达执行援外项目；1995年1月至1995年2月担任中国热带农科院副研究员；1995年3月至1999年11月任南亚热带作物研究所所长；1997年3月被破格晋升为研究员；1998年9月至1998年12月在海南省委党校中青班学习；1999年9月至2001年8月担任中国热带农业科学院、华南热带农业大学院校长助理；2001年9至2005年7月担任海南省科学技术协会副主席。2005年7月至2014年1月担任海南省农业科学院院长、党委副书记。

肖邦森同志1991年至1995年在联合国开发计划署（UNDP）任职期间，由于工作出色受到联合国的表彰，被联合国连聘连任两届，同时受到我国经贸部、外交部等有关部门的表扬。1990年被评为国家"七五"科技攻关优秀科研人员，先进工作者；1995年任所长期间，连续5年考核优秀，曾被评为先进工作者、优秀党员；1996年被评为中国热带农科院学科带头人；1997年被评为海南省优秀处级干部；1997年8月，被评为国家有突出贡献的中青年科学家；1998年再次被评为院先进工作者、优秀处级领导；2000年获国务院政府特殊津贴专家；1990年研究海南中药材资源获海南省科技进步二等奖；1991年研究广东省中草药资源获广东省科技进步二等奖；1992年研究海南作物种质资源获农业部科技进步三等奖；1997年主持研究芒果红芒6号研究获农业部二等奖；1998年主持热带亚热带果树研究，其中澳洲坚果引种试种成功，获农业部科技进步三等奖；2003年主持研究"澳洲坚果无性扦插繁殖技术"获云南省科技进步三等奖、云南省农垦科技一等奖。

肖邦森同志完成"海南中药材资源""海南芳香植物资源与开发利用""海南药用植物种质资源""海南岛药用植物名录""海南岛香料植物资源""海南香料植物开发利用""毛叶枣引种试种""乌干达香草兰生产与出口的技术问题"等项目研究，编著了《中国热带亚热带果树》《毛叶枣栽培技术》《澳洲坚果栽培技术》等专著。发表《Vanilla Production and export in Uganda》《Vanilla manual》等30多篇科学技术论文，受到国内外科技界的公认。

徐明岗 博士 研究员 博士生导师 国务院政府特殊津贴专家 农业部有突出贡献的中青年专家 美国农学会农业突出贡献奖获得者（1961.1—）

徐明岗，男，1961年生，土壤学专业，博士，研究员，博士生导师；中国土壤学会副理事长；中国植物营养与肥料学会常务理事，土壤养分循环专业委员会主任；中国农业科学院现代土壤学一级岗位杰出人才，土壤培肥与改良创新团队首席科学家；农业部耕地质量建设专家组组长，农业部有突出贡献的中青年专家，国务院政府特殊津贴专家。1987年西北农业大学硕士毕业后，在陕西省农科院土肥所工作；1994—1996年在中国科学院南京土壤所从事博士后研究。1996—2017年在中国农科院土肥所、资源区划所从事土壤培肥与改良研究工作，曾任该所祁阳站站长、土壤研究室主任、副所长等职。2017年2月至今，任中国热科院南亚热带作物研究所所长。

他长期从事土壤肥力演变与培肥技术研究，组织团队以我国农田长期试验网为平台，率先探明了农田土壤有机质的演变规律，提出了粮食主要产区具有区域独特性的有机质提升技术模式；针对南方红壤退化的突出问题，创新提出了红壤酸化和中量元素镁缺乏的特征及其改良技术，建立了"耕地培育技术国家工程实验室"。

"十五"以来，主持完成了国家区域农业综合发展、土壤肥力演变、土壤质量提升、污染与退化土壤环境修复方面的科技攻关、"973""863"、国家自然科学基金、国际合作项目（课题）16项。近10年来，以第一编著者出版《中国土壤肥力演变》《农田土壤培肥》《耕地质量演变趋势研究》《红壤特性与高效利用》等专著五部；以第一作者和通讯作者发表论文198篇，其中SCI论文46篇。

获国家科技进步二等奖4项，省部级一等奖2项。主要成果有：①"我国典型红壤区农田酸化特征及防治关键技术构建与应用"获2018年国家科技进步二等奖（第一完成人）；②"主要粮食产区农田土壤有机质演变与提升综合技术及应用"获2015年国家科技进步二等奖（第一完成人）；③"南方红壤区旱地的肥力演变、调控技术及产品研制与应用"获2009年国家科技进步二等奖（第三完成人）。

他是我国"农田土壤质量长期试验网"引领者和"祁阳红壤实验站"精神传承者。牵头组建了覆盖全国29省市自治区的42个定位试验、362个农户的长期土壤肥力监测网络，规范监测指标体系，开展土壤质量动态变化的联网研究，促进了我国土壤学的溯源和原创性研究；推动了耕地质量年度报告及耕地质量建设决策的制定。继承和发扬中国农业科学院祁阳红壤实验站第一任站长刘更另院士扎根农村、艰苦创业、无私奉献的精神，以解决红壤地区生产一线的实际问题为出发点，使祁阳站成为集农田长期监测、科学研究和技术示范三位一体的"国家农业野外科学试验站"的全国重大科技先进典型，受到中央各大媒体的广泛关注，被誉为"科研堡垒""时代科技先锋""全国农业科技战线的一面旗帜"。

由于以上突出成绩，他获得了2008年周光召基金会首届"农业科学奖"；2013年澳大利亚政府高级科研管理勤奋奖；2018年美国农学会土壤科学突出贡献奖。

汪春 博士 研究员 博士生导师 国务院政府特殊津贴专家（1963.3—）

汪春，男，1963年3月生，籍贯黑龙江延寿，中共党员。1984年7月毕业于黑龙江八一农垦大学农机专业、获学士学位，1991年7月毕业于东北农学院农业机械化专业、获博士学位；二级研究员，博士生导师，原黑龙江八一农垦大学副校长、黑龙江省农垦科学院院长，现担任中国热带农业科学院热带农业工程创新团队牵头专家，2018年入选广东省扬帆计划引进紧缺拔尖人才项目。先后兼任中国农业机械学会农垦农机化分会理事长、黑龙江省农业工程学会副理事长、黑龙江省农业机械学会副理事长、黑龙江省振兴老工业基地研究会常务理事、中国农业工程学会副理事长，黑龙江八一农垦大学"王震讲座教授"。

汪春同志主要从事现代高效循环农业工程领域科技创新工作，尤其对秸秆资源化利用、水稻栽植全程机械化、循环农业技术及装备等方面有深入的研究，并取得丰硕的成果。主持的"水稻植质钵育栽植技术"研究，创造性地研究出了水稻植质钵育机械化栽培技术体系。该技术体系是以水稻秸秆为原料，创新研发出了以植质钵育秧盘为关键技术，以自主研制的钵育秧盘生产成套设备、植质钵育秧盘播种机、钵育栽植机等为配套技术，并集成了水稻育秧、移栽和本田管理等农艺技术，实现了水稻生产的低碳、环保、生态、优质、高产、高效和可持续发展，是水稻生产的一次革命。该成果2010年获得全国农牧渔业丰收奖农业技术推广一等奖，2011年获得黑龙江省科技进步奖一等奖，2012年获得黑龙江省科技进步奖一等奖。在循环农业研究方面，针对热区农业发展需求，致力于农业种植、畜禽养殖、农业废弃物资源化利用、农业生产机械化、信息化等关键技术及装备的研究，以修复和提升土壤质量、提高农产品品质、增加农业生产效益为目标，力求解决热带亚热带农业工程化发展的技术难题，创新农业生产新技术和新设备，形成现代农业工程化技术体系，为我国农业可持续发展提供了技术支撑。

至今，汪春教授获热科院"十人计划"和广东省扬帆计划"领军人才"荣誉称号，获得五一劳动奖章、全国先进工作者、省劳动模范、全国农业推广标兵、中国农业工程学会科技发展贡献奖、省青年科技奖、省优秀青年科技创新奖等荣誉称号。指导硕士生、博士生总计50余人，发表核心期刊论文171篇以上，其中EI和SCI检索论文12篇以上；累计主持课题各类课题20余项，其中主持国家科技支撑计划项目1项，863计划1项，农业科技成果转化资金项目1项；作为第一完成人获省部级科学技术成果一等奖4项；出版专著5部。

周文钊 研究员 国家麻类产业技术体系岗位科学家（1965.5—）

周文钊，男，1965年5月生，籍贯广西岑溪，中共党员。1989年6月毕业于华南热带作物学院热带作物栽培专业，获学士学位；现任中国热带农业科学院南亚热带作物研究所剑麻研究室主任，研究员，专业学位硕士生导师，国家麻类产业技术体系岗位科学家、执行专家组成员，中国作物学会麻类专业委员会第五届、第六届委员会常委，中国热带作物学会第九届理事会理事，中国热带作物学会剑麻专业委员会第五届、第六届委员会副秘书长，农业部专业标准化技术委员会委员。

周文钊同志大学毕业后分配至南亚所从事剑麻选育种研究，1996年1月晋升为助理研究员，1996年3月至1997年9月在广东省廉江市雅塘镇挂职锻炼，任科技副镇长；1997年10月至2000年3月在南亚所资源研究室从事科技开发兼剑麻研究工作；2000年4月至2004年6月在南亚所种苗中心从事热带作物种苗繁殖与推广工作，任种苗中心主任；2004年2月晋升副研究员，2004年7月至2007年12月在南亚所特色作物研究中心从事剑麻研究工作、副主任；2008年1月至2015年1月在南亚所剑麻研究室从事剑麻育种研究工作、副主任；2015年1月晋升研究员，2015年2月至2018年3月在南亚所热带纤维研究室从事剑麻育种研究工作，任研究室主任。

长期从事剑麻种质资源与新品种选育及高效生产技术研究，制定农业行业标准《龙舌兰麻种质资源鉴定技术规程》《剑麻种苗繁育技术规程》《标准化剑麻园建设规范》《剑麻品种试验技术规程》等，使国内实现剑麻种质资源鉴定评价与种苗繁育规范化，部分成果如剑麻种质资源鉴定与评价技术标准达国际先进水平，提升了剑麻园建设质量，为剑麻种植业健康持续发展提供重要技术支撑。主持剑麻种质资源和种质创新技术研究，建立了剑麻高效育种技术体系和技术平台，通过有性杂交筛选出了一大批优良杂交后代，构建了多个抗病杂交后代群体，筛选出克服玻璃化的剑麻种质组培繁殖配方并获国家发明专利，有效推进了剑麻选育种的持续发展。开展了剑麻生态园的理论与实践探索，通过剑麻叶片加工废渣的多用途利用研究，推进剑麻清洁生产和种植园资源循环利用；通过剑麻固土保水特性研究挖掘剑麻生态功能，推动剑麻在干热河谷生态恢复中应用，拓展剑麻产业发展空间。

先后主持国家现代农业产业技术体系岗位专家经费、农业部公益性农业行业科研专项子项目、国家科技基础条件平台子项目、农业部行业标准项目等省部级科研项目；以第一作者或通讯作者发表论文20多篇，出版专著1部，参编6部；获国家发明专利授权1项，制（修）定农业行业标准5项；广东省农作物品种登记1个。

罗萍 研究员 国家天然橡胶产业技术体系湛江综合试验站站长（1967.4—）

罗萍，研究员，籍贯云南省昆明市，现担任橡胶树抗寒研究室主任，国家天然橡胶产业技术体系湛江综合试验站站长。国家科技部、广东省科技厅和湛江市科技咨询专家，中国天然橡胶协会理事，中国热带作物学会南药专委会常务理事，广东省热作学会和湛江热作学会常务理事。

1988年7月参加工作以来，主要从事热带作物遗传育种和栽培技术科研工作，主持或者主要成员承担科技项目22项，现主持国家科技重点项目"国家天然橡胶产业技术体系湛江综合试验站建设"项目（2008—现在），该项目农业部年终考评多年评为优秀试验站站长，"十二五"验收评为优秀。在橡胶树抗寒选育种工作，在总结前期近50年工作基础上，建立了橡胶树抗寒高效育种技术体系，提高了抗寒优良品种的选出率，成为我国橡胶树抗寒高产育种的主要方法。主持申报的"橡胶树抗寒高效育种体系建立与应用"成果，获2017年分别获得海南省科技进步二等奖。

1999年获得农业部科技进步二等奖一项；2004年获得云南农垦科技进步一等奖一项；2004年获得海南科技进步三等奖一项；2011年和2017年分别获得海南省科技进步二等奖各一项，2017年2019年分别获批农业部橡胶树新品种保护权各1项（排名1）"湛试32713"和"湛试873"，获批专利5项，公开发表论文90篇，其中SCI收录3篇。

詹儒林 博士 研究员 博士生导师（1967.10—）

詹儒林，男，生于1967年10月，广东省饶平县人，中共党员。1991年毕业于华南热带作物学院，于2004年获华南热带农业大学植物病理学硕士学位，2007年获华南热带农业大学农业生物技术专业博士学位，2014年2月至2015年2月留学美国佛罗里达大学。在中国热带农业科学院南亚热带热带作物研究所历任助理研究员、副研究员、研究员，2010年至2018年担任中国热带农业科学院南亚热带热带作物研究所副所长，现任中国热带农业科学院海口实验站站长，博士生导师。主要从事热带果树重要病害鉴定、病菌与寄主互作机制、病虫害绿色防控等产业化关键技术研究。承担省部级以上科技项目30余项，发表论文160多篇，获专利10余项，获省部级奖励10多项。

现任中国热带作物学会理事会理事、全国热带作物品种审定委员会委员、中国园艺学会热带南亚热带果树分会理事会理事。2015年获广东省"扬帆计划"培养高层次人才；2016年至2018年任广东省优稀水果产业技术体系首席专家；2016年获"全国农业先进个人"；2016年至今获云南省委组织部在华坪设立院士（专家）工作站"詹儒林工作站"；2019年获海南省"领军人才"称号；2019年获热科院"十佳创新团队带头人"称号。

20多年来，他走遍海南、广东、云南、广西等芒果主产区，收集第一手材料，随时掌握我国芒果产业存在的问题，在病虫害方面更是潜心研究，贡献突出。

从2001年就系统开展了芒果炭疽病的生物学及其可持续防控基础研究。探明了该病原菌的抗药性机理，建立了抗药性监测、检测及其治理技术，研发了微生物源和植物源生防制剂。提出芒果抗炭疽病的鉴定方法——综合筛选法，对我国80多个芒果种质进行抗病鉴定，筛选出6个高抗品种，结合病害的预测预报技术，建立了一套以种植抗病品种、生物防治、抗药性治理和农业防治等措施为主的芒果炭疽病绿色防治技术体系，因地制宜地制定周年防治日历，对炭疽病的防效达 80% 以上，显著降低了烂果率，提高了果实的外观品质及商品性，该项成果于 2009 年获神农中华科技奖三等奖；首次鉴定了引起我国芒果畸形病的病原物、探索其致病机理，并建立了该病原菌的快速分子检测手段，建立了简单有效的综合防治技术体系。芒果畸形病是 2005 年以来在我国金沙江干热河谷流域芒果产区发生的区域性重要病害。这是国内新流行突发病害，农民对该病害的防治毫无经验，常常造成果园整体失收，引起了不小的恐慌。病情就是命令，詹儒林研究员立即组织团队对该病展开了系统的研究，查阅国内外文献，制订研究方案，最终鉴定了引起我国芒果畸形病的病原物并初步探明了致病机理，建立了简单有效的综合防治技术体系，他不辞辛苦，亲自带队深入病区手把手指导农民防治，技术推广面积达 6 万多亩，把畸形病的发病率控制在 5% 以下，消除了农民的恐慌，每年挽回了经济损失 4 亿多元，该防治技术的长期应用，有效促进了金沙江干热河谷地区晚熟芒果产业的健康快速发展，发表相关研究论文 10 篇以上，其中 SCI 收录 6 篇，获国家发明专利 1 项和农业部科技成果鉴定 1 项；研制出桔小实蝇的"食物诱剂""诱瓶装置"及"诱粘器"等系列产品，该诱剂对桔小实蝇雌、雄成虫均有较强的引诱作用，有雌雄双杀和有效降低虫口密度的效果，克服了"性诱剂（甲基丁香酚）"只杀雄虫而对降低总体虫口密度无效果的缺陷；建立了以食物诱剂为主的桔小实蝇综合防控技术体系，该技术体系在芒果、杨桃、毛叶枣、柑橘、蜜柚等不同水果上对桔小实蝇的防效达 90% 以上，在广东、海南、云南、广西等地进行成果转化和技术推广，目前已推广达 10 多万亩，取得了显著的经济、生态和社会效益，该项技术获得了 2009 年度广东省农业技术推广二等奖、2011 年度海南省科技进步奖三等奖及 2014 年度广东省科学技术成果三等奖、2014 年获广东省科学技术成果三等奖；致力于热带作物几种重要病虫害绿色防控技术研究与应用，获得 2012 年度海南省科技进步二等奖和 2012—2013 年度中华农业科技奖科技成果二等奖。

詹儒林同志十五年专注于我国晚熟芒果产业技术研究，建成了我国"海拔最高、纬度最北、成熟最晚"的优质晚熟芒果产业带。四川攀枝花和云南华坪县位于金沙江干热河谷流域，属干热河谷气候，河谷两岸险峻陡峭，植被稀少，土壤贫瘠，历史上，这一带除了钢铁及矿业外，传统农业产业发展条件恶劣，农民生活贫困。然后，调查发现，该地区属干热河谷气候，非常适合芒果的生长，是我国最北端、最晚熟的芒果优势产区，但在 1995 年前芒果只有零星种植优良品种少，管理技术落后。针对这些问题，詹儒林研究员带领芒果团队长期进驻该地区开展新品种引进与试种、产期调控、病虫害绿色防控等关键技术研究。但前进的道路不可能一帆风顺，该地区特殊的气候环境所造成的身体不适和山地险峻是他未曾预料到的，在旱季，由于气候过于干燥，常导致鼻孔及嘴唇开裂流血；在雨季，常冒着高山落石及突发山洪的风险，带领大家克服种种困难，翻山涉水，因交通问题，每次沿着险峻的山地艰难攀行 1~2 小时已成常事。把培训课堂设在简陋的村公所或果园树林下，看着果农们一双双对技术渴求的眼神，每一次培训课程都不敢怠慢，需精心备课，用最通俗的语言让农民听懂每一个技术细节，经过与农民的长期交流，他已与当地农民打成了一片，"詹博士"这个芒果专家名称在当地已家喻户晓。

通过10多年的努力，詹儒林研究团队基本解决了该地区优质芒果新品种少、大小年结果、区域性病虫害严重等问题，种植的晚熟品种结合产期调控技术可将成熟期延迟到11月份上市，填补了9—11月我国缺乏芒果鲜果上市的空白，成为我国乃至全世界最晚熟的芒果产区之一，该地区的芒果产业得到迅猛发展，从10多年前的1万多亩发展到目前的70多万亩，农民通过种植芒果纷纷脱贫致富，芒果产业也成为了当地农业的支柱产业，昔日的不毛之地，现已满山绿树，取得了显著的经济、社会和生态效益。该项成果获得了2008—2010年度的全国农牧渔业丰收奖农业技术推广成果奖一等奖和2011—2013年度全国农牧渔业丰收奖农业技术推广合作奖。

詹儒林同志情系三农，创新科技推广模式。金沙江干热河谷地区晚熟芒果产业发展迅速，出现了发展速度过快与技术普及滞后的矛盾，为了解决这个矛盾，詹儒林研究员带领团队与当地政府合作创建了"新型农民学校""攀枝花芒果创新中心"等技术推广平台，建立了"科研院所+地方政府+新农学校（专业协会）+技术员+农户"的推广模式。紧紧围绕"新思想、新观念、新农民、新技术、新生活、新农村"开展培训，提高农民思想意识，转变农民传统观念。通过十多年努力，建立了芒果示范基地6万余亩，辐射带动达70多万亩，2016年芒果产业直接经济收入达20亿元，近10年累计达100亿元以上。通过科技成果的示范与推广，改变了农民传统的作业观念，推动了科技的传播和普及，有效促进了我国优质晚熟芒果产业的可持续快速发展，创新了科技推广方式和院地合作模式，形成了享誉我国热区的院（校）地合作"攀枝花"模式。

长期以来，詹儒林研究员受聘于四川攀枝花市和云南华坪县的政府特聘专家，定期或不定期地开展科技培训和咨询工作。2016年，受中共云南省委组织部和云南省人力资源和社会保障厅的聘用，建立了云南省专家基层科研工作站——"詹儒林工作站"，该工作站的建立，为以后更好地开展相关产业的科技推广，解决产业发展中的技术问题，提高农民的技术水平，增加农民收入提供了一个稳定平台，同时将为促进金沙江干热河谷地区农业产业结构调整和优化升级起到积极的推动作用。

石胜友 博士 研究员 国家荔枝产业技术体系岗位科学家（1970.9—）

石胜友，男，1970年9月生，重庆酉阳人，中共党员。2005年7月毕业于西南大学果树学专业，获博士学位；现任中国热带农业科学南亚热带作物研究所荔枝龙眼研究室主任，硕士生导师，国家荔枝产业技术体系龙眼种质资源收集与评价岗位科学家，广东省园艺学会理事，长江师范学院特聘教授。

石胜友同志2007年到中国热带农业科学院南亚热带作物研究所从事热带果树种质资源及遗传育种工作，2016年入选广东省高层次人才培养计划"扬帆计划"。2012—2016

年任南亚所作物种质资源学科带头人，领衔建立了"国家热带果树种质资源圃"。目前主要从事龙眼种质资源及遗传育种研究，近5年先后主持国家荔枝龙眼产业技术体系专项、国家自然科学基金项目、农业部及广东省项目10余项；以第一作者或通讯作者发表论文30余篇，其中SCI收录17篇，编著专著3部。

金辉 博士 研究员 广东省甘薯马铃薯产业体系试验站站长（1971.5—）

金辉，男，1971年5月出生，籍贯贵州盘县，彝族，九三学社会员，农学博士，推广研究员，海南省"拔尖人才"，贵州省"千层次人才"，贵州省六盘水市"市管专家"，2015年中组部"西部之光"访问学者，广东省甘薯马铃薯产业体系试验站站长。1995年7月本科毕业，2006年6月硕士毕业，2012年12月博士毕业，1995年8月至2017年7月在贵州省盘县农业局、盘县农业科学研究所工作，2017年7月调至中国热带农业科学院南亚热带作物研究所热带粮食与瓜菜研究室工作至今。

从事脱毒马铃薯研究与推广24年来，系统研究了马铃薯新品种引进筛选、杂交育种、品种脱毒、脱毒试管苗高效低成本组培快繁、微型薯高效低成本繁育和生理生态过程、原种高效繁育和生理生态过程、种薯繁育体系建设、大田高产高效栽培等，集成创新脱毒种薯繁育和大田高产高效栽培技术，形成较为全面、系统、科学的技术体系，并在生产中大面积推广应用，产生了显著经济和社会效益。

主持建成的贵州省盘县3~4年制马铃薯脱毒种薯繁育体系，每年能提供近40万亩的大田生产用种，为贵州省盘县脱毒种薯大面积推广种植和高海拔山区的农民增产、增收奠定了基础。审定马铃薯新品种2个、收集保存马铃薯种质资源200余份，引进杂交组合实生仔100余份。

主持实施的"盘县脱毒马铃薯推广应用""马铃薯种薯繁育和大田栽培技术集成创新与应用""马铃薯种薯繁育技术创新及脱毒种薯推广"项目，分别荣获2005年度贵州省农业丰收奖三等奖（排名第二）、2014年度贵州省农业丰收奖二等奖（排名第一）和2017年贵州省农业丰收奖二等奖（排名第一）；2016年12月获2014—2016年度全国农牧业丰收奖农业技术推广贡献奖（农业部颁发）；2007年荣获盘县第三届"十大杰出青年"荣誉称号；2012年8月获六盘水市委、市政府表彰的六盘水市科协、科技先进工作者称号；2014年1月被评为六盘水市第二届"市管专家"；2014年12月入选贵州省"千层次人才"；2015年被推荐为"西部之光"访问学者，在中国农科院进行了为期一年的访学；2015年6月被评选为贵州省"六盘水·凉都能人"，先进事迹先后在市、县电视台进行了报道；2015年8月获六盘水市九三学社优秀社员称号；基于在脱毒马铃薯种薯繁育和推广种植方面的特殊贡献，2015年10月在农业部举办的全国首届"十佳农技推广标兵"评选活动中进入全国前30强；2018年9月被认定为海南省"拔尖人才"在省级以上杂志以第一作者或通讯作者发表论文20余篇。

谢江辉 博士 研究员 博士生导师 国家香蕉产业技术体系首席科学家 国务院特殊津贴专家（1973.7—）

谢江辉，男，1973年7月生，湖南洞口人。1995年7月毕业于西南农业大学果树学专业，获学士学位，2008年7月毕业于华南农业大学果树学专业，获博士学位；现任中国热带农业科学院副院长，二级研究员，博士生导师，国家香蕉产业技术体系首席科学家，兼任农业部热带果树生物学重点实验室主任、国家热带果树种质资源圃主任、农业农村部果树专家指导组成员、中国热带学会热带园艺专业委员会主任委员、中国园艺学会热带南亚热带果树分会副理事长、中国野生植物保护协会副会长。

谢江辉同志大学毕业后分配至南亚所从事热带果树资源开发利用研究，在担任研究实习员期间，完成了毛叶枣引种试种研究并大规模推广应用，因工作业绩突出，先后被评为湛江市直属机关优秀共产党员、湛江市优秀共产党员等，1999年1月破格晋升为助理研究员。其后主要从事荔枝和香蕉新品种的培育与优质高效栽培技术研究和科技管理工作，并于2006年晋升副研究员，2006年6月任南亚所副所长，2008年8月任南亚所党委书记，2010年晋升研究员，2010年3月至2015年9月任南亚所所长。主持的"荔枝高产高效关键生产技术"研究，成功研发了结果母枝的一次定梢和精准施肥技术，改变了"以果定肥"的传统施肥模式，制定农业行业标准《荔枝冰温贮藏》等，极大提升了荔枝产量、质量与市场运销范围，为荔枝产业升级提供了重要技术支撑。该成果获2011年中华农业科技一等奖，2014年获国家科技进步二等奖。在香蕉种质资源开发利用与香蕉枯萎病综合防控的研究方面，创建了香蕉杂交育种技术体系和化学诱变与突变体的筛选的技术平台，筛选出了一大批优良杂种后代，目前获得20多个具有自主知识产权的新品系；建立了土壤枯萎病含量快速检测方法和香蕉抗枯萎病的快速检测方法，筛选一批对香蕉枯萎病拮抗微生物菌株和制剂并获8件国家发明专利；构建了以土壤枯萎病含量快速检测为指导、以土壤改良调理为基础、以抗病品种应用为核心、以有益微生物添加为补充、以免耕（少耕）标准化种植为配套的"五位一体"的香蕉枯萎病绿色综合防控技术体系，使得香蕉枯萎病发病率大大降低，实现了香蕉枯萎病有病无害、可防可控；带领的国家香蕉产业技术体系研发团队在资源育种、营养施肥、采后保鲜等研究领域处于国际领先或先进水平，为我国香蕉产业的可持续发展提供了技术支撑。

谢江辉先后主持国家产业技术体系项目、国家重点研发专项等国家及省部级项目20多项；以第一作者或通讯作者发表论文50多篇，其中SCI收录20多篇，编著专著7部；先后取得科技成果10项，其中省部级获奖成果8项，国家科技进步二等奖1项，以第一完成人获得2010—2011年度中华农业科技奖一等奖，2009年广东省农业技术推广二等奖，2008年海南省科技进步三等奖各一项。2013年入选广东省"扬帆"高层次人才计划，2015年入选全国农业科研杰出人才，2016年评为全国优秀科技工作者，2017年入选国家"百千万人才工程"国家级人选，荣获国家有突出贡献的中青年专家，享受国务院政府特殊津贴专家，2018 年入选海南省杰出人才和海南省委重点联系专家，2019 年入选海南首批"南海名家"。

吴浩 基地与条件建设处处长（1974.11—）

吴浩，1974 年 11 月生，广东廉江人，中共党员。现任南亚所机关第一党支部书记、基地与条件建设处处长。

自 1995 年 7 月参加工作以来，先后在剑麻营养诊断课题组、市驻坡头区南三镇海丰管区农村基层组织建设工作队、试验一队、农业开发中心、基地与条件建设处（办）等部门工作，历任技术员、副队长、副经理、副主任、主任、副处长、处长。一直以来在领导同事们的关心支持下，取得了一定的成绩，得到了组织和领导同事们的认可，曾被评为湛江市扶贫先进工作者、湛江市第八批农村基层组织建设先进工作队员、南亚所先进个人、南亚所优秀党员、南亚所优秀党支部书记、热科院先进个人、农业农村部"工程管理先进个人"等荣誉称号。

身为一名共产党员、基地与条件处负责人，时刻用共产党员的标准严格衡量、约束自己的言行，守初心，记使命，勇担当，团结带领基地与条件建设处团队锐意进取，积极推动所条件建设跨越式发展。自 2010 年至今，共获批建设项目 28 项，资金总额约 23 000 万元，其中农业基本建设项目 9 项，投资额 17 000 万元，修缮购置项目 19 项，投资额 6 000 万。先后建成热带果树生物学重点实验室、湛江院区试验基地、百色综合实验站、攀枝花试验基地等项目，并购置了一大批科研仪器设备；热带果树生物学综合实验室（霞山）、广西扶绥试验基地、广州综合实验室、湛江院区研究生公寓等项目正在建设或申报中，也将于近 3 年内建成投入使用。通过上述条件建设项目的实施，南亚所科研基础设施条件得到跨越式发展，为所的科技创新事业发展提供强有力的条件保障。

张秀梅 博士 研究员（1975.6—）

张秀梅，女，1975 年 6 月生，籍贯山西偏关，中共党员。2003 年 7 月毕业于山西农业大学果树学专业、获硕士学位，2009 年 12 月毕业于华南农业大学果树学专业、获博士学位；2011 年 8 月—2012 年 8 月于美国路易斯安那州立大学食品与营养科学院从事博士后研究；现任中国热带农业科学院南亚热带作物研究所菠萝研究室主任，四级研究员，硕士生导师，广东省"香蕉菠萝产业技术体系创新团队"菠萝高效栽培技术岗位专家，中国农业技术推广协会园艺产业促进分会理事会理事。

张秀梅同志毕业后分配至南亚所，主要从事热带果树生理与活性成分开发利用研究。2006 年 5 月晋升为助理研究员，2011 年晋升为副研究员，2016 年晋升为研究员。

工作期间主要进行了菠萝果实糖积累机理的系统研究，掌握了菠萝果实糖代谢相关酶的可能作用机制、果实品质调控的栽培措施，在菠萝果实糖代谢相关研究处于国际先进水平，其研究成果获得2014—2015年中华农业科技奖二等奖。并以神秘果为主要研究对象，探明果实中的生物活性物质种类及体内外抗氧化活性、降血糖活性及抗衰老活性及其可能作用途径，初步建立了热带果树营养功能评价与利用研究体系，拓展了果品营养研究领域。

至今，张秀梅先后主持和主要参与的项目有国家外专局引智项目、广东省自然科学基金、海南省自然科学基金、国家重点研发子项目、农业部行业计划"菠萝安全高效栽培及加工技术研究（nyhyzx07-030）"等省部级项目30多项；以第一作者或通讯作者在《Food chemistry》《园艺学报》等知名国内外期刊发表论文40余篇，其中SCI收录论文10篇；参编《常绿果树生殖生理及调控技术》《菠萝篇》《Nutritional composition of fruit cultivars》著作3部，授权专利5项，指导硕士研究生7名；作为第一完成人获得中华农业科技奖二等奖1项。2016年入选广东省"扬帆"高层次人才计划，2017年被认定为湛江市高层次B类人才，2018年入选海南省拔尖人才。

李伟才 研究员 国家荔枝龙眼产业技术体系湛江综合试验站站长（1975.9—）

李伟才，男，1975年9月生，籍贯江西省永新县，中共党员。1998年6月毕业于华中农业大学果树学专业，获学士学位。现为中国热带农业科学院南亚热带作物研究所荔枝龙眼研究室副主任，研究员，国家荔枝龙眼产业技术体系湛江综合试验站站长。

1998年大学毕业后来到南亚所工作，主要从事热带果树资源收集、利用和栽培技术研究，2004年晋升为助理研究员。此后主要从事荔枝龙眼的栽培生理及资源研究工作，2010年晋升为副研究员，2012年在华南农业大学园艺学院完成果树学硕士主干课程学习，2017年晋升为研究员。2008年进入国家荔枝龙眼产业技术体系后，熟练掌握荔枝龙眼的栽培技术及相关理论基础，能及时发现并解决荔枝龙眼产业发展中存在的技术问题，撰写产业技术发展报告及提供应急服务和决策咨询，助力荔枝龙眼产业发展。在荔枝花穗调控、结果母枝培养、裂果机理及高接技术等高效生产技术方面研究取得创新性成果，研发集成荔枝高效生产关键技术，有效缓解了荔枝生产中存在的控梢促花难、保花保果难、病虫害防治难、劳动力成本提高等突出问题。针对荔枝花穗长、花量大易出现"花而不实"、人工疏花费时费工等生产问题，开展了不同荔枝花穗调控技术的研究与筛选，发明了花穗调控新方法，在系统研究荔枝花穗调控生理和分子机制的基础上，创建了荔枝花穗调控新技术，比传统处理方式省工90%，增产40%以上，节省疏花人工，促进了荔枝增产增效。针对荔枝品种结构失衡问题，系统评价了27个荔枝优良品种与'双肩玉荷包'等低质品种的高接亲和性，筛选出一批适合'双肩玉荷包'高接换代的优良品种，使早、中、晚熟荔枝品种布局更加均衡、合理，荔枝品种结构得到优化。创建荔枝高接新技术，包括枝组选择、接穗优选、嫁接方法、嫁接后栽培管理关键环节等，明确了"大枝嫁接"能有效地解决嫁接亲和性弱的问题，树冠快速形成和提早结果并提高抗风能力。根据服务产区的生产实际和技术需求开展技术服务及培训，进入体系来共组织30多场次的技术培训，共培训技术骨干、种植户等3 600多人次。培训内容涵盖生产的各个环节，从高接换种（密闭园改造技术）、肥水管理、花穗调控到病虫害防治，解决了荔枝龙眼生产中关键的问题，对不同区域的荔枝龙眼生产具有很大的促进作用。

先后参与或主持科技部成果转化、跨越计划、国家产业技术体系项目和广东省重点研发专项等项目10多项。2014年度获南亚所"科技创新先进个人"，2015入选热科院"十百千人才工程"千人计划，2017年入选广东省"扬帆"高层次人才计划。2018年分别以第一完成人和第二完成人通过中国农学会组织的科技成果评价2项。以第二完成人获得2008年海南省科技进步三等奖1项，以第三完成人获得2010—2011年度农业部中华农业科技一等奖1项。以第一完成人获国家发明专利2件，实用新型专利1件。以第一作者或通讯作者在《果树学报》等刊物发表研究论文30余篇，其中SCI收录3篇，CPCI-S收录会议论文1篇。

胡会刚 博士 副研究员 国家香蕉产业技术体系湛江综合试验站站长（1980.12—）

胡会刚，男，1980年12月生，籍贯湖北天门，华南农业大学园艺产品采后科学博士，副研究员，入选热科院千人计划、青年导师，现为国家香蕉产业技术体系湛江综合试验站站长，中国热带农业科学院南亚热带作物研究所香蕉研究室主任。

2007年加入中国热带农业科学院南亚热带作物研究所（以下简称南亚所）从事热带果实品质调控工作，主要研究了无核荔枝的无核机理。2008年7月至2011年6月在华南农业大学攻读博士学位。2011年7月博士毕业回南亚所，加入香蕉研究室从事热带果实生物活性物质研究工作。近年来研究了热带果实加工副产物中的多糖、多酚、膳食纤维等生物活性物质提取加工，特别在果实皮渣多糖研究上开展了大量的工作，研发了芒果菠萝皮渣多糖提取新技术，分析了芒果菠萝皮渣多糖的理化性质和表征，预测了皮渣多糖的结构，功能验证发现芒果皮渣多糖有显著抗癌作用，菠萝皮渣多糖有降血糖作用，初步构建了热带果实加工副产物的功能物质分离纯化鉴定评价体系，为热带果实加工废弃物利用提供了基础，这部分研究发表SCI论文3篇，授权发明专利2项，研发芒果多糖含片和饼干2个产品。同时研究香蕉类黄酮合成机理，揭示了香蕉类黄酮的不同组分和含量以及形成机理，这部分研究发表SCI论文2篇，授权实用新型专利一项。作为国家香蕉产业技术体系湛江试验站站长，团队突破香蕉杂交育种技术，获得300株以上杂交苗，研发香蕉枯萎病综合防控技术，助力粤西地区香蕉产业健康发展。主持公益性行业科研子项目（201503142-13，152万元），国家香蕉产业技术体系试验站项目（CARS-31-16）二类项目两项，结题海南省基金（312034）三类项目1项。以第一作者发表论文18篇，其中SCI论文7篇，其中SCI一区1篇，二区3篇，影响因子4.0以上论文4篇，累计影响因子25.0，授权发明专利3项，主编专著1部，副主编专著1部。

第八章  机构队伍

第一节　机构设置变迁

一、职责定位

1954年成立徐闻试验站，1955年更名为粤西试验站。根据查到最早的档案记录，粤西试验站的主要任务是：在华南热作所的统一领导下，除承担部分全国性的有关试验研究外，重点研究解决湛江地区橡胶育种、土壤改良、割胶制度、植保工作特别是小蠹虫防治及橡胶栽培技术中的关键问题，以及香料、剑麻和其他热带作物地区性引种试种工作。《中华人民共和国农垦部关于粤西试验站机构编制、任务和经费问题的决定》〔1962〕垦办型字第116号）。

1987年更名为南亚热带作物研究所，主要方向任务是：承担南亚热带地区作物资源的调查与利用的研究工作；进行橡胶树抗寒高产品系的培育研究；剑麻抗病高产品系的培育和栽培技术研究；并承担其他亚热带果树、花卉的栽培技术研究。（参见第十一章"七、关于农业部等九个部门所属科研机构改革方案的批复"）。

2002年国家科研机构管理体制改革，南亚所被定为非营利性科研机构（参见第十一章"六、七、八、九"）。

2007年至今南亚所的主要职责为：承担南亚热带作物应用基础研究、应用研究和重大关键技术研究；南亚热带作物种质资源收集、鉴定与利用；芒果、菠萝、澳洲坚果等南亚热带果树、剑麻等热带纤维新技术研究、新品种培育与示范；南亚热带生物质能源工程技术研究、南亚热带农业资源高效利用与良好环境生态建设关键技术研究与示范等职责。《农业部关于中国热带农业科学院主要职责内设机构和人员编制的批复》（农人发〔2007〕10号）。

二、内设机构设置

（一）行政管理机构

建站初期　1959年设有2个行政办公室：党团办公室，行政办公室（下设财供科、图书资料室）。

更名初期　1988年设有科办图书实验室管理科、人保科、机务办、党务办公室、基地科、计财科、站行政办；2002年设有行政办公室、人事科与党委办合署办公、科研办。

稳步发展期　2004 年设有综合办公室（含行政、人事、财务等秘书岗位）、产业办（行政、人事、财务及经管秘书）。2010 年设有综合办公室、基地与条件建设管理办公室、财务办公室、科研办公室、开发办公室、土地管理办公室；

跨越发展期　2015 年 10 月，所内设行政管理机构由科级建制升为副处级建制，设有 7 个行政处室：办公室，科技处，人事处，财务处，资产管理处，成果转化处，基地与条件建设处。2018 年 3 月按院深化改革工作部署，南亚热带作物研究室与湛江实验站合署办公，湛江站的管理工作人员融合到南亚所的 7 个行政处室中。

（二）科研内设机构

建站初期　1959 年设有 3 个研究组：橡胶研究组，香料研究组，经济作物研究组。

更名初期（1988 年）　直接按课题组管理，设有 9 个课题组：果树课题组，橡胶单倍体课题组，橡胶选育课题组，剑麻营养诊断课题组，剑麻育种课题组，坚果课题组，绿化课题组，芒果课题组，花卉课题组。

稳步发展期　2004 年，设有 6 个研究中心：南亚热带特色作物研究中心，南亚热带园艺植物研究中心，南亚热带作物环境与保护研究中心，实验中心，南亚热带作物种质资源研究中心，科技信息中心。2010 年，设有 6 个研究中心：热带果树研究中心，热带纤维与糖能作物研究中心，热带农业资源与环境研究中心，热带园艺产品采后生理与保鲜研究中心，休闲农业研究中心，种质资源研究中心（热带果树种质资源圃）。

跨越发展期　2013 年，设有 8 个研究室：南亚热带作物种质资源与育种研究室，南亚热带水果研究室，南亚热带坚果研究室，热带园艺产品采后保鲜研究室，热带糖料作物研究室，热带农业资源与环境研究室，休闲农业研究室。2017 年，设有 10 个研究室：南亚热带作物种质资源与育种研究室，南亚热带水果研究室，南亚热带坚果研究室，热带纤维作物研究室，热带园艺产品采后保鲜研究室，热带糖料作物研究室，热带农业资源与环境研究室，休闲农业研究室，玉米薯类研究室，热带经济林研究室。2018 年 3 月，按热科院深化改革工作部署，南亚热带作物研究所与湛江实验站合署办公，湛江站与南亚所的内设科研机构优化整合成 15 个研究室：南亚热带作物种质资源研究室、芒果研究室、菠萝研究室、香蕉研究室、坚果研究室、荔枝龙眼研究室、剑麻研究室、热带粮食与瓜菜研究室、热带园艺产品采后保鲜研究室、作物病虫害绿色防控研究室、植物营养研究室、休闲农业研究室、橡胶树抗寒研究室、热带旱作与节水技术研究室、热带循环农业研究室。

（三）其他附属机构

1959 年设有 5 个工人生产队：橡胶研究队，香料研究队，经济作物研究队，付业生产队、基建加工队。1964年，设有图书资料室、试验队等两个附设单位；建设农场（土壤改良）、东方农场（抗寒育种）两个试验点。2000年设有园林中心、旅游公司、服务公司、保卫科、一队、二队、学校；2004年设有农业开发中心（含一队、二队）、园林工程中心、南亚热带植物园、后勤服务中心、霞山物业中心、保安队、学校（停办中学）。2010年，设有园林中心、南亚热带植物园（科普教育中心）、良种苗木繁育中心、霞山物业中心、保安队。2015年，设有南亚热带植物园（科普教育中心）、园林中心、大田材料生产中心、良种苗木繁育中心。2018年，设有园林中心、良种苗木繁育中心、南亚热带植物园（科普教育中心）、农业试验材料中心。

第二节　历任领导班子

南亚所发展至今，共经历15届领导班子，2007年核定南亚所所级领导职数5人。建站时，任命张日奎为站长、书记，2018年3月，南亚所和湛江站融合发展，领导班子一体化，组建成现任领导班子，但在1969年至1974年期间，粤西试验站划归兵团第八师管辖，曾更名为"八师试验站"，1973年恢复"粤西试验站"名称，在此期间未查到更详尽的干部任免档案资料。

一、现任领导班子

所长徐明岗（2017.02—）

党委副书记（主持工作）杜丽清（2017.07—）

副所长江汉青（2017.10—）　　副所长李端奇（2017.10—）　　副所长陈佳瑛（2018.06—）

二、历届领导班子成员名单

南亚所历任领导班子任职情况见表 8-1。

表 8-1　南亚所历任领导班子及任职时间

届数	站长/所长（任职时间）	党委书记（任职时间）	领导副职（任职时间）
第一届	张日奎（1954—1955 年）	张日奎（1954—1955 年）	
第二届	张连三（1955—1961 年）	张连三（1955—1961 年）	梁中光（1958—1960 年） 庞廷祥（1957—1961 年）
第三届	王勋（1961—1968 年）	张汝法（1961—1968 年）	庞廷祥（1961—1968 年）
第四届	张汝法（1968—1974 年）	张汝法（1968—1974 年）	庞廷祥（1968—1974 年） 任惠臣（1972—1974 年）
第五届		谭坤（1974—1977 年）	庞廷祥（1975—1977 年） 任惠臣（1974—1975 年） 郑立生（1976—1977 年） 陈作泉（1976—1977 年）
第六届	戴济（1976—1985 年）	谭坤（1977—1984 年）	庞廷祥（1977—1985 年） 郑立生（1977—1984 年） 陈作泉（1977—1984 年） 黄华佑（1977—1983 年） 刘旺进（1984—1985 年） 余让水（1984—1985 年）
第七届	陈作泉（1985—1991 年）	戴济（1985—1987 年） 余让水（1987—1991 年）	庞廷祥（1985—1987 年） 余让水（1985—1987 年） 胡继胜（1985—1991 年） 李昌（1987—1991 年）

（续表）

届数	站长/所长 （任职时间）	党委书记 （任职时间）	领导副职（任职时间）
第八届	莫善文 （1992—1994年）	李昌 （1991—1995年）	黄祖传（1992—1994年） 程儒雄（1992—1994年）
第九届	肖邦森 （1995—1999年）	张海林 （1998—1999年）	黄祖传（1994—1995年） 程儒雄（1994—1997年） 孙光明（1995—1999年） 何进威（？—1998年）
第十届	孙光明 （1999—2003年）	陈永辉 （1999—2003年）	陆超忠（1999—2003年）
第十一届	易克贤 （2003—2006年）	陈永辉 （2003—2005年）	陆超忠（2003—2006年） 罗萍（2003—2006年）
第十二届	孙光明 （2006—2010年）	窦美安 （2006—2008年） （副书记主持工作） 谢江辉 （2008—2010年）	陆超忠（2006—2010年） 罗萍（2006—2008年） 窦美安（2006—2010年） 谢江辉（2006—2008年） 张令宏（2008—2010年）
第十三届	谢江辉 （2010—2015年）	孙好勤 （2010—2012年） 王家保 （2012—2014年） 秦福增 （2014—2015年）	詹儒林（2010—2015年） 杜丽清（2010—2015年） 李端奇（2010—2015年） 江汉青（2011—2015年）
第十四届	杜丽清 （2015—2017年） （副所长主持工作）	秦福增 （2015—2017年）	杜丽清（2015—2017年） 詹儒林（2015—2017年） 李端奇（2015—2016年） 王秀全（2016—2017年）
第十五届	徐明岗 （2017年—）	杜丽清 （2017年—） （副书记主持工作）	杜丽清（2017年—） 詹儒林（2015—2018年） 江汉青（2017年—） 李端奇（2017年—） 陈佳瑛（2018年—）

第三节　人事变迁

65年发展的历史进程中，由于各个历史时期的发展情况变化比较大，部分花名册遗失，按现有资料统计，共计在南亚所工作的正式职工人数为1 600多人。

一、建站初期

在找到最早的 1955 年在所工作人员名录中,工作人员总数 72 人,其中干部 26 人、工人 46 人,主要任务是解决粤西地区橡胶生产发展中出现的关键性技术问题。

1968 年,工作人员总数已经增加到 253 人,其中干部 77 人、工人 176 人。重点研究解决湛江地区橡胶育种、土壤改良、割胶制度、植保工作特别是小蠹虫防治及橡胶栽培技术中的关键问题,以及香料、剑麻和其他热带作物地区性引种试种工作。

1974 年,核定编制数:科技人员 70 名,管理干部 20 名,附属单位中小学 17 人,医务室 5 人,外事接待 6 人,核定 5 个生产队,工人 340 名,共计 458 人。主要研究任务是:橡胶树抗寒育种栽培、土壤肥料热作引种试种及推广。1978 年,工作人员总数已经发展到 426 人,其中干部 91 人、工人 335 人。

南亚所各阶段在职职工基本情况见表 8-2、表 8-3、表 8-4、表 8-5 和表 8-6。

表 8-2 1955 年在所工作人员名录

序号	姓名	性别	职务	参加工作时间	序号	姓名	性别	职务	参加工作时间
1	张连三	男	站长	1945 年	37	刘雅	男	试验工	1952 年
2	陈惠双	男	管理员	1949 年	38	张惠英	男	胶园工	1952 年
3	韦云生	男	干事	1949 年	39	梁培昌	男	胶园工	1952 年
4	胡鸿海	男	文书	1950 年	40	陈如情	男	胶园工	1952 年
5	黄泽彰	男	会计	1952 年	41	蔡权英	女	胶园工	1952 年
6	黄裕成	男	保养员	1951 年	42	谢绍光	男	胶园工	1952 年
7	梁林	男	统计报务员	1951 年	43	余德芬	男	苗圃工	1952 年
8	谭美颜	女	会计	1952 年	44	梁寿照	男	苗圃工	1952 年
9	莫裕洲	男	医士	1951 年	45	何福娇	女	苗圃工	1952 年
10	陈代琨	男	技术员	1950 年	46	曾苏娟	女	苗圃工	1953 年
11	邱绍先	男	助理员	1949 年	47	梁惠娟	女	苗圃工	1952 年
12	许能琨	男	技术员	1952 年	48	吴金德	男	苗圃工	1952 年
13	刘唯行	男	技术员	1952 年	49	姚平	女	苗圃工	1952 年
14	万国保	男	技术员	1952 年	50	张美安	男	机动工	1952 年
15	吕燧生	男	技术员	1952 年	51	邱志光	男	机动工	1952 年
16	何国强	男	技术员	1952 年	52	蔡学智	男	机动工	1952 年
17	范道生	男	司机		53	林呈英	女	机动工	1952 年

(续表)

序号	姓名	性别	职务	参加工作时间	序号	姓名	性别	职务	参加工作时间
18	刘丽容	女	实习生	1953年	54	谢瑞珍	女	机动工	1952年
19	吴代忠	男	技术员	1952年	55	吕荣中	男	机动工	1952年
20	邓拔萃	男	技术员	1952年	56	吴绍海	男	炊事员	1952年
21	韦鸿棠	男	技术员	1952年	57	黄志平	女	炊事员	1953年
22	郑连曾	男	技术员	1952年	58	蔡猷添	男	炊事员	1952年
23	梁爱珍	女	实习生	1953年	59	朱建全	女	炊事员	1953年
24	陈永开	男	练习生	1955年	60	刘华三	男	炊事员	1952年
25	谢峻乃	男	观测员	1951年	61	刘清棠	男	通公员	1949年
26	林德波	男	练习生	1955年	62	杨碧芳	女	通公员	1953年
27	唐家兴	男	练习生	1955年	63	钟林	男	烟胶工	1952年
28	卫鸿荣	男			64	陈三盛	男	胶园工	1952年
29	温祥木	男	试验工	1952年	65	唐家栋	男	寒窖工	1953年
30	李社根	男	试验工	1953年	66	温意	男	寒窖工	1952年
31	刘观祥	男	试验工	1952年	67	崔文龙	男	寒窖工	1952年
32	刘京洲	男	试验工	1952年	68	许春光	男	寒窖工	1952年
33	王吉耿	男	试验工	1952年	69	莫祖流	男	寒窖工	1952年
34	邓福兴	男	试验工	1952年	70	梁明龙	男	寒窖工	1952年
35	冯宏锋	男	试验工	1953年	71	范道生	男		1949年
36	陆胜	男	试验工	1952年	72	梁美玉	女		1952年

表8-3 1968年在所工作人员名录

序号	姓名	性别	职务	参加工作时间	序号	姓名	性别	职务	参加工作时间
1	张连三	男	站长	1945年	37	刘雅	男	试验工	1952年
2	陈惠双	男	管理员	1949年	38	张惠英	男	胶园工	1952年
3	韦云生	男	干事	1949年	39	梁培昌	男	胶园工	1952年
4	胡鸿海	男	文书	1950年	40	陈如情	男	胶园工	1952年
5	黄泽彰	男	会计	1952年	41	蔡权英	女	胶园工	1952年
6	黄裕成	男	保养员	1951年	42	谢绍光	男	胶园工	1952年
7	梁林	男	统计报务员	1951年	43	余德芬	男	苗圃工	1952年
8	谭美颜	女	会计	1952年	44	梁寿照	男	苗圃工	1952年

(续表)

序号	姓名	性别	职务	参加工作时间	序号	姓名	性别	职务	参加工作时间
9	莫裕洲	男	医士	1951 年	45	何福娇	女	苗圃工	1952 年
10	陈代琨	男	技术员	1950 年	46	曾苏娟	女	苗圃工	1953 年
11	邱绍先	男	助理员	1949 年	47	梁惠娟	女	苗圃工	1952 年
12	许能琨	男	技术员	1952 年	48	吴金德	男	苗圃工	1952 年
13	刘唯行	男	技术员	1952 年	49	姚平	女	苗圃工	1952 年
14	万国保	男	技术员	1952 年	50	张美安	男	机动工	1952 年
15	吕燧生	男	技术员	1952 年	51	邱志光	男	机动工	1952 年
16	何国强	男	技术员	1952 年	52	蔡学智	男	机动工	1952 年
17	范道生	男	司机		53	林呈英	女	机动工	1952 年
18	刘丽容	女	实习生	1953 年	54	谢瑞珍	女	机动工	1952 年
19	吴代忠	男	技术员	1952 年	55	吕荣中	男	机动工	1952 年
20	邓拔萃	男	技术员	1952 年	56	吴绍海	男	炊事员	1952 年
21	韦鸿棠	男	技术员	1952 年	57	黄志平	女	炊事员	1953 年
22	郑连曾	男	技术员	1952 年	58	蔡猷添	男	炊事员	1952 年
23	梁爱珍	女	实习生	1953 年	59	朱建全	女	炊事员	1953 年
24	陈永开	男	练习生	1955 年	60	刘华三	男	炊事员	1952 年
25	谢峻乃	男	观测员	1951 年	61	刘清棠	男	通公员	1949 年
26	林德波	男	练习生	1955 年	62	杨碧芳	女	通公员	1953 年
27	唐家兴	男	练习生	1955 年	63	钟林	男	烟胶工	1952 年
28	卫鸿荣	男			64	陈三盛	男	胶园工	1952 年
29	温祥木	男	试验工	1952 年	65	唐家栋	男	寒窖工	1953 年
30	李社根	男	试验工	1953 年	66	温意	男	寒窖工	1952 年
31	刘观祥	男	试验工	1952 年	67	崔文龙	男	寒窖工	1952 年
32	刘京洲	男	试验工	1952 年	68	许春光	男	寒窖工	1952 年
33	王吉耿	男	试验工	1952 年	69	莫祖流	男	寒窖工	1952 年
34	邓福兴	男	试验工	1952 年	70	梁明龙	男	寒窖工	1952 年
35	冯宏鐽	男	试验工	1953 年	71	范道生	男		1949 年
36	陆胜	男	试验工	1952 年	72	梁美玉	女		1952 年
37	肖陈保	男	研究实习员	1959 年	164	黄王芳	女		1953 年
38	周道隆	男	研究实习员	1961 年	165	李菜英	女		1952 年
39	梁福露	女	研究实习员	1959 年	166	李爱香	女	试用工	1965 年

(续表)

序号	姓名	性别	职务	参加工作时间	序号	姓名	性别	职务	参加工作时间
40	安贤书	男	研究实习员	1960 年	167	叶美君	女	试用工	1965 年
41	陈焕新	男	研究实习员	1960 年	168	陆有帮	女		
42	吴耀吕	男	研究实习员	1956 年	169	杨秀平	女		1958 年
43	翁彖瑜	女	研究实习员	1956 年	170	李陈轩	女	班长	1953 年
44	梁丽开	女	研究实习员	1961 年	171	黄那娘	女		1952 年
45	杨鸿祚	男	研究实习员	1955 年	172	李克民	女		1960 年
46	赵田凤	男	研究实习员	1961 年	173	李康招	女		1953 年
47	李有德	男	研究实习员	1961 年	174	李流传	男	临时工	
48	万国保	男	研究实习员	1952 年	175	邹元盛	男		1953 年
49	邱绍先	男	研究实习员	1949 年	176	彭英文	男		
50	何瑞尖	男	研究实习员	1962 年	177	林秀梅	女		1960 年
51	王书雄	男	研究实习员	1962 年	178	林少英	女		1960 年
52	周志才	男	研究实习员	1963 年	179	陈梅英	女		1960 年
53	黄祖传	男	研究实习员	1963 年	180	彭桂熙	女	临时工	
54	符史新	男	研究实习员	1964 年	181	吴玉桂	女		
55	陈朝盛	男	研究实习员	1964 年	182	梁雪清	女		
56	谭炽昌	男	研究实习员	1964 年	183	李大发	女		
57	江朝书	女	研究实习员	1953 年	184	李王保	女	五保户	
58	庞任声	男	研究实习员	1952 年	185	王运贝	女		1953 年
59	岑洁荣	女	研究实习员	1964 年	186	赵慎宏	男		1956 年
60	符梅忠	男	研究实习员	1964 年	187	蔡观爱	男	班长	1952 年
61	陈振戴	男	研究实习员	1965 年	188	肖康居	男		1960 年
62	叶安梅	女	研究实习员	1965 年	189	梁那坎	男		1953 年
63	吕秋明	女	研究实习员	1965 年	190	叶华强	男		1956 年
64	黄燕群	男	研究实习员	1965 年	191	黄桂芳	女		1953 年
65	沈宜辉	男	研究实习员	1965 年	192	陈碧珍	女		1965 年
66	彭志辉	男	研究实习员	1965 年	193	蔡慧云	女		1960 年
67	何子福	男	研究实习员	1965 年	194	黄淑英	女		1960 年
68	邱建德	女	研究实习员	1965 年	195	林进英	女		1960 年
69	祝成慎	男	技助	1959 年	196	张彩英	女		1960 年
70	张建珍	男	技助	1959 年	197	梁那京	男	班长	1952 年

(续表)

序号	姓名	性别	职务	参加工作时间	序号	姓名	性别	职务	参加工作时间
71	黄进昌	男	技助	1959年	198	刘京洲	男		1952年
72	杨华共	男	技助	1959年	199	陈炳熙	男		1952年
73	李仍然	男	技助	1959年	200	李康疗	男		1960年
74	刘振光	男	技助	1959年	201	邱天送	男		1953年
75	谢善昌	男	技助	1959年	202	莫祖流	男		1953年
76	李月珍	女	图书管理员	1956年	203	唐家栋	男		1953年
77	郭森元	男	技术员	1956年	204	郑发卿	男		1953年
78	邱石金	男	生产班长	1953年	205	谭庆	男		1953年
79	邱水妹	女		1960年	206	冯国树	男		1953年
80	梁那理	男		1953年	207	邹菜琴	女	临时工	
81	李秀兴	女		1953年	208	孔繁恩	男	试用工	1965年
82	黄秀清	女		1960年	209	陈水拾	男		1953年
83	赖秀莲	女		1960年	210	刘福利	男	班长	1953年
84	廖碧英	女		1960年	211	余那二	男		1953年
85	邱天光	男		1953年	212	许宏由	男		1953年
86	翁潘	男		1956年	213	梁那赤	男		1952年
87	黄连	男		1952年	214	彭那处	男		1952年
88	梁少珍	女		1965年	215	彭康寒	男		1960年
89	黄亚辉	男		1965年	216	甘裕昌	男		1953年
90	徐双全	男		1965年	217	陈那捞	男	班长	1953年
91	冯赞豪	男			218	林元绪	男		1952年
92	张淑华	女		1960年	219	李光荣	男		1960年
93	梁康杨	男	班长	1953年	220	黄盛	男		1953年
94	李康连	男	班长	1966年	221	吴绍海	男		1952年
95	吴那天	男	班长	1952年	222	李王益	男		1960年
96	黄日胜	男	班长	1952年	223	林康平	男		1966年
97	林日清	男	班长	1953年	224	李元茂	男		1956年
98	许康章	男	班长	1960年	225	韩亚茂	男		1952年
99	陈木生	男		1965年	226	林华清	男		1956年
100	杨荣	男		1965年	227	吴培富	男		1953年
101	朱汉玉	女		1960年	228	戴康生	男		1953年

(续表)

序号	姓名	性别	职务	参加工作时间	序号	姓名	性别	职务	参加工作时间
102	许福兴	女		1960年	229	梁金养	男		1953年
103	杨桂英	女		1960年	230	施周隆	男		1953年
104	周俊芳	女		1960年	231	梁那水	男		1953年
105	钟粉兰	女		1966年	232	孙康典	男		1953年
106	林菜梅	女			233	林益用	男		1953年
107	招桂英	女			234	林那寿	男		1960年
108	韩少梅	女		1966年	235	李康玉	男		1960年
109	韦公林	男	班长	1953年	236	陈学优	男		1953年
110	陈那觉	男	班长	1953年	237	陈秀玉	女		1960年
111	冯那傲	男		1953年	238	吴那成	男		1953年
112	许康英	男		1966年	239	曾发	男		1960年
113	郑心明	男		1965年	240	徐武发	男		1953年
114	陈伟胜	男		1965年	241	吴珍平	女		1956年
115	梁美玉	女		1952年	242	叶秀莲	女		1953年
116	陈秀珍	女		1960年	243	梁少芳	女		1960年
117	杨菜成	女		1960年	244	林琼珍	女		1960年
118	林秀荣	女		1960年	245	邓德恩	女		1960年
119	黄少莲	女		1960年	246	柯桂英	女		1958年
120	徐桂英	女		1960年	247	陈凤连	女		1962年
121	张菜英	女		1960年	248	洪秀荣	女		1960年
122	卓秀琼	女			249	陈杨娣	女		1960年
123	许康谢	男			250	李少玲	女		1958年
124	陈莲伟	女		1966年	251	李秀霞	女		1958年
125	陈燕平	女		1966年	252	邱细妹	女		1958年
126	李克泉	男	班长	1953年	253	留玉英	女		1960年
127	李光卿	男	班长	1953年					

表8-4　1978年在所工作人员名录

序号	姓名	性别	职务	参加工作时间	序号	姓名	性别	职务	参加工作时间
1	谭坤	男	党委书记	1944年	214	彭权仪	男		1975年

(续表)

序号	姓名	性别	职务	参加工作时间	序号	姓名	性别	职务	参加工作时间
2	戴济	男	站长兼副书记	1952年	215	李蔡清	女		1972年
3	黄华佑	男	党委副书记	1951年	216	梁相春	男		1974年
4	陈作泉	男	副站长	1954年	217	刘秋平	男		1974年
5	郑立生	男	副站长	1945年	218	梁瑞容	女		1972年
6	张连三	男	副站长	1945年	219	林蔡莲	女		1973年
7	庞廷祥	男	副站长	1949年	220	唐建兴	男		1976年
8	李昌	男	政治处副主任	1960年	221	陈秀云	女		1972年
9	彭志辉	男	政治处干卫	1965年	222	叶爱主	女		1977年
10	江木才	男	政治处干卫	1969年	223	张彩英	女		1958年
11	邓次珍	男	政治处干卫	1959年	224	杨蔡成	女		1958年
12	林瑞沂	女	政治处干卫	1953年	225	陈雪芳	女		1958年
13	华正生	男	政治处干卫	1964年	226	彭荣英	女		1958年
14	蔡岳	男	行政办主任	1949年	227	李克明	男		1958年
15	董万林	男	行政办干卫	1946年	228	洪秀荣	女		1958年
16	王俊清	男	行政办干卫	1949年	229	陈凤莲	女		1962年
17	张云先	女	行政办干卫	1949年	230	肖康居	男		1958年
18	谢惠云	女	行政办干卫	1952年	231	许福兴	男		1958年
19	李月珍	女	图书管理员	1956年	232	何辉琼	女		1966年
20	余振新	男	会计	1953年	233	张福进	男		1968年
21	袁惠珠	女	出纳	1952年	234	曹脱女	女		1970年
22	梁林	男	保管员	1951年	235	杨月兰	女		1970年
23	陈那捞	男	保管员	1953年	236	唐美芳	女		1968年
24	程章溜	男	机关食堂总务	1964年	237	方少逾	男		1968年
25	李仍然	男	采购员	1959年	238	张映雪	女		1969年
26	王勋	女		1937年	239	吴桂平	女		1971年
27	肖崇德	男	科研生产办公室主任	1952年	240	邹蔡荣	女		1969年
28	肖吉珍	男	科研生产办公室副主任	1959年	241	肖春如	女		1969年
29	吴铁胜	男	科研生产办公室干卫	1951年	242	陈日兴	男		1968年
30	张永祥	男	技术员	1968年	243	陈富宏	男		1970年

(续表)

序号	姓名	性别	职务	参加工作时间	序号	姓名	性别	职务	参加工作时间
31	谢善昌	男	技术员	1953年	244	吕爱芳	女		1971年
32	吴耀间	男	技术员	1956年	245	王 粦	女		1970年
33	庞任声	男	技术员	1952年	246	曾丽荣	女		1971年
34	马丽珠	女	技术员	1960年	247	辛平英	女		1971年
35	曾幼佛	男	技术员	1952年	248	周朝芳	女		1971年
36	杨华共	男	技术员	1959年	249	李秀梅	女		1967年
37	谭炳昌	男	技术员	1964年	250	韩亚英	女		1971年
38	许惠珊	女	技术员	1964年	251	吴国贵	男		1968年
39	吴健飞	男	技术员	1967年	252	林罗军	男		1968年
40	李佩君	女	技术员	1964年	253	陈媚娟	女		1956年
41	赵田风	男		1961年	254	廖碧英	女		1958年
42	李桂生	男	技术员	1958年	255	赖秀莲	女		1958年
43	梁福露	女	技术员	1959年	256	吴海全	男		1958年
44	翁家瑜	女	技术员	1956年	257	邱水妹	女		1960年
45	张健珍	男	技术员	1959年	258	黄秀清	女		1958年
46	邱绍先	男	技术员	1949年	259	彭英养	男		1958年
47	万国保	男	技术员	1952年	260	郑发卿	男		1952年
48	李有德	男	技术员	1961年	261	陈丽娟	女		1971年
49	韦素洁	女	技术员	1952年	262	林爱妹	女		1971年
50	许能琨	男	技术员	1952年	263	陈康强	男		1968年
51	符梅忠	男	技术员	1964年	264	梁美玉	女		1952年
52	江朝书	女	技术员	1952年	265	邱石金	男		1953年
53	陈震飞	男	技术员	1965年	266	黄桂芳	女		1953年
54	郑心柏	男	技术员	1956年	267	许伟文	男		1952年
55	周志才	男	技术员	1963年	268	许春先	男		1952年
56	何瑞光	男	技术员	1962年	269	陈炳熙	男		1953年
57	郭森元	男	技术员	1956年	270	谭庆	男		1953年
58	符史新	男	技术员	1964年	271	邱天送	男		1953年
59	岑洁荣	女	技术员	1964年	272	邓福兴	男		1952年
60	付远志	男	技术员	1964年	273	杨存类	男		1963年
61	刘振光	男	技术员	1960年	274	杨荣	男		1965年

(续表)

序号	姓名	性别	职务	参加工作时间	序号	姓名	性别	职务	参加工作时间
62	郭树仁	男	学校党支部书记	1958年	275	肖梅兰	女		1961年
63	杨玲英	女	教师	1965年	276	杨桂英	女		1958年
64	曾宪琴	女	教师	1963年	277	许康英	男		1964年
65	邱其洁		教师	1966年	278	李光生	男		1958年
66	苏秋红	女	教师	1964年	279	全秀芳	女		1958年
67	许康谢	男	教师	1962年	280	林秀荣	女		1958年
68	林孟娟	女	教师	1968年	281	朱汉玉	女		1958年
69	孔繁思	男	教师	1965年	282	林秀梅	女		1959年
70	袁新艳	女	教师	1962年	283	陈招娣	女		1952年
71	留玉英	女	教师	1960年	284	陈延兰	男		1952年
72	李爱香	女	教师	1965年	285	李克泉	男		1953年
73	林岳	男	教师	1970年	286	叶秀莲	女		1952年
74	戴春辉	女	教师	1971年	287	黄华玉	男		1952年
75	莫妙琼	女	医士	1952年	288	陈李生	男		1952年
76	冯雪萍	女	医生	1968年	289	冯那傲	男		1952年
77	陈光瑞	女	护士	1956年	290	吴那成	男		1952年
78	林秋觉	男	商店负责人	1952年	291	林国	男		1956年
79	钱云显	男	机务基建队党支书、中队长	1965年	292	吴珍平	女		1952年
80	许宏由	男	机务基建队副队长	1952年	293	陈仁英	女		1958年
81	邱运洪	男	机务基建队副队长	1952年	294	林少英	女		1958年
82	黄清	女	机务基建队统计员	1953年	295	徐桂英	女		1958年
83	蔡传蕾	男	一队代党支书	1956年	296	陈杨娣	女		1958年
84	陈那宁	男	一队队长	1952年	297	李光荣	男		1958年
85	陈术生	男	一队副队长	1965年	298	周俊芳	女		1958年
86	刘京洲	男	一队副队长	1952年	299	李王益	男		1959年
87	蔡桂让	男	一队统计员	1964年	300	彭康实	男		1962年
88	余锦贤	男	二队党支书	1953年	301	张秀荣	女		1958年
89	梁那赤	男	二队副队长	1952年	302	邓德恩	女		1958年

（续表）

序号	姓名	性别	职务	参加工作时间	序号	姓名	性别	职务	参加工作时间
90	陈那觉	男	二队副队长	1953年	303	许康碧	男		1968年
91	陈伟胜	男	二队统计员	1965年	304	唐彩明	女		1972年
92	郑兰英	女	服务员	1971年	305	张源财	男		1970年
93	蔡洁娜	女	保管员	1970年	306	杨锦涛	男		1970年
94	李秀兰	女		1971年	307	程英瑜	女		1970年
95	吴春乔	女	服务员	1971年	308	蔡绿英	女		1969年
96	冯那鸟	男		1952年	309	林勇英	女		1970年
97	林元绪	男	炊事员	1952年	310	涂小玲	女		1968年
98	李陈轩	男	炊事班长	1953年	311	黄启业	女		1971年
99	王运贝	男	炊事员	1952年	312	吴飞球	男		1971年
100	黄盛	男	炊事员	1953年	313	王素文	女		1977年
101	李康招	男	邮电银行代办	1952年	314	宋文成	男		1977年
102	莫祖流	男		1953年	315	刘毅	男		1977年
103	唐家栋	男		1952年	316	冯宏林	男		1977年
104	罗惠华	女		1967年	317	曾勇（曾运才）	男		1977年
105	蔡细芝	女		1970年	318	陶峰	男		1977年
106	陈卿	女		1970年	319	梁凤英	女		1977年
107	陈丽珊	女	卫生员	1968年	320	冯玉华	女		1977年
108	郑云雫	女	炊事员	1970年	321	彭淑珍	女		1977年
109	陈少兰	女		1959年	322	李美蓉	女		1977年
110	罗建彩	女		1958年	323	梁兰英	女		1972年
111	杨莲英	女		1958年	324	梁秀金	女		1977年
112	高佛实	男	炊事员	1964年	325	陈玉明	男		1977年
113	梁雪莲	女	打字员	1976年	326	李才珠	女		1977年
114	郑云飞	男	电话员	1984年	327	彭奢	男		1958年
115	谭丽华	女	电话员	1973年	328	李淑珍	女		1969年
116	章徐珍	女	服务员	1975年	329	李伟	男		1959年
117	余华娟	女	电话员	1976年	330	罗布强	男		1969年
118	梁竞荣	男		1976年	331	吴雪琴	女		1976年
119	占日弟	男	拖拉机手	1968年	332	邱建美	女		1976年

(续表)

序号	姓名	性别	职务	参加工作时间	序号	姓名	性别	职务	参加工作时间
120	林玉鹏	男	学习司机	1971年	333	林学智	男		1974年
121	梁那水	男	拖拉机手	1952年	334	蔡志勇	男		1976年
122	曾发	男	电工	1956年	335	李康广	男		1976年
123	罗玉良	男	电工	1969年	336	曾迪	男		1974年
124	肖士林	男	铁工	1970年	337	吴那清	男		1972年
125	李康玉	男	拖拉机手	1958年	338	吴飞强	男		1973年
126	梁金养	男	司机	1953年	339	倪月婵	女		1969年
127	戴康生	男	司机	1952年	340	卢珠芳	女		1971年
128	梁康物	男	农工	1952年	341	林珠明	女		1970年
129	王昌德	男	司机	1953年	342	许福荣	男		1971年
130	赵慎宏	男	学习司机	1956年	343	洪权有	男		1968年
131	甘裕昌	男	木工	1953年	344	彭月英	女		1971年
132	梁那赤	男	木工	1952年	345	梁康海	男		1968年
133	陈铜与	男	木工	1970年	346	林丽娟	女		1971年
134	刘福利	男	水工班长	1952年	347	陈福生	男		1971年
135	彭那处	男	水工	1952年	348	黄文华	女		1971年
136	何荣诗	女		1967年	349	徐武发	男	班长	1952年
137	洪秀莲	女		1967年	350	邹元盛	男		1952年
138	梁雪清	女		1965年	351	林益用	男	班长	1952年
139	曾招钟	男	割胶	1963年	352	林日清	男		1953年
140	叶佛婵	男	副班长	1962年	353	黄那娘	男		1952年
141	邢昌戴	男		1963年	354	孙康典	男	班长	1952年
142	彭康寒	男	水工	1960年	355	梁那波	男		1952年
143	许康宇	男	水工	1964年	356	李荣英	女		1952年
144	占娘贵	男	拖拉机手	1964年	357	林荣秋	男		1952年
145	李平仔	男		1974年	358	李阳福	男	班长	1968年
146	李康福	男		1976年	359	肖秋实	男		1969年
147	莫鹰	男		1976年	360	王建军	男	卫生员	1970年
148	蔡美莲	女		1976年	361	张淑华	女		1959年
149	董海华	男	拖拉机手	1973年	362	李康盛	男		1959年
150	吴细琴	女	拖拉机手	1974年	363	王正芳	女		1955年

(续表)

序号	姓名	性别	职务	参加工作时间	序号	姓名	性别	职务	参加工作时间
151	林少妹	女	拖拉机手	1974年	364	韦公林	男	班长	1953年
152	李平贵	男	拖拉机手	1974年	365	李秀兴	女		1953年
153	余德华	男	拖拉机手	1974年	366	梁那坎	男	班长	1953年
154	王保生	男	拖拉机手	1976年	367	李光卿	男		1953年
155	许珠明	男	拖拉机手	1976年	368	蔡观爱	男	班长	1952年
156	蔡志卫	男	拖拉机手	1976年	369	林美兰	女		1972年
157	林光明	男	拖拉机手	1976年	370	李康泗	男		1972年
158	彭秋华	男		1977年	371	钟群珍	女		1972年
159	谢华标（谢水兴）			1977年	372	郑云凤	女		1976年
160	王锦文	男		1977年	373	陈光辉	男		1977年
161	林广泰	男		1977年	374	张跃进	男		1977年
162	张斯林	女		1973年	375	徐文明	男		1977年
163	胡永明	男		1971年	376	杨红宇	女		1977年
164	黄少莲	女		1958年	377	六剑棠	男		1977年
165	麦洁芳	女		1965年	378	汤桂洪	男		1977年
166	林琼珍	女		1958年	379	邹康亮	男	班长	1966年
167	李康辽	男		1960年	380	招桂英	女		1965年
168	卓秀琼	女		1964年	381	林梅英	女		1958年
169	林进英	女		1958年	382	林秀平	女		1958年
170	吴少芳	女		1965年	383	冯昌乐	男	班长	1965年
171	吴玉贵	女		1958年	384	黄少英	女		1958年
172	李康运	男		1962年	385	戚华平	女		1964年
173	杨川	女		1966年	386	许康章	男		1958年
174	许日金	女		1966年	387	彭桂坚			1958年
175	孙国元	男		1965年	388	张菜英	女		1958年
176	朱凤英	女		1966年	389	邱满妹	女		1967年
177	黄志平	女		1957年	390	黄建珍	女		1971年
178	柯桂英	女		1960年	391	黄少莲	女		1971年
179	蔡茂	男		1963年	392	付康成	男		1968年
180	陈玉平	女		1965年	393	苏权	女		1968年

(续表)

序号	姓名	性别	职务	参加工作时间	序号	姓名	性别	职务	参加工作时间
181	李大利	男		1958年	394	黄碧娜	女		1970年
182	李王保	男			395	李拾来	男		1971年
183	陈金玉	女			396	洪莲英	女		1960年
184	吴岳秀	男		1971年	397	张那寿	男		1958年
185	邹中朝	男		1969年	398	黄淑英	女		1958年
186	蔡带娣	女		1971年	399	杨锦寿	男		1963年
187	林娥	女		1970年	400	郑观元	男		1966年
188	赖敏	女		1970年	401	李日旺	男		1966年
189	放映芳	女		1976年	402	梁爱琼	女		1966年
190	陈秀珍	女		1958年	403	陈梅英	女		1958年
191	李香雩（李小平）	女		1960年	404	黄月珠	女		1958年
192	罗美英	女		1960年	405	叶志荣	男		1965年
193	梁美华	女		1958年	406	林康平	男		1961年
194	肖卫民	男		1976年	407	梁少芳	女		1958年
195	刘秋荣	男		1975年	408	孙立英（孙林音）	女		1977年
196	吕伶华	女		1976年	409	黄光平	男		1977年
197	郑慧娟	女		1976年	410	王桂兰	女		1977年
198	谢明月	女		1976年	411	张善	女		1977年
199	何秀英	女		1975年	412	周丽明	女		1977年
200	张浩	男		1975年	413	庞秀萍	女		1977年
201	吴康能	男		1976年	414	陈红兵			1977年
202	彭雪琴	女		1975年	415	李志强			1977年
203	梁凤珠	女		1975年	416	韩广芳	男		1977年
204	谭桂珍	女		1976年	417	程红玲	女		1977年
205	黄建忠	男		1976年	418	黎卫	女		1977年
206	张新英	女		1976年	419	冼惠冰	女		1977年
207	陈影华	女		1975年	420	何明	男		1977年
208	黄建国	男		1976年	421	刘献民			1977年
209	黄少芳	女		1975年	422	孙素兰	女		1977年
210	李那赤	男		1975年	423	林永青	男		1977年

(续表)

序号	姓名	性别	职务	参加工作时间	序号	姓名	性别	职务	参加工作时间
211	邱天来	男		1973年	424	王小珠（王春红）	女		1977年
212	李庆文	男		1973年	425	邓保	男		1977年
213	陈彩梅	女		1972年	426	伍佔东	男		1977年

二、更名初期

在更名初期，南亚所的主要方向任务也发生了变化，除仍继续进行橡胶树抗寒高产品系的培育研究外，还承担南亚热带地区作物资源的调查与利用，剑麻抗病高产品系的培育和栽培技术；以及其他亚热带果树，花卉的栽培技术研究工作。1988年至1990年核定南亚所人员编制总数为440人，其中行政事业编制152人，社会事业编制270人，附属企业编制18人，干部定员142人，工人定员298人。1988年全所工作人员总数为365人，其中干部98人，工人267人。

表8-5　1988年在所工作人员名录

序号	姓名	性别	职务	参加工作时间	序号	姓名	性别	职务	参加工作时间
1	陈作泉	男	站长/研究员	1954年	184	冯文光	男	工人	1981年
2	余让水	男	书记/副研	1967年	185	李美清	女	工人	1981年
3	胡继胜	男	副站长/副研	1956年	186	杨桂英	女	工人	1958年
4	李昌	男	副站长/助研	1960年	187	陈李生	男	工人	1952年
5	庞廷祥	男	研究员	1949年	188	李光生	男	工人	1960年
6	黄祖传	男	助研	1963年	189	林秀梅	女	工人	1958年
7	王田合	男	科长/助工	1956年	190	彭雪琴	女	工人	1975年
8	谢惠云	男	干事	1951年	191	吴桂平	女	工人	1971年
9	邓次珍	男	主任/助研	1959年	192	韩亚英	女	技工	1971年
10	蔡岳	男	工会副主席	1949年	193	肖康居	男	工人	1958年
11	王俊清	男	副科长	1949年	194	张福进	男	工人	1968年
12	陈那捞	男	办事员	1952年	195	鄞昌载	男	工人	1966年

(续表)

序号	姓名	性别	职务	参加工作时间	序号	姓名	性别	职务	参加工作时间
13	莫妙琼	女	医士	1952年	196	李光荣	男	工人	1958年
14	余彩重	女	医师	1963年	197	曾招钟	男		1964年
15	陈光瑞	女	医师	1956年	198	吕爱芳	女	技工	1971年
16	许能琨	男	副研	1951年	199	陈彩梅	女	技工	1972年
17	谢善昌	男	助研	1953年	200	许康碧	男	拖拉机手	1968年
18	张健珍	男	助研	1953年	201	何秀英	女	工人	1975年
19	梁丽开	女	助研	1960年	202	杨菜成	女	技工	1958年
20	陈炳熙	男	助理农艺师	1952年	203	吴海全	男	工人	1958年
21	郭森元	男	副研	1956年	204	彭荣英	女	工人	1960年
22	许惠珊	女	助研	1964年	205	陈卿	女	技工	1970年
23	陈振飞	男	助研	1965年	206	梁美华	女	技工	1958年
24	刘振光	男	农艺师	1960年	207	辛平英	女	工人	1971年
25	李桂生	男	副研	1956年	208	曾丽荣	女	技工	1971年
26	徐奕言	女	高级实验师	1965年	209	冯玉华	女	技工	1977年
27	梁福露	女	助研	1959年	210	许建平	男	技工	1979年
28	李有德	男	助研	1961年	211	谭玉莲	女	技工	1979年
29	肖召民	男	科长/助研	1971年	212	张月云	女	技工	1969年
30	岑洁荣	女	副研	1964年	213	陈雪清	女	技工	1965年
31	吕伶华	女	助研	1976年	214	梁雪珍	女	普工	1979年
32	孙光明	男	助研	1982年	215	林罗军	男	普工	1968年
33	谢恩高	男	副研	1956年	216	洪秀荣	女	普工	1958年
34	王东桃	女	副研	1956年	217	梁霞	女	工人	1979年
35	李林基	男	副研	1960年	218	林康平	男	木工	1961年
36	林苾	女	助研	1967年	219	曾迪	男	工人	1974年
37	蒋雄达	男	实验师	1951年	220	林梅	女	工人	1981年
38	程儒雄	男	科长/助研	1970年	221	陈德文	男	普工	1981年
39	卢江	男	研实员	1982年	222	王宝珠	女	技工	1981年
40	李仍然	男	农艺师	1959年	223	黄少芳	女	普工	1975年
41	肖吉珍	男		1959年	224	王玉明		统计	1981年
42	郭树仁	男	学校校长/中教一级	1959年	225	林光明	男		1976年

(续表)

序号	姓名	性别	职务	参加工作时间	序号	姓名	性别	职务	参加工作时间
43	留玉英	女	小教一级	1960年	226	邱健华	男		1981年
44	许康谢	男	小教一级	1962年	227	彭康富	男	木工	1962年
45	苏秋红	女	小教二级	1964年	228	黄盛	男		1952年
46	李爱香	女	小教一级	1965年	229	梁影华	女		1975年
47	郑惠娟	女	中教三级	1976年	230	杨月兰	女		1970年
48	肖崇德	男	高级农艺师	1952年	231	曹脱女	女	技工	1970年
49	华正生	男	办事员	1964年	232	卓秀琼	女		1964年
50	吴铁胜	男	办事员	1951年	233	李庆文	男		1973年
51	陈那宁	男	干事	1952年	234	唐建华	女	技工	1979年
52	马丽珠	女	助研	1960年	235	黄华玉	男		1952年
53	覃焕祥	男	助研	1970年	236	李财珠	女		1977年
54	郑发卿	男	助理农艺师	1953年	237	吴清英		技工	1978年
55	陈伟胜	男	办事员	1965年	238	黄秀清			1958年
56	陈那觉	男		1952年	239	梁凤珠	女		1975年
57	许宏由	男		1952年	240	李丽敏	女	普工	1981年
58	李康权	男	二队出纳	1968年	241	许伟文	男	制胶工	1952年
59	张华平	男	研实员	1983年	242	李康广	男	供销	1976年
60	伦华文	男	研实员	1984年	243	陈丽娟	女	普工	1971年
61	江茂海	男	技术员	1973年	244	陈秀珍	女	技工	1958年
62	邱天来	男	中教二级	1973年	245	梁凤英	女		1977年
63	李玉梅	女		1977年	246	林娥	女		1970年
64	孙念凤	女	助理会计师	1959年	247	梁兰英	女		1969年
65	赵俊林	男	研实员	1985年	248	邹翠荣	女		1969年
66	刘付东标	男	研实员	1985年	249	何荣诗	女	水泥工	1967年
67	钟承全	男	中教三级	1984年	250	彭康寒	男	水泥工	1960年
68	颜如玲	女	会计	1964年	251	彭那处	男	试验工	1952年
69	王才发	男	助研	1964年	252	唐美芳	女	试验工	1968年
70	朱习林	男	副科	1964年	253	招桂英	女	试验工	1964年
71	戴新民	女		1968年	254	罗伦英	女	试验工	1965年
72	柳建良	男		1986年	255	林梅英	女	试验工	1958年
73	周毅刚	男		1986年	256	何辉琼	女	试验工	1966年

(续表)

序号	姓名	性别	职务	参加工作时间	序号	姓名	性别	职务	参加工作时间
74	田发清	男	技术员	1986年	257	洪秀莲	女		1967年
75	陈燕华	女	小教二级	1986年	258	林秀荣	女		1958年
76	范辉建	男	研实员	1986年	259	胡永明	男	修理工	1971年
77	李永忠	男	研实员	1986年	260	肖仕林	男	拖拉机手	1970年
78	郭正宇	男	中教三级	1986年	261	占日弟	男	拖拉机手	1968年
79	蔡桂让	男		1966年	262	占良贵	男	拖拉机手	1966年
80	邱志浩	男		1977年	263	梁那水	男	拖拉机手	1952年
81	罗文杨	男		1987年	264	余德华	男	拖拉机手	1974年
82	李一鸣	男	教师	1988年	265	董海华	男	拖拉机手	1973年
83	李儒新	男	教师	1979年	266	许珠明	男		1976年
84	林冰	女	中教二级	1979年	267	林玉鹏	男	司机	1971年
85	窦美安	男		1988年	268	王昌德	男		1953年
86	杨晓泉	男		1988年	269	李康玉	男	拖拉机手	1959年
87	陈梅娟	女	教师	1975年	270	李阳福	男	拖拉机手	1968年
88	刘伯坚	男		1988年	271	邓福兴	男	试验工	1952年
89	李伟平	男	副科	1978年	272	邱石金	男	辅导员	1953年
90	吴飞球	男	副科	1971年	273	蔡志勇	男	采购员	1976年
91	徐双全	男	副科	1965年	274	吴细琴	女	统计	1974年
92	曾绿茵	女	党办副主任	1968年	275	陈鸿	男	普工	1981年
93	肖育芬	女	会计	1984年	276	冯文英	女	普工	1981年
94	李纯林	女	医师	1950年	277	彭淑英	女	普工	1981年
95	庞任声	男	副研	1951年	278	彭平妹	女	工人	1981年
96	扬华共	男	副研	1959年	279	王小明	女	工人	1981年
97	王正芳	女	副研	1955年	280	李康福	男	试验工	1981年
98	廖沙	男	副研	1985年	281	许康宇	男	水工	1981年
99	黄书弟	男		1981年	282	彭平珍	女	普工	1981年
100	林广泰	男	电工	1977年	283	林学智	男	技工	1974年
101	李平仔	男	电工	1974年	284	韦玉芳	女	统计	1979年
102	方振宁	男	司机	1963年	285	李日旺	男	工人	1966年
103	彭王清			1979年	286	韦公林	男	工人	1952年
104	李康招	男		1952年	287	邹康亮	男	技工	1966年

（续表）

序号	姓名	性别	职务	参加工作时间	序号	姓名	性别	职务	参加工作时间
105	李小平	女	管理员	1960年	288	张淑华	女	技工	1959年
106	刘福利	男	基建员	1952年	289	倪月婵	女	技工	1969年
107	梁金养	男	司机	1952年	290	林秀平	女	技工	1958年
108	刘秋平	男		1974年	291	黄少莲	女	技工	1971年
109	冯文星	男	电工	1978年	292	彭月英	女	技工	1971年
110	赵慎宏	男	司机	1956年	293	李陈轩	男		1952年
111	吴岳秀	男	水工	1968年	294	付康成	男	办事员	1968年
112	甘世春	男	木工	1981年	295	蔡观爱	男		1952年
113	吴康能	男	技工	1976年	296	冯昌乐	男		1966年
114	杨川	男	厨师	1965年	297	黄文华	女	技工	1971年
115	陈扬娣	女	炊事员	1958年	298	李光卿	男	普工	1952年
116	叶佛婵	男	炊事员	1965年	299	梁康海	男	普工	1968年
117	叶志荣	男	工人	1966年	300	洪权有	男	普工	1968年
118	李美蓉	女	工人	1977年	301	李康泗	男	普工	1972年
119	唐家栋	男	技工	1953年	302	孙贵忠	男	普工	1978年
120	何群庆	女	接待秘书	1975年	303	刘秀琴	女	技工	1965年
121	张新民	男	机修	1973年	304	林丽娟	女		1971年
122	梁雪亮	男	保卫干事	1973年	305	黄建珍	女	技工	1971年
123	许春先	男	试验工	1952年	306	李拾来	男	技工	1968年
124	谭桂珍	女	试验工	1976年	307	孙康典	男		1952年
125	戴梅莲	女	试验工	1978年	308	梁爱琼	女		1966年
126	莫祖流	男	气象员	1953年	309	李伟	男		1959年
127	莫鹰	男	试验工	1976年	310	关兜	女	技工	1977年
128	陈继光	男	试验工	1978年	311	肖秋富	男		1969年
129	邱天送	男	试验工	1953年	312	钟群珍	女	技工	1972年
130	郑云凤	女	化验工	1976年	313	徐宝妹	女		1981年
131	林菜莲	女	化验工	1973年	314	林菜珠	女		1981年
132	李那赤	男	辅助工	1975年	315	陈仁英	女		1958年
133	王佩霞	女	化验工	1978年	316	廖芝芳	女	技工	1968年
134	梁秀金	女	化验工	1977年	317	梁景光	男	普工	1981年
135	余华娟	女	化验工	1976年	318	林广德	男	普工	1982年

（续表）

序号	姓名	性别	职务	参加工作时间	序号	姓名	性别	职务	参加工作时间
136	肖玉英	女	化验工	1981年	319	谭自强	男	普工	2019年
137	李广荣	男	工人	1981年	320	兰雪燕	女	普工	1980年
138	余友华	男	普工	1979年	321	梁雪强	男		1968年
139	张浩	男	试验工	1975年	322	林进显	男	普工	1968年
140	陈玉明	女	试验工	1977年	323	刘秋文	男	普工	1982年
141	邱健美	女	招待员	1976年	324	谢秀芬	女		1982年
142	涂小玲	女	普工	1968年	325	陈秀云	女	炊事员	1972年
143	张小琴	女	试验工	1970年	326	林丽娜	女		1973年
144	林光华	男	辅助工	1979年	327	何庆隆	男	司务长	1976年
145	覃丽华	女	试验工	1973年	328	蔡美群	女		1981年
146	李桂心	男	试验工	1981年	329	唐建兴	男		1976年
147	李江龙	男	试验工	1981年	330	许金华	男		1984年
148	黄的玲	女	试验工	1982年	331	季萍	女		1978年
149	吴国贵	男	工人	1968年	332	郑观元	男	技工	1966年
150	方映芳	女	工人	1971年	333	林珠明	男	技工	1970年
151	肖梅兰	女	工人	1961年	334	刘侨俊	男	普工	1983年
152	陈秀芬	女	试验工	1972年	335	林秀英	女	普工	1983年
153	张惠莲	女	工人	1970年	336	韦秀琴	女	普工	1983年
154	谢小平		工人	1964年	337	李林英	女	普工	1983年
155	吴那清	女	绿化工	1972年	338	陈德才	男	普工	1983年
156	张那寿	男	试验工	1958年	339	张伟雄	男	普工	1983年
157	苏权	女	试验工	1968年	340	宋进文	男	炊事员	1983年
158	邓玉珍	女	试验工	1981年	341	赵霞	女	招待员	1984年
159	许康章	男	试验工	1958年	342	钟玉香	女	绿化工	1984年
160	辜汉琼	女	教师	1977年	343	康锦兴	女	技工	1973年
161	陈秀先	女	售货员	1979年	344	蔡惠玲	女	技工	1975年
162	林明英	女	售货员	1979年	345	刘兰英	女		1979年
163	蒋欢浓	女	售货员	1972年	346	陈玉侨	女		1980年
164	许德金	男	售货员	1978年	347	钟春莲	女	技工	1977年
165	刘秋荣	男	售货员	1975年	348	陈宏	男		1986年
166	陈光辉	男		1977年	349	王淑云	女	会计	1979年

(续表)

序号	姓名	性别	职务	参加工作时间	序号	姓名	性别	职务	参加工作时间
167	吴雪琴	女	电话员	1976年	350	钟风			1977年
168	陈惠兰	女	招待员	1981年	351	张秀桂	女		1977年
169	林美兰	女	招待员	1972年	352	马坚梅	女		1976年
170	彭淑珍	女	售货员	1977年	353	全建英	女		1979年
171	王淑华	女	普工	1981年	354	刘品群	女	普工	1980年
172	黄海花	女	技工	1980年	355	刘才	男	技工	1969年
173	陈富珍	女	会统员	1979年	356	许章生	男	技工	1987年
174	陈玉珍	女	普工	1979年	357	彭康强	男	技工	1987年
175	廖丽仙	女	普工	1982年	358	王红彤	女		1987年
176	黄治兰	女	普工	1982年	359	郑葆青	女		1987年
177	吴那成	男	电工	1952年	360	汪秀英	女		1987年
178	冯那鸟	男	工人	1952年	361	陈晓宁			1984年
179	苏光梅	女	工人	1968年	362	蒋坚文	男	技工	1988年
180	陈康强	男	拖拉机手	1968年	363	许赛玲	女	技工	1988年
181	钟惠琴	女	工人	1963年	364	蒋洪平		技工	1988年
182	朱惠琼	女	工人	1972年	365	谢美容	女		1978年
183	陈碧英	女	技工	1981年					

三、发展期

根据《农业部关于中国热带农业科学院主要职责内设机构和人员编制的批复》（农人发〔2007〕10号）文件内容，核定南亚所的人员编制435名，其中财政补助编制340名，经费自理编制95名。南亚所发展至今，全所在职职工175人，干部148人，工人27人，离退休职工236人。工人身份工作人员大幅减少，专业技术工作人员从建站初期的10余人发展至今有148人，科研人员比例逐年增加，目前具有高级职称者55人，博士33人，硕士59人。

表8-6 2001年后在所工作人员名录

序号	姓名	性别	职务	来所起止时间（年）	备注
1	陈燕华	女	小教高	1986—2002	调出

（续表）

序号	姓名	性别	职务	来所起止时间（年）	备注
2	颜如玲	女	科员	1988—2002	退休
3	张那寿	男	高级工	1958—2002	退休
4	李康运	男	高级工	1962—2002	退休
5	鄞昌载	男	高级工	1988—2002	退休
6	吴桂平	女	中级工	1971—2002	退休
7	李桂心	男	中级工	1988—2002	在职去世
8	刘秋文	男	普工	1988—2002	在职去世
9	叶应福	男	助研	1994—2003	调出
10	韦晓霞	女	小教一级	1996—2003	调出
11	蔡桂让	男	科员	1966—2002	退休
12	蔡成境	男		2001—2002	调出
13	邹翠荣	女	高级工	1979—2003	退休
14	彭月英	女	中级工	1971—2003	退休
15	黄少芳	女	中级工	1978—2003	退休
16	马坚梅	女	中级工	1988—2003	退休
17	关兜	女	初级工	1977—2003	退休
18	许赛玲	女	初级工	1988—2003	退休
19	雷鸣	男		2003—2003	调出
20	孔运兰	女	中教一级	1998—2004	调出
21	郭维东	女	中教一级	1998—2004	调出
22	朱习林	男	副科长	1986—2004	退休
23	方振宁	男	高级工	1986—2005	退休
24	杨川	男	高级工	1976—2004	退休
25	曾丽荣	女	中级工	1976—2004	退休
26	郑观元	男	中级工	1976—2004	退休
27	陈永辉	男	书记/副研	1999—2005	院内调动
28	潘素平	女	中教三级	2001—2005	调出
29	冯昌乐	男	高级工	1976—2005	退休
30	蔡带娣	女	中级工	1971—2005	退休
31	韩亚英	女	中级工	1971—2005	退休
32	董海华	男	中级工	1973—2005	在职去世

（续表）

序号	姓名	性别	职务	来所起止时间（年）	备注
33	邓英	女	中级工	1990—2005	退休
34	陈丽娟	女	普工	1971—2005	退休
35	易克贤	男	所长/正研	2004—2006	院内调动
36	许福荣	男	副科级	1969—2006	退休
37	徐双全	男	副科级	1965—2006	退休
38	詹娘贵	男	高级工	1976—2006	退休
39	朱惠琼	女	普工	1988—2006	退休
40	雷新涛	男	助研	1998—2007	院内调动
41	刘晓丽	女	研实员	2004—2007	调出
42	陈赛凤	女	医师	1990—2007	退休
43	许康宇	男	高级工	1964—2007	在职去世
44	叶志荣	男	高级工	1976—2007	退休
45	张福进	男	高级工	1976—2007	退休
46	王日芬	女	中级工	1990—2007	退休
47	刘兰英	女	中级工	1985—2007	退休
48	陈玉侨	女	中级工	1985—2007	退休
49	陈燕玲	女	初级工	1988—2007	退休
50	李日旺	男	普工	1976—2007	退休
51	罗萍	女	副所长/副研	1990—2008	院内调动
52	马蔚红	女	副研	1990—2008	院内调动
53	黄小华	女	助研	2000—2008	院内调动
54	彭秀凤	女	初级工	1992—2007	退休
55	朱海霞	女	中级工	1991—2011	退休
56	王淑云	女	高级工	1987—2012	退休
57	张应洲	男	正科	1989—2008	退休
58	梁康海	男	普工	1971—2008	退休
59	陈伟胜	男	科员	1965—2008	退休
60	洪权有	男	中级工	1971—2008	退休
61	吴岳秀	男	高级工	1968—2008	退休
62	彭雪琼	女	中级工	1975—2008	退休
63	冯玉华	女	中级工	1977—2008	退休

(续表)

序号	姓名	性别	职务	来所起止时间（年）	备注
64	华正生	男	副科级	1964—2009	退休
65	陈康强	男	高级工	1971—2009	退休
66	许康碧	男	高级工	1973—2009	退休
67	林罗军	男	高级工	1971—2009	退休
68	谭桂珍	女		1976—2009	退休
69	戴梅莲	女	中级工	1978—2010	退休
70	郑云凤	女		1976—2010	退休
71	吴国贵	男	高级工	1971—2010	退休
72	韦玉芳	女		1979—2010	退休
73	梁霞	女	中级工	1979—2010	退休
74	彭雪清	女	助理农艺师	1979—2011	退休
75	赵霞	女	普工	1984—2011	退休
76	肖福民	男	高级工	1991—2011	退休
77	全建英	女	普工	1987—2011	退休
78	李拾来	男	高级工	1968—2011	退休
79	陈玉珍	女	中级工	1988—2011	退休
80	李康权	男	科员	1981—2011	退休
81	林进显	男	高级工	1979—2011	退休
82	刘才	男	高级工	1987—2011	退休
83	吴春美	女		1978—2012	退休
84	吴娥新	女	初级工	1993—2012	退休
85	蔡丽花	女	中级工	1990—2012	退休
86	林菜珠	女	中级工	1980—2012	退休
87	彭平妹	女	中级工	1981—2012	退休
88	肖秋富	男	高级工	1969—2012	退休
89	黄治兰	女	初级工	1988—2012	退休
90	黄红梅	女	中级工	1992—2012	退休
91	梁凤珍	女	高级工	1994—2013	退休
92	吴志兰	女	员级	2003—2013	退休
93	谢莉容	女	高级工	1992—2013	退休
94	吴菜明	女	初级工	1992—2013	退休

（续表）

序号	姓名	性别	职务	来所起止时间（年）	备注
95	王淑华	女	高级工	1988—2013	退休
96	谭起英	女	中级工	1993—2013	退休
97	冯丽清	女	中级工	1981—2014	退休
98	林家丽	女	助理农艺师	1992—2014	退休
99	陈惠兰	女	初级工	1981—2014	退休
100	肖亮声	男	助理农艺师	1991—2014	退休
101	林玉鹏	男	高级工	1971—2014	退休
102	陈世芬	女	高级工	1991—2014	退休
103	梁惠芬	女	高级工	1992—2014	退休
104	冯淼莹	女	高级工	1991—2013	退休
105	李美青	女	高级工	1981—2014	退休
106	李玉梅	女	农艺师	1977—2014	退休
107	郑慧坚	女	助理研究员	1976—2014	退休
108	张素雪	女	高级工	1991—2014	退休
109	黄美娇	女	高级工	1982—2015	退休
110	曾迪	男	普工	1974—2015	退休
111	李土荣	男	高级农艺师	1992—2015	退休
112	李丽云	女	中级工	1990—2015	退休
113	彭平珍	女	高级工	1982—2016	退休
114	许秀珍	女	中级工	1992—2016	退休
115	李康泗	男	高级工	1972—2016	退休
116	张新民	男	助理农艺师	1981—2016	退休
117	黄海花	女	农艺师	1988—2016	退休
118	甘世椿	男	高级工	1980—2016	退休
119	陈向阳	女	中级工	2015—2017	退休
120	李伟东	男	初级工	2015—	在职去世
121	林秀英	女	中级工	1983—2016	退休
122	王红彤	女	初级工	1987—2017	退休
123	李那赤	男	高级工	1975—2017	退休
124	刘秋平	男	高级工	1905—2017	退休
125	陈国球	女	初级工	2015—2017	退休

(续表)

序号	姓名	性别	职务	来所起止时间（年）	备注
126	杨忠庭	男	初级工	1991—2017	退休
127	曾文可	男	副主任（正科）/助农	1994—2018	退休
128	邱志浩	男	助农	1988—2018	退休
129	詹日弟	男	高级工	1971—2008	退休
130	陈河龙	男	中级	2005—2009	院内调动
131	付康成	男	高级工	1971—2009	退休
132	肖仕林	男		1970—2009	在职去世
133	周琼	女		2000—2009	院内调动
134	周树峰	男	中级	2008—2009	院内调动
135	徐雪荣	女	初级	2000—2010	院内调动
136	张令宏	男	副所长	2008—2010	院内调动
137	万年青	男	中级	2001—2010	院内调动
138	刘洋	男	中级	2009—2010	院内调动
139	臧小平	男	副研	1991—2011	院内调动
140	习金根	男	助研	2003—2011	院内调动
141	张士荣	女	助研	2010—2011	辞职
142	李财珠	女	普工	1977—2011	退休
143	陆燕元	女		2010—2011	辞职
144	孙好勤	男	党委书记/研究员	2008—2012	院内调动
145	邱天来	男	中教一级	1973—2012	开除
146	林妹莲	女	高级工	1991—2012	退休
147	窦美安	男	党委副书记/研究员	1988—2013	院内调动
148	莫亿伟	男	副研	2007—2013	调出
149	陈希琳	女	助农	2001—2013	辞职
150	陈元庆	男		1993—2013	退休
151	吴春梅	女	助理会计师	2011—2014	调出
152	李场生	男	高级工	1973—2015	退休
153	郑保青	女	中级工	1987—2017	退休
154	谢江辉	男	所长（副局）/研究员	1995—2015	院内调动

(续表)

序号	姓名	性别	职务	来所起止时间（年）	备注
155	王家保	男	党委书记/研究员	2012—2015	院内调动
156	江汉青	男	党委副书记	2011—2015	院内调动
157	许桓瑜	男	党办副科（副科）/助研	2010—2015	院内调动
158	李端奇	男	副所长（正处级）/副研	1991—1999，2007—2016	院内调动
159	弓德强	男	副研究员	2003—2016	院内调动
160	秦福增	男	党委书记、副所长（副局）	1972—2017	调出
161	王秀全	男	副所长（正处）/副研	2005—2017	院内调动
162	王思俊	男	助会	2013—2017	院内调动
163	詹儒林	男	副所长（正处）/研究员	1991—2018	院内调动
164	刘文汇	女	助研	1992—2017	退休
165	刘玉革	女	副研	2009—2018	辞职
166	舒波	男	副研	2013—2018	调出
167	孙光明	男	研究员	1982—2018	退休
168	罗纯	女	副研	2013—2018	辞职
169	蒋美兰	女	农艺师	1993—2018	退休
170	林光明	男	高级工	1982—2018	退休
171	余德华	男	高级工	1974—2018	退休
172	林学智	男	中级工	1974—2018	退休
173	蔡志勇	男	高级工	1981—2018	退休
174	廖锡兰	女	中级工	1994—2018	退休
175	张浩	男	高级工	1975—2018	退休
176	张海琼	女	初级工	1988—2018	退休
177	徐明岗	男	所长（副局）/研究员	2017至今	
178	杜丽清	男	副所长（正处）党委副书记/研究员	2003至今	

(续表)

序号	姓名	性别	职务	来所起止时间（年）	备注
179	陈佳瑛	女	副所长（正处）纪委书记/副研	2000 至今	
180	陈海芳	女	高级农艺师	1990 至今	
181	袁晓丽	女	农艺师	1998 至今	
182	钟宁	男	助研	1993 至今	
183	冯文星	男	农艺师	1978 至今	
184	田发清	男	农艺师	1986 至今	
185	殷小兰	女	妇幼医师	2013 至今	
186	唐远红	女	助研	2016 至今	
187	黄炳钰	男	研实员	2017 至今	
188	刘恒	男	处长（副处）/研究员	2016 至今	
189	宋喜梅	女	副处长（正科）/副研	2010 至今	
190	桑雪莲	女	助研	2014 至今	
191	邢姗姗	女	处长（副处）/助研	2011 至今	
192	刘江平	女	副处长（正科）/助研	2001 至今	
193	曹娟	女	助研	2001 至今	
194	郑昊天	男	见习期	2018 至今	
195	彭欣婷	女	处长（副处）/高会	2009 至今	
196	陈世海	男	副处长（正科）/会计师	2012 至今	
197	黄冬云	女	助研	1996 至今	
198	陈丽	女	研实员	2013 至今	
199	王海勇	男	会计师	2015 至今	
200	郑良永	男	处长（副处）/副研	2005 至今	
201	庞观胜	男	副处长（正科）/农艺师	1998 至今	
202	文定青	女	农艺师	2003 至今	
203	李相林	男	研实员	2016 至今	
204	左雪冬	男	处长（副处级）/副研	2006 至今	

(续表)

序号	姓名	性别	职务	来所起止时间（年）	备注
205	何小龙	男	农艺师	2016 至今	
206	吴浩	男	处长（副处级）/农艺师	1995 至今	
207	钟承全	男	中教一级	1985 至今	
208	周泉斯	男	工程师	1992 至今	
209	田海燕	女	工程师	2009 至今	
210	杨颖娣	女	工程师	2014 至今	
211	房靖超	男	研实员	2016 至今	
212	陈超	男	工程师	2017 至今	
213	邹明宏	男	副研	2003 至今	
214	陈晶晶	女	副研	2012 至今	
215	武丽琼	女	副研	1992 至今	
216	王琚钢	男	助研	2015—2018	辞职
217	李栋梁	男	助研	2014 至今	
218	杨倩	女	研实员	2017 至今	
219	郑斌	男	研实员	2017 至今	
220	王松标	男	副研	1999 至今	
221	武红霞	女	研究员	2003 至今	
222	马小卫	男	副研	2009 至今	
223	梁清志	男	副研	2013 至今	
224	李丽	女	助研	2015 至今	
225	周毅刚	男	农艺师	1986 至今	
226	许文天	女	助研	2014 至今	
227	张秀梅	女	研究员	2003 至今	
228	刘胜辉	女	副研	2000 至今	
229	吴青松	男	副研	2006 至今	
230	李运合	男	副研	2007 至今	
231	陆新华	女	副研	2000 至今	
232	张红娜	女	副研	2014 至今	
233	孙伟生	男	副研	2006 至今	
234	杨玉梅	女	农艺师	2003 至今	
235	朱祝英	女	实验师	1997 至今	

（续表）

序号	姓名	性别	职务	来所起止时间（年）	备注
236	林文秋	女	研实员	2016 至今	
237	付琼	女	助理实验师	2013 至今	
238	胡会刚	男	副研	2011 至今	
239	孙德权	男	副研	1999 至今	
240	庞振才	男	助研	1990 至今	
241	胡玉林	女	助研	2006 至今	
242	李伟明	男	助研	2009 至今	
243	段雅婕	女	助研	2013 至今	
244	黄俊熙	男	农艺师	2004 至今	
245	曾辉	男	副研	1996 至今	
246	陆超忠	男	研究员	1992 至今	
247	杨为海	男	副研	2009 至今	
248	陈倪	女	助研	2016 至今	
249	万继锋	男	助研	2014 至今	
250	罗炼芳	女	农艺师	1993 至今	
251	张汉周	男	农艺师	1989 至今	
252	石胜友	男	研究员	2008 至今	
253	李伟才	男	研究员	1998 至今	
254	刘丽琴	女	助研	2012 至今	
255	董晨	女	副研	2012 至今	
256	王一承	男	高级农艺师	2003 至今	
257	决登伟	男	助研	2014 至今	
258	魏永赞	男	副研	2010 至今	
259	王弋	男	助研	2016 至今	
260	周文钊	男	研究员	1989 至今	
261	张燕梅	女	副研	2007 至今	
262	林映雪	女	农艺师	1983 至今	
263	陆军迎	男	助研	1995 至今	
264	李俊峰	男	助研	2007 至今	
265	鹿志伟	男	助研	2015 至今	
266	杨子平	男	助研	2016 至今	

(续表)

序号	姓名	性别	职务	来所起止时间（年）	备注
267	金辉	男	推广研究员	2017 至今	
268	吕玲玲	女	副研	2003 至今	
269	贾利强	男	副研	2012—2018	辞职
270	高晓敏	女	助研	2015—2018	辞职
271	赵秋芳	女	助研	2014 至今	
272	李威	男	助研	2013 至今	
273	肖熙鸥	男	助研	2014 至今	
274	李可	女	研实员	2016 至今	
275	陈曙	男	研实员	2016 至今	
276	陈宏良	男	助理实验师	1977 至今	
277	张鲁斌	男	研究员	2007 至今	
278	洪克前	男	副研	2011 至今	
279	谷会	男	副研	2007 至今	
280	贾志伟	男	助研	2013 至今	
281	侯晓婉	女	助研	2016 至今	
282	宋康华	女	助研	2016 至今	
283	姚全胜	男	副研	2001 至今	
284	赵艳龙	男	高级农艺师	2003 至今	
285	何衍彪	男	副研	2003 至今	
286	常金梅	女	副研	2010 至今	
287	李国平	男	农艺师	2012 至今	
288	柳凤	女	副研	2014 至今	
289	吴婧波	女	助研	2016 至今	
290	石伟琦	男	副研	2008 至今	
291	陈菁	男	副研	1999 至今	
292	冼皑敏	女	实验师	1996 至今	
293	马海洋	男	助研	2012 至今	
294	刘亚男	女	助研	2012 至今	
295	邓旭	男	副研	1997 至今	
296	马飞跃	女	助研	2014 至今	
297	涂行浩	男	助研	2013 至今	

(续表)

序号	姓名	性别	职务	来所起止时间（年）	备注
298	帅希祥	男	助研	2015 至今	
299	乔健	男	助研	2015 至今	
300	张明	男	研实员	2016 至今	
301	陈妹	女	研实员	2016 至今	
302	魏长宾	男	副研	2006 至今	
303	马智玲	女	助研	2013 至今	
304	张广明	男	助研	2001 至今	
305	冯芹	女	农艺师	2005 至今	
306	张莉	女	农艺师	1996 至今	
307	冯海燕	女	农艺师	2005 至今	
308	马朝明	男	助理实验师	2015 至今	
309	李国	男	农艺师	1990 至今	
310	欧阳红军	男	农艺师	2012 至今	
311	庄宝康	男	助理实验师	2015 至今	
312	欧雄常	男	助研	2012 至今	
313	昝丽梅	女	助农	2010 至今	
314	苏俊波	男	副研	2006 至今	
315	孔冉	男	助研	2013 至今	
316	汪春	男	教授	2017 至今	
317	邹华芬	女	高级农艺师	2017 至今	
318	李海亮	男	助研	2018 至今	
319	孙海天	男	研实员	2018 至今	
320	范辉建	男	副研	1986 至今	
321	罗文扬	男	副研	1987 至今	
322	张华平	男	助研	1983 至今	
323	陈志辉	男	研实员	1997 至今	
324	罗旭年	男	中教二级	1992 至今	
325	李江龙	男	高级工	1981 至今	
326	余友华	男	高级工	1979 至今	
327	张义华	男	高级工	1991 至今	
328	陈光辉	男	高级工	1977 至今	

（续表）

序号	姓名	性别	职务	来所起止时间（年）	备注
329	符运球	男	高级工	1978 至今	
330	林光华	男	高级工	1979 至今	
331	陈鸿	男	高级工	1981 至今	
332	李平军	男	中级工	1992 至今	
333	傅世荣	男	中级工	1993 至今	
334	彭文辉	男	中级工	1992 至今	
335	张伟雄	男	中级工	1983 至今	
336	叶小军	男	中级工	1991 至今	
337	周菜珠	女	中级工	1993 至今	
338	张智	女	助理会计师	2011 至今	
339	吴东梅	女	高级工	1989—1994，2007 至今	
340	刘汉明	男	高级工	1990 至今	
341	李康福	男	高级工	1976 至今	
342	许章生	男	中级工	1987 至今	
343	陈伟英	女	中级工	1993 至今	
344	张海青	男	中级工	1990 至今	
345	陈明侃	男	中级工	1988 至今	
346	石有旭	男	中级工	2015 至今	
347	温海花	女	初级工	2015 至今	
348	陈文宏	男	中级工	2015 至今	
349	刘万明	男	高级工	1991 至今	
350	韦志江	男	高级工	2015 至今	
351	许珠明	男	普工	1982 至今	
352	陈德文	男	普工	1981 至今	

注：工作人员名录统计截止时间为 2019 年 6 月 30 日

四、"知青"

在 1965、1966、1969 和 1970 年，先后有 4 批共 76 人分别来自湛江市区、惠州、汕头澄海的知青到南亚所工作（广州军区生产建设兵团八师试验站），分别从事橡胶种植、割胶、协助课题试验技术工、后勤和教师等工作（表 8-7）。

表 8-7 在南亚所工作过的"知青"名录

序号	姓名	工作岗位	工作时间
1	孔繁恩	老师	
2	蔡慧云	卫生员	
3	陈木生	生产队副队长	
4	杨荣	服务店员工	
5	林镜麟	实验工	
6	陈伟胜	副队长	第一批：1965 年 6 月到南亚所工作的湛江知青有 13 人，均工作 5 年以上，其中陈伟胜在南亚所工作至退休
7	李爱香	老师	
8	郑心明	胡椒班试验工	
9	叶美君	胡椒班试验工	
10	陈碧玲	幼师	
11	黄亚辉	生产工人	
12	梁少珍	生产工人	
13	陈华荣	生产工人	
14	许广金	生产工人	
15	韩少梅	生产工人	
16	许日金	生产工人	第二批：1966 年 5 月到南亚所工作的湛江知青有 6 人，均工作 5 年以上
17	陈燕萍	生产工人	
18	吴玉娟	生产工人	
19	陈莲伟	生产工人	
20	商紫宪	畜牧技术员	
21	邓卫东	胡椒班技术人员	
22	罗玉良	电工	
23	马惠芳	总机电话员	
24	文佩莲	总机电话员	
25	肖春茹	生产工人	第三批：1969 年 12 月到南亚所工作的惠州知青有 18 人，均工作 6 年以上
26	郭小玲	割胶工	
27	梁桂珍	割胶工	
28	李淑珍	割胶工	
29	陈永雪	割胶工	
30	倪日婵	割胶工	
31	钟惠梅	生产工人	

(续表)

序号	姓名	工作岗位	工作时间
32	林丁财	生产工人	
33	刘富能	生产工人	
34	钟耀武	生产工人	第三批：1969年12月到南亚所工作的惠州知青有18人，均工作6年以上
35	罗布强	生产工人	
36	孙维军	生产工人	
37	林永雄	后勤班工人	
38	吴岳秀	生产工人	
39	许福荣	试验工	
40	林玉鹏	司机	
41	郑兰英	炊事班	
42	周朝芳	割胶工	
43	辛平英	生产工人	
44	许桂林	生产工人	
45	蔡带娣	生产工人	
46	符永民	生产工人	
47	吴春侨	所部招待员	
48	吕爱芳	生产工人	
49	林泽涛	宣传干事	第四批：1970年到南亚所工作的知青共有26人，其中3月到岗工作的湛江及汕头知青有11人，9月到岗工作的汕头知青有15人，均工作3年以上，其中吴岳秀、许福荣、林玉鹏、蔡带娣、肖仕林5人在南亚所工作至退休
50	林楚乔	化验室技工	
51	林岳	教师	
52	林容英	实验室技工	
53	程英瑜	化验室技工	
54	张源财	生产工人	
55	张清爱	畜牧队饲养员	
56	肖仕林	修理班工人	
57	陈铜宇	木工班	
58	林富宏	生产工人	
59	杨锦涛	橡胶育种技工	
60	蔡洁娜	幼师	
61	蔡碧娜	生产工人	
62	陈桂芬	幼师	
63	蔡细芝	服务社售货员	

另外，有13位知青在南亚所工作半年后被抽调至801机械厂（现廉江农垦第三机械厂）支援筹建工作，名单如下：陈德声、连吉华、陈宜国、范绍明、詹庆财、陈有乐、许介隆、陈潮民、林玲、陈佩芸、詹秀卿、陈华健、李茂。

第四节 人才培养

人才是南亚所科研事业发展的宝贵资源。南亚所在人才培养、科研队伍建设等方面的培养力度持续加强。建所至今，联合培养博士后2人（表8-8），国外做访问学者4人（表8-8），在职培养博士21人次（表8-9），在职培养硕士10人次（表8-10），联合培养研究生92人（表8-11）。

表8-8 联合培养博士后和出国访问学者

联合培养博士后名单	联合培养单位	培养时间
张鲁斌	华南农业大学	2008.08—2011.06
弓德强	华南农业大学广西百色国家农业科技园区	2014.04—2016.09
出国访问学者名单	出国访问国家	出国访问时间
詹儒林	美国	2014.02—2015.02
张秀梅	美国	2011.08—2012.08
李运合	美国	2015.09—2016.09
梁清志	澳大利亚	2016.03—2017.04

表8-9 在职培养博士

年份	在职培养博士姓名	论文题目	毕业院校	导师
2003—2008	谢江辉	香蕉抗枯萎病突变体的筛选鉴定及其抗病机制的研究	华南农业大学	林顺权
2003—2006	雷新涛	芒果种质资源遗传多样性的研究	华南农业大学	林顺权
2004—2007	詹儒林	芒果炭疽病菌抗药性基因tub2的克隆及其转化金龟子绿僵菌的初步研究	华南热带农业大学	黄俊生
2004—2010	陈菁	妃子笑荔枝养分累积规律及营养诊断的研究	华南农业大学	樊小林
2005—2012	何衍彪	菠萝洁粉蚧的分子鉴定、遗传结构及其控制基础研究	西南大学	刘映红 许再强

(续表)

年份	在职培养博士姓名	论文题目	毕业院校	导师
2006—2009	张秀梅	菠萝果实糖代谢生理及相关基因的表达研究	华南农业大学	李建国
2008—2013	弓德强	水杨酸、茉莉酸甲酯和乙烯对芒果采后抗病性的诱导及其机理	华南农业大学	朱世江
2008—2012	吕玲玲	菠萝花发育相关基因的克隆及基表达研究	中国科学院华南植物园	段俊
2009—2016	曾辉	澳洲坚果落果规律及早期生理落果的机理研究	华南农业大学	黄旭明
2010—2016	苏俊波	新形势下我国甘蔗产业竞争力研究	福建农林大学	陈如凯
2011—2015	武红霞	芒果花色苷合成与调控的生理与分子机制	浙江大学	高中山
2012—2017	孙德权	Mesoporous Silica Nanoparticles as a Biomolecule Delivery System in Plants	迪肯大学	David Cahill
2012—2017	郑良永	菠萝氮素营养及调控	中国农业大学	李晓林 阮云泽
2012—2015	李伟明	香蕉野生近缘种抗枯萎病评价及mRNA和miRNA表达谱研究	华南农业大学	胡桂兵 葛学军
2013—2019	陆新华	Mesoporous Silica Nanoparticle Delivery of Biomolecules Into Plants	迪肯大学	David Cahill
2015—2018	许桓瑜	低温和1-MCP调控梨果实保鲜效果的组学研究	南京农业大学	张绍铃
2016—	魏永赞	葡萄白藜芦醇合成关键基因3-O-GT1调控转录因子筛选及功能验证	中科院植物所在读	王利军
2017—	涂行浩	基于脂质组学的坚果烘焙过程中品质形成与控制研究	中国农科院在读	陈洪 黄凤洪
2017—	马海洋	水氮耦合对菠萝光合生理调控机制及水氮利用效率的影响	中国农科院在读	王耀生
2019—	肖熙鸥	待定	甘肃农业大学在读	司怀军
2019—	鹿志伟	待定	中国农科院在读	马有志

表 8-10 在职培养硕士

年份	在职培养硕士姓名	论文题目	毕业院校	导师
2000—2004	詹儒林	芒果炭疽病菌对多菌灵的抗药性研究	华南热带农业大学	郑服丛

(续表)

年份	在职培养硕士姓名	论文题目	毕业院校	导师
2004—2007	曾辉	澳洲坚果花芽分化生理研究	华南农业大学	陈厚彬
2004—2007	邓旭	风水理论在居住区外环境规划设计的运用研究	西南大学	张建林
2005—2009	孙德权	香蕉抗枯萎病相关系列的克隆及表达分析	西南大学	梁国鲁
2006—2009	武丽琼	湛江市乡土树种资源分析与园林应用研究	华南农业大学	李敏
2006—2009	刘胜辉	菠萝（Ananas comosus）花芽分化及乙烯利催花技术研究	广东海洋大学	叶春海
2006—2009	陈佳瑛	毛叶枣种质资源果实品质性状评价及 ISSR 初步分析	广东海洋大学	刘魁英
2006—2009	姚全胜	芒果炭疽病抗性杂交群体的构建与 SSR 分子标记鉴定	海南大学	武耀廷
2007—2010	陆新华	菠萝种质苗期抗旱与耐寒性评价研究	广东海洋大学	叶春海
2009—2015	王松标	红芒果皮色泽形成与调控初步研究	华南农业大学	陈杰忠

表 8-11　联合培养研究生

年份	姓名	论文题目	毕业院校	导师
2002	林玲	毛叶枣果实发育过程中的糖代谢研究	华南热带农业大学	孙光明
2002	何桥	莲雾（Syzygium samarangense）ISSR 分子标记及其 LFY 同源基因 DNA 片段的克隆	西南农业大学	梁国鲁 谢江辉
2002	赵维锋	枣树原生质体分离及电融合的研究	华南农业大学	孙光明
2002	杜建斌	澳洲坚果山龙眼根发育及磷素生理效应研究	西南农业大学	曾明 谢江辉
2002	姜燕	中国主要蕉类形态学与分子系统学研究	西南农业大学	梁国鲁 谢江辉
2003	魏长宾	芒果成熟过程中糖分积累及其芳香物质组成研究	华南热带农业大学	孙光明
2003	郭朝铭	龙舌兰属麻类种质资源遗传多样性的 AFLP 分析与抗病性鉴定	华南热带农业大学	易克贤
2003	胡莉莉	枯萎病菌诱导香蕉根系活性氧化代谢的变化	华南热带农业大学	窦美安
2003	胡玉林	香蕉抗枯萎病种质创新研究	西南农业大学	梁国鲁 谢江辉

（续表）

年份	姓名	论文题目	毕业院校	导师
2004	梁朗玛	澳洲坚果花芽分化期碳水化合物及内源多胺代谢研究	华南热带农业大学	陆超忠
2004	王尉	香蕉抗枯萎病 SCAR 标记建立及 PAL 基因克隆和表达研究	西南农业大学	梁国鲁、谢江辉
2004	江新华	水杨酸（Salicylic acid）诱导香蕉枯萎病抗性初探	西南农业大学	梁国鲁、谢江辉
2004	黄镜浩	低温对芒果（Mangifera indica L.）开花、座果的影响及无胚果实形成机理研究	西南农业大学	梁国鲁、马蔚红
2005	何应对	生长后期施用氮、钾肥对菠萝矿质养分、产量和品质的影响	海南大学	孙光明
2005	黄华平	利用群体感应机制筛选生防细菌及其特性的初步研究	海南大学	易克贤
2005	陈鸿	剑麻再生体系的构建和遗传转化体系的初步研究	海南大学	易克贤
2005	郑金龙	剑麻斑马纹病病原生物学及 rDNA-ITS 序列分析	海南大学	易克贤
2005	郭凌飞	应用 ISSR 和 SRAP 标记研究澳洲坚果的遗传多样性	海南大学	陆超忠
2005	邱文武	菠萝 SRAP 分子标记体系的建立及其遗传多样性研究	海南大学	窦美安
2005	王忠猛	香蕉多酚检测优化体系及多酚与枯萎病抗性关系的研究	西南大学	谢江辉
2006	祁寒	硼营养元素对菠萝生长周期影响研究	海南大学	孙光明
2006	杨祥燕	菠萝果实不同成熟阶段果肉色素含量的变化	海南大学	孙光明
2006	张惠云	无刺卡因种菠萝和巴厘种菠萝杂交 F1 代的 SRAP 分析	海南大学	窦美安
2006	王文林	澳洲坚果果实生长发育期间矿质元素和营养物质含量变化研究	海南大学	陆超忠
2006	焦云	澳洲坚果树体养分需求变化规律研究	海南大学	陆超忠
2006	张学财	不同剑麻品种的抗寒性及相关生理指标测定	海南大学	易克贤
2006	周红霞	无核荔枝果实形成原因的初步研究	西南大学	梁国鲁、谢江辉
2007	史俊燕	菠萝果实膳食纤维等功能成分的研究	海南大学	孙光明
2007	李丽1	菠萝黑心病的几种控制方法及相关生理机制探讨	华南农业大学	朱世江

(续表)

年份	姓名	论文题目	毕业院校	导师
2007	杨顺锦	芒果畸形病病原鉴定及致病机理初步研究	海南大学	詹儒林
2007	黄丽芳	芒果主产区砧木种质资源遗传多样性SSR标记研究	海南大学	雷新涛
2007	张金云	芒果果实色素与色泽变化规律及调控的研究	海南大学	马蔚红
2007	欧华	澳洲坚果器官显微结构研究	海南大学	陆超忠
2008	蒋晶	盐胁迫对巴西蕉幼苗生长和生理影响及其钙的缓解效应研究	海南大学	窦美安
2008	王维	21份澳洲坚果种质资源主要生物学特性观测研究	海南大学	陆超忠
2008	张明楷	28份澳洲坚果种质资源果实主要成份研究	海南大学	陆超忠
2008	李丽2	芒果果实主要抗氧化功能成分分析	华南农业大学	陈杰忠 王松标
2008	林锦和	BTH诱导芒果抗病性与酚类物质代谢和乙烯信号转导相关基因表达的关系	华南农业大学	朱世江
2009	饶秀文	菠萝赤霉素代谢基因AcGA20x2的功能分析	华南农业大学	朱世江
2009	贾志伟	1-MCP对番木瓜果实成熟软化的影响及关键基因的克隆与表达分析	海南大学	李雯 张鲁斌
2009	李苗苗	菠萝果实维生素组分和含量变化的研究	海南大学	孙光明
2009	步佳佳	香蕉组织内源激素与枯萎病抗性关系的研究	广西大学	谢江辉
2010	张钰乾	菠萝芳香物质组成及其影响因子研究	广西大学	孙光明
2011	韩树全	酚类物质抗香蕉枯萎病的作用机理	华中农业大学	谢江辉
2011	钮辰晨	'香粉1号'香蕉的生物学与细胞学鉴定	广西大学	谢江辉
2011	吴婧波	芒果内生真菌分离鉴定及畸形病病原菌（Fusaruium mangiferae）快速检测方法研究	海南大学	詹儒林
2012	杜晓远	广东徐闻县香蕉生产关键因素分析	中国农业大学	谢江辉
2012	何咏	菠萝黑心病褐化生理机制的探究	华中农业大学	张鲁斌
2012	饶琪娇	乙烯利对金菠萝的催花效应研究	华中农业大学	孙光明

（续表）

年份	姓名	论文题目	毕业院校	导师
2012	魏晓裴	植物生长调节剂对金菠萝果实发育的影响	华中农业大学	孙光明
2012	王君丽	芒果杂交群体评价及抗性亲本转录组测序分析	华中农业大学	雷新涛
2012	李文文	1-MCP对采后番木瓜果实软化相关酶活性的影响及关键酶基因的转录组分析	海南大学	李雯 张鲁斌
2012	赵振海	田阳县芒果园的土壤肥力与芒果平衡施肥研究	中国农业大学	詹儒林
2012	张大智	芒果细菌性角斑病菌致病因子研究	海南大学	詹儒林
2012	张江周	硝基复合肥对菠萝生长及养分利用的影响	中国农业大学	石伟琦
2012	严程明	滴灌施肥对菠萝生产效应及养分吸收利用的影响	中国农业大学	石伟琦
2013	郑磊	芒果与细菌性角斑病菌互作生理机制初探	海南大学	詹儒林
2014	黄炳钰	采后菠萝黑心病发病过程呼吸代谢变化及气调贮藏研究	海南大学	张鲁斌
2014	朱飞冀	芒果叶片响应细菌性角斑病菌差异蛋白的筛选	海南大学	詹儒林
2015	孙曼丽	菜心木质化中CAD和LAC基因的功能分析及褪黑素的保鲜作用	华中农业大学	张鲁斌
2016	杨倩	芒果细菌性角斑病菌cel、xyl1、xyl2和xynA基因的克隆与表达分析	海南大学	詹儒林
2016	户雪敏	澳洲坚果真菌病害病原鉴定及两种新病原生物学特性	华中农业大学	詹儒林
2016	王瑞芳	剑麻PGIP基因克隆及遗传转化研究	华中农业大学	周文钊
2016	刘梦秋	龙眼重要果实品质性状的全基因组关联分析	华中农业大学	石胜友
2016	冯雪锋	茄子果皮着色相关基因的克隆与分析	华中农业大学	吕玲玲
2016	向沛锦	饥饿胁迫诱导澳洲坚果早期果实脱落的机理研究	华中农业大学	杨为海
2016	何忠勤	芒果细菌性干枯病原菌分离鉴定及全基因测序分析	广东海洋大学	詹儒林
2016	冼洁文	基于代谢组学的采后菠萝黑心病发病的机制	华南农业大学	张鲁斌
2017	石水莲	SmFLS调控茄子黄酮醇的研究	华中农业大学	吕玲玲

(续表)

年份	姓名	论文题目	毕业院校	导师
2017	杨琪	不同品种芒果类胡萝卜素含量评价及玉米黄质环氧化酶 ZEP 调控因子的筛选	华中农业大学	马小卫
2017	王应明	基于 SSR 分子标记技术的 112 份菠萝种质遗传多样性研究	华中农业大学	吴青松
2017	孙艺桓	剑麻内参基因的筛选及皂素合成途径关键酶基因的表达分析	华中农业大学	周文钊
2017	王磊	芒果抗细菌性角斑病侵染种资发掘及抗性关联分析	海南大学	詹儒林
2017	王佳琦	番茄嫁接早期 JA 的响应	黑龙江八一农垦大学	殷奎德 刘恒
2018	薛鑫	待定	海南大学	石胜友
2018	陈晓晶	待定	海南大学	杜丽清
2018	刘敏	待定	海南大学	李运合
2018	汪询	剑麻与烟草疫霉互作蛋白的筛选与鉴定	海南大学	吕玲玲
2018	张月华	待定	海南大学	马小卫
2018	衣德宝	利用转录组与代谢组联合分析解析红皮龙眼花色素苷合成机制	海南大学	魏永赞
2018	张锡铜	待定	海南大学	吴青松
2018	潘晓璐	待定	海南大学	张红娜
2018	花静静	待定	海南大学	张鲁斌
2018	杨茜	烟草疫霉对剑麻的致病 CRN 蛋白基因的克隆及鉴定	海南大学	周文钊
2018	张静雅	待定	海南大学	何衍彪
2018	杜子昂	待定	华中农业大学	詹儒林
2018	陈欣	菠萝糖积累关键基因筛选与克隆	华中农业大学	张秀梅
2018	许秋健	代谢组和转录组联合分析芒果糖类代谢分子生理和调控机制研究	华南农业大学	李丽
2018	陈卓	转录组与代谢物联合分析解析马铃薯抗青枯病分子机理	黑龙江八一农垦大学	金辉
2018	周迪	待定	黑龙江八一农垦大学	张秀梅
2019	刁兴旺	待定	广东海洋大学	柳凤
2019	张晨晨	待定	华中农业大学	石胜友

备注：人才培养统计截止时间为 2019 年 6 月 30 日

另外，为加强科技交流与合作，整合集成科研和教学资源和人才优势，自 2016 年起，南亚所开始向高校招收实习生，为实习生提供与种质资源收集保存鉴定、遗传育种、作物栽培、采后贮运与保鲜、休闲农业、循环农业、旱作节水技术等方面相关专业的实习岗位，给予实习生科研能力、团队合作等多方面的指导培训；截至 2019 年 6 月 30 日，南亚所已招收培养岭南师范学院、广东海洋大学、海南大学、华南农业大学、黑龙江八一农垦大学、广东石油化工学院、贵州大学、广东农工商职业技术学院、云南农业大学热带作物学院、肇庆学院、长江大学 11 所高校的 347 名实习生。

第五节 人才荣誉

在发展的 65 年期间，南亚所拥有享受国务院政府特殊津贴专家有 12 人次，农业部有突出贡献中青年专家 4 人，其他省部级人才及获得先进个人称号有 18 人次，获得市级各类人才称号 92 人次，获得院级人才称号 32 人次。

南亚所获得的各类人才荣誉见表 8-12、表 8-13 和表 8-14。

表 8-12 获得的各类高层次荣誉称号

姓名	荣誉称号	荣誉级别	获得年度
郭森元	农业部有突出贡献中青年专家	农业部	1988 年
	国务院政府特殊津贴专家	国务院	1991 年
曾友梅	国务院政府特殊津贴专家	国务院	1991 年
王东桃	国务院政府特殊津贴专家	国务院	1992 年
许能琨	国务院政府特殊津贴专家	国务院	1992 年
庞廷祥	国务院政府特殊津贴专家	国务院	1992 年
陈作泉	国务院政府特殊津贴专家	国务院	1992 年
胡继胜	国务院政府特殊津贴专家	国务院	1993 年
谢恩高	国务院政府特殊津贴专家	国务院	1993 年
莫善文	国务院政府特殊津贴专家	国务院	1993 年
余让水	国务院政府特殊津贴专家	国务院	1993 年
肖邦森	农业部有突出贡献中青年专家	农业部	1997 年
孙光明	农业部有突出贡献中青年专家	农业部	1999 年
谢江辉	广东省高层次培养人才	广东省扬帆计划	2013 年
陆超忠	贵州省千人创新创业人才	贵州省百千万人才引进计划	2014 年
詹儒林	广东省高层次培养人才	广东省扬帆计划	2015 年

(续表)

姓名	荣誉称号	荣誉级别	获得年度
谢江辉	全国农业科研杰出人才	热带果树研究创新团队	2015年
石胜友	广东省高层次培养人才	广东省扬帆计划	2016年
张秀梅	广东省高层次培养人才	广东省扬帆计划	2016年
谢江辉	第七届全国优秀科技工作者	国家级	2016年
詹儒林	全国农业先进个人	农业部	2016年
谢江辉	农业部有突出贡献中青年专家	农业部	2017年
谢江辉	国家百千万人才工程人选	国家级	2017年
吴浩	农业部工程管理先进个人	农业农村部	2018年
南亚所	农业部工程管理先进集体	农业农村部	2018年
徐明岗	现代土壤学一级岗位杰出人才	中国农业科学院	2004年
徐明岗	国务院政府特殊津贴专家	国务院	2015年
李伟才	广东省高层次培养人才	广东省扬帆计划	2017年
汪春	领军人才	广东省扬帆计划	2017年
汪春	国务院政府特殊津贴专家	国务院	2005年
张秀梅	海南省拔尖人才	海南省高层次人才认定	2017年
金辉	海南省拔尖人才	海南省高层次人才认定	2017年
金辉	贵州省创新型千层次人才	贵州省创新型高层次人才	2017年
徐明岗	农业突出贡献奖	美国农学会USA	2018年

表8-13 获得湛江市的荣誉称号

序号	姓名	称号	类别	聘任期限
1	曾辉	湛江市人才驿站高层次专家		2017.6—2019.6
2	张鲁斌	湛江市人才驿站高层次专家		2017.6—2019.6
3	石胜友	湛江市人才驿站高层次专家		2017.6—2019.6
4	詹儒林	湛江市人才驿站高层次专家		2017.6—2019.6
5	洪克前	湛江市人才驿站高层次专家		2017.6—2019.6
6	吕玲玲	湛江市人才驿站高层次专家		2017.6—2019.6
7	陈菁	湛江市人才驿站高层次专家		2017.6—2019.6
8	汪春	湛江市高层次人才认定	A类	至2019.12.31
9	刘胜辉	湛江市高层次人才认定	B类	至2019.12.31
10	张秀梅	湛江市高层次人才认定	B类	至2019.12.31

(续表)

序号	姓名	称号	类别	聘任期限
11	詹儒林	湛江市高层次人才认定	B类	至2019.12.31
12	石胜友	湛江市高层次人才认定	B类	至2019.12.31
13	李伟才	湛江市高层次人才认定	B类	至2019.12.31
14	刘恒	湛江市高层次人才认定	B类	至2019.12.31
15	王松标	湛江市高层次人才认定	B类	至2019.12.31
16	武红霞	湛江市高层次人才认定	B类	至2019.12.31
17	孙伟生	湛江市高层次人才认定	B类	至2019.12.31
18	林文秋	湛江市高层次人才认定	C类	至2019.12.31
19	马飞跃	湛江市高层次人才认定	C类	至2019.12.31
20	李丽	湛江市高层次人才认定	C类	至2019.12.31
21	李伟明	湛江市高层次人才认定	C类	至2019.12.31
22	刘亚男	湛江市高层次人才认定	C类	至2019.12.31
23	万继锋	湛江市高层次人才认定	C类	至2019.12.31
24	肖熙鸥	湛江市高层次人才认定	C类	至2019.12.31
25	魏永赞	湛江市高层次人才认定	C类	至2019.12.31
26	王弋	湛江市高层次人才认定	C类	至2019.12.31
27	帅希祥	湛江市高层次人才认定	C类	至2019.12.31
28	涂行浩	湛江市高层次人才认定	C类	至2019.12.31
29	刘玉革	湛江市高层次人才认定	C类	至2019.12.31
30	杨为海	湛江市高层次人才认定	C类	至2019.12.31
31	舒波	湛江市高层次人才认定	C类	至2019.12.31
32	武红霞	湛江市高层次人才认定	C类	至2019.12.31
33	罗纯	湛江市高层次人才认定	C类	至2019.12.31
34	曾辉	湛江市高层次人才认定	C类	至2019.12.31
35	张红娜	湛江市高层次人才认定	C类	至2019.12.31
36	孙德权	湛江市高层次人才认定	C类	至2019.12.31
37	魏长宾	湛江市高层次人才认定	C类	至2019.12.31
38	陆新华	湛江市高层次人才认定	C类	至2019.12.31
39	董晨	湛江市高层次人才认定	C类	至2019.12.31
40	胡会刚	湛江市高层次人才认定	C类	至2019.12.31
41	杜丽清	湛江市高层次人才认定	C类	至2019.12.31

(续表)

序号	姓名	称号	类别	聘任期限
42	侯晓婉	湛江市高层次人才认定	C类	至2019.12.31
43	陈倪	湛江市高层次人才认定	C类	至2019.12.31
44	马海洋	湛江市高层次人才认定	C类	至2019.12.31
45	赵秋芳	湛江市高层次人才认定	C类	至2019.12.31
46	宋康华	湛江市高层次人才认定	C类	至2019.12.31
47	梁清志	湛江市高层次人才认定	C类	至2019.12.31
48	姚全胜	湛江市高层次人才认定	C类	至2019.12.31
49	许文天	湛江市高层次人才认定	C类	至2019.12.31
50	张燕梅	湛江市高层次人才认定	C类	至2019.12.31
51	李威	湛江市高层次人才认定	C类	至2019.12.31
52	欧雄常	湛江市高层次人才认定	C类	至2019.12.31
53	刘丽琴	湛江市高层次人才认定	C类	至2019.12.31
54	陈佳瑛	湛江市高层次人才认定	C类	至2019.12.31
55	左雪冬	湛江市高层次人才认定	C类	至2019.12.31
56	彭欣婷	湛江市高层次人才认定	C类	至2019.12.31
57	陈海芳	湛江市高层次人才认定	C类	至2019.12.31
58	武丽琼	湛江市高层次人才认定	C类	至2019.12.31
59	马小卫	湛江市高层次人才认定	C类	至2019.12.31
60	杨子平	湛江市高层次人才认定	C类	至2019.12.31
61	陈丽	湛江市高层次人才认定	C类	至2019.12.31
62	宋喜梅	湛江市高层次人才认定	C类	至2019.12.31
63	谷会	湛江市高层次人才认定	C类	至2019.12.31
64	鹿志伟	湛江市高层次人才认定	C类	至2019.12.31
65	张明	湛江市高层次人才认定	C类	至2019.12.31
66	苏俊波	湛江市高层次人才认定	C类	至2019.12.31
67	邓旭	湛江市高层次人才认定	C类	至2019.12.31
68	吴婧波	湛江市高层次人才认定	C类	至2019.12.31
69	柳凤	湛江市高层次人才认定	C类	至2019.12.31
70	高晓敏	湛江市高层次人才认定	C类	至2019.12.31
71	王琚钢	湛江市高层次人才认定	C类	至2019.12.31
72	决登伟	湛江市高层次人才认定	C类	至2019.12.31

（续表）

序号	姓名	称号	类别	聘任期限
73	桑雪莲	湛江市高层次人才认定	C类	至2019.12.31
74	陈晶晶	湛江市高层次人才认定	C类	至2019.12.31
75	胡玉林	湛江市高层次人才认定	C类	至2019.12.31
76	段雅婕	湛江市高层次人才认定	C类	至2019.12.31
77	孔冉	湛江市高层次人才认定	C类	至2019.12.31
78	邹明宏	湛江市高层次人才认定	C类	至2019.12.31
79	邢姗姗	湛江市高层次人才认定	C类	至2019.12.31
80	吴青松	湛江市高层次人才认定	C类	至2019.12.31
81	唐远红	湛江市高层次人才认定	C类	至2019.12.31
82	何衍彪	湛江市高层次人才认定	C类	至2019.12.31
83	常金梅	湛江市高层次人才认定	C类	至2019.12.31
84	马智玲	湛江市高层次人才认定	C类	至2019.12.31
85	郑斌	湛江市高层次人才认定	C类	至2019.12.31
86	李可	湛江市高层次人才认定	C类	至2019.12.31
87	李俊峰	湛江市高层次人才认定	C类	至2019.12.31
88	邹华芬	湛江市高层次人才认定	C类	至2019.12.31
89	陈曙	湛江市高层次人才认定	C类	至2019.12.31
90	李栋梁	湛江市高层次人才认定	C类	至2019.12.31
91	李海亮	湛江市高层次人才认定	C类	至2019.12.31
92	孙海天	湛江市高层次人才认定	C类	至2019.12.31

表8-14 获得热科院的荣誉称号

序号	姓名	称号	年度	备注
1	谢江辉	热带农业科研杰出人才	2013年	
2	谢江辉	热科院"百人计划"	2014年	第一批
3	詹儒林	热科院"百人计划"	2014年	第一批
4	陈晶晶	热科院"千人计划"	2014年	第一批
5	杜丽清	热科院"千人计划"	2014年	第一批
6	胡会刚	热科院"千人计划"	2014年	第一批
7	胡玉林	热科院"千人计划"	2014年	第一批
8	李伟才	热科院"千人计划"	2014年	第一批

（续表）

序号	姓名	称号	年度	备注
9	李运合	热科院"千人计划"	2014年	第一批
10	梁清志	热科院"千人计划"	2014年	第一批
11	吕玲玲	热科院"千人计划"	2014年	第一批
12	马小卫	热科院"千人计划"	2014年	第一批
13	魏永赞	热科院"千人计划"	2014年	第一批
14	魏长宾	热科院"千人计划"	2014年	第一批
15	杨为海	热科院"千人计划"	2014年	第一批
16	曾辉	热科院"千人计划"	2014年	第一批
17	张秀梅	热科院"千人计划"	2014年	第一批
18	张燕梅	热科院"千人计划"	2014年	第一批
19	张鲁斌	热科院"千人计划"	2015年	第二批
20	何衍彪	热科院"千人计划"	2015年	第二批
21	李伟明	热科院"千人计划"	2015年	第二批
22	罗纯	热科院"千人计划"	2015年	第二批
23	刘玉革	热科院"千人计划"	2015年	第二批
24	舒波	热科院"千人计划"	2015年	第二批
25	常金梅	热科院"千人计划"	2015年	第二批
26	孙伟生	热科院"千人计划"	2015年	第二批
27	谷会	热科院"千人计划"	2015年	第二批
28	刘丽琴	热科院"千人计划"	2015年	第二批
29	马海洋	热科院"千人计划"	2015年	第二批
30	董晨	热科院"千人计划"	2015年	第二批
31	万继锋	热科院"千人计划"	2015年	第二批
32	左雪冬	热科院"千人计划"	2015年	第二批

备注：人才荣誉统计截止时间为2019年6月30日

第九章 党的建设与文化建设

65年以来，南亚所认真贯彻落实党中央的各项方针政策，全面落实从严治党的要求，执行农业农村部和院党组的各项决定和部署，坚持以毛泽东思想、邓小平理论、"三个代表"重要思想、科学发展观和习近平新时代中国特色社会主义思想为指导，以服务科学发展为主导，把党的建设与南亚热带科研及其他各项工作有机结合，不断加强党建工作、创新文化建设及宣传工作，促进了研究所各项事业蓬勃发展。

一、党建工作

在农业农村部党组的关怀指导下，在热科院党组和湛江市直工委的正确领导下，南亚所党委全面贯彻党的历次全会精神，以党的政治建设为统领，深入推进党的思想建设、组织建设、作风建设、纪律建设，不断创新党建工作机制，提高科学化水平。所党委坚持强化"党建带动科研、党建提升管理"的理念，坚持统筹谋划把方向、凝心聚力管大局、攻坚克难保落实，为落实农业农村部党组重大决策部署和热科院工作目标，为实施乡村振兴战略、促进南亚热带科技创新事业发展砥砺奋进。

2018年8月，经热科院机关党委的批准并报备湛江市直机关工委，撤销了中国热带农业科学院湛江实验站党总支，原所属党员转入了南亚所党委，归南亚所党委管理。2018年12月，经热科院机关党委及报湛江市直机关工委批准，增补了3名委员，即所党委现有杜丽清、徐明岗、江汉青、李瑞奇、陈佳瑛、邢姗姗、曾辉、石伟琦及刘恒9名委员。2018年10月完成了党支部换届选举工作，形成了现有5个科研党支部、2个机关党支部、2个离退休党支部、共有党员173名（其中在职党员112名，离退休党员61名）的党委工作新局面。

65年以来，南亚所党委围绕不同时期的党建工作任务，组织开展了一系列重大教育活动和主题实践活动，2005年至2006年的保持共产党员先进性教育活动，2008年至2009年的深入学习实践科学发展观活动，2010年至2012年的创先争优活动，2013年至2014年的党的群众路线教育实践活动，2015年的"三严三实"专题教育，2016年的"两学一做"学习教育，2017年的"两学一做"学习教育常态化制度化，2019年的"不忘初心 牢记使命"主题教育，等等，充分发挥了党委的政治核心作用、党支部的战斗堡垒作用和党员的模范带头作用。

1971年6月10日，由张汝法、任惠臣、陈凤祥、余锦贤、王书雄5名同志组成中共广州军区生产建设兵团第八师试验站临时党委，其中张汝法同志任书记，任惠臣同志任副书记。党的"十八大"以来，热科院南亚所党委以习近平新时代中国特色社会主义思想为指导，认真落实新时代党的建设总要求，树牢"四个意识"，坚定"四个自信"，坚决做到"两个维护"，认真贯彻党中央各项方针政策，把党的工作和南亚热带科技工作有机结合，持续推动全面从严治党各项举措落地见效，有效促进了研究所科技创新事业的快速发展。历届党委班子组成情况见表9-1。南亚所党委成立之前,历届支部书记任职情况参见表8-1。

表9-1 南亚所历届党委班子组成情况

成立时间	届 数	人数	书记	委员
1980.10	第一届	7	谭坤 黄华佑(副)	陈作泉、郑立生、李昌、戴济、余锦贤
1985.9	第二届	5	戴济	李昌、陈作泉、余让水、余锦贤
1991.9	第三届	5	李昌	莫善文、程儒雄、黄祖传、邓次珍
1996.3	第四届	5	程儒雄(副)	肖邦森、张新民、曾文可、邱志浩
2001.3	第五届	5	陈永辉	罗萍、曾文可、雷新涛、邱志浩
2006.6	第六届	5	窦美安(副)	罗萍、谢江辉、曾文可、臧小平
2010.6	第七届	5	孙好勤 谢江辉(副)	詹儒林、石伟琦、曾文可
2016.4	第八届	9	秦福增	杜丽清、詹儒林、李端奇、陈佳瑛、曾文可、邢姗姗、曾辉、石伟琦

65年以来,南亚所党委深化学习型、创新型、服务型、廉洁型、效能型"五型"党组织建设。党支部有效坚持开展思想政治工作、坚持党员学习教育制度、党员思想汇报制度、党员谈心谈话制度。所党委规范"三会一课"、民主评议党员、组织生活会、请示报告、党建述职评议等党支部组织生活形式,规范党员组织关系转接、党籍管理、党费收缴使用和管理、党徽党旗党员徽章使用等工作制度。在这些工作开展过程中,涌现出一批先进党组织、优秀共产党员和优秀党务工作者,多次受到上级党组织的表彰。具体名单见表9-2、表9-3和表9-4。

表9-2 受上级表彰的先进党组织名单

年份	湛江市直先进党组织	热科院先进党组织	湛江市委先进党组织
1990	科研党支部		
1996	党群党支部	科研党支部	
2007	科研第一党支部		
2010	第二党支部		
2011	科研第一党支部		
2012		南亚所党委	
2014		南亚所党委	
2016		南亚所党委	

(续表)

年份	湛江市直先进党组织	热科院先进党组织	湛江市委先进党组织
2019		南亚所党委、所离退休第二党支部	南亚所党委

注：2013年，南亚所党委获得湛江市直机关工委机关党建创新奖。2015年，获得了"湛江市直机关党员教育基地"荣誉称号。从2014以来，南亚所党委在湛江市直机关党建目标管理考核中，连续五年被评为优秀党组织。在2018年度湛江市直机关党建工作量化考核中，被评为优秀组织。

表9-3 受上级表彰的优秀共产党员名单

年份	湛江市直优秀共产党员	热科院优秀共产党员	湛江市优秀共产党员
1982			陈那捞
1988	郭森元		
1900	许能琨、孙康典		
1991	罗萍		
1994	许能琨		
1995	张应洲		
1996	邱志浩、李土荣、臧小平	邓次珍、曾文可、姚堪贵	
1997	肖邦森		
1999	谢江辉、曾绿茵		
2001	罗萍、雷新涛、陈佳瑛		
2003	雷新涛		
2004	窦美安、罗萍		
2005	吕玲玲		
2006	姚全胜		
2007	王松标		
2008	陈佳瑛		
2010	詹儒林		
2011	詹儒林	詹儒林	
2012	左雪冬	杜丽清、曾辉	
2014		曾辉、姚全胜	
2016		胡会刚、魏永赞	
2019	王松标	杜丽清、江汉青、胡会刚	

表 9-4 受上级表彰的优秀党务工作者名单

年份	湛江市直优秀党务工作者	热科院优秀党务工作者
1990	张新民	
1994	罗文扬	
1995	邓次珍	
1996	莫妙琼	张新民
1999	张海林	
2001	曾文可	
2003	黄小华	
2004	曾文可、陈志辉	
2005	陈志辉	
2006	黄小华	
2007	吕玲玲	
2008	曾文可	
2010	邹明宏	
2011	曾文可	曾文可、陈佳瑛
2012	黄冬云	
2014		曾文可
2016		曾文可
2019	邱桂妹	李俊峰

二、创新文化

南亚所以创新文化建设作为党建工作的重要抓手，65 年以来，经过一代代科学家的励精图治和开拓进取，积淀了深厚的文化底蕴，坚持"求实办所，开放办所，特色办所"的发展理念，凝练了以"团结、务实、厚德、创新"为所训，由南亚所英文缩写字母组成的彩色图案为所徽（图 9-1A），旗面左上角缀有所徽图案的红旗为所旗（图 9-1B）的一系列创新文化。

党的十八大以来，所党委十分重视所文化建设，鼓励广大职工积极参加各类文化活动。2012 年，陈佳瑛同志在"我与支部共成长"院征文比赛中，获优秀奖；2016 年，在"我为孩子做榜样"全院征文活动中，陈佳瑛、黄冬云两位同志获院优秀奖；2017 年，在"我为院所发展建言献策"征文活动中，唐远红、宋喜梅、陈妹分别获二、三等奖和优秀奖；2017 年，在院"我的挂职岁月"征文活动中，姚全胜、杨为海分别获得三等

A. 所徽　　　　　　　　　　　　　　B. 所旗

图 9-1　所徽和所旗

奖，左雪冬获得优秀奖。

近年来，南亚所党委积极响应院文化建设"九个起来"理念。2017—2019 年，所党委连续举办了三届读书活动，各党支部大力支持，广大党员干部踊跃参加，所创新文化达到了空前繁荣时期。这三年读书活动的获奖情况见表 9-5。

表 9-5　2017—2019 年读书活动的获奖情况

时间	一等奖	二等奖	三等奖	备注
2017.5	宋喜梅	常金梅、袁晓丽	陈妹、涂行浩、张广明	
2018.5	吴婧波	陈影霞、邱勇辉、宋喜梅	袁晓丽、许文天、张广明	
2019.5	欧雄常	曾绿茵、唐远红、吴婧波	李俊峰、朱利飞、袁晓丽、杨倩、刘思汝	征文比赛
	吴婧波	曾绿茵、袁晓丽	朱利飞、黄炳钰、杨倩	演讲比赛

为了落实全面从严治党的工作要求，南亚所纪委在 2018 年 8 月及 2019 年 8 月，连续两年举办了以"廉洁自律 弘扬正气"为主题的廉政诗文、廉政漫画、廉政书画（硬笔、毛笔、绘画）作品的征集活动。廉政创新文化建设作为党的政治建设和作风建设的基石，是营造全所风清气正工作环境和塑造廉洁自律好干部的航标，是将自律与他律、要我做与我要做有机结合在一起的纽带，进一步提高所站廉政文化建设水平，使廉洁自律的精神深植人心，共同努力创建了一支清正、廉洁、干净、担当的科技、管理、开发队伍，共同开创了和谐、美丽、欣欣向荣的南亚所湛江站新局面！2018 年和 2019 年廉政文化获奖情况见表 9-6 和表 9-7。

表 9-6　2018 年廉政文化获奖情况

作品题目	作品类型	作者姓名	作品等级
明世抒怀	书法（行书）	程儒雄	一等奖

(续表)

作品题目	作品类型	作者姓名	作品等级
感悟	国画	黄川	一等奖
鹰	国画	屈扬	二等奖
论语经典语句上	书法	段雅婕	二等奖
八项规定 铭记于心	诗文	唐远红	二等奖
南亚所湛江站廉洁自律负面清单	书法（硬笔）	钟宁	二等奖
不忘初心 振兴中华	书法	肖崇德	三等奖
tan 的四种读音	漫画	宋喜梅	三等奖
思反腐二则	诗文	吴涤非	三等奖
这就是我们的党	诗文	李俊峰	三等奖
廉洁人品磨砺出，壮丽人生干中来	书法（隶书）	程儒雄	三等奖
清风满怀	书法（楷书）	程儒雄	三等奖
苗款	漫画	冯森莹	三等奖
敬田有谷，敬老有福	书法（隶书）	程儒雄	优秀奖
插秧偈	书法（隶书）	程儒雄	优秀奖
这是国家给您的扶贫金	漫画	彭应洲	优秀奖
廉	漫画	朱超	优秀奖
清廉人生	书法（行书）	黄川	优秀奖
弘扬中华美德构建和谐社会	书法（行书）	程儒雄	优秀奖
清廉有感	书法（硬笔）	黄冬云	优秀奖
甲骨文	书法	王传奚	优秀奖

表 9-7 2019 年度廉政文化获奖情况

名称	类型	姓名	等级
守初心，雄关万里	绘画	杨浩	一等奖
反腐倡廉诗	行书	程儒雄	一等奖
荷花颂	国画	牛轶凡、屈扬	一等奖
反腐诗词	篆书	程儒雄	二等奖
洛阳牡丹	国画	牛轶凡、屈扬	二等奖
画梅	国画	程儒雄	二等奖
清风	漫画	赵润	二等奖
戒子书	毛笔	段雅婕	三等奖

(续表)

名称	类型	姓名	等级
善为本	书画	黄川	三等奖
廉	毛笔	欧阳红军	三等奖
清廉	毛笔	黄川	三等奖
警	漫画	邱桂妹	三等奖
荷塘秀色	国画	牛轶凡、屈扬	优秀奖
高抬明镜	漫画	严晓丽	优秀奖
不忘初心廉洁自律	绘画	李海亮	优秀奖
中国梦	正楷	陈影霞	优秀奖
江山多娇	正楷	杨爱梅	优秀奖
勿以贪小而为之	漫画	刘思汝	优秀奖
腐败	漫画	薛鑫	优秀奖
廉走钢索	漫画	黄智敏	优秀奖
牡丹图	国画	牛轶凡、屈扬	优秀奖
逐梦新程	正楷	邱雪华	优秀奖
爱莲说	硬笔	宋康华	优秀奖
林则徐诗	正楷	王存顺	优秀奖
赏牡丹	正楷	梁悦	优秀奖
近视	漫画	郑斌	优秀奖
不忘初心	绘画	刘恒刘书辰	优秀奖
反腐倡廉	漫画	欧阳红军	优秀奖
廉	毛笔	邱勇辉	优秀奖
帮扶	漫画	冯淼莹	优秀奖

三、宣传工作

宣传工作作为南亚所对外宣传交流的窗口，在展示广大科技工作者数十年为热带农业科技事业艰苦奋斗的光辉历程中，发挥着不可替代的作用。回顾南亚所建所65年走过的艰苦历程，所（站）宣传工作从原来的科技情报信息收集与发布中走出来，历经小打小闹的内部专刊、零星对外投稿，到专门网（络）站加微信公众号发布，逐渐发展壮大，使南亚所新闻宣传报道量逐渐增加，对外影响力日益扩大。

1986年粤西试验站图书资料室创办《热作情报》油印本，在收集、摘录世界热带作物科研与产销资料的同时，还采写有一些所（站）科研学术动态信息进行交流。在此同时，工作人员在收集整理站里科研资料之余，采写了许多站内新闻投到地方报社媒体刊登。仅在1987年就将所（站）的"剑麻新品种粤西114号选育""五星I3橡胶单倍培育""鹤花引种试种"和"粤西1号芒果选育"等科研成果与动态20篇（次），分别在《中国花木盆景》杂志、《花卉报》《花鸟世界报》《广东科技报》《热科技报》《湛江日报》和湛江人民广播电台等多家媒体刊登，让所（站）宣传工作迈出了新步伐。

从20世纪80年代末开始，随着南亚所热带、南亚热带植物种质资源收集日趋丰富，热带花卉研究有了新起色，给所里利用资源优势开展的热带植物观光旅游锦上添花，吸引了众多地方媒体记者前来采访。其中包括《南方日报》记者游雁凌采写的《入目皆花影，处处尽芳菲》；《南方日报》记者蓝爱宽采写的人物传记《给热带风光》《"锦上添花"的人》（1981.9.18）；《湛江日报》记者岑元冯采写的《热带花木记奇》（1985.7.25）；《花鸟世界报》记者张健人采写的《奇花异果的摇篮》（1987.11.21）；《羊城晚报》记者袁增伟采写的《好一个五彩缤纷的世界》（1989.9.16）；《湛江日报》通讯员冯文星采写的《镶嵌在雷州半岛上的'绿宝石'》（1999.5.21）；香港《文汇报》记者曾广源采写的《风情万种，异香满园》（2000.5.20）；《澳门日报》记者祝宇采写的《热带风情满斯园》（2000.5.21）等。

20世纪90年代，在老一辈科技工作者坚持不懈的努力下，南亚所不但科研事业取得长足发展，科研成果层出不穷，科技开发也成绩斐然，给所里的宣传工作提供了丰富素材，工作人员把采写镜头对准他们。1995年11月25日在《热院报》刊载通讯《他们是热带作物的营养师》，报道了剑麻营养诊断课题组成员、在"H·11648麻营养诊断指导施肥技术研究"成果荣获国家级科技进步奖的卓越成绩、课题负责人许能琨副研究员被评为广东省先进工作者，获得过国家农业部颁发的"全国农业科技推广年活动先进个人"事迹。

除了科研成果之外，还及时报道科技开发新亮点。1999年9月在《湛江日报》刊登消息《发挥科研优势，扮演绿化主角》，报道南亚所致力于引进、研究、培育、开发独具热带景观特色的观赏花卉及绿化苗木，形成了研究和开发花卉苗木的较强实力，形成了具有一定市场竞争力的花木基地和面向市场的销售网络。

进入新千年，随着南亚所科研事业蓬勃发展，国内外合作交流日趋频繁，科技开发力度加大，科普与休闲旅游活动日趋活跃，科技下乡服务"三农"持续深入，给新闻宣传带来新的机遇和挑战。南亚所宣传工作广拓宣传渠道，新旧媒体全面开花。

南亚所网站宣传平台自建于2005年。通过多年的建设，所建立起以所网站为主体的宣传阵地。目前所网站开设有"新闻动态""科研动态""科研成果""党群工作""服务三农""科研平台""科技产品""媒体南亚"和"南亚植物园一日游"等栏目。2005—2006年所里科技信息中心还编辑出版《南亚热带作物通讯》刊物多期。

南亚所自2012年起就成立了宣传工作领导小组，确定宣传工作由党委直管，所主要领导主抓宣传工作，初步形成了办公室专人负责，各部门均有兼职通讯员的新闻宣传格局，确保大事上重要媒体，一般事件上所网，全面调动和整合新闻宣传资源，全方位开展宣传工作，有力地配合南亚所实施南亚热带作物科技创新能力提升行动。还不断创新宣传手段，搭建与新闻媒体协作关系，努力形成"大宣传"的舆论宣传工作格局，形成了南亚所新闻宣传工作齐抓共管的新局面。

2016年所里还建立了微信公众号，办起了让更多读者轻松便捷用手机浏览南亚所新闻资讯的微官网，且图文并茂，在拓展宣传渠道、逐步走向多媒体传播迈出了可喜的一步。所内建设了3个宣传栏，充分利用网络、纸媒等手段，加强了所内宣传体系建设，丰富宣传载体，做好做精所网站。向外还印发科技动态、工作动态等各类简报。

依照热科院发布的《关于中国热带农业科学院网站信息发布的管理办法》［院（党委）〔2016〕44号］，借鉴宣传工作先进所站好的经验和做法，南亚所2016年开始制订并完善了《南亚热带作物研究所新闻宣传工作指导性意见》，通过制度理顺和规范所里的宣传工作开展，使全所宣传工作形成了良好发展态势。

南亚所宣传工作紧密围绕"一个中心、五个基地"发展定位，本着"围绕中心、服务大局""内聚人心、外树形象""突出重点、形成亮点""归口管理、分级负责""拓宽领域、及时高效"的宣传原则，重点宣传热带农业科技事业、重大科研进展和标志性成果、服务"三农"重大活动、优秀农业科技专家、科技开发重大进展，基本达到"国家层面有声音、部省层面有地位、社会各界有影响"的具体目标。

所里积极配合院网站做好全所宣传工作，建立起与各界媒体合作的宣传长效机制。逐步建立和畅通各类院外宣传媒介、载体，拓展新闻宣传途径和领域，拓宽宣传范围，扩大宣传影响力。建立了分层分类信息报送机制，重大科研、推广和服务"三农"工作进展、优秀农业科技专家等信息及时投送到院网站，并通过院办宣传科上报中央级媒体及上级主管部门，或协调组织采访，服务地方有关工作信息及时报送"农业部网站"、《中国热带农业信息网》和《湛江农业信息港》等中央及地方热区农业媒体。

目前南亚所已和《农民日报》《中国热带农业信息网》《海南日报》《碧海银沙/图读湛江》《湛江农业信息港》和《湛江晚报》等一批媒体建立起投稿关系。与《农民日报》《光明日报》《海南日报》《湛江日报》《湛江晚报》和湛江电视台等外界媒体记者建立起采访合作关系，建立为南亚所用、科学高效、分级分类的媒体协调机制，共同建立媒体搭台、所地唱戏的对外宣传工作格局。

南亚所多方筹措经费，在院宣传部门的协助下，积极邀请到《农民日报社》《海南日报》《湛江日报》等媒体记者到所服务区域，如四川攀枝花、广西百色、湛江徐闻等地采访报道，发表了《让"科技果"结满农民"摇钱树"》《农民日报》《中国热科院科技帮扶广东廉江荔枝产业转型升级》（农业部网）、《把农业科技成果写在湛江红土地上》《湛江日报》等影响力较大的宣传报道。其中农业部总农艺师孙中华还对《农民日报》《让"科技果"结满农民"摇钱树"》报道进行批示："该报道对探寻新形式下科技服务"三农"的有效途径，很有借鉴意义。"有力提升了南亚所的影响力。

为加强热科院新闻宣传工作，提升影响力，促进科技创新，2016年12月28日，中共中国热带农业科学院机关委员会在院部召开2016年度宣传工作座谈会，南亚所党委书记秦福增作为代表，在会上作题为《加强宣传工作，有力提升南亚所影响力》的宣传工作经验发言。院长王庆煌、副院长张以山与院属各单位党委（党总支）书记、负责宣传工作的领导班子成员、宣传工作人员、机关各党支部书记参加了座谈会。纪检组长张晔主持了这次座谈会。

据统计，2011年南亚所网站仅登稿件63篇；2012年所网站刊载新闻稿件成倍增加，达到123篇；2013年所网站刊载新闻稿件134篇，在院网刊登南亚所新闻74篇；2014年所网站刊载新闻稿件稳步增加，达到153篇，2015年所网站刊载新闻稿件180篇。2016年所网站刊载新闻稿件174篇，在院网刊登南亚所新闻44篇，《海南日报》采写2篇，《湛江农业信息港》刊登33篇，《图读湛江》31篇，《中国热带农业信息网》12篇，《湛江新闻网》《湛江日报》《湛江晚报》28篇，还在湛江广播电台播出数十篇。2017年所网站刊登稿件248篇，院网刊登南亚所新闻75篇，《湛江日报》《湛江晚报》刊登用稿47篇。2018年所网站刊登稿件253篇，院网刊登南亚所新闻70篇，《湛江日报》《湛江晚报》刊登用稿47篇。2017年5月至2018年8月期间，南亚所微信公众号刊登文章78篇。

认真总结新闻宣传工作，积极撰写新闻宣传论文两篇，其中：《加强宣传工作提升南亚所形象》在2013《热带农业工程》发表；《旅游新闻宣传在休闲农业旅游中的实践与探讨》在2014年《热带农业工程》第1期发表，还被"中国热带农业科学院2013年度休闲农业研究与发展交流研讨会论文集"收集。

宣传报道的详细情况请查阅《南亚丰歌——中国热带农业科学院南亚热带作物研究所媒体报道汇编》。

第十章  行政管理

第一节　行政后勤服务管理

一、历史沿革

1959年粤西试验站从徐闻搬迁到湛江市郊湖光岩旁后，设有行政办公室，下设有财供科、图书资料室。1978年蔡岳任行政办公室主任。1984年设有后勤办公室。

1988年邓次珍任行政办公室主任，王田合任科长，王俊清任副科长，蔡岳任工会副主席。徐双全任服务公司经理（副科）、张应洲任保卫科科长兼湖秀派出所所长（副科）。

1998年6月，为管理经营南亚所在湛江市霞山区的产业、招待所和霞山住宅区，新设立了霞山办事处。

1999年邱天来任行政办公室主任（正科），许福荣任行政办公室副主任（副科），张新民任党委办公室主任兼工会副主席（正科），张应洲任派出所所长（正科），梁雪亮任南亚所治安队队长（副科），华正生任霞山办事处副主任（副科），徐双全任劳动服务公司经理（副科）。

2004年机构设置改革，将原有多个科室合并为综合办公室，下设行政、人事、财务等秘书岗位，2008年财务从综合办独立出来。

2015年综合办改为办公室。

二、职责定位

南亚所〔2015〕12号印发《中国热带农业科学院南亚热带作物研究所内设管理机构主要职责》通知明确了办公室的工作职责，即统筹全所的战略发展等宏观规划，实施战略管理。负责所行政、党建、纪检、后勤及综合治理等管理工作，做好综合服务工作。同时接受热科院办公室、机关党委、保卫处和监察审计室等上级部门的业务指导，负责与上级对口部门的沟通、联系和业务汇报。

三、管理工作

（一）认真履行行政管理职责

2004年，根据院校的要求，南亚热带作物研究所建立了创新的管理体制，实行院长领导下所长负责制、所长办公会议决策制、科学技术委员会咨询制和职工代表大会监督制,并按照"规范化、科学化、制度化"的管理要求,破除旧的管理体制,制订完善近60项管理规章制度,规范了各项管理工作。同时,成立和调整充实了体改领导小组、创新岗位考聘委员会、产业岗位考聘委员会、社会治安综合治理领导小组、土地确权工作小组、卫生检查监督小组等,实行民主决策管理和阳光政务,各项改革措施张榜公示,接受群众监督,大大提高了民主管理的力度和透明度。

2005年按照"科研立所,开发兴所,两者兼顾,协调发展"的改革思路和"一所两制"的管理模式,在完成创新岗位和产业岗位的竞聘上岗工作之后,南亚所把着重点放在协调处理好科研创新与科技产业、后勤服务在发展、管理、分配及人、财、物等方面的关系上。按照"人才分流、资源共享"和"夯实基础、提高效益"的原则,不断改革创新"一所两制"管理模式,完善管理体制、运行机制和分配制度。抓快抓实制度创新建设,制订各项管理制度共62项(其中:行政管理制度12项,人事管理制度11项,财务管理制度3项,科研管理制度12项,实验室管理制度7项,综合管理制度17项);同时,贯彻执行理事会决策和科学技术委员会咨询制度,并成立督查组,发挥督查监督作用。

2007年制定《南亚所督查办公室督查工作条例》,使督查工作责任明确,措施得力,效果明显,构筑防线,确保干部队伍亲政廉明。

2013年为南亚所制度制定完善年,广泛开展制度清理与建设工作,初步建立完善了工作制度、组织制度、领导责任制度、会议制度、公务接待制度、科研管理制度、干部选拔任用等一系列相互协调、相互衔接的制度体系,其中正式发文制度14项,如《工作规则》《会议制度》《科技成果奖励办法》等,更好地调动了广大机关工作人员的积极性、主动性和创造性,提高工作效率,保证各项工作顺利完成。

2003年,一场全民皆兵、众志成城抗击"非典"的战斗在考验着南亚所全体党员干部,行政后勤部门在所党委的领导下,根据院校指示精神和统一安排,切实做好非典型肺炎的预防和控制工作。通过一系列有效措施,南亚所无一名疫情发生,保证了科研生产正常开展,所卫生医务人员发挥了重要作用。

(二)做好后勤服务 构建和谐南亚所

贯彻落实院校办〔2004〕12号文《关于环境工作部署的会议精神》,2005年成立所部办公旅游环境改造领导小组,结合《南亚所科教示范基地总体规划》和旅游景区建设,制订全所环境建设改造规划及管理制度,完成了中心广场改造绿化任务和大门口的设计工作,清理了所部环境卫生死角,植树种草美化了办公旅游环境,加大了住宅区公共环境整治和改造力度,重点抓好职工住宅区"脏、乱、差"的整治和主要道路的净化美化建设,取得显著效果,得到职工的拥护和支持,为实现"环境绿化、景点美化、道路亮化"的目标迈出了坚实的一步。

2006年南亚所水电改造建设项目获得50万元资金支持,完成了高压线路改造和主要供电线路下地工程建设;后勤服务中心完成了湖光岩北至湖秀小区2000多米的高压供电线路改造工程任务。

2011年在经费严重短缺的情况下,综合办利用现有人力物力资源,花最少的经费实现了行政办公楼整体搬迁到旧实验楼,行政办公条件大为改善。

做好民生福利工作是职工"安居乐业"之本。2015年台风过后,所里千方百计筹措资金,为一队职工宿舍楼更换了门窗,把一队宿舍配套的40套厨房推倒重建,2016年春节前让职工搬入新居。

2014年,所领导班子想方设法筹措资金,为民、务实,尽力改善职工工作生活条件、美化、靓化环境。多方筹集资金200多万元,在所部更换了职工住房铝合金门、安装了防盗网,更换了一部份老化电线,安装了视频监控系统,修复了倒塌的围墙,新建了垃圾池、停车场。加强所部环境建设,重点改造南亚大道和游客中心大棚周围,使南亚大道从杂草丛生的路段变成了鲜花盛开的景观路,为所的旅游、工作及生活环境打下良好的基础。

2015年18级超强台风"彩虹"正面袭击广东湛江,南亚所职工众志成诚抗击超强台风。台风刚过,全所职工放弃国庆休假,积极投入抗风救灾工作中,不畏惧、不怕难,齐心协力,全力奋战在救灾第一线,以实际行动践行"三严三实",把灾害造成的损失降到最低,满怀信心重建家园。

(三) 扩大影响构建新闻宣传工作新格局

南亚所重视宣传工作,通过强化认识、加强领导、构建宣传工作体系,形成"一把手"主抓、班子成员具体负责、部门与专人负责采写登载,各部门人员积极参与、上下贯通、齐抓共管的宣传工作新格局。

2011年,南亚所专门安排1名专职工作人员负责新闻采写、拍摄,取得了明显的效果。一年来,在"南亚所网站"公开发表新闻动态稿件63篇,向院网站投稿并刊载南亚所稿件35篇,农业部网站转载新闻2篇,向"碧海银沙/图读湛江"投稿并刊载稿件22篇,分别报道了农业部及热科院领导来所视察、党组织生活和党政建设、南亚所最新的科研成果、科技创新平台建设、科技推广与示范、科研示范基地规划与建设、休闲农业旅游和职工业余文化生活等。

此外,抓住重点,及时报道科技下乡抗风救灾。2011年国庆前后,在抗击强台风"纳沙"中,南亚所及时组织人员报道抗风救灾科技下乡中涌现的事迹和时事动态,发到院所网站,并把相关材料送到湛江院校区管委会汇集成"中国热带农业科学院湛江院区科技救灾工作简报",报送到湛江市和院部,让地方政府及时了解热科院在抗风救灾科技下乡的积极作为，也提高了热科院和南亚所的知名度。这项工作也得到了王院长的充分肯定，所宣传员被评为热科院抗风救灾新闻报道先进工作者。

2012年宣传率大幅提升，先后采写80多篇新闻稿件，及时报道南亚所科研创新成就，服务"三农"事迹，党政教育和科普旅游等各项工作的新进展、新成果，分别登载在《中国热带农业信息网》《热科院网站》《南亚所网站》《图读湛江—碧海银沙网站》《湛江新闻网》《湛江政府网》《湛江农业信息港》，以及《湛江日报》《湛江晚报》等网站和报刊。基本实现了一般新闻上所网、重要新闻上院网或其他地方网站，较好地宣传了南亚所，扩大了影响力。

由《农民日报》记者杨志华采写的《让"科技果"结满农民"摇钱树"》新闻报道，2014年12月10日在《农民日报》刊登后，引起了社会广泛关注和反响，当天就得到了农业部总农艺师孙中华的评价，称"该报道对探寻新形势下科技服务三农的有效途径，有借鉴意义。"

2015年所网站刊载新闻稿件稳步增加，达到179篇。在《农业部网》《光明日报社/光明图片网》《中国热带农业信息网》和《湛江日报》等报刊网站刊载南亚所新闻203篇（次）。

2017年《农民日报》《广西新闻网》和《百色新闻网》等媒体均刊发了南亚所"服务三农"工作的先进事迹。央视两次播出南亚所科技创新和服务三农节目，特别是3月21日中央电视台综合频道《新闻30分》播出南亚所芒果太空育种的新闻报道，在国内引起高度关注。

（四）治安维稳为科技创新保驾护航

湖秀派出所是以南亚所为主，与热机所、湛江农垦中专（即"两所一校"）共建的公安机关。自2003年以来，他们结合南亚所、本辖区实际情况，按照湛江市麻章区公安分局的有关部署和计划，重点扶持所里治安队治安工作的开展，让治安队侧重于执行南亚所社会治安综合治理方案，着重所部重点部位和国家、省部级重点科研项目的重点保护，果树示范园的保护，护林保果及办公区、宿舍区的昼夜执勤。特别是邻近农村的人害、牛害对南亚所治安造成严重危害的情况下，同心协力承担起繁重的治安防范工作，使所里的防范工作起到根本的好转，小偷小摸现象明显减少。全年处理各种治安案件几十宗，有效杜绝了刑事案件的发生。通过严打严治管理，辖区内人们工作生活愉快，秩序井然有序。

2014年12月，由保卫处陈方声副处长率队的热科院检查组一行8人，到南亚所进行社会管理综合治理安全生产检查。检查组在南亚所江汉青副书记、陈佳瑛主任，曾文可科长等陪同下，深入果袋厂、组培厂和试验基地等部门基地进行了现场实地检查，并进行了座谈汇报。

2015年继续加强安全稳定工作，健全各负其责、齐抓共管的工作机制，层层落实责任制，与28个部门签订了《综合治理》《安全》《计生》3份责任书，强化巡查监督，落实整改措施，消除各种隐患，确保了"七无"指标的完成，共建和谐平安南亚所。

2017年积极开展"安全生产月"活动和落实十九大安全维稳工作，加强安全生产宣传教育，举办消防知识安全讲座普及消防知识，查找消除安全隐患，强化对实验室毒品化学品的管理；进一步强化研究生集体宿舍管理工作。通过教育、宣传、引导、检查、整改等细致工作，切实保证了全所安全生产。

（五）推进信息化系统建设建立现代研究所治理体系

2016年推进信息化系统建设，探索建立现代研究所治理体系。启动全所办公系统和所微信公众号的建设，逐步减化办事程序，提高办事效率，综合管理工作日趋规范。

为主动适应科技体制改革和事业单位分类改革，实现优化资源配置、增强管理合力、降低管理成本、提升竞争能力、促进加快发展，深化改革，与湛江实验站融合发展。在院的统筹安排下，2017年南亚所与湛江站已实现领导班子一体化，成立了改革工作小组，各项工作正稳步推进。

根据《中国热带农业科学院湛江院区"三所一站"管理改革工作方案》（热科院人〔2017〕15号）的总体要求，2018年上半年南亚所、湛江站已实现合署办公、融合发展。现阶段已实现了领导班子一体化、管理机构一体化、工作部署一体化、科技研发一体化、资源配置一体化，基本实现了管理制度一体化，所站融合发展成效明显。

（六）管理制度

1988年5月制订《南亚所机关工作人员岗位责任制试行办法》。

1990年3月制订《加强对汽车管理的规定》。

2007年制订《南亚所督查办公室督查工作条例》。

2011年制订《南亚热带作物研究所内设机构职责（试行）》。

2012年制订《中共南亚热带作物研究所委员会议事制度》《南亚所突发公共事件总体应急预案》《南亚所破坏性地震应急预案》《南亚所创新文化建设实施方案》《南亚热带作物研究所内设机构主要职责》。

2018年制订《合同管理办法》《"三重一大"制度实施细则》。

第二节　科研管理

一、历史沿革

1964年设图书资料室、试验队两个附设单位。

1974年设科研生产办公室，1978年肖崇德任科研生产办公室主任，肖吉珍任副主任。

1984年10月前设图书情报室。

1988年设科办图书实验室管理科，李伟平任副科长；2002年设科研办公室。2004年改为科研秘书岗，2008年恢复科研办公室。

2015年升格为科技处。2018年刘恒任科技处处长（副处级），宋喜梅任副处长（正科级）。

二、管理工作

（一）通过科技改革优化科研管理

2004年是南亚所实施科研机构管理体制改革的关键性一年，所里认真贯彻院校改革精神，创新科研管理体制，出台了《南亚热带作物研究所科研管理体制改革实施方案》，明确了南亚所科研改革的基本思路是"科研立所、开发兴所、两者兼顾、协调发展。"通过深化改革，稳步实施，对全所人员进行了优化组合，对全所资源进行了合理配置，对管理制度进行了彻底改革，组建了一支高素质的非营利科技创新队伍和一支科技开发队伍。

通过科技改革优化科研管理。坚持高标准，严要求，建立公平竞争机制和保证适度更新率的科研管理原则。科研管理试行"研究所—实验室或中心—课题组"的基本管理模式。全面实施制度化管理，实行课题项目责任人负责制，试行科研计量考核办法，打破过去那种"干多干少一个样，干好干坏一个样"的管理模式，极大地调动了科研人员的积极性和创造性。

2004年，根据南亚热带地区特色农业产业化发展需要，结合南亚所的学科优势，确立了今后重点研究的"南亚热带作物种质资源和遗传育种、南亚热带作物生理和栽培、南亚热带作物环境生态与可持续发展"三大学科领域和10个研究方向。在岗位结构设置方面，试行研究和技术两个系列，固定岗位和流动岗位相结合，研究岗位分四级，技术岗位分三级，按需设岗，按岗定员，严格按定编与要求设置。一、二级研究岗位和一级技术岗位14个，占总编制的17.5%；三级研究岗位和二级技术岗位24个，占总编制的30%；四级研究岗位和三级技术岗位18个，占总编制的22.5%；流动岗位16个，占总编制的20%；管理岗位8个，占总编制的10%。通过公开招聘，公平竞争，择优聘用的程序，聘任了47名科研创新岗位人员、5名管理岗位人员和11名流动编制人员。

通过科技改革，强化管理，2007年科研创新能力显著增强，获得立项资助科研各类合同与预算经费共1 247.8多万元，突破千万大关，创历史新高。其中各级各类项目立项合同经费为1 211.15万元，到账总经费为1 191.15万元；签订各类子项目和横向合作项目合同7项，到账经费为36.65万元。

为了调动全所职工的工作积极性，明确职责与义务，全所推行目标管理，举行科研部门《研究室"十二五"暨2011年度科研目标管理责任书》签订仪式，各研究室主任分别与所长签订了"目标管理责任书"。同时建立完善所长、科研人员及管理人员的岗位责任管理考评制度和有效的聘期约束机制，从严考核，动态管理，促使岗位人员努力工作，刻苦钻研，出色完成岗位职责任务。

（二）建设科技信息网络平台

2005年开展科技信息平台建设，完成了网络的基本建设，包括网络规划设计、服务器购置、网络版杀毒软件购置、防火墙配置、网络维护设备和工具购置、网页设计与制作、注册网站域名与空间等。所部计算机实现宽带接入互联网，通过静态IP可共享院校图书馆和科技信息所数据库资源，可访问的中外文数据库达30个。2006年顺利完成机关楼网络线路改造和网络节点扩增工程。实施所网站网页改版工作，更新内容、版式，增加实交互功能。网页设计、制作工作已完成，目前已进入发布前测试、完善阶段。改善图书馆设施，对南亚所图书馆藏书进行重新分编工作，优化文献资源结构，提高服务质量。完成世界各国2005年菠萝收获面积、总产、平均单产等数据的搜索查询。同时，编辑出版《南亚热带作物通讯》刊物4期。

（三）广泛开展科技合作和交流

为"提升能力、争创一流"，所十分重视科技合作和交流。2009年，南亚所加强与华南农业大学、西南大学、广西大学、广东海洋大学、云南农科院等大学、院所的交流与合作，共建国家南亚热带作物农业创新中心、园艺学博士后工作站、热带果树生长发育与调控重点实验室等，在科技合作和人才培养等多方面加强合作，取得了较好的效果。

2012年南亚所选送到美国路易斯安那州立大学的1名访问学者已学成归国，选送到澳大利亚迪肯大学攻读博士学位的1名科技人员已经顺利入学。全所16人参加了2012年6月在广州举办的第五届热带南亚热带果树国际会议。

2012年12月19—20日成功承办了中国园艺学会热带南亚热带果树分会第四届学术研讨会，大会吸引了来自全国果树方面研究专家学者近300人参会。

2013年举办了所内首届青年科技论坛，30多名青年科技人员作学术报告，科技人员外出交流70人次；派出3位菠萝方面专家出访法国，学习交流了菠萝育种、健康栽培技术，引进种质5份；组织承办2013年度休闲农业研究与发展交流研讨会，参会人员60人。

2015年，中国热带作物学会热带园艺专业委员会成功换届，全所共组织各种学术交流26次，参加人员达1 039人次；科技人员参加国内学术交流共47人次。

（四）强化科技创新平台建设

"海南省热带园艺产品采后生理与保鲜技术重点实验室" 2010年通过评估，正式挂牌。农业部热带果树重点实验室已通过初评，实现了南亚所部级重点实验室零的突破。同时依照海南省和热科院的有关政策和规定，建立了稳定的人才队伍，制定了较完善的制度，配备了相应的实验仪器，运行情况良好。

2014年7月29日，海南省科技厅组织专家对南亚所筹建的"海南省热带作物营养重点实验室"进行验收。近3年来，重点实验室依托单位共投入800多万元用于重点实验室筹建，建立了健全的重点实验室管理与运行制度，实行了开放、流动、联合、竞争的运行机制。7月29日，海南省科技厅组织专家还，对南亚所和农机所筹建的"海南省菠萝种质创新与利用工程技术研究中心"进行了验收。

2013年强化协同创新，南亚所积极谋划，主动出击，加强与地方政府或科研机构的交流与合作，先后与攀枝花农林科学院共建了"四川攀枝花芒果创新中心"；与贵州热带作物研究所共建"贵州澳洲坚果研究中心"；由广西百色田阳县政府划拨科教建设用地2 000平方米建立热科院百色试验站。

2015年"农业部热带果树生物学重点实验室"顺利通过评估。新增全国博士后管委会"博士后科研工作站"、广东省"省级现代农业（重要热带作物）产业技术研发中心""湛江市热带作物遗传改良重点实验室" 3个平台。

在学科体系建设方面，新增院重点学科"园林植物与观赏园艺"，培育和开拓"都市休闲农业"及"热带经济林"等学科的发展，并加强科研团队建设，2015年谢江辉研究员及其创新团队入选全国农业科研杰出人才及农业部热带果树研究创新团队。

（五）贯彻落实"一带一路"建设

2016年积极参与"一带一路"建设，提交了剑麻"走出去"方案及措施。专家参加由联合国粮农组织（FAO）牵头的"中国—粮农组织南南合作"斯里兰卡项目规划。与中非农业投资有限责任公司达成了坦桑尼亚剑麻科技合作意向，12月，2名专家将赴坦桑尼亚执行"剑麻品种选育技术示范推广"任务。剑麻专家到坦桑尼亚开展科研任务。协办2016年格林纳达热带果树培训班。

继续贯彻落实"一带一路"倡议和"走出去"战略，2018年组团出访15人次，邀请外国专家来访8人次，并通过柔性引进人才方式，成功引进外国学者高层次人才1名，与境外组织签署合作协议1份。与越南、泰国、柬埔寨、塞内加尔、以色列等"一带一路"国家建立了友好联系，并逐渐开展科技互访交流。与越南澳洲坚果协会签署了"中越澳洲坚果研究中心"合作框架协议,双方交换种质资源6份;并与1家越南澳洲坚果企业签订合作协议,联合申请海南省重点研发计划项目(科技合作类项目)1项。

(六)管理制度

2006年7月,发布《〈科研管理办法汇编〉的通知》(南亚所字〔2006〕15号)。

2010年印发了《南亚所科技成果奖励办法》。

2011年6月印发了《〈南亚热带作物研究所科技成果奖励办法(暂行)的通知》(南亚所字〔2011〕13号)。

第三节 人事管理

一、历史沿革

1974年设政治处,1978年李昌任政治处副主任。

1988年设人保科,肖召民任人事科长。

1992年邱志浩任人事科副科长。

1996年邱志浩任人事科科长。

2000年庞振才任人事科科长。

2001年人事科与党委办合署办公。

2004年人事并入综合办公室,黄小华任综合办公室人事党务秘书,刘江平任产业办人事党务秘书。

2011年刘江平任综合办副主任分管人事工作。

2015年7月成立人事处。邢姗姗任处长(副处级),刘江平任副处长(正科级)。

二、管理工作

2003年,建立人事管理电脑数据。积极组织协调人员在仅有的1个半月时间内将南亚所在职人员、离退休人员399人的档案资料一一核实,并拍摄数码人像,全部信息准确地录入电脑管理,全所完成、立卷、归档的档案材料共1 747卷,其中545卷为人事档案。

2004年,改革人事管理制度,创新岗位实行全员聘任制,坚持"按需设岗、按岗聘用、竞争择优"的原则,全员公开招聘。创新分配制度。实行按岗定酬、按任务定酬、按业绩取酬的分配制度。

2007年，顺利完成加入海南省社会保险保障体系和工资套改工作，解决了合同工与固定工退休待遇不平衡的问题，增加了离休干部养老金。

2010年，全所职工实行岗位聘用制，签订聘用合同。

2011年，创新绩效工资分配制度，科研人员按主持项目类型兑现绩效工资。

2012年，解决工勤岗位十余年未能参加技能考试，职业资格晋升的问题。进一步规范编制外用工管理，逐渐实行劳务派遣用工。

2014年，进一步解决退休职工异地就医结算过程中发生的实际问题，实现出院当天结算及特殊门诊异地结算。

2015年，配合院做好所领导班子换届工作及内设管理机构部门负责人的竞岗工作。完成所内设机构科级干部的聘任工作。按《国办发〔2015〕3号文》调整全所职工基本工资及离退休职工基本离退休费。

2016年，引进高层次人才1人。开展管理、专技、工勤三类岗位设置及聘用工作及岗位调整工作。开展干部档案专项审核工作。积极响应国家"精准扶贫"政策，参与湛江市新时期精准扶贫三年攻坚行动，选派两位同志分别到雷州乌石和吴川市吴阳镇那良村帮扶。

2017年，引进高层次人才1人。填报"固定+流动"人才引进中期规划（2018—2020年）。

2018年，南亚所湛江站融合发展，内设科研机构重新优化设置，科研团队重新构建。柔性引进高层次人才1人，建立特聘专家库。启动"企业保"转"事业保"的专项工作。绩效工资分配改革，科研人员按科研定量兑现每月奖励性绩效工资。

三、管理制度

2008年制订了《编制外用工清理规范实施细则（试行）》和《编制外劳动用工管理暂行办法（试行）》，《在职人员攻读硕士（博士）学位管理办法》。

2011年制订了《在职工人员责任绩效津贴发放方案（暂行）》《职工考勤管理（暂行）办法》。

2012年制订了《南亚所干部选拔推荐选任用暂行办法》《南亚热带作物研究所技术工人聘用管理办法》。

2013年制订了《职工请休假管理办法实施细则》。

2014年撰写《南亚所"十三五"人才发展规划》，制订了《南亚所绩效工资实施方案》。

2016年制订了《南亚所专业技术岗位聘用管理办法》，修订《南亚所绩效工资发放办法》《南亚所在职职工培训学习管理办法》。

2017年制订了《南亚所种业科研人员分类细则》《南亚所种业科研人员种业企业兼职兼薪管理办法（试行）》《南亚热带作物研究所档案管理实施细则（试行）》。

2018年制订了《南亚所科级干部选拔任用实施办法》《优秀青年科技人才培育计划》《青年科技人员导师制实施办法》《关于聘请学术顾问的实施细则》《南亚所湛江站绩效工资分配方案》。

第四节 资产管理

一、历史沿革

1959年行政办公室下设财供科，管理物资财产和供应。

1988年设基地科、计财科，前者主要管理基地生产开发，后者管理物资财产。

2010年正式设立土地管理办公室，对土地资产进行管理。

2014年改为资产管理办公室，2015年升格为资产处。2015年郑良永任资产处处长（副处级），庞观胜任副处长（正科级）。

二、管理工作

1. 土地管理

2006年土地确权工作按照法定程序抓紧进行，取得阶段性进展，已完成6 785.3亩土地的边界确认、插花地确权、权属登记、审核公告、报市国土资源局审批等系列工作程序，等待发证。

2007年经过二三年的不懈努力，完成了首批（无争议）土地的确权登记和领证工作，共确权土地面积6 785.3亩，其中建设用地2 150亩，为南亚所的长远发展提供了广阔的舞台和空间，为土地资源的合理开发利用与引资工作奠定了基础。

2011年完成全所土地利用规划，《南亚热带作物科研创新基地总体规划》已完成编制和专家论证工作，2012年已通过湛江市政府规委会论证。

为了规范南亚所土地管理，制定了土地管理办法，强化职能，使土地管理工作逐步纳入了规范化、科学化轨道。2011年进行了全所土地巡查，查明了多起违规用地，摸清了所内职工、临时工占用土地种植苗木的情况；有效遏制了乱挖乱种的现象，收回开荒地及农村占用地150多亩；种植防风林及各类绿化树苗1万余株，占地面积三十多亩；

对全所 1 000 多亩科研用地及承包地进行了重新测量并绘图，为科研目标管理的顺利实施打下基础；全年追回被拖欠的土地租金 5 万多元。

2012 年收回开荒地及农村占用地 283 亩，有效遏制了乱挖乱种的现象。其中于 2012 年 5 月 23 日，由南亚所土地办和麻章区政法委牵头，调动公安分局各大队、派出所（麻章镇、湖光镇）155 人及南亚所全体干部职工出动，清理剑麻基地至疏港公路地块，被花村村民侵占并强种的各类树苗的土地 64 亩。完成所内开发办用地面积的测绘工作，共 1 039 亩。

2013 年进一步加强土地维权工作，启动了 664 亩土地的维权办证工作；打赢 2 场土地维权官司。

2014 年积极争取项目资金，完成了南亚所 6 785.7 亩土地边界界线测绘和 200 个界址点的立桩工作。根据南亚所工作实际需要，清理了种植资源圃、岩北公路、防护林周边被人占用的土地 200 余亩，并交付给相关部门使用。

2015 年加强各部门自用土地的管理，绘制了相应地块边界示意图，并及时更新各部门的用地面积，为合理高效利用土地资源提供参考和基础数据。根据南亚所工作实际需要，清理了被长期占用的土地 80 余亩，并交付给相关部门使用。盘活闲置土地资源，把霞山宿舍区楼下闲置空地和金鹿园大门前边缘土地改造成停车场并出租，提高土地利用效率和收益。

2. 资产管理

2007 年制订了《南亚热带作物研究所物资采购管理办法》，重点做好物资采购监督和基建工程建设项目招投标监督工作，询价做到货比三家，为采购执行部门提供了物美价廉的信息，项目招投标监督做到公平、公正、透明。

2009 年成立政府采购招投标领导小组、政府采购执行工作小组和政府采购监督工作小组，政府采购、协议供货、物资采购将严格按照采购工作程序操作，扭转过去自由采购的做法，规范全所物资采购行为。

2015 年继续加强对全所资产的清查，明确资产管理责任积极争取项目资金支持，倒塌围墙的修复工作已完成。2016 年启动全所物资采购系统，2017 年自主开发完成了物资采购系统，规范了采购流程。

三、管理制度

2009 年制订了《南亚热带作物研究所物资采购管理办法》。

2010 年印发了《南亚所固定资产管理办法》《职工住房管理办法》。

2011 年制订《土地管理办法（暂行）》。

第五节 科技开发管理

一、历史沿革

粤西试验站建设早期,由于当年物质匮乏,在1959年,站里就设有副业生产队、基建加工队,开展生产自足。随着生产规模扩大,在站里扩建出试验一队、二队生产基地。购置数台履带式拖拉机、轮式拖拉机和运输汽车,进行机械作业和运输,增设机务队。1978年钱云显任机务基建队党支书和队长,许宏由、邱运洪任副队长,机务队拥有拖拉机手9名。蔡传藩任一队代党支书,陈那宁任队长,陈木生、刘京洲任副队长。余锦贤任二队党支书,梁那京、陈那觉任副队长。

1984年由试验场对上述3个队进行管理。1988年程儒雄任科长,朱习林任副科长,吴飞球任花木公司经理(副科级)。1999年黄能昭任科长。

1996年赵霞任南亚热带植物园旅游公司经理。

1999年曾文可任经营管理科科长(正科)、朱习林任园林绿化工程公司副经理(副科)。

2002年将经营管理科、一队、二队合并为经营管理部,并新增园林中心、旅游公司、服务公司3个科技开发基地。2004年上述科技开发基地改为农业开发中心(含一队、二队)、园林工程中心、南亚热带植物园。

2006年设立产业办对科技开发基地进行管理。2008年产业办改为基地与推广办,2010年改为开发办。科技开发部门调整为园林中心、科普教育中心、良种苗木繁育中心。

2013年开发办改为科技推广办公室,2014年改为科技开发与推广办公室。

2015年成立成果转化处,左雪冬主持工作(正科级);2017年左雪冬任处长(副处级)。

二、管理工作

(一)科技开发管理改革

1995年4月20日,所里成立开发经营领导小组。1996年1月29日,印发《关于设立南亚热带作物研究所科技开发等机构的决定》(南亚所(人)字〔1996〕02号)。两院科技开发工作会议于1994年12月在南亚所召开，弘扬南亚所精神，群策群力，上下一心，聚精会神搞建设，一心一意谋发展，一手抓科研，一手抓产业，开创了科研与产业相互依存、相互发展、相互促进的双赢局面。

2004年5月中旬创新机构岗位竞聘工作结束后，产业改革工作正式启动。在充分调研、吸取经验教训、广泛听取职工意见、反复修改完善的基础上制定了《南亚所产业改革与发展方案》，南亚所对剥离分流的人员和经营性资产按照提高效益的原则进行重组，重组成3个产业实体（南亚热带植物园、南亚热带园林工程中心、南亚热带农业开发中心）和一个后勤服务系统，实行企业化管理，逐步进入市场化良性发展轨道。

产业岗位坚持"按需设岗、公平竞争、择优聘用"的原则，成立了产业岗位考核聘任委员会，并邀请了院校有关领导参加评委。产业岗位在完善岗位职责、任职条件、聘用期限、考核办法的基础上，打破干部工人界线，通过公开竞岗、公平竞争、择优聘用的形式上岗，并实行拟聘人选公示制度。对进入产业系统的人员实行聘用制，按合同管理。2004年完成了产业办岗位、后勤服务系统负责人岗位、三大实体经理副经理岗位、子弟学校教职岗位、科研辅助工、保安人员岗位和后勤服务和生产工人岗位的公开招聘上岗工作。

2003年生产开发及经营工作在继续贯彻执行原有的管理制度下，努力克服自然灾害影响，以管理促效益，以甘蔗、毛叶枣等多种经营求发展，在降低成本、提高经管效益、增强创收后劲等方面的工作取得了良好的效果，干部职工队伍稳定，为2004年的改革发展打下了坚实的基础。作为南亚所自1996年台风袭击后的主要传统经营项目甘蔗，2003年种植面积1 060亩，虽然经营步伐艰难，但仍可达到收入23.1万元，为上年约18万元的128%的效益。作为南亚所对外示范，对内经营的果园基地，2003年面积缩减为580亩。毛叶枣是南亚所果园经营中最大的一部分，2003年现存面积390亩。除此以外，还种植经营有杨桃、荔枝和龙眼。

2005年农业开发中心做好峡谷保护工作。种植小叶榕中苗600棵，成活率80%以上；木棉、双翼豆等小苗1 600棵，成活率85%以上。峡谷保护项目共投入资金约7万元。

2006年科技开发工作以整合资源、物尽其用和提高综合经济效益为目的，加强基地管理，做好南亚植物园品牌和土地资源文章，扩大整合园林苗木基地，培植"亮点工程"和经济增长点，取得可喜的成绩，全年产业开发总收入达到127万元，产业管理体制逐步完善，职工凝聚力增强，队伍稳定，积极性高。

2008年南亚所制定了农业开发中心管理经营方案、园林中心管理经营方案、旅游中心管理经营方案，进一步完善了课题组科技开发收入分配方案。南亚所资源丰富，但成果转化（产业）效益低下，为此新一届班子确定了"科技开发由资源依赖型向要素优化组合与品牌服务型转变"发展理念。2010年对南亚所成果转化机构进行了整合重组，下设科普教育中心（依托南亚热带植物园）、园林中心、良种苗木繁育中心，统筹全所科技开发资源，开发利用。

（二）园林中心

围绕国家南亚热带名优良种苗木繁育场园林绿化苗圃的建设，2003年园林中心以国家级种苗场圃作为提升自身形象工程来抓，提升自身的品牌意识，提升自身的无形资产。以此同时，进一步搞好200亩基地基础设施建设，新建了一幢200平方米的两层办公楼。推行岗位责任制和按件计酬的劳动管理制度，加强苗木的施肥管理，试行地膜覆盖技术，及时调整经营方针与销售策略，开拓小苗木市场和销售渠道，拓宽业务范围，建立良好合作信誉关系，提高了经济效益。全年的收入达63万元。

根据行业发展方向及趋势，2010年至2014年，园林中心淘汰残次苗木基地100亩、木薯基地65亩、毛叶枣基地220亩，新种植园林苗木70个品种430亩，累计达10万余株；新种植毛叶枣80亩，2 700株；生产绿化容器苗木6个品种，3 000株。开展了台湾青枣休闲体验采摘项目，效果良好。2010年至2014年中心收入分别为2010年110.00万元、2011年100万元、2012年107.26万元、2013年158.46万元、2014年113.32万元。

（三）大田试验材料生产中心

大田试验材料生产中心是2011年新成立的成果转化机构。生产中心依托南亚所芒果、香蕉等热带水果的系列技术成果，适时开展水果套袋产品的研发和中试，通过热科院科技开发启动金项目建起以水果套袋生产为主的大田试验材料生产中心，生产出芒果和香蕉等系列果袋产品，并推广到海南、云南、广西、四川攀枝花等热带水果主产区，显著提高了当地水果的品质和经济效益，受到当地农业企业和果农的热烈欢迎。2011年当年从设备购置到生产销售，三个月生产芒果用纸袋200万个，售往广西百色和四川攀枝花地区，产品销售一罄。

在生产和销售上2012年相比2011年有较大突破。确定了原材料质量靠得住的供应商，寻找了相对稳定的销售渠道，摸索出相对安全高效的生产方式。2012年共生产芒果套袋200万条，香蕉套袋200万条，产品主要销往海南，广西，云南等。在2013年里更是取得了不菲的成绩，生产销售芒果果袋380万条，香蕉果袋300万条，实现创收160万元。2014年改进香蕉、芒果生产线各1条，新增香蕉袋生产线1条，生产、销售芒果套袋420万条，香蕉套袋610万条，成为南亚所科技开发新的增长点。

加强市场调研，调整产品结构。2017年在大田试验材料中心改扩建库房300多平方米，增加香蕉水果套袋生产设备一台，研发生产的新型水果套袋在质量、数量及仓储等方面有明显的改善和提高，为中心的快速发展奠定了基础。

2014年3月26日，综合治理与安全生产协调领导小组在江汉青副书记带领下，对南亚所大田试验材料生产中心开展安全生产检查，重点查找新启用的果袋生产车间存在的安全隐患，落实消防安全措施，落实安全责任，让南亚所科技开发置于安全生产的前提下。

（四）良种苗木繁育中心

2012年良种苗木繁育中心与热科院生物所合作，生产了甘蔗脱毒种苗50万株，大田种植甘蔗健康种苗台糖22号共60亩，产铁皮石斛兰增殖苗5 000瓶，玻璃大棚试种2万丛。

加快良种苗木基地的建设，基本完成基地的基础道路和灌溉设施，新增灌溉设施面积近20亩，完成了1 500平方米荫棚的土地平整和棚架建设工作，繁育各种果苗60多万株。

良种苗木繁育中心2014年新育各类果苗6万多株。

（五）科普教育中心

2003年是旅游中心创建国家级AAA旅游景区关键的一年，旅游环境建设和整治成为创3A景区的关键。他们在资金缺乏的情况下，自力更生，利用非典停业近二个月的时间，动员广大干部职工停业不停工，自己动手，进行旅游环境建设，科普教育工程取得实质性进展，把1 000平方米观光温室大棚内部建设起来了。温室内搭有造型美观、观赏性强的竹棚架种植奇瓜异果20多种，优稀特蔬菜20多种，2004年春节对外开放时，呈现奇异瓜果满架、蔬菜满棚的喜人景象，不但为湛江市中小学生开展现代农业技术参观实践开辟了一个理想的活动场所，也为旅游中心增添了一处新景点。

在完成湛江市创建优秀旅游城市任务的同时，促进创3A工作的全面开展。所里先后投入150多万元，加强植物园基础设施和环境建设，兴建现代观光温室、游客中心、停车场，调整参观线路等建设项目，先后整理编写南亚热带植物园旅游景区质量等级材料十卷，作好书面材料上的准备。对照3A景区评估要求进行自查，不断完善景区功能。如今植物园环境更加优美怡人，已通过广东省旅游局初评。

2006年植物园重点突出做强做好"黄金周"文章，积极推出"春节奇园寻宝""五一火山探险""国庆赏绿采果"等特色品牌主题旅游活动，加强宣传，扩大影响，吸引游客。完善内部管理制度，实行景区分片承包管理制，抓好导游、服务员业务培训工作，配合市旅游局开展"诚信旅游年"的活动。通过了国家旅游局对植物园"全国农业旅游示范点"的验收，在2006年国际旅游文化节评选活动中被评为"自驾游媒体推荐景区"。全年旅游总收入60万元，比上年增加11万元，增长22%。

科普教育中心2012年在"科普、休闲、会议、餐饮"等方面有了重大的突破。中心2012年被农业部和共青团中央认定为首批"全国青少年农业科普示范基地"，吸引了粤西地区的学校师生8万多人前来植物园进行科普学习；努力开展休闲农业活动，对休闲农业体验基地的管理采取了"委托式"的管理办法，来园参加休闲体验的人数较往年有了明显的增涨；开拓"中心"新的发展方向，接纳湛江地区事业、企业单位来园进行会务活动；完善中心餐厅人员配置，拿到"餐饮"经营执照，为下一步大力发展"中心"的餐饮事业打下良好的基础。

2013年科普教育中心通过加强宣传、强化合作，与湛江市旅游投资集团签约合作，打造大湖光旅游圈，使南亚所成为湛江市一日游的定点接待单位之一；启动了果桑、百香果、超甜玉米的休闲采摘，节假日自驾游人数比去年同期大幅增加；在湛江市环保局指导下申报的"广东省环保教育基地"已获批。通过与茂名中旅合作，为茂名中小学生开展科普活动；入园观光旅游人数已突破10万人次，创造了新高。

2015年科普教育中心申报并获批"广东省环保教育基地"奖励资金5万元、"广东省旅游竞争性分配资金项目"10万元、"广东省青少年科技教育基地"建设项目20万元、湛江市旅游厕所改扩建项目经费25万元，共60万元项目经费。获批"全国科普教育基地"，参加了先进教育基地经验交流会并做了典型发言。申报的"全国休闲农业与乡村旅游示范点"已获批通过。

在受到2015年"彩虹"台风重创后，2016年南亚所植物园停业改造，开展南亚热带植物园提升改造行动，美化人工湖及周边环境，建设"南亚热带农业科技博览园"。已完成冷饮室、咖啡室、巧克力制作手工体验馆、科普超市、园区厕所、道路、小景、药物园、围墙、玻璃温室、观花区的改造工作。在2017年春节期间开展以兰园、多肉植物园、郁金香园、玫瑰园、茶花园、神秘园、鸡蛋花园、中草药园、樱花园及盆景园等十园为主题的景观展示。

2017年重点建设"南亚热带农业科技博览园"，通过优化博览园的功能分区以及对基础设施的建设与改造，进一步突出园区的科普性、体验性和趣味性；开展以环保、科普、国防教育为主题的亲子游、采摘游、科普环保制作、学生军训等活动项目，提升青少年学习教育基地的功能。2017年"广东省悦成长自然学院"获得广东省环保厅批准并正式运行，申报的"国家现代农业庄园"通过初评。在2017年广东省环保厅举办的"水资源创意课程设计大赛"中荣获优秀奖；取得国家科技部颁发"全国科技周优秀科普基地"证书。

2018年南亚热带植物园相继被教育部授予"全国中小学生研学实践教育基地"、农业农村部授予"全国农产品质量安全教育基地"、广东省科协、科技厅授予"广东省青少年科普教育基地"、湛江市教育局授予"湛江市中小学生研学实践教育基地"称号。成功举办了以"种子的旅行"为主题的2018年广东省第七届环境文化节绿色营活动，受到主办方和霞山教育局及各参加学校好评。全年共接待学生和游客14.6万人。

（六）科技产品开发

不断引导科研与开发相结合，科研成果向可开发的物化成果方向产出，以南亚所的科研成果为基础，加快新产品的研发和科技成果转化工作。继续开发有优势的果苗产业，努力尝试技术开发，新研发了太阳能杀虫灯、粘虫板、植物源杀菌剂等植保产品。2012年，在植保产品、澳洲坚果系列产品、南亚热带作物优良品种繁育与推广等方面已取得初步成效。南亚所自主研制的"新型太阳能杀虫灯""芒果、香蕉等果实套袋""桔小实蝇食物诱剂""澳洲坚果带壳果""澳洲坚果油"等特色科技产品受到消费者的好评，成了所里科技产品开发新的经济增长点，并先后在第五届中国-东盟（百色）现代农业展示交易会、第十届中国国际农产品交易会等交易会上展出。

2017年科技新产品的研发有力度，开发出热带水果（芒果、菠萝、桑葚、香蕉）果糕、果汁等10多个新产品，试销后市场反响较好。

2013年所里全部经济实体实现目标管理制度，也进行了"委托式""条块组合、外包管理"等多种经营模式探索，逐步向企业化管理转型，完成了"湛江热农农业科技发展有限公司"注册并得到上级部门的批复核准。开发资源得到更进一步整合，科技产品得到进一步丰富，市场渠道得到进一步的挖掘，开发收入得到快速的提升。

（七）休闲农业资源开发

整合休闲农业资源，采取成熟一片开放一片的办法，先后以休闲农业体验基地为中心，开放了番石榴、荔枝、龙眼、果桑、草莓、圣女果等采摘项目，深受游客的欢迎，采摘体验收入达到了30多万元，形成新的开发经济增长点。

2016年，利用南亚所科研示范基地改造契机，加快休闲农业产业带的规划与建设，初步完成"鲜果乐园"的建设，重点打造观花植物观赏区、桑果文化区及配套餐饮等项目。

2017年休闲农业发展态势良好。充分发挥南亚所科研优势，整合全所资源，将科研基地与休闲农业紧密结合起来，在休闲农业中融入科技元素，开展草莓、圣女果、果桑、葡萄、荔枝、台湾青枣、杨桃等不同季节的采摘活动，打造全国休闲农业与乡村旅游示范基地品牌，创造了良好的经济效益。

（八）大力展示推广科技成果与产品

1996年6月，两院在湛江地区举办"农民科技日"活动，分别到雷州市、麻章区、遂溪县和徐闻县举办热带农业科技展览，王文壮副院长和十多名专家参加了这次活动。由两院科研处组织，南亚热带作物研究所等单位参加了展出。参观展览的有湛江市及四个县（市）领导、各地的农民、农业科技人员和学生等5 000多人，效果良好。

2015年积极组织相关部门参加上级部门安排的科技产品展示工作，组织参加了11月份在广西百色举行的第八届中国-东盟（百色）现代农业展示交易会、第六届广东现代农业博览会、第二届中国海洋经济博览会等，南亚所产品广受欢迎，也扩大了知名度。

（九）大力开展科技开发合作

2016年，南亚所作为技术入股"海垦果业集团股份有限公司"已正式注册成立，注册资金8 800万元，南亚所以近年来取得的芒果新品种和技术成果作价入股，持有股份5%，作价440万元，目前公司已正式运营。

为加快疏港大道沿线土地的开发，寻求合作企业共同开发。2017年与湛江华融置业集团有限公司签订了合作框架协议，加快疏港大道沿线土地开发，共建南亚热带现代农业产业园。2018年合作开发呈现良好态势，10月与湛江华融实业集团有限公司签署战略合作协议，共建南亚热带现代农业产业园，建设规模400亩，投资额约为1个亿，土地合作开发迈出了关键的一步。

（十）科技开发成效显著

至2011年11月底止全所各项开发总收入428万元，比去年增加128万元，增幅为40%。开发收入主要来源：园林中心100万元，良种苗木繁育中心55万元，科普教育中心72万元，大田试验材料中心20万元；科研创收93万元，其他创收88万元。

2013年以科技成果转化、科技产品开发、科普教育为主的开发总收入已突破800万元，增幅为33%。开发收入主要来源：园林中心163万元，良种苗木繁育中心75万元，科普教育中心165万元，大田试验材料生产中心160万元，各课题创收102万元，其他创收147万元。

2014年12月15日，园林中心收入114万元，良种苗木繁育中心45万元，科普教育中心130万元，大田试验材料中心175万元，各课题创收150万元，其他创收120万元。全所各项开发总收入734万元。

截至2015年12月30日，全所2015年各项开发总收入873.86万元，比去年增加130万元（主要是科研收入增加）。其中园林中心56万元，良种苗木繁育中心49万元，科普教育中心140万元，大田试验材料生产中心183万元，课题创收92万元，科研收入258.04万元，其他创收95.82万元。

2016年成果转化总收入1 028万元，比2015年增加158万元。

2018年所站成果转化队伍顺利融合，千方百计提高了科技成果转化效能，增加科技服务收入，截止11月底成果转化总收入为1 843.71万元。

（十一）服务"三农"

2007年加强科技推广与服务队伍建设，建立有效的科技推广与服务激励机制，积极创新推广服务模式，构建科技成果转化与示范平台，努力开展科技示范推广与服务"三农"工作，取得新进展。

2008年南亚所设立了基地与推广办公室，负责科技开发和服务"三农"工作。2009年度南亚所进一步明确了该办公室的工作职责，通过该办公室的有效运行，加强对全所科技开发和服务"三农"的组织协调和管理工作。通过制度建设促进了南亚所积极开展科技推广和服务"三农"工作热情。

为深入贯彻2012年中央一号文件精神，全面落实热科院"科技创新、服务三农"的工作重点，推进南亚所科技成果转化与服务"三农"工作，特制定《2012年度南亚所科技成果转化和服务"三农"工作方案》，加强了科技推广与服务队伍建设，建立了有效的科技推广与服务激励机制。全年开展科技培训30多次，培训农户或技术骨干3 000多次。

2012年10月11日，院监察审计室王富有主任、湛江管理委会主任陈鹰率领院监查审计工作组一行4人，来到南亚所检查督导工作，南亚所领导班子王家保、江汉青、杜丽清和李端奇等参加了工作会议，并分别向院检查组就所里组建南亚热带作物良种苗木产业化基地、疏港大道两旁土地开发、科技新产品开发等工作作了汇报。

结合南亚所承担的农业"科技入户"示范试点工程，在四川攀枝花地区进行芒果优质、晚熟新品种与安全、高效生产技术的示范与推广，努力探索建立农业科技入户工作的新机制、新模式，切实帮助农民解决生产过程中的实际问题，提升了农民的科技能力。2008年11月7日攀枝花市农业局带领了一批农户共16人，到南亚所赠送了"情系三农解民优、科技富民民增收"的锦旗，感谢南亚所通过科技入户工程让他们走上了致富的道路。

2014年11月8日，攀枝花市锐华农业开发有限责任公司董事长兼总经理钟方祥率慰问团队，又一次探访南亚所，向科技人员送来科技贡献奖拾万元，谢江辉所长代表南亚所从钟方祥总经理手中接过奖金牌。钟方祥总经理对南亚所众多的科技人员，长期以来奔波于田间地头，对攀枝花热带水果产业提供技术支撑所作出的巨大付出，与攀枝花农民和企业结下的深厚情意，表示由衷的感谢！感谢南亚所科技人员长期以来深入攀枝花开展芒果科技服务，促进攀枝花市芒果产业升级、蓬勃发展。

2008年1月中下旬，我国南方地区遭受了几十年来罕见的降雪、低温天气，对人民生活和工农业生产造成很大影响，尤其对多种热带作物造成了严重寒害。为了解此次华南大幅降温过程对相关区域热带作物的灾害影响情况，按照农业部和热科院部署的抗灾救灾行动安排，南亚所立即成立4个抗灾救灾工作组赶赴广西、福建、云南、四川、广东开展芒果、菠萝、荔枝、龙眼、香蕉、甘蔗、澳洲坚果、柑橘、枇杷等热带经济作物寒害情况调查，并实地指导农民灾后减少损失和恢复生产工作。服务队所到之处，受到了当地政府热烈欢迎和农户的一致好评。

2011年与中国农业大学资环学院合作在徐闻进村驻点，创建"高产高效示范项目徐闻基地"。徐闻示范基地初具规模，科技小院于12月1日揭牌，广东徐闻科技推广平台已初步建立。科技人员"进村驻点"进行科技推广，开展菠萝、香蕉水肥一体化技术培训和指导，仅在2012年他们撰写"徐闻基地"日志350多篇，培训农户200多人次。

2012年4月，南亚所联合中国农业大学和天脊集团股份有限公司在徐闻县科技小院举办2012科技推广年"徐闻基地"产学研融合交流会。研讨以"科技小院"为平台的产学研融合的技术研究、示范、推广无缝连接的模式，总结热带作物高产高效的技术与示范推广模式，成立了"农民田间学校"，分别来自农业部、广东省、湛江市等多家单位的领导和科研人员、农民学员共80多人参加会议。

2013年在广西田阳县开办了"农家学堂"，派研究生及科技人员进村驻点，与四川攀枝花"新农学校"、广东徐闻"科技小院"形成3种不同类型的农业科技推广服务模式。

开展以"科技小院""农家学堂""新农学校"等为主要载体，通过多元投入、固定持续的服务"三农"的新模式和成效受到农民和企业家的欢迎和赞誉，《农民日报》《湛江日报》《攀枝花日报》等纷纷报道，也受到越来越多领导和政府的关注。农业部副部长余欣荣、广东省副省长邓海光、湛江市市委书记刘小华、市长王中丙等来所考察时作出高度评价。

2014年12月3日，广东省副省长邓海光率领省政府副秘书长颜学亮、省海洋渔业局局长文斌、省农业厅副厅长程萍、省林业厅副厅长孟帆，湛江市副市长何鑫等到南亚所调研，参观了南亚所国家热带果树种质圃芒果基地、澳洲坚果基地，观看了湛江院区三所一站的科技产品展示，并就加强院地协作、建设科技创新基地、更好地服务"三农"进行了座谈。热科院党组书记李尚兰、副院长张以山以及"三所一站"主要负责人陪同邓海光副省长一行调研。

2014年11月10日，湛江市人民政府王中丙市长率队来到热科院湛江院区调研，在热科院李尚兰书记、张以山副院长等陪同下，分别前往加工所、南亚所、农机所参观调研。王中丙指出，市政府要着力办好几件事：一是与热科院进行对口联系，由科技局、农业局、林业局、海洋渔业局等部门牵头；二是支持南亚热带农业科技创新中心建设，将其纳入南方海谷核心项目；三是搭建市场化平台，组织企业与热科院对接，推动成果转化，延长产业链；四是建设好南方热带植物园；五是签署院地战略合作协议，推动院地合作走向新的阶段。

2015年广东省省长朱小丹、副省长邓海光亲临单位指导，广东云浮市、阳春市，云南临沧市、华坪县等多个地方政府纷纷主动寻求科技合作。

2017年精准扶贫工作见实效：采取"专家进村驻点搞示范、做给农民看、带着农民干"的科技推广新模式，有针对性地解决雷州市塘东村芒果产业品种结构单一、栽培管理技术落后、产量不稳、效益低下的问题，引导塘东村所有贫困户加入芒果种植中，建成芒果和台湾青枣示范点各1个，形成"以点带面、点面结合"示范带动效果，实现产业扶贫整村推进。对塘东村加入种植芒果的贫困户开展专项培训，面对面地讲，手把手地教。2017年，对口精准扶贫的吴川市吴阳镇那良村也基本脱贫。

2016年南亚所拓展热区"三农"服务区域，前往西藏林芝、墨脱、察隅等地考察，初步确定澳洲坚果在西藏种植适宜区，第一批援藏试种苗木已发往西藏。2017年继续组织专家团队实地调研西藏拉萨、林芝、默脱等地的农业发展，并在林芝地区建立了130亩热带水果试验基地（察隅县察隅农场100亩及墨脱县背崩乡江新村30亩），目前试验植株生长良好。农业部农垦局、热科院及林芝市当地政府相关领导多次到试验基地检查工作，对示范效果充分肯定。

2017年应当地政府的请求，新派出两名科技骨干前往贵州望漠和云南华坪挂任副县长，建立了长期稳定合作关系。至此，南亚所科技合作业务已涵盖热区大部分省份。

（十二）科技开发基地建设成就

2001年5月，湛江市科协、湛江市教委颁发"湛江市青少年科普教育基地"。

2001年9月，南亚热带植物园获得湛江市人民政府颁发的湛江八景"南亚奇园"誉名。

2001年11月，广东省科学技术协会为南亚热带植物园颁发"广东省科普教育基地"。

2002年10月，南亚热带植物园获得湛江市精神文明建设委员会办公室、湛江市旅游局颁发的湛江市旅游行业"文明示范窗口"。

2005年10月，南亚热带作物研究所全国农业旅游示范点通过国家旅游局检查组验收。

2007年1月，南亚热带作物研究所植物园被国家旅游局评为湛江市首批国家级工农业旅游示范点中的农业类示范点。

2007年10月，大田试验材料生产中心的芒果专用育果袋生产线正式投产，果实套袋技术是促进果实着色、降低农药残留、提高果实质量和商品价值的一项重要措施，用以改善果实的外观及内在品质，是现代果业栽培管理常采用的栽培技术。

2011年11月，农业部、共青团中央颁发"全国青少年农业科普示范基地"。

2014年1月，广东省环境保护厅"广东省环境教育基地"在南亚热带植物园挂牌。

2015年5月，中国科学技术协会授予南亚热带作物研究所2015—2019年"全国科普教育基地"称号。

2015年，湛江市科学技术局"湛江市青少年科技教育基地"在南亚热带植物园挂牌。

2015年12月，南亚所热带植物园荣膺"全国休闲农业与乡村旅游示范点"称号。

2018年，广东省农业农村厅授予"广东省新型职业农民培育示范基地"称号。

(十三) 管理制度

2007 年制订了《南亚热带作物研究所科技开发产品销售管理办法》。

2008 年制订了《农业开发中心工作制度》和《甘蔗安全生产暂行管理办法》。

2011 年制定《南亚所良种苗木销售管理办法》《南亚所科技开发奖励办法》。

2012 年制订了《中国热带农业科学院南亚热带作物研究所科技开发管理实施细则》《2012 年度科技成果转化和服务"三农"工作方案》。

2014 年制订了《服务"三农"管理办法(暂行)》。

第六节 基地条件建设管理

一、历史沿革

2010 年设立基地与条件建设管理办公室,2012 年改为基地与条件办公室,2015 年升成立基地与条件建设处,吴浩主持工作(正科级)。2017 年吴浩任基地与条件建设处处长(副处级)。

二、管理工作

(一) 实验室等科研条件建设

南亚所所 2003 年底通过招投标,购置了包括微生物全自动鉴定系统、恒温摇床、细胞融合仪、立式冷冻离心机、冷冻浓缩冻干系统、全自动蒸汽消毒锅、光照恒温培养箱等价值 200 多万元的先进仪器设备,使南亚所实验室拥有的各类仪器设备总值达到 400 多万元,基本具备了从事作物遗传育种学研究和植物生理学研究的条件,且在国内处于先进水平。

2003 年,结合国家南亚热带作物名优良种苗木繁育场项目建设,南亚所 700 亩左右的研究实验基地基本完成了灌溉设施、电力设施、围园和简易工作房的建设,初步具备了南亚热带作物种质资源活体保存和相关科学研究的基地条件。

在 2003 年完成 50 万元隔离检疫仪器招标任务基础上,本年度南亚所还计划利用农业部项目经费 120 万元,建设约 200 平方米的带负压的高水平隔离检疫温室,专业用于从国外引进的热带、南亚热带作物种质资源的隔离检疫,以增强南亚所乃至我国从国外引进利用的热带、南亚热带作物种质资源的安全性。同时，通过与海关部门的合作，提高该温室的使用效率，增加南亚所获得国外热带、南亚热带作物种质资源的机会和种类。

2005年南亚所配合农业部南亚中心，全力抓好"国家南亚热带作物名优良种苗木繁育场"建设项目验收前各项准备工作，于2005年10月顺利通过了农业部的验收，得到了验收组及专家的好评。

2005年一批实验室及相关科研实验设施获批和建设：①"热带水果品质生理研究与采后处理相关仪器设备购置"获农业部科技事业专项经费90万元资助；②成功申报了"海南省热带园艺产品采后生理与保鲜技术重点实验室"；③投资70万元，建成了约250平方米的带负压的高水平隔离检疫温室。该温室专业用于隔离检疫从国外引进的热带、南亚热带作物种质资源，增强南亚所乃至我国从国外引进利用的热带、南亚热带作物种质资源的安全性；2015年被"彩虹"强台风损毁。④投资70万元，建设约70平方米的低温冷库，专业用于热带园艺产品采后生理与保鲜技术研究和种质资源的低温保存。

2007年是南亚所十多年来基建工程项目最多、时间最紧、任务最重的一年。南亚所成立了基建项目管理小组、繁育场项目整改小组等，严格按照"农业部基建工程项目管理办法"进行操作管理，完成了"综合实验室"建设项目的建筑工程报建、地质勘查、施工图纸设计、施工预算、招投标等工作。完成了2006年农业部修缮购置专项"科技人员周转房改造工程"97万元和"热带南亚热带果树种质圃及选育种基地改建工程"145万元等项目的设计概算、工程招标、施工监理等管理工作；完成了2007年农业部修缮购置专项"科研基地主干道路及所道路的改造"（120万元）和"科研基地低压供电设施改造"（140万元）项目的实施方案工作。基本完成了国家良种繁育场整改项目等任务。完成了2007年科研机构改革专项启动费项目"平岭山科研示范基地水井、水塔建设"（40.7万元）、"科研工作场所路灯系统建设"（21万元）、"科研办公生活场所主干道路改造"（46.5万元）和"科技人员周转房配套建设"（32.4万元）等项目的设计概算、工程招标、施工监理等管理工作。

2010年以抓工程质量为核心，确保工期为指引，严格控制投资为根本来开展工作，基建工作初见成效。首先，加强对基建管理人员的培训力度，提高管理人员的服务意识与服务质量；明确基建管理人员的分工，落实责任，提高效率；加强对基建前提工作（预算、设计）的审查、审核力度，减少后期签证的发生。其次，规范基建资金的支付审批程序，确保资金使用安全；规范基建施工过程签证的审核审批程序，严格控制投资；规范整理归档全所基建资料，确保资料完整。最后，2010年完成了"十二五条件建设规划"的编制工作；"农业部育种苗木繁育场项目"的农业部验收工作；完成了"热带果树种质资源圃"，"糖能兼用甘蔗新品种试验示范基地"，两个项目工程验收与结算工作；"南亚热带作物试验基地改建（第一期：道路改造工程）"已完成工程项目验收；完成了"实验室"的主体工程验收工作并投入使用。

（二）南亚所综合实验楼建设使用

2005 年成功申报了综合实验室大楼建设项目，总建筑面积 3 500 平方米，投资 570 万元，全部为国家拨款。2011 年南亚热带作物研究所综合实验室大楼逐步进行环评、规划、消防、环境、防雷等部门的验收，验收基本合格，并整理竣工资料、办理竣工结算等工作。

2005 年 11 月 16 日，为加快所里综合实验室建设项目（总建筑面积 3 500 平方米，总投资 70 万元，建期 2 年），印发《关于成立南亚所综合实验室建设项目相关工作机构的通知》（南亚所字〔2005〕27 号），保证工程按时按质完成。

2010 年 11 月 8 日，印发《南亚所综合实验楼搬迁方案》（南亚所字〔2010〕30 号），确保在规定时间内顺利完成搬迁工作。11 月，综合实验大楼乔迁工作开启，仅用 3 天完成搬迁工作，并以搬迁为契机，进一步整合资源，搭建并优化科研平台。综合实验大楼的投入使用，大大改善了南亚所的科研条件，加强了南亚所的科研实力。

南亚热带作物研究所新建大门工程，2011 年通过工程竣工验收。

（三）规范管理加速科研条件建设

建立健全《南亚所基建管理办法》《签证管理办法》《工程招投标管理办法》《仪器设备招投标管理办法》等各项管理制度，严格执行农业部、院所相关制度，确保基建工作合法合规。

2006 年 11 月 2 日，财政部修缮购置专项评审专家小组一行 5 人到南亚所，对所申报的中央财政修缮购置专项项目进行了现场初步评审。

2012 年南亚所新增加了 4 个重要平台："海南省热带植物营养学重点实验室（筹）""海南省菠萝种质创新与利用工程技术研究中心（筹）""农业部湛江菠萝种质圃"和"湛江荔枝龙眼农科教合作人才培养基地"。"农业部热带果树种质资源圃"在 2012 年 5 月改名为"国家热带果树种质资源圃"。"海南省热带园艺产品采后生理与保鲜重点实验室"2012 年 6 月通过了中期考核评估。

2014 年 8 月 23 日，农业部党组副书记、副部长余欣荣来到南亚所调研，了解热科院南亚热带农业科技创新中心建设用地情况。他强调，热科院要继续发扬艰苦创业、无私奉献的精神，为热带现代农业发展做出更大贡献。

2017 年 7 月 10 日，农业部发展计划司巡视员周应华，该司综合处处长罗东、直属单位建设处副处长严斌一行，冒着烈日酷暑，在热科院副院长谢江辉陪同下，来到南亚热带作物研究所实地调研基地建设。热科院南亚所副所长杜丽清、王秀全参加了调研。

2019 年 4 月 19 日，热科院院长王庆煌、副院长张以山及院机关相关处室负责人一行来南亚所开展基地建设、条件建设、科技支撑服务产业发展等方面调研。

(四) 保障性住房"热科公寓"项目开工奠基

2012年所成立了保障性住房建设领导小组和工作小组,《中国热带农业科学院南亚热带作物研究所职工公共租赁住房建设与管理方案》已通过保障性住房建设领导小组和工作小组讨论通过;南亚所"保障性住房"位于霞山区华欣路8号(属于霞山区南站控规范围)。2012年9月25日霞山区政府拟同意本项目向市三旧办申报。现正根据相关部门意见和建议,委托规划设计院按新文件精神及要求在原控规上增加修建性单元规划(含建筑平面、布局、户型的详细布置等)。

2012年10月17日,王庆煌院长在湛江院区召开现场办公会,研究推进湛江院区保障性住房建设,要求湛江院区各单位领导班子进一步增强责任感和紧迫感,以一刻都不耽误的精神全力加快保障性住房建设。

2019年4月19日,海南省委委员、省人大常委、热科院院长王庆煌、湛江市政府副市长陈伟杰等为热科院湛江院区保障性住房"热科公寓"项目开工奠基。该项目的建设,将在人才引进、民生保障上发挥重要作用。

(五) 重大科研条件建设项目相继获批和实施

近年来在农业部和热科院等上级部门的大力支持下,一批重大科研条件建设项目得以获批和实施,将大幅度改善南亚所的科研基础条件,促进热带农业科研大协作,提升科技自主创新能力。

"国家南亚热带农业科技创新中心"建设规划投资3.3亿元,2014年已获农业部批复。

"湛江院区科研试验基地建设项目"2015年批复建设,经费2 935万元。

"中国热带农业科学院广西百色试验站项目"2015年批复建设,经费1 396万元,已于2016年开工建设,2017年建成完工并进行了初验收,这是南亚所在外点建设的第一个基建项目。

"中国热带农业科学院攀枝花试验基地建设项目"总投资2 350万元,2018年7月开工建设,2018年11月底项目主体工程已经封顶。2019年6月26日,从四川攀枝花传来喜讯,试验基地项目顺利通过竣工验收,标志着热科院在攀枝花市干热河谷山地气候条件下研究特色农业进行布局取得阶段性进展。

"中国热带农业科学院南亚热带作物研究所扶绥热带农业综合实验室建设项目"2018年共获批总投资2 912万元。

"农业部热带果树生物学重点实验室"依托南亚所建设,在《农科教发〔2011〕8号文件》正式公布。

"中国热带农业科学院南亚热带作物研究所热带果树生物学综合实验室建设项目"

2017年批复建设，于2018年11月21日正式开工建设，项目总投资2 970万元，实现了南亚所部级重点实验室零的突破。

2018年获批的项目"中国热科院南亚所国家热带果树种质资源圃项目"，总投资1 234万元；"中国热带农业科学院热带农业环境与作物高效用水试验基地建设项目"总投资2 604万元。

2018年3月南亚所荣获农业部农业工程建设先进集体奖。

（六）管理制度

2008年制定了《南亚热带作物研究所实验中心建设管理办法（试行）》《南亚热带作物研究所实验中心管理细则（试行）》《南亚热带作物研究所实验中心仪器设备管理条例（试行）》。

2009年制订了《南亚所实验室人员工作条例》《南亚热带作物研究所实验中心建设管理办法（试行）》。

2011年制订《基本建设管理办法》《工程建设签证管理办法》。

第七节　财务管理

一、历史沿革

1959年财务工作在粤西试验站是行政办公室下设的财供科，1988年计财科成为与行政办等内设机构平行的独立部门。1999年黄川任财务科科长（正科级），2001年10月万年青主持财务科工作。2004年财务工作统筹到综合办公室合署办公，下设财务秘书岗，同时在产业办也设财务秘书岗。2008年财务办公室成为独立部门，万年青任财务科科长（正科级）。2015年升格为财务处，彭欣婷任财务处处长（副处级），2018年增补陈世海任副处长（正科级）。

二、管理工作

（一）财务体系工作稳步推进

财务制度建设不断完善，健全财务管控流程，牵头组织制定南亚所内部控制控规1项，出台制度13项。财务团队建设不断加强，现有财务人员8名，其中高级会计师1

名，中级会计师 3 名，助理会计师 2 名。财务服务能力得到不断提升，2014 年获得管理优秀团队称号，2015 年获得党风廉政建设优秀部门称号。

（二）财务资金实力显著提升

国家对单位人员经费、科研项目经费、基本建设等方面经费投入逐年增加，单位经济发展势头良好，资金总量从 1999 年的 3 百余万元达到 2018 年的 1.18 个亿。

（三）财务管理工作有序进行

2007 年成立资产清查工作领导小组，完成农业部下达的行政事业单位资产清查工作任务、财务检查和所领导换届审计工作。

为了做好国有固定资产实物管理工作，于 2012 年 5 月购置与行政事业单位资产管理系统配套的条形码设备，对南亚所的实物资产进行清点和粘贴标签。2012 年 12 月 1 日在全所范围内正式启用公务卡，发放公务卡 105 张，并制订了公务卡实施细则。

建立项目明细分项预警机制，建立项目资金支付审批审核程序，全面提升南亚所财务的控制能力，完善财务的内控机制，提升资金管理水平。建全财务预算的通报制度，有效强化预算和监督，不断提高预算的科学性、合理性和执行性。清理、清查全所财务状况，强化成本意识，增强费用控制，严格控制"人、车、会"等支出。

财务处响应农业部加强内部控制建设的要求，牵头组织各个职能部门制订了南亚所内部控制规程，主要是针对重点领域和关键岗位，科学设置管理层级和岗位职责权限，细化梳理业务流程，切实做到分事行权、分岗设权、分级授权，并逐步将控制对象从经济活动层面拓展到全部业务活动和内部权力运行，确保内部控制覆盖单位经济和业务活动的全范围，贯穿内部权力运行的决策、执行和监督全过程，规范。针对单位内部各层级的全体人员，建立健全科学高效的内部权力制约和监督体系。

从 2014 年起财务处就南亚所各年总体收入情况、收入结构、支出结构、竞争能力、发展水平、财务保障情况等方面进行分析，撰写了南亚所财力保障水平分析报告，为院所领导了解全院各所单位的财力保障水平提供了准确而全面的数据支撑。

2015 年继续加强经费的使用监管，有效防范财务风险。财务预算执行进度达到 97% 以上，资产保值增值率达到 100%。整体科研实力和保障条件都有一定程度的提高，人员经费增幅 570 万元，是近年来增幅较大的一年。

2016 年财务处按照国家全面实行预算改革，对预算更加科学化、精细化、和全面化。项目预算增加了三年中期规划、项目绩效评价，二级项目支出明细等要求。在预算申报工作难度大大提高的情况下，与科技处和科研人员通力合作及时完成了 2016 年至 2018 年，2017 年至 2019 年的中期项目规划，中期规划农林水项目经费达到 1 806 万元。农林水项目经费比 2015 年增加了 347 万元。

2017年财务信息化系统顺利上线，建立了科研、财务和项目负责人共享的信息平台，实现项目使用预决算、项目资金使用情况在内部公开，使整个财务系统涵盖预算、核算、决算、薪酬发放等各类日常财务业务处理工作。实现了网上报账及审批，提高了财务管理工作效率和服务水平。

2018年开通网上银行操作，缩短了资金支付的时间，提高了工作效率。推出"小四报账"公众号，内容涉及财务报销、财经资讯、财务通知等，大大提高工作效率，有效加快预算执行，优化财务服务。

三、管理制度

为了使南亚所各项经济活动更好的有序的完成，提高资金使用效益，完善了《南亚所财务实施细则》《培训费管理办法》等制度建设。

2008年制订了《中央级公益性科研院所基本科研业务费专项资金实施细则（试行）》。

2017年制订或修订《南亚所内部控制规程》《科研项目经费管理办法》《差旅费管理办法》。

第十一章

重要文献选录

一、关于粤西试验站更名的函

华南热带作物科学研究所（函）

〔55〕研字第一五三号

事由：为函知更改试验站名称由。

主送机关：海南试验站、粤西试验站、广西试验站

抄送机关：广西垦殖局分局、粤西垦殖局分局、海南垦殖局分局、华南垦殖局办公厅、华南垦殖局垦殖处

奉总局批准，我所（华南热带作物科学研究所）所属之"徐闻试验站"改称为"粤西试验站"；"龙州试验站"改称为"广西试验站"；"中心试验站"改称为"海南试验站"。对上述名称应即依照更改，新的印章候总局统一制发（行文暂以旧印代）。特此通知。

（来源：南亚所档案室保存的华南热带作物科学研究所内部公函）

二、湖光农场与粤西试验站交换场站址协议书

国营湖光农场（甲方）
华南亚热带作物科学研究粤西试验站（乙方）

交换场、站址协议书

为使开发亚热带资源，试验研究工作，在实际生产工作相结合，更好地为生产服务，将站址从徐闻坑仔迁至湛江国营湖光农场部及第二生产队，由甲、乙双方负责同志洽商后，并经双方有关部门共同研究，为使科学研究工作更好地发展，同时又不妨碍甲方生产工作，及资金周转，将甲方场部及第二生产队部分土地房屋器材林木作物等，移交乙方使用，乙方分别以转账划拨或付款办法交予甲方，为便利该项工作发展，特订如下具体交接协议书及办法。

1. 甲乙两方地界划分。由甲方以东小河起，沿着甲方场部以北（场部后面的水田边），经甲方的厕所后背。水井旁，卫生所前，至甲方场部以西公路，并以公路边10公尺出处为界。直至湖光村为止，以南的土地，划归乙方使用，总计7 226.5市亩，其中场有地6 679.5市亩，居民地289亩，河流253亩，并在上列路线上置界石为记号，界石的装置及材料等费用，均由乙方负责，并附上述图纸，甲方供资料，乙方整理，费用由乙方负责。

2. 甲方场部及第二生产队的现有房屋（卫生所除外），现有房屋是砖木结构、土木结构、简易结构的瓦顶房，及甲方第二生产队部分草房，即伙房、俱乐部，牛房工具房等各一栋，列表拨给乙方使用，乙方以1 800平方公尺的建筑面积，给甲方建造新场部的办公室、宿舍、饭堂等，每平方公尺的造价35元，共63 000元，付现款给甲方，并以200平方公尺的建筑面积，给甲方建造供电房、洗澡房、厕所等每平方公尺的造价55元，共11 000元，付现款给甲方建造，总共74 000元。

3. 在甲方划归乙方使用的土地范围内，甲方所建造的公路、便桥、涵洞、水坝、肥料池等，划归乙方使用，其价款将原价减除甲方已提价折旧费外，提请上级主管部门转账划拨。

4. 甲方场部及第二生产队的避雷设备，全部电灯安装，水井等拨给乙方使用，乙方按原价减除甲方已提折旧费外，付现款给甲方，不作转账划拨，甲方并将该款在场址自行设置。

5. 甲方场部的发电机，在场部未搬走前，仍由甲方使用，待场部搬走后，交由乙方使用，乙方得设法解决或调拨另一台发电机给甲方，其效率应在一万火以上，价款甲乙双方提请上级主管部门转账划拨，如乙方不按时转交甲方发电机时，甲方将已有发电机全部迁走，不得异议。

6. 甲方场部体育设备等用品，列表转交乙方使用，乙方按原价或重置价付款给甲方，不作转账划拨。

7. 甲方提交乙方土地上，五六年以前投资种植的作物，全部转交乙方，乙方按甲方的财产数别，分别转账划拨及付款，其中关于固定资产的作物及基本建设投资的作物，列表提请上级主管部门转账划拨，属于流动资金经营的作物，列表由乙方按照甲方财产的投资总额，付款给甲方，不作转账划拨。

8. 甲方移交乙方土地的作物，五七年一至四月份的全部投资，由乙方负责，并按照甲方财产数别，分别转账划拨及付款，属于基本建设投资的作物，提请上级主管部门转账划拨，属于流动资金经营作物，分期付款，其投资额的计标，及付款办法如下：

①投资总额的构成，包括工资、工资附加费、材料费、间接费等，工资按甲方第二生产队一至四月份的工人实际发放工资总额，以57年一至四月份，该队工人实际出勤工数，求出每工人工资，再将划归乙方土地上的作物，一至四月份所耗用的工数，计标出划给乙方土地上的作物，应负之工资总额；工资附加费，按工资总额，提取百分之十三；材料费，按甲方转乙方土地上的作物，一至四月份所耗用的材料数，作价计算；简接费，按甲方年度计划，每一元工资，应分摊简接费用的比率计算，投资总额应减除甲方划归乙方土地上，一至四月份，收获的产品价值，产品的单价，可按市面上价格计标，无市面价格的产品，按甲方计划成本价格计算。

②付款办法。流动资金经营的作物，先按投资总额付款百分之五十，剩下百分之五十，乙方得将五七年五月以后，收获的产品，按市面价格，无市面价格按甲方计划成本价格，交给甲方相抵，五七年十二月以前进行结算，不够之数，由乙方付款补足，多余之数，由甲方付款给乙方。

9. 甲方按四月底，第二生产队，实存肥料及其他材料，按市面价格，无市面价格按甲方成本价格，列表拨予乙方，乙方付现款给甲方，甲方五月一日起，停止供应乙方的肥料，及其他材料的使用。

10. 甲方第二生产队，现有工具及生活用具，清点列表移交乙方，按甲方市面价格，提请上级主管部门转账划拨，但其中牛、牛车、犁、耙、大粪桶等，不能全部移交，甲方移交乙方牛五头、牛车二辆、犁耙各二把、大粪桶两只，其多余的及该队的保险柜等交给甲方使用。

11. 甲方场部及第二生产队房屋，电灯设备，发电机等产权，均要在甲方迁出日起，为乙方接管日期，在苗圃现有毒鱼藤及蒜类作物，待成熟后由甲方采用，在乙方管理期间，甲方有权调度和使用以上材料（指已移交乙方地土上的上述作物），其他各项作物财产的产权，交接日期为四月三十日。

12. 甲方新场址未建成前，和尚不能供使用时，甲方场部仍在原地办公居住，并管理电灯房屋，可征收电灯房租等费，第二生产队以及乙方人员所住用房屋，均由乙方来收费，标准按甲方规定，收集后交给甲方，待场部迁出，始交乙方管理，但乙方仍供电给甲方的奶牛场，畜牧队以及第三生产队，其供应时间，为至甲方有能力供应以上单位用电为止，乙方接管后，对甲方收费，但不得超过乙方本站的收费标准，更不得高于甲方场的收费标准。

13. 为补助甲方搬家费用的不足，乙方在甲方搬家前付给现款2 500元给甲方做搬家费用。

14. 为农场革命友爱精神，乙方愿意在甲方的新场址绿化树木4 000株，和整理新建房屋前后的道路，其劳动力由乙方派遣，甲方负责技术指导，苗木选择等。

15. 甲方将干部四人，及甲方第二生产队，四月底实有五人人数，列名册交予乙方，乙方自57年5月1日起，供应以上人员一切费用，57年底，该队的政治思想教育和医疗卫生，党群组织工作，暂由甲方负责，但乙方得将甲方负责期间的工资附加费百分之十三点五，提交甲方，该队的行政管理，以及生活事宜，均由乙方自理。

16. 除移交乙方使用的物资外，乙方尚借甲方之物资，如耕牛等定于六月底归还甲方，不得异议。

17. 按协议书移交乙方的物资外，如乙方要多留，得按现付款给甲方，不作转账处理。

在上述条例中，如有未尽事宜经由双方协商解决。

    移交单位：国营湖光农场（印）
    接受单位：粤西试验站（印）
    监交单位：粤西农垦局（印）
          华南亚热带作物研究所（印）
    监证机关：湛江市人民委员会

公元1957年4月30日

（来源：南亚所档案室保存的华南亚热带作物科学研究所粤西试验站内部资料）

三、关于粤西试验站机构编制、任务和经费问题的决定

中华人民共和国农垦部文件

〔垦办型字第 116 号〕

关于粤西实验站机构编制、任务和经费问题的决定

华南热带作物科学研究所、广东省农垦厅并粤西农垦局：

一、根据中央的精兵简政的指示精神，与粤西农垦局、华南热作所协商结果，粤西试验站的机构和人员应作适当的调整与精简，以便集中使用人力、物力加强重点科学实验研究工作。精简后的试验站归华南热带作物科学研究所直接指导，其编制统一纳入该所编制之内。我部1961年11月24日垦科型字第23号函所作决定即行撤消。

本（着）精简精神，该站人员编制，确定将原有干部（包括科研人员）99人，压缩为50人，其中科研人员32人，行政干部12人，勤杂人员6人。试验队工人保留100人。全站职工总共为150人。此次编余人员，请粤西农垦局帮忙处理。

二、试验站的任务：该站在华南热作所的统一领导下，除承担部分全国性的有关试验研究任务外，重点研究解决湛江地区橡胶育种、土壤改良、制胶制度、植保工作特别是小害虫防治及橡胶栽培技术中的关键问题，以及香料、剑麻和其他热带作物地区性引种工作。在试验研究工作中与粤西农垦局密切协作，为粤西地区的橡胶生产服务。希粤西农垦局给予可能和必要的帮助。

三、经费问题：从1962年起该站所需之基建投资、物资供应、事业费等，均应分别纳入华南热作所的计划和预算内，由该所统一安排。其人员由华南热作所统一调度。

以上决定，请即遵照执行。

中华人民共和国农垦部（印）
1962年7月26日

（来源：南亚所档案室保存的中华人民共和国农垦部内部文件）

四、关于华南热带作物科学研究院粤西试验站更名的通知

农牧渔业部局发文件

〔1987〕农（垦科）字第 350 号

关于华南热带作物科学研究院粤西试验站更名的通知

华南热带作物科学研究院：

经国家科委批准，同意你院粤西试验站更名为南亚热带作物研究所。其隶属关系和地址不变。特此通知。

附件：国家科委（87）国科发综字第 0704 号批文（复印件）

（来源：南亚所档案室保存的农牧渔业部内部文件）

送：国家科委、国家经委、财政部、劳动人事部、海关总署
本委主任、副主任、顾问、秘书长、综合局、农村中心、条件财务局、办公厅归档
（2）

五、关于华南热带作物科学研究院粤西试验站更名的复函

国家科委文件

〔87〕国科发综字第 0704 号

关于华南热带作物科学研究院粤西试验站更名的复函

农牧渔业部

（1986）农（垦）字第 167 号文收悉。

经研究，同意将华南热带作物科学研究院粤西试验站更名为南亚热带作物研究所，隶属关系和地址不变。

该所主要方向任务是，承担南亚热带地区作物资源的收集与利用的研究工作；进行橡胶树抗寒高产品系的培育研究；剑麻抗病高产品系的培育和栽培技术研究；并承担亚热带果树、花卉的栽培技术研究。

该所更名后，其人员编制、事业费、级别等均不变。

此复。

中华人民共和国国家科学技术委员会（印）
一九八七年九月二十八日

（来源：南亚所档案室保存的国家科委内部文件）

抄送：广东省科委、农委、海南区科委、农委、湛江市人民政府、农委、科委、广东省农垦总局、广东粤西、海南、通什农垦局、广西农垦局、云南省农垦总局、福建省农业厅、有关热作科研单位

六、对南亚所人员定编方案的批复

华南热带作物科学研究院文件

〔88〕热研(人)字第号

对南亚所人员定编方案的批复

南亚热带作物研究所：

你所一九八八年八月的人员定编方案收悉；经研究，现批复如下：

同意你所一九八八年至一九九零年人员定编总数为四百四十人，其中行政事业编制一百五十二人，社会事业编制二百七十人，附属企业编制十八人。

全所干部定员一百四十二人，其中：正副处级干部四人，正副科级干部十二人，其他干部一百二十六人。机关一般党政干部中，科员与办事员的比例不超过一比一。

全所工人定员二百九十八人。

行政事业编制人员中，含科研人员七十六人，辅助人员三十人，党政后人员四十六人。

社会事业编制人员中，含中小学、幼儿园、教职工二十六人，派出所三人，试验基地管理人员及工人等二百四十一人。

附属企业编制人员指乳胶制品厂职工。

此编制作为内部掌握试行，定编数作为规划期最高控制数，不得突破。方案中的行政事业编制、社会事业编制、附属企业编制在财务管理上，原则上分别按全额、差额、自收自支管理。

此复。

华南热带作物科学研究院（印）
一九八八年十月二十七日

（来源：南亚所档案室保存的华南热带作物科学研究院内部文件）

七、关于农业部等九个部门所属科研机构改革方案的批复

科学技术部
财政部　　　文件
中编办

国科发政字〔2002〕356号

关于农业部等九个部门所属科研机构改革方案的批复

农业部、广电总局、新闻出版署、体育总局、地震局、粮食局、测绘局、供销合作总社：

按照《国务院办公厅转发科技部等部门关于深化科研机构管理体制改革实施意见的通知》（国办发〔2000〕38号）的要求，经科技部、财政部、中编办和有关部门多次研究协商，已就农业部、广电总局、新闻出版署、体育总局、地震局、粮食局、测绘局、供销合作总社和科技部等九个部门（以下简称农业部等九部门）分别报送的所属科研机构改革方案达成一致意见。现批复如下：

一、原则同意农业部等九部门上报的所属科研机构的分类改革方案（详见附件）。请农业部等九部门按照批复的改革方案，及时启动实施所属科研机构的分类改革工作。

二、农业部等九部门所属科研机构的分类改革工作，要在2004年底前按照改革方案全部实施到位。其中，转为科技型企业的科研机构，要在2003年底前完成工商注册；划归地方管理、进入高校和转为业务类事业单位的科研机构，要在2004年底前完成相应人员和资产的剥离工作，并按照《国务院办公厅转发科技部等部门关于非营利性科研机构管理的若干意见（试行）的通知》（国办发〔2000〕78号）的要求，完成非营利性科研机构的组建工作，并通过有关部门组织的联合验收。

三、农业部等九部门所属科研机构的分类改革工作启动后，对拟按非营利性科研机构管理的，由机构编制部门核定其编制数，国家将按编制核定数，结合经费存量情况，由农业部等九部门分别向财政部提出申请后，以专项启动费的方式增加对非营利性科研机构的科学事业费投入，并根据方案实施情况逐年予以调整；2004年底通过有关部门组织的联合验收后，所增经费正式列入单位年度预算；这类机构通过验收后，重新进行事业法人登记，执行国家关于非营利性科研机构的相关政策。对企业化转制的，参照执行国家支持转制科研机构的配套政策，在2003年底前仍然执行事业单位的工资政策。进入高校和转为业务类事业单位的，执行国办发〔2000〕38号文件的有关规定及其他类型事业单位的相关政策。

四、农业部等九部门所属科研机构的分类改革实施工作,以科研机构主管部门操作为主。农业部等九部门要切实承担起落实改革方案的主要责任,加强对改革工作的组织领导,集中各方面力量共同支持改革工作;要通过扎实深入的思想工作,使各级科研院所领导和广大科技人员进一步转变观念,提高认识,充分调动他们落实改革方案的积极性和主观能动性,为改革工作顺利实施提供坚实的思想基础;在实施过程中要做到精心组织、周密部署、积极稳妥,确保改革在稳定中推进,按要求如期完成改革方案规定的各项任务。

科技部、财政部和中编办将继续加强对改革工作的指导和协调。请九个部门和所属科研机构将改革实施过程中出现的新情况和新问题及时向我们通报。

附件:农业部等九个部门所属科研机构改革方案一览表

中华人民共和国科学技术部(印)

中华人民共和国财政部(印)

中央机构编制委员会办公室中编办(印)

二〇〇二年十月十日

(来源:南亚所档案室保存的科学技术部、财政部、中编办联合发文内部文件)

附件:

部门	序号	改革前基本情况				改革方案	拟定编制
		科研机构名称	在职职工数	离退休人数	所在地		
农业部	60	中国热带农业科学院南亚热带作物研究所	221	177	广东省湛江市	转为非营利性科研机构	80

八、农业部关于中国热带农业科学院主要职责内设机构和人员编制的批复

农业部文件
农人发〔2007〕10号

农业部关于中国热带农业科学院主要职责内设机构和人员编制的批复

中国热带农业科学院：

根据《国务院办公厅关于印发农业部职能配置内设机构和人员编制规定的通知》（国办发〔1998〕88号）、《关于农业部所属事业单位机构编制的批复》（人中编函〔1990〕18号）和《关于同意成立中国热带农业科学院党组的批复》（中组函字〔2007〕65号），现就你院主要职责、内设机构和人员编制批复如下：

一、主要职责

（一）开展热带农业科学应用基础研究、应用研究和基础研究，为解决我国热带农业发展中基础性、应用性、前瞻性的重大科技问题和关键技术难题提供支撑。

（二）开展热带农业科技创新，推动热带农业科技创新体系建设，提高我国热带农业科技自主创新能力。

（三）开展热带农业科技高层次人才培养，建设一支高水平的热带农业科学专业技术人才和管理人才队伍。

（四）开展热带农业科技成果转化和技术集成、示范与推广，提高热带农业科技成果的转化率、普及率和贡献率。

（五）组织开展国内外热带农业科技合作与学术交流，跟踪了解国内外热带农业科技发展动态。

（六）参与热带农业发展重大问题研究，提供相关政策咨询和科技服务。

（七）负责所属科研机构的管理，指导挂靠社会团体的业务工作。

（八）承办农业部交办的其他工作。

二、内设机构

根据上述职责，你院设立15个职能部门和附属机构（不含院属科研机构），即：办公室、科技处（研究生处）、人事处（离退休人员工作处）、财务处、计划基建处、国际

合作处、开发处、审计与监察处、保卫处、机关党委、驻北京联络处、兴隆办事处、文昌办事处、后勤服务中心和试验场。附属中小学由后勤服务中心管理。

三、管理体制、人员编制和干部职数

你院为农业部直属科研单位，机构规格正局级，业务归口科技教育司。核定你院人员编制 5 500 名，其中财政补助编制 4 300 名，经费自理编制 1 200 名。核定你院（本部）司局级领导干部职数 7 名，处级领导干部职数 46 名（其中正处级 16 名）。

四、院属科研机构

（一）热带作物品种资源研究所（海南热带植物园）。主要承担热带、南亚热带作物应用基础研究、应用研究和重大关键技术研究；热带作物种质资源收集、保存、鉴定、评价与创新利用；热带农业科技成果转化和技术集成、示范与推广；热带作物种植业有关标准和技术规范制定；热带、南亚热带农业国际合作与交流；热带牧草、热带畜牧健康养殖的科研与示范等职责。核定所级领导职数 5 名。

（二）橡胶研究所。主要承担天然橡胶科学应用基础研究、应用研究、基础研究和重大关键技术研究；橡胶等热带作物种质资源的选育、收集、保存、鉴定和创新；开展天然橡胶栽培生态学及栽培技术、生理生化、热带土壤和热带作物营养学研究；天然橡胶初产品加工工艺与设备研究，发展橡胶初级加工技术；开展天然橡胶产业经济及产业发展策略研究；天然橡胶先进技术引进、成果集成配套以及示范推广、科技服务等工作；承担天然橡胶科技研究的国家交流与合作等工作。核定所级领导职数 5 名。

（三）香料饮料研究所（兴隆热带植物园）。主要承担热带香辛饮料特色作物（植物）应用基础研究、应用研究和重大关键技术研究；热带香辛饮料作物、功能型热带植物、典型热带水果等名、优、特、新、稀作物（植物）种质资源收集保存与创新利用；科技成果转化和技术集成、示范与推广；热带香辛饮料等特色作物重要病、虫、草、鼠害预防与控制研究；热带农业循环经济研究、观光农业开发与科普教育等职责。核定所级领导职数 5 名。

（四）南亚热带作物研究所（南亚热带植物园）。主要承担南亚热带作物应用基础研究、应用研究和重大关键技术研究；南亚热带作物种质资源收集、鉴定与利用；芒果、菠萝、澳洲坚果等南亚热带果树、剑麻等热带纤维作物新技术研究、新品种培育与示范；南亚热带生物质能源工程技术研究、南亚热带农业资源高效利用与良好环境生态建设关键技术研究与示范等职责。核定所级领导职数 5 名。

（五）农产品加工研究所。主要承担天然橡胶等热带农产品加工的重大共性及关键技术研究；热带农产品精深加工研究；热带农产品加工"三废"综合治理；热带农产品国际标准、国家标准和行业标准研究与制（修）订；新产品、新技术、新工艺与装备研究及其示范与推广；热带农产品、水产品、食品质量安全和检测与控制技术研究；热作材料技术的国际交流与合作等职责。核定所级领导职数 5 名。

（六）热带生物技术研究所。主要承担转基因热带作物新品种培育；热带经济作物功能基因组学研究；热带农业转基因生物安全研究、热带作物转基因生物安全监测与检测、南繁基地转基因植物安全监测与检测；重要热带作物分子改良；热带药用植物资源综合利用技术研究；热带海水资源综合利用技术研究；热带微生物资源收集、保存与利用研究；食品和工业发酵工程技术研究；重要热带植物工厂化种苗生产技术研究与示范等职责。核定所级领导职数5名。

（七）环境与植物保护研究所。主要承担热带农业重要病虫草等成灾机理与控制基础等应用基础研究；热带农业重要病虫草等有害生物预测预报与防控技术研究；热带农业外来入侵有害生物监测预警与防控技术研究；热带农业生物防治新技术研究；农业生物多样性保护与利用研究；热带农业生态环境保护与环境修复关键技术研究；热带农业循环经济关键技术研究与示范等职责。核定所级领导职数5名。

（八）椰子研究所（海南椰子大观园）。主要承担热带棕榈植物和木本油料植物的应用基础研究、应用研究和重大关键技术研究；椰子和棕榈植物优良品种的引种试种、新品种培育、种质资源保存与利用研究；椰子和棕榈植物高产高效技术研究、立体农业、低产改造、专用肥料的开发与应用研究；椰子和棕榈植物病虫害综合防治、天敌的引进与利用、产品综合加工、系列产品标准制订应用基础研究；新成果、新技术的集成与示范等职责。核定所级领导职数5名。

（九）农业机械研究所。主要承担热带农业机械化应用基础研究和应用研究；热带农业机械化技术与装备研究；热带农产品初加工工艺技术与装备研究；热带农业废弃物综合利用技术与装备研究；热带农业机械标准化与质量检测分析研究；热带农业机械新技术、新装备的示范、推广等职责。核定所级领导职数4名。

（十）科技信息研究所。主要承担热带农业发展及对策研究；热带农业科技与经济政策研究；农产品质量安全及预警预测研究；农业信息技术及信息标准化研究；热带农业信息资源建设；相关科技与信息服务等职责。核定所级领导职数4名。

（十一）分析测试中心。主要承担热带农产品（食品）质量安全监控技术、技术壁垒及相关基础研究；热带农产品质量监督检验测试，无公害农产品质量监督检验，绿色食品产品质量监督检验；农药登记残留实验；相关技术开发与业务培训等职责。核定处级领导职数4名。

（十二）海口实验站。主要承担热带作物新品种及热带农业技术生产示范与推广应用；热带农业科技培训与服务等职责。核定处级领导职数3名。

（十三）湛江实验站。主要承担热带作物新品种及热带农业技术生产示范与推广应用；热带农业科技成果中间扩大试验；相关技术培训、科技开发与咨询服务等职责。核定处级领导职数3名。

（十四）广州实验站。主要承担热带亚热带农作物新品种及热带亚热带农业技术生产示范与推广应用；热带亚热带农业科技成果中间扩大试验；相关技术培训与咨询服务等职责。核定处级领导职数 3 名。

中华人民共和国农业部（印）

二〇〇七年十月三十日

（来源：南亚所档案室保存的中华人民共和国农业部内部文件）

九、关于公布院属单位人员编制的通知

中国热带农业科学院文件

热科院人〔2017〕316号

关于公布院属单位人员编制的通知

院属各单位、各有关部门：

根据《农业部关于中国热带农业科学院主要职责、内设机构和人员编制的批复》（农人发〔2007〕10号）及机构编制管理的有关规定，综合院属各单位事业发展的需要、岗位设置情况、工作实际需要等情况，经研究，现将各单位人员编制情况公布如下：

一、院本部

人员编制470名，其中财政补助编制390名，经费自理编制80名。

二、热带作物品种资源研究所

人员编制766名，其中财政补助编制599名，经费自理编制167名。

三、橡胶研究所

人员编制843名，其中财政补助编制659名，经费自理编制184名。

四、香料饮料研究所

人员编制179名，其中财政补助编制140名，经费自理编制39名。

五、南亚热带作物研究所

人员编制435名，其中财政补助编制340名，经费自理编制95名。

六、农产品加工研究所

人员编制435名，其中财政补助编制340名，经费自理编制95名。

七、热带生物技术研究所

人员编制470名，其中财政补助编制374名，经费自理编制96名。

八、环境与植物保护研究所

人员编制571名，其中财政补助编制446名，经费自理编制125名。

九、椰子研究所

人员编制326名，其中财政补助编制255名，经费自理编制71名。

十、农业机械研究所

人员编制 108 名，其中财政补助编制 84 名，经费自理编制 24 名。

十一、科技信息研究所

人员编制 255 名，其中财政补助编制 190 名，经费自理编制 65 名。

十二、分析测试中心

人员编制 183 名，其中财政补助编制 145 名，经费自理编制 38 名。

十三、海口实验站

人员编制 352 名，其中财政补助编制 268 名，经费自理编制 84 名。

十四、湛江实验站

人员编制 73 名，其中财政补助编制 45 名，经费自理编制 28 名。

十五、广州实验站

人员编制 34 名，其中财政补助编制 25 名，经费自理编制 9 名。

中国热带农业科学院（印）

二〇〇七年十二月二十日

（来源：南亚所档案室保存的中国热带农业科学院内部文件）

十、关于印发《湛江院区"三所一站"管理改革工作方案》的通知

中国热带农业科学院文件

热科院人〔2017〕315号

关于印发《中国热带农业科学院湛江院区"三所一站"管理改革工作方案》的通知

各单位、各部门：

经8月28日院党组会、院常务会研究，现将《中国热带农业科学院湛江院区"三所一站"管理改革工作方案》印发给你们，请认真贯彻执行。

中国热带农业科学院（印）
2017年10月25日

中国热带农业科学院湛江院区"三所一站"管理改革工作方案

为主动适应科技体制改革和事业单位分类改革，进一步深化我院南亚热带作物研究所、农产品加工研究所、农业机械研究所、湛江实验站（以下称"三所一站"）管理改革，实现优化资源配置、增强管理合力、降低管理成本、提升竞争能力、促进加快发展，制订本方案。

一、基本情况

"三所一站"人员编制数为1 051名，现有在编在岗人员463人，其中高级专业技术人才102人，博士53人。现有土地面积7 132亩（其中：市区土地面积132亩，郊区面积7 000亩），固定资产原值2.97亿元（其中：仪器设备原值约1.4亿元）。2017年部门预算财政拨款1.59亿元，其中：基本支出（含住房改革支出）0.72亿元，基建项目0.35亿元，其他财政项目（含修购项目、科技项目等）0.52亿元。拥有国家种质资源圃、国家工程技术研究中心分中心、农业部重点实验室、农业部质检中心、广东省重点实验室、广东省工程技术研究中心、海南省重点实验室等省部级以上科技平台25个。研究领域涵盖热带及南亚热带作物种质资源与遗传育种、作物栽培、采后贮运与保鲜、农产品加工、农产品质量安全、农业机械等。

二、必要性

随着国家科技创新体制改革和事业单位分类改革的不断推进，全社会科技创新主体日益多样化，人才争夺日趋激烈，科技创新力量强的更强，专的更专，迫切需要我们加大管理创新力度，加快建立适应新形势的高效管理运行机制。

1. 适应科技管理体制改革的需要。十八大以来，党中央大力实施创新驱动发展战略，《国务院印发关于深化中央财政科技计划（专项、基金等）管理改革方案的通知》，对国家科技项目进行了重大改革，为"三所一站"科技创新提供了新机遇，带来了新挑战。深化"三所一站"管理改革，有利于促进各单位加强统一规划，"抱团取暖""组团出海"，提高科技竞争力和对外影响力，加快推进热带现代农业发展，为服务"一带一路"建设和国家农业对外合作提供科技支撑。

2. 适应事业单位分类改革的需要。从单位性质上看，"三所一站"涵盖了2002年科研体制改革以后非营利所、拟转企所、农业事业单位等三种类型，各单位人员规模、财政拨款水平、资产总量、经济实力、科研领域、科研水平和成果转化均存在较大差异。目前，按照事业单位划分为公益一类、二类和转企的总体要求，部属"三院"实施分类改革的具体方案尚未完全明确。深化"三所一站"管理改革，有利于争取工作主动权，加快适应分类改革后的运行管理。

3. 服务全院发展战略布局的需要。我院已按"强实力、扩影响"的总体发展战略，明确了热带农业科技六大创新领域，将建设广州分院、广西分院、攀枝花分院作为拓展科研布局的重大战略任务。深化"三所一站"管理改革，关系全院长远发展和战略目标的实现，有利于为全院拓展科研领域预留必要空间，为各个分院的建设和运行管理积累经验。

4. 提高内部管理运行效率的需要。"三所一站"作为驻湛单位，大量管理工作和社会事务类同，各单位存在管理机构重复设置、管理力量分散等制约协同发展的不利因素。深化"三所一站"管理改革，有利于增强管理合力，降低管理成本，提高管理效率，促进人才队伍统筹建设、科研资源整合和科技协同创新，推动深度融合发展。

三、可行性

近年来，湛江院区"三所一站"加强统一规划，强化协同发展，各单位领导班子成员和广大职工之间协同意识强烈，为深化管理改革提供了必要的人文环境。

1. 协同意识强烈。院校实质性分离以来，湛江院区管委会在统筹"三所一站"协同发展等方面发挥了重要作用，各单位不断加强沟通、交流、合作，整体规划湛江院区发展，统筹考虑各单位功能定位，树立了协同发展的一盘棋思想，为深化管理改革提供了重要的思想保障和组织保障。

2. 管理基础坚实。多年来，在党建宣传、基本建设、综合治理、税收管理、工资福利等属地管理事务和执行属地政策方面，"三所一站"领导班子和内设机构管理层协同研究，统一部署，为深化管理改革奠定了必要的工作机制和管理氛围。

3. 科研领域互补。"三所一站"现有研究领域涵盖种质资源与遗传育种、作物栽培、采后贮运与保鲜、农产品加工、农产品质量安全和农业机械等，各单位主要研究领域互补明显，且基本不存在重复设置情况，有利于按照热带农业产前、产中、产后全产业链建设科技创新队伍、布局科技创新方向。

四、基本原则

1. 整合资源，促进发展原则。深化管理改革的根本目标在于促进"三所一站"的快速、可持续发展，主要途径在于提高管理效率，减少各类资源的重复配置，提高资源使用效益。

2. 管理一体，推动融合原则。以深化管理改革为重要抓手，着力推进"三所一站"管理和发展进一步融合，促进广大职工心灵契合，为主动适应事业单位分类改革奠定基础。

3. 先易后难，稳步推进原则。科学分析改革内容、实施时机等多方面因素，从涉及面少、较易推进的工作入手，逐步深化，确保队伍稳定、工作有序、事业发展。

五、主要内容

深化"三所一站"管理改革，不涉及现有体制变更，各单位法人地位、编制岗位、人员隶属、预算主体、资金账户和资产权属等保持不变，财务收支分别核算，对外交往保持现有名称。

改革重点是在南亚所与湛江站之间、加工所与农机所之间实行"两块牌子、一套人马"。改革后，南亚所与湛江站统一管理，加工所与农机所统一管理。根据轻重缓急、难易程度等，改革划分为三个阶段，各阶段改革工作的推进由院授权统一后的领导班子具体研究，根据具体情况一并推进或交叉进行，不设具体的时间表。

（一）第一阶段

1. 领导班子一体化。调整、充实各单位现有领导干部力量，主要通过兼任方式，在南亚所和湛江实验站之间、加工所与农机所之间实现法定代表人统一、领导班子统一。

2. 管理机构一体化。优化重组各单位现有内设管理机构，根据改革进展和工作实际适当精简。内设管理机构"两块牌子，一套人马"，机构负责人相互兼任，按照条块结合的原则梳理完善管理岗位职责和人员分工。

3. 管理制度一体化。领导班子和内设机构管理人员统一对南亚所和湛江站、加工所和农机所管理工作进行研究和决策，统一梳理现有内部管理制度，统一设计内部工作流程和内部控制环节，实现内部管理制度一体化。

（二）第二阶段

4. 工作部署一体化。统一安排党建宣传、文化建设等思想政治工作，统一安排落实各项工作职责和日常事务，统一提供后勤保障服务。

5. 科技研发一体化。按照全产业链科技攻关和成果转化需要，通过联合申报项目、联合对外合作、相互参与研发等多种方式，共同布局科研项目申报和科技攻关，共同实施成果转化和市场开拓。

6. 资源配置一体化。强化整体规划，统一科研条件、科研平台和工作环境等硬件条件建设，优化配置使用，提高使用效益，为协同创新、成果转化提供物质基础。

7. 队伍建设一体化。在保持人员编制隶属关系不变的前提下，统一开展人才队伍建设和创新团队建设，统一优化人力资源配置，统一开展考核评价。

（三）第三阶段

8. 利益分享一体化。在科技成果归属、成果转化收益等关系单位职工切身利益事项上，既要坚持论贡献、按实绩，也要充分考虑人员隶属关系不同职工的利益诉求、队伍培养需要，合理划分不同单位经济收益，促进统一、均衡、协调发展。

9. 收入分配一体化。从统一收入分配办法着手，从统一管理人员收入待遇水平开始，根据各单位经济实力和财力保障水平，逐步实现待遇水平一体化。

六、组织实施

1. 加强组织领导。成立"三所一站"深化管理改革领导小组，组长由分管人事工作的院领导担任，成员由"三所一站"党政主要负责人，院办公室、科技处、人事处、财务处、资产处、开发处和机关党委主要负责人组成，负责研究解决推进改革过程中的重大事项和重大问题。院人事处负责领导小组日常工作。

2. 加强统一思想。"三所一站"领导班子成员要以上率下，优势互补，和谐融合。加强政策宣传和引导，统一思想，凝聚共识。充分发挥集体智慧，凝聚集体力量，提高工作合力，为落实各阶段改革任务营造氛围，创造条件。

3. 加强统筹协调。建立"三所一站"改革协调会商工作机制，对推进改革遇到的共性问题和困难及时进行协调会商。协调会商工作由湛江院区管委会负责人召集，"三所一站"相关领导参加。

4. 加强工作落实。分别成立南亚所—湛江站、加工所—农机所深化管理改革相关工作组，负责改革的具体实施。工作组数量、人员组成、职责任务等由统一后的领导班子研究确定。

5. 加强支撑保障。院机关各部门根据业务归口，加强对改革具体业务的指导。院科技处、财务处、计划基建处、开发处等相关业务部门要通过项目支持等多种方式，积极筹集资金，给予"三所一站"必要的倾斜支持。

热科院办公室
2017 年 10 月 25 日印发

（来源：南亚所档案室保存的中国热带农业科学院内部文件）

后记

后 记

《南亚勋业——中国热带农业科学院南亚热带作物研究所所志（1954—2019）》的编纂工作历经一年，现在终于编纂成书了。

2018年5月，研究所提出南亚所建所65周年庆典活动，并作出了庆典活动"六个一"（一部所志、一本画册、一本大事记、一部微电影、一场系列学术报告、一台晚会）工作部署。2018年8月，"六个一"工程正式启动，徐明岗所长主持召开了所班子会议，决定由杜丽清副书记主持所志的编纂工作。随后，杜副书记召集全所有关人员，成立了所志编写小组，指定邹明宏担任编写组组长，小组成员来自全所各部门，有科研人员，也有管理人员。具体执笔情况如下。

第一章：邹明宏

第二章：宋喜梅

第三章：杨颖娣

第四章：段雅婕、宋喜梅、马飞跃

第五章：严程明

第六章：陆新华

第七章：袁晓丽

第八章：邢姗姗

第九章：唐远红、冯文星

第十章：冯文星、陈佳瑛

第十一章：邢姗姗

特邀王庆煌院长作序、徐明岗所长写前言。

在所志编纂工作正式启动之前，还组成了外调组，到院部海口、儋州档案馆，湛江农垦档案馆、湖光农场等单位收集查阅资料、调查走访，有时为了求证一件史料、一个日期、一个数字、一个姓名……而四处奔波、夜不能寐甚至殚精竭虑，只是为了所志能够尊重历史，还原原貌。

所志的编纂工作时间紧、任务重，编纂人员均为现职职工，本职工作任务已很紧张，大量工作只能利用业余时间；同时编纂过程中也面临着方方面面的压力，对完成这项艰巨而光荣的任务而心存顾虑；加之编纂人员没有受过专业的培训，修志功夫不到家，又有海量材料和资料断层的困境，在内容安排、布局谋篇诸多方面都困难重重……尽管如此，编纂人员还是顶着压力和困难，担起了这个责任，并倾心倾力，务求详实。

编纂过程中，特别是粤西试验站的这一段，由于历史已经有些久远，尤其是"文革"期间（1966—1978年）的历史资料缺漏甚多，我们没有能够找到更加详尽的档案资料。猜测可能是"文革"期间，档案资料管理不善；另一个原因，则可能是建制变迁比较频繁，而且涉及军地转换，可能在交接过程中档案资料转移不全或者遗失。具体原因现在已经难以考证了。只是希望我们所有的南亚所人，特别是还健在的老一辈人，能够重视这一段历史，也尽自己的努力记录下这一段历史，以便在下一次编撰所志时，能够补全这一段历史。习近平总书记要求我们不忘初心，历史就是对初心的诠释，历史就是传承。记录历史，每一个南亚所人都承担着一份责任！

编纂过程中，由于原第五章"主要科研成果"和第十二章"媒体宣传报道"内容较多，占据篇幅过大，遂独立成册，作为本志的重要组成部分。

这本所志的编纂工作，得到院领导王庆煌院长的关心和鼓励，特为本志作序；得到谢江辉副院长的指导和帮助，并担当了顾问职责；得到了所领导和全体职工的关心和支持；得到了中国农业科学技术出版社的大力支持和配合。

徐明岗、窦美安、孙光明、李端奇、罗萍和庞振才等专家在百忙之中审阅了书稿，提出了很多修改意见。

在编写过程中，还走访调研了不少老专家，他们对文稿提出了很多很好的意见和建议，使这本所志更趋于符合历史，更加真实。

热科院儋州、海口档案馆、湛江农垦档案馆、湖光农场等单位提供了大量珍贵的历史资料。

在所志编写期间，还得到了广东海洋大学实习生的大力支持，周景伦、张彩婷、陈锡贤、李婉欣、简桂花、陈柳如、黄雨婷等同学帮助查阅和收集了大量有关资料，还参加了部分编辑工作。

在此表示衷心感谢！

尽管编纂小组尽了最大努力，终因档案缺失、资料搜集不全，导致了所志编纂过程中的漏缺和贻误，造成了本版所志存在着诸多缺憾。

在所志的编写中，部分专家的工作业绩、受到的表彰或取得的荣誉等出现缺漏，甚至出现错误。

加之，编纂人员能力不足，所志的疏漏和舛误在所难免，惟有遗憾与抱歉了。

恳请各级领导、有关专家和读者多多批评指正；也欢迎所有了解南亚所历史、愿意帮助我们掌握真实、还原历史的热心人士和广大读者及时指出错漏、提供资料，以便我们在第二版时重新校正，不断提高所志的质量。

中国热带农业科学院南亚热带作物研究所所志编纂委员会
二〇一九年十一月